Ursula Spuler-Stegemann

Muslime in Deutschland

D1499804

HERDER / SPEKTRUM

Band 4419

Das Buch

Der Islam kommt uns „nicht näher". Er ist mitten unter uns: als zweitgrößte Religion, als etablierte Kultur mit eigenen Bildungszentren und
Medien, als aufsteigende Wirtschaftsmacht mit zahlreichen Unternehmen, als organisierte Kraft mit kaum mehr überschaubaren Verbänden
und Gruppen. Seine Präsenz in Deutschland ist ein Faktum – sichtbar nicht nur in den Moscheenbauten deutscher Städte und in Gestalt
fremdartig gekleideter Frauen. Wird der Fundamentalismus zu einer
explosiven Herausforderung für Staat und Gesellschaft, nicht nur in
islamischen Ländern, sondern auch in Deutschland? Angst und Vorurteile herrschen auf muslimischer und deutscher Seite. Aufklärung und
Verständnis tun not. Neben dem staatlich gesteuerten offiziellen Islam
gibt es eine Vielfalt religiöser Erscheinungsformen. Traditionell mit dem
Volksislam eng verbundene Derwisch-Orden sind wieder zum Leben
erwacht und werden auch in der Bundesrepublik aktiv. Die Sondergruppe der Aleviten fordert als größte, vom türkischen Staat bislang ver-
leugnete Minderheit erstmals offen ihr Recht auf Glaubensfreiheit ein
und gründet eigenständige Vereine. Die Lage ist spannungsgeladen wie
nie zuvor. Unsere gemeinsame Zukunft hängt davon ab, wie wir miteinander umgehen und was wir voneinander wissen. Wer die komplexe
Situation und auch die traditionelle Prägung, Kultur, Mentalität und das
Verhalten der zweitstärksten hiesigen Bevölkerungsgruppe verstehen
will, findet in diesem anschaulich und faszinierend geschriebenen Sach-
buch die nötigen Hintergrundinformationen: Das Standardwerk zum
Thema, eine spannende und farbige Information für alle, die sich für die
reale Praxis des Islam in der heutigen Welt interessieren. Fesselnd und
kompetent dargestellt – von der wohl besten Kennerin der Szene.

Die Autorin

Ursula Spuler-Stegemann, geb. 1939 in Mannheim, studierte Orientalistik und Semitistik – u. a. Arabisch, Persisch und Türkisch – sowie Ver-
gleichende Religionswissenschaft und Germanistik. 1967 Promotion
zum Dr. phil. Seit 1976 ist sie Lehrbeauftragte für Türkisch und seit 1982
für Religionsgeschichte an der Philipps-Universität Marburg, seit 1995
außerdem Honorarprofessor für Religionsgeschichte am dortigen Fach-
bereich Evangelische Theologie. Seit 1967 zahlreiche wissenschaftliche
Beiträge vor allem zum Islam der Gegenwart.

Ursula Spuler-Stegemann

Muslime in Deutschland

Nebeneinander oder Miteinander?

Herder
Freiburg · Basel · Wien

Gedruckt auf umweltfreundlichem,
chlorfrei gebleichtem Papier

Originalausgabe

Alle Rechte vorbehalten – Printed in Germany
© Verlag Herder Freiburg im Breisgau 1998
Satz: DTP-Studio Helmut Quilitz, Denzlingen
Herstellung: Freiburger Graphische Betriebe 1998
Umschlaggestaltung: Joseph Pölzelbauer
Umschlagfoto: Bildagentur Joker
Zeichnungen und Graphiken: Alexander Maurer
ISBN: 3-451-04419-6

Inhalt

Vorwort

Das Buch „Muslime in Deutschland" ist nun endlich abgeschlossen, und die Gelegenheit ist gekommen, all jenen zu danken, die zu dessen Gelingen beigetragen haben.

Mein Dank gilt insbesondere Vertretern der islamischen Organisationen: DITIB, dem Zentral-Institut Islam-Archiv-Deutschland, dem Islamrat der Bundesrepublik Deutschland, dem Zentralrat der Muslime in Deutschland ZMD, der König-Fahad-Akademie, der IGMG, der DIF, dem IPD, dem VIKZ, dem HDI, der ATIB, der inter akademi, der Jamaʿat un-Nur, Großscheich Abdullah Efendi, Institut für Islamstudien – Sufi-Archiv Deutschland, einigen Sufi-Gruppen, der AABF der Aleviten und vielen Persönlichkeiten aus dem religiösen Leben in Deutschland, auf der christlichen Seite besonders dem Islambeauftragten der EKD, Herrn Heinz Klautke, und CIBEDO; ferner dem Orient-Institut in Hamburg, der Hörfunk-Journalistin Hildegard Becker, Herrn Thomas Lemmen, katholischer Theologe und Stellvertretender Vorsitzender in der Islamisch-Christlichen Gesellschaft, sowie Herrn Dr. Johannes Horstmann, Studienleiter der Katholischen Akademie Schwerte. Zahlreiche Behörden auf kommunaler, Landes- und Bundesebene haben meine Arbeit unterstützt. Danken möchte ich auch allen denen, die mich regelmäßig mit deutschen Zeitungsartikeln versorgt haben, darunter vor allem Frau Gertrud Jahn, der ich außerdem Aufnahmen von Rundfunk- und Fernseh-Sendungen sowie Korrekturen verdanke.

Insbesondere danke ich den Muslimen für die Freimütigkeit, auch über Konflikte und Probleme innerhalb ihrer islamischen Gemeinschaften und in unserer Gesellschaft zu sprechen. Fast alle beklagten die Berührungsängste seitens der Christen, die sich selten – wenn überhaupt – persönlich in ihren Büroräumen blicken ließen und sich in der Regel nur brieflich oder mit teils sehr umfangreichen Fragebogen an sie wandten; meist schreibe einer vom anderen ab, unter Berufung auf stets dieselben Quellen. Einige Institutionen hoben jedoch hervor, daß Politiker sie besucht hätten; außerdem gebe es Kontakte zu evangelischen Pfarrern, Pfarrerinnen und Landes-Islambeauftragten, weniger zu Katholiken. Journalisten wollten in der Regel nur ihre vorgefaßten Meinungen bestätigt haben und hörten oft gar nicht zu. Dankbar erwähnt wird immer wieder das Engagement von Bundespräsident Roman Herzog für die Belange der islamischen Religionsgemeinschaft. Aufs Ganze gesehen aber sei man in einer Sackgasse gelandet. Ausnahmslos erklärten meine Gesprächspartner, als Muslim müsse man sich ständig gegenüber der nicht-muslimischen Umwelt verteidigen und werde in eine apologetische Haltung gedrängt, die ein konstruktives Miteinander sehr erschwere. Ich selbst habe durch diese Begegnungen viel gelernt. Die mannigfaltigen neugewonnenen Kontakte und Erfahrungen werden mein weiteres Leben beeinflussen.

Soweit wie möglich verifiziere ich meine Angaben. Gebe ich die Quelle nicht an, so habe ich zwar die Erlaubnis, Informationen weiterzugeben, doch ohne Namensnennung.

Bedanken möchte ich mich vor allem auch beim Programmleiter von Herder/Spektrum, Herrn Dr. Rudolf Walter, für seine Geduld. Ich hoffe, daß sich die durch den Umfang der Recherchen bedingte Verzögerung letztlich mit der Exaktheit der Darstellung bezahlt gemacht hat.

Marburg, November 1997 *Ursula Spuler-Stegemann*

Einführung

Das vorliegende Buch handelt von Menschen, von den Muslimen in Deutschland, von den Schwierigkeiten, ihren Glauben in der Diaspora zu leben, und von den Versuchen, ihre Probleme zu lösen.

Diese Menschen existieren nicht irgendwo in der Ferne, sondern in erreichbarer Nähe. Jedes Gespräch hat sie mir nähergebracht. Mit einigen Muslimen bin ich ohnedies schon jahrzehntelang befreundet; andere Freundschaften entwickelten sich erst; doch manche Begegnung blieb nur flüchtig. Allemal bekamen die unterschiedlichsten Richtungen des Islam durch diese Kontakte Gesichter.

Einerseits halfen mir diese Begegnungen oft, die verschiedenen Ansichten besser zu verstehen. Andererseits erschwert persönliches Kennen auch die nüchtern-kritische Darstellung.

Ich möchte mit einer Erfahrung beginnen, die auf den ersten Blick nicht viel mit Islam zu tun zu haben scheint und die doch aus der islamischen Kultur erwachsen ist.

Nach dem Brandanschlag in Solingen, dem fünf türkische Frauen und Mädchen zum Opfer gefallen sind, und in einer Zeit ununterbrochener Gewalttaten, die ihre blutigen Spuren in unser Land eingefrast haben, fuhr ich zu einem Forschungsaufenthalt in die Türkei. Die Medien berichteten dort ausführlich, und manche Zeitungen brachten gleich mehrere Tage hintereinander dieselben Fotos von Hakenkreuz-Schmierereien und Parolen wie „Ausländer raus" an Mauern und Hauswänden. Wie würde man mir dieses Mal begegnen?

Bislang war ich in der Türkei immer sehr herzlich aufgenommen worden. Lange hatten die Arbeiter, die aus Deutschland in ihre Heimat zurückgekehrt waren, dort geschwiegen und sich geschämt zu berichten, wie unwürdig sie in Deutsch-

13

land untergebracht, wie sie oft ausgenutzt und zu den gefähr-
lichsten und schmutzigsten Arbeiten herangezogen wurden,
aus Scham oder auch in der Sorge, daß man ihnen nicht glauben oder ihnen selbst gar die Schuld zuweisen würde. Die Türken verehrten die Deutschen ganz besonders, und Deutschland erschien vielen einer Fata Morgana gleich als das Land
der unbegrenzten Möglichkeiten, so wie uns Deutschen nach
dem Krieg Amerika. Langsam hatte sich jedoch die Realität
herumgesprochen; das Bild vom „häßlichen Deutschen" gewann an Konturen. Jetzt war die Zeit „danach" gekommen, die
„Zeit nach Solingen".

Mein Aufenthalt in Ankara brachte viele berufliche Kontakte mit sich. Zudem nutzte ich jede Gelegenheit, um mit Türken zu sprechen: auf langen Taxi-Fahrten, im Hotel mit den
Frauen, die saubermachen, und mit den Leuten von der Rezep-
tion, mit Bekannten und Freunden, mit Angestellten zahlreicher Behörden und religiöser Institutionen auf unterschiedlichen Ebenen. Tatsächlich wurde ich diesmal oft reserviert,
aber meist sehr höflich behandelt, einmal allerdings ganz bewußt sehr unhöflich.

Fast immer kam irgendwann die Rede auf die Ereignisse
in Solingen. Meist sprach ich von mir aus dieses Thema an,
jedesmal mit Bangen, aber wohl wissend, daß ich mich dieser
Situation stellen mußte. Wer war schuldig? Hatte meine Generation, hatte ich selbst zu sehr daran geglaubt, daß Fremden-
haß unser Volk nie mehr beherrschen könne, und die vielen
Signale einfach nicht wahrhaben wollen? Hatten wir Deutschen versagt, weil wir nicht hinreichend ethische Werte vermittelt, keine deutlichen Maßstäbe gesetzt hatten?

Am Ende eines jeden Gesprächs stand der Satz: „In jedem
Land gibt es gute Menschen und schlechte Menschen, auch bei
uns." Einige führten an, was sie in der Türkei auch nicht für richtig hielten. Besonders viel Menschlichkeit spürte ich bei den
Frommen, unter ihnen einige gestrenge Islamisten, die ihre Haltung religiös begründeten. Nicht anders war es später bei entsprechenden Kontakten in Deutschland. Wenn ich auch in diesem
Buch gelegentlich Systeme und Vorgehensweisen problematisie-
re, so vergesse ich dabei doch nie meine Erfahrungen.

Immer wieder bin ich von liberalen türkischen Muslimen und Musliminnen gebeten worden, die unheilschwangeren Ziele der Islamisten aufzudecken und ihnen dabei zu helfen, den Christen den wahren, den barmherzigen Islam zu zeigen. Ich möge verständlich machen, daß der Islam einfach zu ihrer *Kultur* gehöre und anderen gegenüber nicht aggressiv sei. Terrorismus habe genausowenig mit ihrer Religion zu tun wie jegliche Form der Unterdrückung. Auf diese Bitten einzugehen, habe ich mich bemüht.

Mevlüde Genç, deren Familie in Solingen ermordet worden ist, hat in ihrer menschlichen Größe zu friedvollem Miteinander von Deutschen und Türken aufgerufen. Christen und Muslime sind heute in besonderer Weise gefordert, in gegenseitiger Achtung dem Gemeinwohl dieses Landes zu dienen; keiner darf sich ausgrenzen oder ausgegrenzt werden. Die von der Verfassung garantierten Grundrechte sind zu wertvoll, als daß sie preisgegeben oder mißbraucht werden dürften; denn in keinem Staat dieser Welt gibt es mehr Freiheiten für alle Bevölkerungsgruppen als in Deutschland, und das muß auch künftig so bleiben.

1. Ein Besuch der Yavuz Sultan Selim-Moschee in Mannheim

Am 4. März 1995 wurde in Mannheim die bis dahin größte Moschee Deutschlands offiziell eröffnet. Sie liegt im tristen Stadtviertel Jungbusch, das mittlerweile überwiegend in ausländischer Hand ist; nur noch 38 % gebürtige Deutsche sind dort verblieben. Die Industriestadt Mannheim hat gegenwärtig die zwölftgrößte Ausländerquote aller deutschen Städte; etwa 20 000 Muslime leben dort.

An der Ecke Luisenring-Seilerstraße befindet sich – fast unauffällig eingeschmiegt in eine Häuserzeile – die Yavuz Sultan Selim Camii. Eine *cami* ist eine große Moschee mit Minarett und einer Kanzel für die Predigt am Freitag. Man betritt die Mannheimer Moschee durch einen unauffälligen Eingang, nachdem man ein türkisches Reisebüro und ein Lebensmittelgeschäft mit Fleischwaren aus rituellen Schlachtungen passiert hat.

Auch Christen können die Moschee ungehindert besuchen. Das war nicht immer so. Noch im letzten Jahrhundert mochte es geschehen, daß man einen Nicht-Muslim, der beim Betreten einer Moschee erwischt wurde, ergriff und zwangsweise beschnitt.

In dem kleinen Vorraum kommt uns Herr Bekir Alboǧa, der islamisch-theologische Bildungsreferent der Moschee, entgegen und heißt uns mit festem Händedruck herzlich willkommen. Hinter dem Eingang liegt auf der rechten Seite die Cafeteria mit türkischen Speisen und Getränken. Zur Linken öffnet sich ein freundlicher Raum mit einem zentralen, sehr schönen Brunnen mit fließendem Wasser für die rituelle Reinigung vor dem Gebet. Hier vollziehen die Muslime ihre sogenannte kleine Waschung. Zuvor sprechen sie im stillen die *nîya* aus, die Absichtserklärung, die frei formuliert wird und etwa

17

lauten mag: „Ich beabsichtige, mich zum Gebet zu waschen." Dies geschieht, damit das in Wortlaut, Gestus und Zeitpunkt genau vorgeschriebene rituelle Gebet, das in arabischer Sprache in Richtung Mekka gesprochen wird, nicht zur bloßen Formalität gerät, sondern der Gläubige sich bewußt darauf einstimmt und mit ganzem Herzen bei der Sache ist.

Andächtig reinigen sich einige Männer vor dem Freitagsgebet die Hände, spreizen die Finger und lassen das Wasser hindurchfließen. Man kann geradezu spüren, was das entsprechende Hadith[1] sagen will: „Wenn einer sich reinigt und dabei die Waschungen richtig vollzieht, verlassen die Sünden seinen Leib, bis sie (schließlich) unter seinen Fingernägeln hinausgespült werden."[2]

Mund und Nase werden mit Wasser durchspült, das Gesicht dreimal gewaschen, der Bart genäßt, dann die Arme; darauf streicht man mit den nassen Handflächen über den Kopf, befeuchtet den Hals, dann beide Ohren. Einige Männer beenden gerade die Waschung mit der Reinigung ihrer Füße, wobei sie zuerst den rechten Fuß dreimal mit der linken Hand bis zum Knöchel waschen und auch die Zwischenräume zwischen den Zehen nicht vergessen; dann kommt der linke Fuß dran.

„Wenn sich der Gläubige bei den Waschungen das Gesicht wäscht, entfernt sich von seinem Gesicht mit dem Wasser bzw. mit jedem Wassertropfen jede Sünde, die er mit den Augen begangen hat.

Und wenn er sich die Hände wäscht, entfernt sich von seinen Händen mit dem Wasser bzw. mit dem letzten Wassertropfen jede Sünde, die er mit den Händen gewalttätig verübt hat.

Und wenn er sich die Füße wäscht, so entfernt sich von seinen Füßen mit dem Wasser bzw. mit jedem Wassertropfen jede Sünde, zu der er mit seinen Füßen gelaufen ist.

So kommt er (aus der Waschung) rein von der Schuld heraus."[3]

---

[1] Hadîthe (arab.: *ḥadîth,* Pl. *aḥâdîth*) sind Worte und Taten des Propheten Muhammad, die eigenständig überliefert worden sind.
[2] *Khoury:* So sprach der Prophet, S. 116.
[3] Ebd., S. 115f.

Wir gehen an den Männern vorbei, die ganz auf ihre rituellen Waschungen konzentriert sind und keine Notiz von uns nehmen. Ein Gang führt dahinter zu einer Treppe in den ersten Stock. Sechs Wohnungen und ein Gästezimmer sind dort untergebracht. Am Ende des ebenerdigen Flurs liegen der Frauenraum, die Unterrichtsräume und weitere nach Geschlechtern getrennte Waschräume.

Auf numerierten Plätzen in langen Regalen stellt man seine Schuhe ab. Eine Moschee sollten auch Christinnen unbedingt mit Kopftuch betreten. So bedecke ich mein Haar und steige ein Stockwerk höher hinauf in den großen, hellen Gebetsraum. Die Wände zieren stilisierte Blumenmotive und Kalligraphien in arabischer Schrift. Auf zwei Schmucktafeln ist „Allâh" und „Muḥammad" zu lesen, andere zeigen die Namen der ersten vier Kalifen „Abû Bakr", „Omar", „Othmân" und „Alî" sowie die der Enkel Muhammads aus der Ehe Alis mit der Prophetentochter Fâtima, „Hasan" und „Husain".

Die 112. Sure, das Bekenntnis zum absoluten Monotheismus, schmückt das Rund der Kuppel: „Sag: Er ist Gott, ein Einziger, Gott, der Souveräne.[4] Er hat nicht gezeugt und wurde nicht gezeugt, und keiner ist ihm gleich."

Kostbare Lüster erleuchten an Feiertagsabenden mit ihrem Kerzenschein den in heiteren Farben gestalteten, mit altrosa Teppichboden ausgelegten runden Raum. Durch ein Fenster der Empore sieht man ein Stück des Gemäuers und den Turm der gegenüberliegenden katholischen Liebfrauenkirche. Umstritten war lange, welche Höhe das Minarett haben dürfte; jetzt überragt es mit seinen 32,50 Metern nicht den benachbarten Kirchturm. Für die Christen war das eine Frage des Prestiges. Für die Muslime aber ging es auch darum, das ästhetische Idealverhältnis zwischen dem Kuppelbau und der Minarett-

---

[4] Für diesen nicht eindeutigen Koranvers bietet „Der Koran", übersetzt von Rudi Paret, Stuttgart 1. Aufl. 1980, mehrere Varianten an; Paret nahm die obengenannte in den Haupttext. Die Mannheimer Muslime übersetzen den 2. Vers statt dessen: *„Gott, durch und durch er selbst, an den man sich (mit seinen Nöten und Sorgen) wendet."* So die Broschüre von *R. Albert / T. Kamran* (Hrsg.): „Die Neue Moschee in Mannheim. Ihre Einrichtung und ihre Ziele", Mannheim, Sept. 1995, S. 28.

höhe ihrer Moschee zu erreichen. Wie bei allen großen Moscheebauten in Deutschland waren die Schwierigkeiten im Vorfeld sehr groß, und es ging auch hier nicht ohne Gerichtsbeschlüsse. Bei Moscheen in Deutschland ist die geräumige Tiefgarage bislang einmalig.

In dem 1500 Quadratmeter großen Versammlungsraum der Mannheimer Moschee können 2500 Muslime gleichzeitig beten. An Festtagen aber kommen 5000–7000 Besucher. Sie verteilen sich dann auch noch im Treppenhaus und sogar in der Tiefgarage, die dann mit Teppichen ausgelegt wird. Die Reihen im Gebetsraum werden so eng aneinandergedrängt, daß die Betenden gar nicht mehr mit der Stirne den Boden berühren können. Da der Mensch aber der *khalîfu 'llâh*, der „Statthalter Gottes" auf Erden, ist, so informiert uns Herr Alboğa, habe man sich überlegt, daß es statthaft sei, mit der Stirn statt des Teppichbodens den Rücken des rituell reinen Vordermannes zu berühren.

Die Kosten für den Bau dieser Moschee betrugen etwa 10 Millionen DM. Sie sollen – bis auf einen noch offenen Restbetrag von 2 bis 3 Millionen DM – ausschließlich von den Muslimen selbst aufgebracht worden sein. Vieles wurde in Eigenleistung hergestellt. Auch nicht-islamische Mannheimer Firmen haben kostenlos Hilfe geleistet.

Die Innenausstattung der Mannheimer Moschee unterscheidet sich nicht von derjenigen der großen Freitagsmoscheen in islamischen Ländern. Die *Gebetsnische*, der *mihrâb*, ist der wichtigste Teil des Raumes: er hat sakralen Charakter. Ihn zu berühren bringt dem Volksglauben zufolge *baraka*, Segen. Der *mihrâb* ist eine leere, aber oft sehr kunstvoll ausgearbeitete Nische, die in Richtung Mekka weist; sie soll die Gedanken der Gläubigen auf das dortige islamische Kultzentrum, die Kaaba, ausrichten. Eine Lampe mag vor solch einer Gebetsnische angebracht sein, die innere Erleuchtung symbolisiert. Das Glaubensbekenntnis oder ein besonders beliebter Koranvers – wie der sogenannte Lichtvers oder der Thronvers – ist in der Regel über der Gebetsnische eingemeißelt oder umrahmt sie wie eine Blütenranke.

Der berühmte Thronvers (Sure 2, 255) ist jedem gläubigen

Muslim vertraut: „Gott. Es gibt keinen Gott außer ihm. (Er ist) der Lebendige und Beständige. Weder Schlummer noch Schlaf überkommen ihn. Ihm gehört (alles), was im Himmel und auf Erden ist. Wer könnte – außer mit seiner Erlaubnis – (am Jüngsten Tag) bei ihm Fürbitte einlegen? Er weiß, was vor und was hinter ihnen liegt. Sie aber begreifen nichts von seinem Wissen – außer, was er will. Sein Thron reicht weit über Himmel und Erde. Und es fällt ihm nicht schwer, sie beide zu erhalten. Er ist der Erhabene, der Gewaltige."[5]

Unverzichtbar für jede Moschee, in der der freitägliche Gottesdienst abgehalten wird, ist die erhöhte Kanzel, *der minbar*. In Mannheim ist die hölzerne Kanzel kunstvoll geschnitzt und der besondere Stolz der Gemeinde.

Die *Glasfenster* einer Moschee sind oft bunt und farbenprächtig. Moscheen sind von den Lichtverhältnissen und den Farbtönen der Innenraumgestaltung her meist heiter und freundlich. Äußerlichkeiten sollen nicht vom Gebet ablenken. Es gibt dort keine Heiligenfiguren oder sonstiges symbolträchtiges Beiwerk; nichts, auch kein Blumenschmuck, lenkt vom Dienst an Gott ab. *Plastiken* und *Bilder* von Mensch und Tier sind verboten. Alles von Menschenhand Geschaffene, „das Schatten wirft", ist verwerflich. Denn man geht davon aus, daß mit der Anfertigung von Plastiken und Bildern die „Schöpfung" nachvollzogen würde, die grundsätzlich Gott allein als dem einzig wahren Schöpfer vorbehalten bleiben muß.

Der Koran verbietet Abbildungen nicht; doch es gibt einschlägige Prophetenworte wie das folgende: „Die Engel betreten kein Haus, in dem sich eine bildliche Darstellung befindet." Im vorislamischen Arabien hatte es durchaus noch Götterstatuen gegeben. Ein striktes Bilderverbot kennt aller-

---

[5] Der Lichtvers (Sure 24, 35) lautet: „Gott ist das Licht der Himmel und der Erde. Sein Licht gleicht einer Nische, in der eine Lampe steht. Die Lampe ist in einem Glas. Das Glas glänzt, wie ein funkelnder Stern. Die Lampe brennt mit dem Öl eines gesegneten Olivenbaumes, eines, der weder westlich noch östlich steht. Sein Öl leuchtet fast schon, ohne von Feuer berührt zu sein – Licht über Licht! Gott leitet zu seinem Licht, wen er will. Gott prägt den Menschen Gleichnisse, und Gott kennt alle Dinge."

dings das Judentum – so im Dekalog, Exodus 20,4 und Deuteronomium 5,8; von dorther dürfte es auch in den Islam gelangt sein.

Welche Probleme die Ausstattung unserer Kirchen Muslimen machen kann, läßt folgendes Erlebnis vielleicht erahnen: Vor einiger Zeit sprach ich mit einem sehr strengen, hochgebildeten Muslim, der in England studiert hatte und gerade von einer Reise durch Bayern in die Türkei zurückgekommen war. Er stand noch ganz unter dem Eindruck der vielen Figuren und Bilder vor allem in den bayerischen Barockkirchen: Jesus Christus am Kreuz, Maria mit dem Jesuskind auf dem Schoße, die Apostel und die vielen, vielen Heiligen insgemein: „Diese Menschen sind gar keine Christen; es sind die reinsten Polytheisten", sagte er und fuhr fort, er habe ein erschütterndes Erlebnis gehabt. Er habe einen Dom besichtigt, an dessen Außenwand etwas so Schreckliches zu sehen sei, daß man darüber eigentlich gar nicht sprechen dürfe, zwei Figuren als „Adam und Eva: und beide ganz nackt…!". Auf meine Entgegnung: „Ja, mit was sollen sie als neugeschaffene Menschen denn bekleidet gewesen sein? Natürlich waren sie im Paradies nackt!" erklärte eine dabeistehende Konvertitin in ihrem Schleier, der auch nicht die kleinste Haarsträhne hervorlugen ließ, im Christentum gebe es aber ganz andere Berichte, die ich offenbar nicht kennte; selbstverständlich seien Adam und Eva von vornherein richtig angezogen gewesen. Dem biblischen Bericht nach (Genesis 3,21) hat Gott den beiden zwar tatsächlich Kleider gemacht, aber erst *nach* dem Sündenfall. Der *sündlose* Mensch ist in der biblischen Tradition so nackt wie ein neugeborenes Kind und völlig ohne Schamgefühl, was diesem aufrechten Muslim offensichtlich eine greuliche Vorstellung war. Wie soll man als frommer Mensch in solch einer Kirche beten können?

Aufgrund des traditionellen Bilderverbots haben sich in der islamischen Kultur die *Ornamentik*, die *Mosaiken* und die *Kalligraphie* zur vollendeten Kunst entwickelt. Die Moscheen zeigen die herrlichsten Blütenranken oder abstrakten Muster und ganze Koranverse in künstlerisch hochstilisierten, formvollendeten Schriftzügen. Handgeschriebene Koranexemplare gehören zu dem Schönsten, was unsere Welt an Kalligraphie zu bieten hat.

Geleitet wird das gemeinschaftliche rituelle Gebet in der Moschee von dem *Imam*, dem Vorbeter, den die Türken oft auch *hoca* nennen. Grundsätzlich kann zwar jeder *männliche* erwachsene Muslim, der körperlich unversehrt und bei gesundem Verstand ist, dem Gebet vorstehen; in der Regel führt jedoch der in Dingen der Religion *kenntnisreichste* Muslim Regie, meist also ein Imam.

Es gibt auch Predigten von *Frauen* für Frauen; aber dann darf die Frau, die als Vorbeterin fungiert, nicht aus der Reihe der Betenden heraustreten und sich nicht *vor* die Frauen stellen wie ein Imam.

Besonders auffallend für uns Christen ist, daß es beim islamischen Freitagsgebet in der Regel keine Musik gibt, es sei denn, man bezeichnete die in besonderer Sprechweise vorgetragene Koranrezitation als Gesang. In der Mannheimer Moschee allerdings begleiten *ilâhî*, religiöse Gesänge, im Hintergrund das Freitagsgebet. In einer Moschee wird auch kein Weihrauchkessel geschwungen; allenfalls führt die eine oder andere Person ein Duftbüchschen mit sich, denn Muhammad hat empfohlen, sich für den Besuch der Moschee zu parfümieren.

Während die Frauen sich in die hinteren Reihen oder in das Seitenschiff der Moschee begeben oder auf der Empore Platz finden, stellen sich die Männer in Reihen zur *salât*, dem rituellen Gebet, auf. Ist eine Reihe geschlossen und kommt ein weiterer Gläubiger hinzu, bedeutet dieser dem Vordermann, mit ihm gemeinsam die nächste Reihe zu eröffnen – ein schönes Zeichen dafür, daß die Muslime nach Möglichkeit nicht allein, sondern gemeinschaftlich beten.

Der Imam oder der Freitagsprediger hält nun seine *khutba*, die *Freitagspredigt*. Sie besteht traditionell aus zwei Teilen, zunächst Lobpreisungen Gottes und des Propheten, danach Ermahnungen und Bittgebete. Die Predigten werden gern in gehobener Sprache vorgetragen. Bis in die jüngste Zeit hinein waren sie oft zu bloßen Formeln erstarrt, werden jetzt aber zunehmend aktualisiert. Heute gibt es für Geistliche in allen

Sprachen der muslimischen Länder Sammlungen von Muster-
predigten, die oft auch Koranverse vorbildhaft interpretieren.
In der Regel halten diese vorgefertigten Texte die Muslime
zum wahren Glauben und zur Einhaltung der islamischen
Pflichten, also zu rechter Ethik, an.

In der Anfangszeit des Islam hatte die Moschee auch als allgemeiner *Versammlungsraum* gedient; hier wurden alle politischen und sozialen Probleme der *umma*, der Gemeinschaft der
Gläubigen, besprochen. Diese Tradition ist heute ganz besonders unter den Islamisten bzw. Fundamentalisten wiederaufge-
lebt, können sie doch in der Moschee einen relativ unein-
sehbaren Freiraum für ihre Opposition gegen ihnen nicht
genehme islamische Regierungen nutzen. Die Schiiten haben
beispielsweise die bedeutendste Teheraner Freitagsmoschee
als Forum der iranischen Revolution unter Ayatollah Khomeini reaktiviert, etwa so – wenn auch natürlich mit ganz anderen Zielen – wie einst die DDR-Christen die Nikolaikirche in
Leipzig. Imame fast aller Moscheen in Deutschland pflegen –
nicht immer ganz glaubwürdig – zu versichern, sie und ihre
Gemeinde seien politisch nicht aktiv. Zugleich aber sind oft
gerade sie es, die Religion und Politik überhaupt nicht trennen
wollen. Mit diesem Widerspruch ist nur schwer zurechtzukommen.

Die Mannheimer Moschee ist zugleich eine *Begegnungs-
stätte* zwischen Muslimen und Angehörigen anderer Religionen, vornehmlich Christen. Im ersten Jahr ihres Bestehens hat
sogar eine Schulklasse mit jüdischen Kindern aus Jerusalem,
die in Mannheim zu Gast war, die Moschee besucht. Ihr Bild
von Deutschland habe sich gewandelt, erklärte Herr Alboğa.
Auch hat der Vorsitzende der jüdischen Gemeinde in Mannheim bei der Eröffnung der Moschee, zu der er eingeladen
worden war, ein Grußwort übermittelt. Die Kontakte zu den
Christen und zu den Kirchen, die naturgemäß den Schwerpunkt bilden, würden trotz mancherlei Berührungsängsten
immer besser. Der evangelische Landesbischof Engelhardt hat
den Rohbau der Moschee besichtigt, und die katholische Liebfrauenkirche hat sich als wahrer Nachbar erwiesen. Das zeigt
sich auch daran, daß unter Leitung ihres Pfarrers im Septem-

ber 1994 die Christlich-Islamische Gesellschaft Mannheim e.V. gegründet wurde, die sich seither für ein besseres Verständnis zwischen den Angehörigen beider Religionen einsetzt.

Die Moschee veranstaltet „Tage der offenen Tür". Es herrscht ein reges Kommen und Gehen: wöchentlich informieren sich hier etwa 800 bis 1000 nicht-muslimische Besucher. Nach Angaben der Moschee kommen wöchentlich etwa 5000 Gläubige zum Gebet.

Herr Alboğa vermittelt mit leuchtenden Augen und glühendem Herzen seinen Zuhörern – Schulklassen, Vertretern der verschiedenen Parteien, Frauengruppen, ja sogar den Rotariern[6] – einen liberalen, modernen und selbstbewußten Islam. Er ist geprägt durch eine tolerante Form von Sufitum.[7] Er weiß, was andere am Islam befremden mag, kann vieles verstehbar machen und wirbt eindrucksvoll um Sympathie.[8]

Die Moschee versteht sich als *Symbol der Toleranz.*[9] So ist in ihrem Erdgeschoß in einem kleinen Büro als ständige wissenschaftliche Einrichtung das „Institut für Deutsch-Türkische Integrationsforschung", anfangs unter der gemeinsamen Leitung des Christen Dr. Reiner Albert und seines islamischen Kollegen Talat Kamran untergebracht. Dieses Institut soll eine Brücke schlagen und einen theoretischen, zugleich praxisorientierten Beitrag zum interkulturellen und interreligiösen Zusammenleben leisten. Es baut eine Fachbibliothek auf, ver-

---

[6] Rotarier, Lions-Club-Mitglieder, Freimaurer und vergleichbare „Männerbünde" lehnen die Islamisten aufs schärfste ab, weil sie in ihnen vom Westen, vom Welt-Zionismus und anderen „bösen" Kräften korrumpierte Geheimbünde sehen.

[7] Sufitum kann außerordentlich intolerant und sogar militant sein; er kann aber auch eine sehr offene Haltung gegenüber den anderen Schriftreligionen einnehmen.

[8] Mein hier geschilderter Besuch fand am Freitag, 23.02.1996, statt. Inzwischen hat der Islamische Bund – offenbar von übergeordneter Stelle (DITIB und türkisches Generalkonsulat) unter Druck gesetzt – Bekir Alboğas Vertrag nicht mehr verlängert; Herr Dr. Albert wurde mehrmals vom Imam aus der Moschee verwiesen. Das Institut habe in der Moschee nichts zu suchen, sagte am 3. September 1997 ein türkischer Konsulats- und damit Staatsbeamter bei einer Tagung der Friedrich-Ebert-Stiftung in Mannheim: ein Stück Hoffnung ist wohl dahingegangen.

[9] So auch der Titel der anläßlich der Eröffnung der Moschee herausgegebenen Broschüre. Das Titelbild zeigt Moschee und Kirche in einträchtigem Nebeneinander.

anstaltet Tagungen und führt an der Mannheimer Universität Lehrvcranstaltungen durch. Das zielstrebige Engagement und die Begeisterung der Mitarbeiter stärken die Hoffnung, daß hier tatsächlich ein konstruktiver Beitrag zum toleranten Miteinander entstanden ist.[10]

Noch sind die Schritte klein. In der Cafeteria bleiben die Türken und die Deutschen im Alltag weiterhin unter sich. Eine Deutsche setzt sich zu uns, die Muslimin geworden ist und eine Stelle sucht. Dr. Albert informiert mich über seine Wirkungsmöglichkeiten und Zielvorstellungen. Im religiösen Bereich, der der *umma*, der Gemeinschaft der Gläubigen, vorbehalten bleibt, ist es noch recht schwer, Mitverantwortung für die Christen zu erwecken. Vieles, scheint mir, ist hier vielleicht doch eher ein Bedürfnis der Christen als der Muslime.

„Gemäßigt" sei die Moschee, heißt es. Dennoch bleibt alles recht traditionell und männerbestimmt. Dem Vorstand des Islamischen Bundes in Mannheim gehört keine Frau an. Die Eröffnungsfeier ging vonstatten, ohne daß auch nur ein einziges weibliches Wesen die Männerwelt irritierte. Selbst der ansonsten liberale Bildungsreferent setzt sich für die islamische Gewandung der Frauen ein, die sich bekanntlich vor den aggressiven Männerblicken zu schützen haben.

Mannheim will jedenfalls ein leuchtendes Beispiel sein für das friedliche Miteinander zweier Kulturen und Religionen. Der Vorsitzende des Islamischen Bundes in Mannheim, Osman Özay, legte bei der Eröffnung der Moschee seine Erwartungen eindrucksvoll dar: „Ich sehe den Bau der Moschee als einen wichtigen Schritt auf dem Weg zur Integration der Mannheimer Türken in die deutsche Gesellschaft. Wir leben in dieser Stadt und teilen aus diesem Grund ihre Gesellschaftsordnung und ihre politischen Grundwerte. Begriffe wie Demokratie und Menschenrechte sind Bestandteil unseres alltäg-

---

[10] Sehr lesenswert dazu *Reiner Albert:* „Das erste Jahr der neuen Mannheimer Moschee – aus der Perspektive des Instituts für deutsch-türkische Integrationsstudien". In: *L. Hagemann / A.Th. Khoury / W. Wanzura* (Hrsg.): Auf dem Weg zum Dialog, S. 41–78. Am 15. Oktober 1997 erhielt das Institut für Deutsch-Türkische Integrationsforschung den mit 75 000 DM dotierten „Karl Kübel Preis".

lichen Lebens geworden. Sie sind voll und ganz mit unserer Religion vereinbar. Die Existenz der neuen Moschee zeigt sehr deutlich, daß man auf deutscher Seite unsere religiösen Gefühle respektiert. Deshalb fühlen sich die Mannheimer Türken auch als ein Teil dieser Stadt. Wir werden uns von nun an noch intensiver darum bemühen, uns in die deutsche Gesellschaft zu integrieren. Davon bin ich zusammen mit meinen Landsleuten, die ich hier vertrete, überzeugt."[11]

Osman Özay ist Anfang 1996 in seinem Amt bestätigt worden. Der Islamische Bund steht also weiterhin hinter seinem Vorsitzenden und dessen Zielvorstellungen. Wenn „Integration" nicht gleichzusetzen ist mit „Aufgabe der eigenen Identität", sondern ein Beitrag dazu wird, eine multikulturelle und multireligiöse Welt zu erbauen, kann die Mannheimer Moschee ein Vorbild dafür sein. Daß Ehrlichkeit und Offenheit die Grundlagen dieser Gemeinsamkeit sind, diesen Männern nimmt man es ab.

---

[11] R. Albert/T. Kamran (Hrsg.): „DİTİB. Mannheim Yavuz Sultan Selim Camii. Hoşgörünün Sembülü. Symbol der Toleranz", Mannheim, März 1995, S. 8.

2. Zur Literatur

Die Lage ist betrüblich. Neben vielen, teils auch wichtigen Arbeiten zu *Einzelaspekten* des Islam in Deutschland gibt es nur wenige umfassende Darstellungen zu diesem breitgefächerten Thema. Das wichtigste Buch ist nach wie vor *Muhammad Salim Abdullahs* „Was will der Islam in Deutschland?" (1993). Der Autor hatte bereits in früheren Jahren einige profunde Arbeiten zu dieser Fragestellung veröffentlicht. Im übrigen ist sein Name unauslöschlich verbunden mit dem „Zentral-Institut Islam-Archiv-Deutschland" in Soest, das 1927 in Berlin gegründet wurde, 1942 seine Pforten schloß und das er wiederaufgebaut hat. Bereits seit 1974 wirkt er als Vertreter der Deutschen Sektion des Islamischen Weltkongresses, die er – nach eigenen Angaben – seit 1988 auch bei den Vereinten Nationen vertritt; außerdem hat er in Deutschland den Islamrat mitbegründet. Bis 1992 hat der gelernte Bibliothekar und Journalist als freier Mitarbeiter bei der „Deutschen Welle" mit kritischem Blick die Ereignisse in der islamischen Welt analysiert und wiedergegeben. Das Buch dieses Muslim, der die deutschen Verhältnisse auf den verschiedenen Ebenen hervorragend kennt und viel für den Islam in Deutschland getan hat, ist das beste, was bislang zu diesem Thema erschienen ist.

Zwei weitere Bücher erwecken den Eindruck, einen Gesamtüberblick über die gegenwärtige Situation der Muslime in Deutschland zu vermitteln: *Rolf Stolz* publizierte „Die Mullahs am Rhein. Der Vormarsch des Islam in Europa" (1994), das 1996 als Taschenbuch unverändert, nun aber unter dem Titel „Die Mullahs in Deutschland. Der Sprengstoff von morgen" erschien. *Peter Heine* schrieb „Halbmond über deutschen Dächern. Muslimisches Leben in unserem Land" (1997). Diese umfangreichen Bücher haben aber leider eine problematische

Gemeinsamkeit: der weitaus größte Teil ihres Textbestandes hat mit dem eigentlichen Thema des gegenwärtigen Islam in Deutschland gar nichts zu tun.[12] Dies bleibt auch dann zu beklagen, wenn man positiv berücksichtigt, daß allgemeinere Informationen über den Islam und dessen Geschichte auch in solchem Rahmen für diesen oder jenen Leser hilfreich sein mögen.

Rolf Stolz befaßt sich ausschließlich mit dem islamischen Fundamentalismus als der bedrohlichen Form des Islam. Peter Heines mit trefflichen Anekdoten garniertes Opus liest sich gut und flüssig; doch es bleibt ein Leichtgewicht.[13] Heine beschönigt, wo immer er kann. Das geht so weit, daß er übelste Schmähungen wie die – in diesem Buch ebenfalls zitierten[14] – Anwürfe einer islamistischen Organisation gegen die Europäer als „eine typische Reaktion einer Minderheitengruppe gegenüber einer Mehrheit" entschuldigt und hinzufügt: „Auf diese Weise legitimiert sie sich selbst und versichert sich ihrer eigenen Identität."[15] Derartige Urteile sind ein Affront gegen alle jene Minderheiten, die mit ihrem hiesigen Status gut zurechtkommen, und eine Fehleinschätzung der Ziele dieser Organisation. Hat Stolz immerhin gewisse politische Zusammenhänge erkannt – wenn er auch blind bleibt für die moderaten Seiten des Islam und sich reichlich Schnitzer lei-

---

[12] P. Heine stellt zunächst allgemein den Islam vor (S. 14–60), wozu es ohnedies sehr gute Einführungsliteratur gibt. Ein auf Deutschland bezogener Teil (S. 61–107) bietet nur einen historischen Rückblick. Die abschließenden Seiten 299–343 sind dem Islam in sonstigen Europa gewidmet; dies gehört ebenfalls nicht zum Thema des Buches. Auch der Kern des Werkes, die Darstellung der Glaubenspraxis und des Alltags von Muslimen in Deutschland (S. 108–298), streift oft nur die hiesigen Probleme. So behandelt z. B. der Abschnitt „Muslimische Kinder in deutschen Schulen" zunächst ausführlich die im gegebenen Zusammenhang völlig irrelevanten früh-islamischen Schulen (S. 156–164 oben), die restlichen Seiten (164 unten – 167) bieten kaum mehr als Mutmaßungen. Die penetranten Fehler in der Schreibweise türkischer Wörter hätte zumindest das Lektorat des Verlages korrigieren müssen. Auch hätte u. a. auffallen können, daß nicht ein „Hügel *Maria*", sondern der „Hügel *Merwa*" im Ritual der Pilgerfahrt eine Rolle spielt (S. 25).
[13] Der Titel des Beitrags von *P. Heine:* „Die Deutschen und die islamische Welt". In: Aus Politik und Zeitgeschichte. Beilage zur Wochenzeitung Das Parlament, B 28/97 vom 4. Juli 1997, S. 14–20, erweckt fälschlicherweise die Erwartung, daß der Artikel mit dem Islam in Deutschland zu tun haben könnte.
[14] Siehe unten S. 78f.
[15] *P. Heine*, Halbmond, S. 126.

stet[16] –, so muß man sich fragen, warum Heine in vielem allzu vage bleibt. Der Leser wüßte auch gern, aus welchen Quellen seine Kenntnisse stammen.[17] Ein großes Buchkapitel allerdings, das mit „Feindschaft und Anziehung. Deutsche Begegnungen mit dem Islam von seiner Gründung bis zur Gegenwart" überschrieben ist, entschädigt in gewissem Maße, wenn auch die „Gegenwart" bei Heine leider nur bis zum Jahre 1961 reicht, wo die eigentliche deutsche Begegnung mit dem Islam in Gestalt türkischer Gastarbeiter gerade begann. Heine schöpft bei seinen Schilderungen aus dem reichen Fundus seiner Erfahrungen in den *arabischen Ländern*: doch mit dem zumeist *türkischen* Gegenwartsislam in Deutschland hat das alles fast gar nichts zu tun.

Bahman Nirumand hat 1990 das Buch „Im Namen Allahs. Islamische Gruppen und der Fundamentalismus in der Bundesrepublik Deutschland" herausgegeben, das einige lesenswerte Artikel enthält, unter anderem die sehr kritischen Beiträge des verstorbenen, bei den Muslimen allerdings äußerst unbeliebten Karl Binswanger.

Speziell mit den zahlreichen *Organisationen* befaßt sich das 1993 erschienene Buch von *Metin Gür* „Türkisch-islamische Vereinigungen in der Bundesrepublik Deutschland". Das Werk dieses Enthüllungsjournalisten ist tendenziös und boshaft, enthält aber dennoch einige interessante Informationen und eine Reihe beachtenswerter Gesprächsprotokolle.

---

[16] Zum Beispiel verbindet R. Stolz den DITIB-Skandal mit der AMGT (S. 240) oder gibt die Stellung Amina Erbakans, der DIF-Vorsitzenden (S. 238), und irrigerweise den Beruf ihres Sohnes Mehmet Sabri (S. 239) sowie Zahlen falsch an. Wiederum einseitig und noch aggressiver ist das im Herbst 1997 erschienene Buch von *Rolf Stolz:* Kommt der Islam?

[17] Zu den ganz seltenen Literaturangaben Heines gehört „der" Verfassungsschutzbericht (z. B. S. 125); doch auch dies ist ungenau: Mir liegen allein für die Zeit von 1990 bis 1995 – acht (!) Berichte des Verfassungsschutzes vor. Nur zwei Autoren werden – allerdings ohne Literaturangabe – genannt: der „Volkskundler Hartmut Heller" (S. 84f, 87), der Biographien für das ausgehende 17. Jh. gesammelt und sich zu Grabsteinen geäußert hat, und Rüdiger Lohlker (S. 291), wobei höchstwahrscheinlich dessen Buch „Schari'a und Moderne. Diskussionen über Schwangerschaftsabbruch, Versicherung und Zinsen" (Abhandlungen für die Kunde des Morgenlandes, Bd. LI, 3), Stuttgart 1996, gemeint ist, eine wissenschaftlich verdienstvolle Arbeit, die zwar viel mit Ägypten, nichts aber mit Deutschland zu tun hat.

Die *Körber-Stiftung* publizierte den ausgezeichneten Band „Religion – ein deutsch-türkisches TABU?" (1996), in dem die gegenwärtige Situation in der Türkei dargestellt wird, die sich aber gutenteils in Deutschland widerspiegelt.

Für Furore sorgen die zahlreichen Publikationen von *Wilhelm Heitmeyer*, die zum Teil auf Umfragen unter türkischen Jugendlichen beruhen, die der Autor zusammen mit anderen gemacht hat.[18] Die Muslime sind erbost, weil er eine enorme Gewaltbereitschaft unter den jungen Leuten feststellt, und werfen ihm mangelnde Wissenschaftlichkeit vor. Doch sind die Vorwürfe absurd und ungerecht; Ergebnisse von Studien müssen auch dann veröffentlicht werden können, wenn sie schmerzlich sind, und gesellschaftliche Mißstände können nur dann behoben werden, wenn sie erkannt und benannt sind.

Nützlich sind die beiden vom Zentrum für Türkei-Studien in Essen im Auftrag von Landesministerien erstellten Arbeiten zu islamischen Organisationen in Nordrhein-Westfalen und in Hessen.[19] Sie schildern die Entstehung und Entwicklung der wichtigsten Vereinigungen und analysieren deren Angaben zu den Problemen der Muslime in einem nicht-islamischen Umfeld.

Die von *Niels Feindt-Riggers* und *Udo Steinbach* verfaßte Studie des Deutschen Orient-Instituts „Islamische Organisationen in der Bundesrepublik Deutschland. Eine aktuelle Bestandsaufnahme und Analyse" ist im Herbst 1997 in der Schriftenreihe des *Deutschen Orient-Instituts* in Hamburg erschienen. Die Darstellung der Organisationen ist klar, kritisch und treffend; die zentralen Fragen sind angesprochen und verdeutlicht. Eine ausführliche Liste verschiedenster, nicht nur islamischer Vereine und Verbände zeigt das ganze Spektrum muslimischer Aktivitäten in Deutschland.

Meines Wissens stehen einige weitere wissenschaftliche Arbeiten zum „Islam in Deutschland" kurz vor dem Abschluß. Die Thematik wird uns sicher in Zukunft nicht mehr loslassen.

---

[18] Nähere Angaben finden sich in der Bibliographie.

[19] Die Titel finden sich in der Bibliographie. Die für das Land Hessen erstellte Studie wurde inzwischen von dem zuständigen Ministerium wieder zurückgezogen.

3. Zur Geschichte des Islam in Deutschland

Wer sich über die mehr als tausendjährige Geschichte des Islam in Deutschland angemessen informieren will, muß zu den glänzend geschriebenen Werken von M. S. Abdullah greifen, ganz besonders zu seinem Buch „Die Geschichte des Islams in Deutschland", aber auch zu seinem teils damit identischen Bändchen „... und gab ihnen sein Königswort". Mit Ironie und Witz schildert Abdullah die ersten Begegnungen mit den Muslimen auf deutschem Boden. Er setzt ein mit dem Reichstag von Paderborn im Jahre 777, „als Karl der Große ... den vom Emir von Córdoba vertriebenen Statthalter von Saragossa empfängt".[20] Im Jahre 791 schließen Frankreich und der uns aus „Tausendundeiner Nacht" wohlbekannte Kalif Harun ar-Raschîd einen Beistandspakt.

Die Kreuzzüge, reine Eroberungsfeldzüge im Namen der christlichen Religion, läßt M. S. Abdullah freundlicherweise außer Betracht; sie haben sich schließlich nicht auf deutschem Boden abgespielt. Doch sind sie Teil der christlich-islamischen Beziehungen und müssen deshalb erwähnt werden, zumal die Kreuzzüge das Bild der Muslime von den Christen bis heute nachhaltig prägen. Die „Türken vor Wien" im 16. Jahrhundert stehen ihrerseits ja auch noch den Christen als Schreckgespenst der „Präsenz der Muselmanen" mitten in Europa lebhaft vor Augen.

Die Kontakte von Christen mit der nach-christlichen Religion Islam waren zunächst durchdrungen vom Überlegenheitsgefühl. Die früheste europäische Koran-Übersetzung veranlaßte der Abt *Petrus Venerabilis* von Cluny; sie erschien im Jahre 1143. *Nikolaus von Kues* mit „Cribratio Alkoran" (1461)

---

[20] *M. S. Abdullah:* Geschichte des Islams in Deutschland, S. 13.

und *Ludovico Marracci* mit „Refutatio alcorani" (1698) gehören zu den Glanzlichtern damaliger Koranforschung. Doch
galten Koran und Islam aus der Sicht der christlichen Gelehrten als übelste Machwerke eines Scharlatans, Betrügers und
Epileptikers namens Muhammad, der sich fälschlicherweise
als Prophet Gottes ausgegeben hatte. Erst im 19. Jahrhundert
änderte sich als Folge der Aufklärung die Sichtweise; zunehmend wurden der Islam als eine eigenständige, bedeutsame
Größe und Muhammad als ernst zu nehmender Religions-
stifter wahrgenommen. Zugleich löste sich die Orientalistik
aus den Armen der Theologie und entwickelte sich als selbst-
ändiger Wissenschaftszweig.

Die eigentliche Geschichte des Islam in Deutschland läßt
M. S. Abdullah damit beginnen, daß der Herzog von Kurland
im Jahre 1731 dem Preußenkönig *Friedrich Wilhelm I.* (1713–
1740) zwanzig Muslime als „lange Kerls" für dessen Elite-
Garde überließ. Deshalb meint Abdullah, daß die neuere
Geschichte des Islam in Deutschland bereits mehr als 250 Jahre alt sei; aber das ist denn doch etwas übertrieben. Was die
Deutschen damals und darüber hinaus mit den Türken verband, war überwiegend Kriegsgeschichte: Türken kannte man
als Soldaten oder als Kriegsgefangene. Die Gräber der ersten
Muslime, die im Siebenjährigen Krieg ihr Leben für Preußen
ließen, liegen in Ostpreußen. Ende 1866 wurde schließlich der
erste islamische Friedhof in Berlin feierlich seiner Bestimmung übergeben.

1761 war der erste *Handelsvertrag* zwischen der Hohen
Pforte und Preußen abgeschlossen worden. Der „orientalische
Baustil" hat im 18. Jahrhundert in Deutschland Architekten
inspiriert;[21] doch ist der Nachwelt kein Bauwerk jener Epoche
erhalten geblieben, leider auch nicht das 1672 vollendete Türkische Palais von Dresden. Im 19. Jahrhundert beflügelte insbesondere die *maurische* Baukunst die Phantasie deutscher
Künstler wie des Orient-Malers *Wilhelm Gentz.* Orientalisches

---

[21] Siehe z. B. *Martin U. Wilhelmy:* Maurisches und Orientalisches in der Mark. In:
Halbmond und Krummschwert. Märkisch-Orientalisches. In: Die Mark Bran-
denburg, Heft 19, 1995/IV, S. 2–5, und weitere Beiträge in demselben Heft.

regte die Phantasie zahlreicher Künstler an. Ein wichtiger kultureller Beitrag der Türken bestand in der Janitscharenmusik, die zunächst die deutsche Militärmusik, dann aber auch Musikwerke wie „Der türkische Marsch" oder die „Entführung aus dem Serail" von *Wolfgang Amadeus Mozart* anregte. Ebenso wurde die Dichtung in vielerlei Hinsicht durch den Orient befruchtet:[22] „Der west-östliche Divan" von *Johann Wolfgang von Goethe,* der den persischen Dichter *Hafiz* besonders verehrte, oder die *Rückert'schen* Übersetzungen persischer, hebräischer, arabischer und türkischer Gedichte sind Glanzstücke damaliger Orientophilie. Haremsträume und das „türkische Bad" haben Jean Auguste Dominique Ingres und andere Künstler zu Gemälden mit üppigen Frauengestalten angeregt und Sehnsüchte nach orientalischen Wonnen ausgelöst.

Freundschaftliche politische Kontakte zwischen dem Osmanischen Reich und den Preußen haben eine lange Tradition. Sie reichen von König *Friedrich II.,* dem Großen, der es jedem zugestand, „nach eigener Façon selig zu werden", bis zu Kaiser *Wilhelm II.,* der sogar den Rang eines türkischen Marschalls bekleidete. Das Bündnis mit den Türken im Ersten Weltkrieg und die erst im letzten Moment gebrochene Neutralität im Zweiten Weltkrieg haben die Türken noch bis in die ersten Gastarbeiter-Jahre hinein als „Waffenbrüderschaft" hochgehalten.

Die diplomatischen Beziehungen zwischen Deutschland und dem Osmanischen Reich waren konstant freundschaftlich. Aus dem Jahre 1777 – genau ein Jahrtausend nach dem Reichstag zu Paderborn – stammt ein hoffnungsfroher Bericht des Gesandten der Hohen Pforte in Berlin an den damaligen Sultan Abdulhamid I., aus dem Abdullah zitiert: „Die Bevölkerung Berlins erkennt den Propheten Muhammad an und scheut sich nicht zu bekennen, daß sie bereit wäre, den Islam anzunehmen."[23]

---

[22] Dazu *Albert Hourani:* Der Islam im europäischen Denken. Frankfurt a. M. 1994, und *Annemarie Schimmel:* West-östliche Annäherungen. Europa in der Begegnung mit der islamischen Welt. Stuttgart–Berlin–Köln 1995.
[23] *M. S. Abdullah:* Geschichte des Islams in Deutschland, S. 16.

Ende des 18. Jahrhunderts wurden in Burgsteinfurt und in Schwetzingen die ersten Moscheen gebaut. Die Potsdamer, die Dresdner und die Schwetzinger Moschee dienten allerdings nicht als Kultstätten, wurden also nicht zum freitäglichen Gebet genutzt, sondern waren reine Profanbauten im Moscheenstil.

Der Erste Weltkrieg brachte bis zum Jahre 1916 etwa 15 000 muslimische Gefangene, die in Berlin im „Halbmondlager" und im „Weinberglager" untergebracht wurden. Auf dem Zehrndorfer Friedhof bei Zossen wurden nach dem Ersten Weltkrieg etwa 1000 Muslime beigesetzt. Für die Gefangenen wurde auf Wunsch des Şeyhülislam, des obersten osmanischen Mufti in Istanbul, eine Moschee in *Wünsdorf* bei Zossen (nahe bei Berlin) errichtet und am 13. Juli 1915 mit einer Predigt des tunesischen Imams Muhammad al-Khidr Hussain eröffnet.[24] Sie war binnen fünf Wochen im „Halbmondlager" auf einem massiven Fundament als hölzener Kuppelbau mit einem 25 Meter hohen Minarett gebaut worden. Wegen Einsturzgefahr wurde sie am 27. Januar 1930 wieder abgerissen. Etwa zur gleichen Zeit wurde die Moschee der Deutsch-Moslemischen Gesellschaft in Berlin-Wilmersdorf eröffnet.

Nach dem Ersten Weltkrieg waren etwa 90 Muslime in Berlin verblieben, einige von ihnen als Studenten an der dortigen Universität, die den Kern einer neuen islamischen Gemeinde bildeten. Ihr Imam Idris gründete 1918 den „Verein zu Unterstützung russisch-mohammedanischer Studenten". 1930 nannte sich die Moscheegemeinde „Deutsch-Moslemische Gesellschaft"; Mitglieder dieses Vereins waren Muslime und Nicht-Muslime. Zu dieser Zeit hatte sich schon eine Reihe weiterer kleiner muslimischer Vereinigungen wie der „Hilfsverein in Deutschland lebender Mohammedaner" gebildet.

Den Islam repräsentierten in Deutschland damals vor allem die *Ahmadiyya*, eine indisch-pakistanische, später islamischerseits als häretisch eingestufte missionarische Bewegung, und

---

[24] *Gerhard Höpp:* Die Wünsdorfer Moschee: Eine Episode islamischen Lebens in Deutschland, 1915–1930. In: Die Welt des Islams, Vol. 36, Nr. 2, Juli 1996, S. 204–218. Bei dem dort S. 212 zitierten „arabischen Spruch" handelt es sich im übrigen um das islamische Glaubensbekenntnis.

andererseits der Sufi *Inayat Khan*. Doch es gab auch noch andere Berührungen. So hat beispielsweise Said Nursi, der Begründer der Nurculuk-Bewegung, auf seiner Flucht aus russischer Kriegsgefangenschaft 1917 einige Tage in dem berühmten Berliner Hotel „Adlon" gewohnt und Gespräche mit deutschen Gelehrten geführt.

Die Machtergreifung Hitlers im Jahre 1933 war vielen Muslimen im Ausland willkommen, erhofften sie sich doch von ihm die Befreiung vom zumeist britischen und französischen Joch des Kolonialismus. Seine Politik gegen die Juden hat ihm – teils bis heute – großes Ansehen in gewissen arabischen Kreisen verschafft.[25]

Unter der knappen Million russischer Kriegsgefangener während des Zweiten Weltkriegs waren etwa 150000 bis 200000 Muslime aus Turkestan, Kaukasier, Krim- und Wolgatataren, die im weiteren Verlauf des Krieges als Ost-Legionen im Rahmen der deutschen Wehrmacht dienten. Dazu kamen Inder, die zunächst den Briten gedient hatten. Der Mufti von Jerusalem, der zwischen 1941 und 1945 mehrfach Berlin besuchte und zeitweise dort lebte, hat sich auch darum bemüht, den Islam in Deutschland besser zu etablieren.

Tatsächlich fängt die Geschichte des Islam in Deutschland jedoch erst mit den *Gastarbeitern* an, die seit den sechziger Jahren in die damalige Bundesrepublik Deutschland geholt worden waren. Sie kamen nicht nur aus den südeuropäischen, sondern zunehmend auch aus muslimischen Ländern, vor allem aus der Türkei, aber auch aus Marokko und Tunesien.[26] Daß auf diese Weise binnen nur dreier Jahrzehnte die zweitgrößte Glaubensgemeinschaft Deutschlands entstehen würde, ahnte damals niemand. Man rechnete – sofern man überhaupt darüber nachdachte – mit einer ständigen Fluktuation von Arbeitskräften, die man nach Belieben einstellen oder wieder

---

[25] Höchst verwundert sind heute immer noch manche Muslime – darunter durchaus auch Akademiker –, wenn man nicht in den Lobpreis Hitlers einstimmt oder ihn gar energisch abwehrt.
[26] 1955 wurde das erste Anwerbeabkommen mit Italien getroffen, 1960 mit Spanien und Griechenland, 1961 mit der Türkei, 1963 mit Marokko, 1964 mit Portugal, 1965 mit Tunesien und 1968 mit Jugoslawien.

entlassen konnte; ein Daueraufenthalt war nicht eingeplant, weder von den Deutschen noch von den Muslimen selbst. Sie hatten davon geträumt, daß die Menschen, die sie ja geholt hatten, sie freundlich aufnehmen würden und daß die Türklinken der Häuser hierzulande aus Gold seien. Vor den Konsulaten in ihrer Heimat hatten sie tagelang in kilometerlangen Schlangen ausgeharrt, um das Zipfelchen Glück zu erhaschen, das der Stempel im Paß verhieß.

Doch alles wurde unerwartet schwer. Die Gastarbeiter lebten in Deutschland ein einsames und entsagungsvolles Leben. Eine Statistik aus dem Jahr 1972 besagt, daß 89 % der damaligen Migranten Männer waren. Der Anwerbestopp 1973 und die danach ermöglichte Familienzusammenführung veränderten die Situation grundlegend; im Jahre 1992 waren bereits 45 % der Migranten Frauen.[27] Die Folge dieser Politik war, daß sich die Familien hierzulande einzurichten begannen, wenn auch meist noch mit dem Gedanken, sich von hier aus in der Heimat eine Zukunftsexistenz aufzubauen und dorthin zurückzukehren. Jedoch ergaben sich bald neue Lebensumstände, denen Rechnung getragen werden mußte: Die Kinder wuchsen in Deutschland auf, mußten hier die Schule besuchen und deshalb Deutsch lernen. Hatten auch die Frauen Stellen bekommen, waren zudem Kindergartenplätze gefragt. Räume, um sich mit Landsleuten zu treffen, wurden angemietet und Gebetsstätten eingerichtet, Läden mit dem aus der Heimat vertrauten Warenangebot eröffnet und die ersten Handelsfirmen gegründet.

Auf die deutschen Institutionen kamen nicht wenige bis dahin völlig unbekannte Probleme zu. Zunächst wurden Kirchenleute von Muslimen darum gebeten, ihnen Räumlichkeiten zum Freitagsgebet verfügbar zu machen; das führte bis zu einem islamischen Gebetsgottesdienst im Kölner Dom am 3. Februar 1965. Im Erzbistum erinnert man sich noch an Briefe von Muslimen, die der Fehleinschätzung unterlagen, der Ort, an dem Muslime beten, gehöre ihnen auch, und die des-

---

[27] Die Daten sind entnommen aus: *Ministerium für Arbeit* (Hrsg.): Türkische Muslime in Nordrhein-Westfalen, S. 51.

halb den Kölner Dom als ihren Besitz betrachteten. Im Jahr 1992 verbot ein päpstliches Dekret die Vergabe gottesdienstlicher Räume an nicht-christliche Religionen.[28]

Sodann waren die Pädagogen auf allen Ebenen gefordert. Mit deren seit 1980 entstandenen Untersuchungen und Studien beginnt auch die Auseinandersetzung mit dem hiesigen Islam und seinem andersartigen Wertesystem, das vor allem die Kindergarten-Arbeit und den Schulunterricht, aber auch den Umgang mit dem anderen Geschlecht betrifft. Gleichzeitig mit den Pädagogen meldeten sich auch Kirchenleute zu Wort. Mit der Einrichtung der „Ausländerbeauftragten" folgten die Politiker. Am spätesten haben Islam-Fachleute wahrzunehmen begonnen, was sich ereignet hatte.

Es hat lange gedauert, bis allgemein klargeworden ist: Der Islam ist da, die Muslime sind da, und wir müssen uns endlich mit dieser grundlegenden Neuerung vertraut machen. Der Vorsitzende des Zentralrats der Muslime in Deutschland, Dr. Nadeem Ata Elyas, brachte in einer Stellungnahme, die dem Deutschen Bundestag im November 1996 vorgelegen hat, die gegebene Sachlage auf die Formel: „Erneut ist der Islam in Europa und nun auch in Deutschland heimisch geworden."[29]

---

[28] Gemeindehäuser und andere kirchliche Stätten hingegen dürfen unter bestimmten Umständen auch weiterhin gelegentlich Muslimen zur Verfügung gestellt werden.
[29] Siehe dazu das Informationsblatt des ZMD „Demokratie Leben. Muslime im Kontext des Europäischen Pluralismus".

4. Die Vielfalt des Islam in Deutschland

Der Islam als zweitgrößte Religion der Welt

Auf der Erde gibt es gegenwärtig rund eine Milliarde Muslime. Nach dem Christentum ist der Islam die zweitgrößte aller Religionsgemeinschaften. Fast jeder fünfte Erdenbewohner ist bereits Muslim, und die Tendenz ist steigend.[30]

Die Staaten mit einem islamischen Bevölkerungsanteil von meist mehr als 90 % ziehen sich wie ein Gürtel von Nordafrika im Westen mit Marokko, Mauretanien, Senegal, Guinea, Mali und Niger (mit 80 % Muslimen) über Algerien, Tunesien und Libyen bis Ägypten im Osten. Der Anteil der Muslime im Sudan beläuft sich zwar „nur" auf 77 %; jedoch ist der Islam dort Staatsreligion. Weiter südlich schließen sich Dschibuti und Somalia an. Abgesehen vom Staat Israel ist der gesamte Nahe und Mittlere Osten mit Syrien, Jordanien, Libanon (allerdings nur mit 60 %), „Palästina", Saudi-Arabien, Jemen, den arabischen Staaten am Golf, Irak, Iran und der Türkei (99 %) bis Afghanistan und Pakistan fast rein islamisch. Eine muslimische „Enklave" ist Bangladesch. Indonesien ist mit seiner zu 86,9 % muslimischen Bevölkerung der Staat mit den weltweit meisten Muslimen. Obgleich Malaysia nur 53 % muslimische Bevölkerung hat, ist der Islam dort Staatsreligion; dasselbe gilt für Brunei, wo immerhin 63 % der Bewohner dem Islam anhängen. Obwohl in Prozent der Gesamtbevölkerung kaum erwähnenswert, sind in absoluten Zahlen doch immerhin etwa 21 Millionen Chinesen Muslime. In diesem

---

[30] Schätzungen zufolge hat der Islam in den drei Jahrzehnten von 1950 bis 1980 weltweit um 5 % zugenommen. Vgl. *W.Ende / U.Steinbach:* Der Islam in der Gegenwart, 2. Aufl. 1991. Karte „Die islamische Welt" im Anhang.

Karte zur Verbreitung des Islam in West- und Mittel-Europa

Bevölkerungsanteil der Muslime unter 1%

Bevölkerungsanteil der Muslime bei 1 bis 2%

Bevölkerungsanteil der Muslime bei 2 bis 3%

Bevölkerungsanteil der Muslime über 3%

Graphik: Alexander Maurer

„Islam-Gürtel" und ihm angrenzenden Bereichen siedeln fast alle Muslime der Welt. Welche Entwicklung die ehemaligen Sowjetstaaten Aserbaidschan, Turkmenistan, Usbekistan, Kasachstan, Tadschikistan und Kirgisistan/Kirgisien nehmen, wird sich zeigen; sie selbst sind als weitgehend islamische Republiken am Aufbau religiöser Strukturen interessiert. Ein Blick auf Europa zeigt, daß insbesondere Bosnien-Herzegowina und Albanien traditionell vom Islam geprägt sind, dazu selbstverständlich der westliche Zipfel der Türkei auf europäischem Boden.

Etwa 90 % aller Muslime sind Sunniten; ungefähr 10 % bekennen sich statt dessen zur Schia. Die Schia ist lediglich in Iran Staatsreligion, jedoch außerdem stark vertreten im Libanon (mit 32 % der zu 60 % islamischen Bevölkerung), im Irak (vor allem im Süden und Osten mit Zweidrittel), in Bahrain, in Kuwait und schließlich (mit 65 % einer zu 90 % muslimischen Bevölkerung) in Aserbaidschan. Im Jemen herrscht die den Sunniten nahestehende Fünfer-Schia oder Zaidîya vor, die in den Imamen lediglich vorbildliche Menschen ohne übernatürliche Fähigkeiten sieht. Die im sozialen Bereich besonders engagierte Siebener-Schia mit Karim Aga Khan IV. an der Spitze wirkt vor allem in Indien und Ostafrika. Überall sonst in der Welt dominiert der sunnitische Islam.

Die Herkunftsländer der Muslime in Deutschland

In Deutschland sind die Muslime – korrespondierend zur Weltsituation – die zweitgrößte Glaubensgemeinschaft, ebenso wie in England, den Niederlanden und Frankreich. Freilich sind dort die wichtigsten Herkunftsländer der Muslime die ehemaligen Kolonien: in England kommen die meisten Muslime aus dem indisch-pakistanischen Raum, in den Niederlanden aus Indonesien – inzwischen aber auch aus der Türkei als Gastarbeiter –, in Frankreich aus Nordafrika. Entsprechend unterschiedlich stellt sich der Islam in den beispielhaft genannten europäischen Ländern dar. In Deutschland bilden die türkischen Gastarbeiter und ihre Nachkommen die größte islamische Gruppe.

Es ist ziemlich schwierig, einigermaßen *exakt* zu ermitteln, wie viele Muslime in Deutschland leben. Die Ausländerstatistik des Statistischen Bundesamts vom 30. Dezember 1996 sagt nichts über die Religionszugehörigkeit aus, die nur bei Volkszählungen erfaßt wird. Außerdem berücksichtigt die Statistik nur als wohnhaft gemeldete Personen. Unklarheit herrscht auch über die Anzahl muslimischer Asylbewerber.

Weil in der Ausländerstatistik nur die Herkunftsländer aufgeführt sind, darunter auch die mehrheitlich islamischen Länder, läßt sich auch nicht nachvollziehen, wie viele *Muslime aus weiteren Staaten* zusätzlich hier leben. So fehlen z. B. jegliche Angaben über die Palästinenser, über Menschen, die aus kleinen Ländern wie den Golfstaaten stammen, oder über Muslime aus den USA. Was diejenigen angeht, die aus den neuen Sowjetrepubliken kommen – z. B. 17 165 aus Kasachstan –, so handelt es sich vermutlich fast ausschließlich um deutschstämmige Christen sowie Juden.

Hinzu kommt, daß auch nicht alle, die aus islamischen Ländern nach Deutschland gelangt sind und hier Asyl gefunden haben, Muslime sind. Das gilt z. B. für die „syrischen Christen" aus dem türkischen Tur Abdin, für die etwa 20 000 kurdischen Yezidi aus der Türkei und dem Irak und für die etwa 1100 Bahá'í aus Iran. Ansonsten kann aber davon ausgegangen werden, daß Personen, die aus islamischen Ländern kommen, in der Regel Muslime sind.

Die Zahl der Schiiten in Deutschland bleibt deren eigenen Angaben zufolge seit vielen Jahren mit 40 000 konstant.[31] Allein von den hiesigen 111 080 Iranern sind jedoch etwa 110 000 Schiiten. Dazu kommen noch Schiiten aus anderen Ländern, so daß man tatsächlich mit 120 000 bis 125 000 Schiten in Deutschland zu rechnen hat.

Dem Statistischen Bundesamt zufolge lebten am 31. Dezember 1996 insgesamt 7 314 046 Ausländer in Deutschland;

---

[31] Dies geschieht aus Gründen der *taqîya*, des Gebots der „Verstellung", siehe S. 65–68. Siehe zur Zahlenangabe auch „Moslemische Revue" 4/1995, S. 219.

Ausländer in Deutschland aus islamischen Herkunftsländern
Quelle: Statistisches Bundesamt, Stand: 31.12.1996

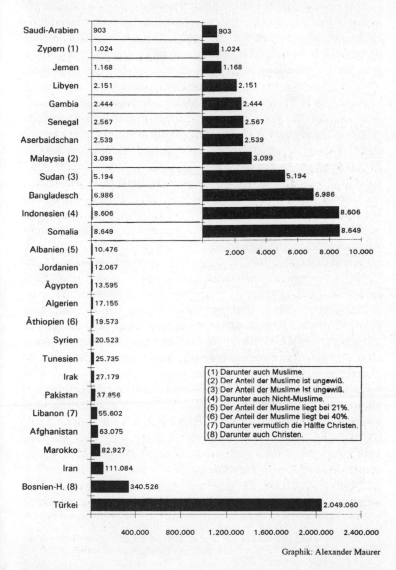

Saudi-Arabien	903
Zypern (1)	1.024
Jemen	1.168
Libyen	2.151
Gambia	2.444
Senegal	2.567
Aserbaidschan	2.539
Malaysia (2)	3.099
Sudan (3)	5.194
Bangladesch	6.986
Indonesien (4)	8.606
Somalia	8.649
Albanien (5)	10.476
Jordanien	12.067
Ägypten	13.595
Algerien	17.155
Äthiopien (6)	19.573
Syrien	20.523
Tunesien	25.735
Irak	27.179
Pakistan	37.856
Libanon (7)	55.602
Afghanistan	63.075
Marokko	82.927
Iran	111.084
Bosnien-H. (8)	340.526
Türkei	2.049.060

(1) Darunter auch Muslime.
(2) Der Anteil der Muslime ist ungewiß.
(3) Der Anteil der Muslime ist ungewiß.
(4) Darunter auch Nicht-Muslime.
(5) Der Anteil der Muslime liegt bei 21%.
(6) Der Anteil der Muslime liegt bei 40%.
(7) Darunter vermutlich die Hälfte Christen.
(8) Darunter auch Christen.

Graphik: Alexander Maurer

43

das sind 8,9 % der 82 Millionen Einwohner.[32] Die *Graphik* auf Seite 43 zeigt die Zahlen allein für die *islamischen* Herkunftsländer.

Für ein möglichst genaues Endresultat ist schließlich noch zu berücksichtigen, daß einerseits viele der Bosnien-Flüchtlinge, manche Asylanten und die meisten der ausländischen Studenten wieder in ihre Heimat zurückkehren werden; andererseits sind auch nicht alle Muslime hier polizeilich gemeldet, und Muslime, die aus nicht-islamischen Ländern kommen, sind in dieser Statistik gar nicht erfaßt. Wenn man alle diese Komponenten berücksichtigt, dürfte für 1997 mit hierzulande dauerhaft verbleibenden *2,8 Millionen Muslimen* zu rechnen sein. Rund 75 % von ihnen stammen aus der Türkei. Mit knapp 35 000 hatten die Türken 1996 die größte Zuwachsrate aller Ausländer gegenüber dem Vorjahr zu verbuchen. Die Fluktuation ist enorm.

Ganz problematisch sind weiterhin Angaben über die „deutschen Muslime", die man ja in der Gesamtstatistik mitberücksichtigen muß; denn es ist nicht einmal eindeutig, wer als „deutscher Muslim" zählt. Es gibt „deutsch *geborene*" und „deutsch *gewordene*" Muslime. Die vermutlich auf die deutsch geborenen Muslime bezogenen Angaben schwanken zwischen 48 000 und 100 000.[33] Erstaunlicherweise spricht der Islamrat von nur etwa 10 000 deutschstämmigen Muslimen, wobei er allerdings die wegen ihrer Heirat mit Muslimen übergetretenen Frauen nicht eingerechnet hat. Das sind aber wohl „Beruhigungszahlen", denen man wenig Aussagekraft beimessen sollte.[34] Künftig dürfte die Anzahl deutscher Muslime vor allem durch Einbürgerungen noch beachtlich steigen. Das

---

[32] 1991 waren es 5,9 Millionen Ausländer und 7,3 Prozent der Gesamtbevölkerung.
[33] Bei der letzten Volkszählung von 1987 gaben 48 000 Deutsche unter „Religionszugehörigkeit" Islam an. Schätzungen des „Orientdienstes" vom Februar 1995 zufolge gibt es 66 500 deutsche Muslime. Scheich Bashir Dultz spricht in CIBEDO 1/1995 von 100 000. Das Zentrum für Türkeistudien: Türkische Muslime in Nordrhein-Westfalen, S. 176, erklärt nach Hakki Keskin, dem Sprecher des Türkischen Immigranten-Vereins, es gebe 1 Million deutsche Muslime; eine solche Zahl bezieht sicherlich auch die eingebürgerten Muslime mit ein.
[34] Siehe die Dokumentation 1/1997 des Islamrats für die Bundesrepublik Deutschland, S. 1.

„Islamische Zentrum für Daʿwa[35] und Information" in Köln errechnet bereits allzu verwegen, durch Einbürgerung und durch die hohe Geburtenrate der Muslime im Verhältnis zu den abnehmenden Geburten bei den Deutschen werde es um die Jahrtausendwende ungefähr 6 Millionen deutscher Muslime geben, was dann fast einem Zehntel der deutschen Bevölkerung entspräche.[36] Befürchtungen, Deutschland stehe vor einer massiven Islamisierung, werden durch realistische Schätzungen freilich entkräftet; denn tatsächlich machen alle Muslime in Deutschland zusammengenommen gegenwärtig nur reichlich 3 % der Gesamtbevölkerung aus, nicht mehr, aber eben auch nicht weniger.

Die nicht-deutschstämmigen Muslime leben vor allem in den *Ballungszentren und Großstädten* der alten Bundesländer. In den neuen Bundesländern gibt es verhältnismäßig wenige Ausländer, und diese stammen größtenteils aus Osteuropa.

Einige Beispiele von Großstädten mit hohem Anteil an Muslimen:[37] Von den insgesamt 423 593 Ausländern in *Berlin* im Jahr 1995 waren 138 174 Türken; das entspricht ungefähr den Einwohnerzahlen von Städten wie Göttingen, Heidelberg oder Regensburg. Die nächstgrößte Ausländergruppe in Berlin bilden die nach ihrer Religionszugehörigkeit nicht näher spezifizierten „ehemaligen Jugoslawen". In *München* gibt es wegen der geographischen Nähe zum Balkan mehr ehemalige Jugoslawen, nämlich 91 533, gegenüber 49 174 Türken. In *Frankfurt* leben 36 062 Türken und – als viertgrößte Ausländergruppe – 9 470 Marokkaner; ähnlich stark sind die Marokkaner in *Düsseldorf* vertreten (5874) und als fünftgrößte Ethnie in Düsseldorf (3281). Insgesamt gibt es in Deutschland nur 21 875 marokkanische Arbeitnehmer, so daß sie sich im wesentlichen auf diese drei Städte konzentrieren. In *Hamburg* leben 71 670 Türken, 13 207 Iraner und 10 685 Afghanen. Köln mit seinen 76 680 Türken und 6333 Iranern ist heute das Zentrum vor

---

[35] *daʾwa* bedeutet „Ruf zum Islam", also Mission.
[36] Dieses Wunschdenken findet sich in dem Faltblatt „Der Islam im Aufbruch" (hrsg. von M. Rassoul, Köln o.J.).
[37] „AiD. Ausländer in Deutschland" 1/1996, S. 10 f.

allem der türkischen islamischen Verbände und hat in dieser Hinsicht Berlin längst den Rang abgelaufen.

Die Muslime in Deutschland sind mehrheitlich *Sunniten*. Die Schiiten sind meist *Imâmiten* bzw. *Zwölfer-Schiiten*[38]. Eine schiitische Sondergruppe mit hierzulande nur 200–300 Anhängern sind die *Ismâ'iliten* oder *Siebener-Schiiten*[39] – also die Anhänger von Karîm Khan, dessen Vater Agha Khan mit seiner Frau, der Begum, auch in unseren Breiten einen gewissen Bekanntheitsgrad erlangt hatte. Die diversen mystischen Sufi-Derwischorden geben über ihre Mitgliederzahlen meist keine Auskünfte. Eine Sondergruppe bilden die in Deutschland vage auf 400 000 geschätzten Aleviten aus der Türkei.[40]

Umfragen des Islam-Archivs in Soest für das Jahr 1995 zufolge bezeichnen sich in Deutschland 1 292 000 als „*gläubige* Muslime", von denen 1 270 000 Muslime ihren Glauben *praktizieren*.[41] Das wäre knapp die Hälfte aller in Deutschland lebenden Muslime. Selbstverständlich sagen derartige Angaben nichts über die Intensivität des Glaubens oder die individuellen Glaubensformen aus. Auch widersprechen diese Zahlen anderen empirischen Studien, die von nur 25 % ihren Glauben praktizierenden Muslimen ausgehen.[42]

---

[38] Zu den Schiiten siehe S. 48–50.

[39] So die „Moslemische Revue" 4/1995, S. 218.

[40] Ebd., S. 219, gibt sowohl 200 000 als auch 400 000 an. In der Türkei machen die Aleviten etwa 20 % der Bevölkerung aus. Sie sind – was zu vermuten ist – in Deutschland überproportional stark vertreten; doch neigen die Aleviten, die selbst 600 000 angeben, bei Zahlenangaben gern zur Übertreibung.

[41] Ebd., S. 218.

[42] So Dr. Kai Hafez in einer Podiumsdiskussion am 30. Juni 1997 in Marburg. Bei derartigen statistischen Angaben ist unter anderem stets mit der Möglichkeit zu rechnen, daß nur die erwachsenen *Männer* gezählt werden, Frauen und Kinder also noch hinzugezählt werden müßten.

Die beiden islamischen Konfessionen:
Sunniten und Schiiten

Die beiden großen islamischen Denominationen sind die Sunniten und die Schiiten. Sie haben so viel beiden Gemeinsames und Trennendes wie etwa Katholiken und Protestanten. Beide Denominationen zusammen sind die hauptsächlichen Erscheinungsformen des Islam.

Der Begriff *islâm* bedeutet „Hingabe an Gott". Ein *muslim* ist also „jemand, der sich Gott hingibt". Einen Muslim darf man niemals „Mohammedaner" nennen; denn eine solche Bezeichnung würde fälschlicherweise *Muhammad* in die Mitte des Glaubens stellen, nicht aber *Gott,* dem allein alle Verehrung gebührt. *Allâh* bedeutet „Gott"; auch die arabischen Christen nennen Gott *Allâh.* Alle Muslime glauben an diesen *einzigen, allmächtigen und barmherzigen Schöpfer- und Richtergott,* der sich seinem Gesandten Muhammad im Koran geoffenbart hat. Gott hat seine Schöpfung gut gemacht, und er hält seine Hand über sie. Auch der Mensch ist gut, aber anfällig für Einflüsterungen des Satans. Deshalb bedarf er der *Rechtleitung* Gottes durch den Koran. Ebenso wegweisend ist die *sunna,* das Vorbild des Propheten. Muhammad ist der Gesandte Gottes, Mensch zwar, doch ohne Fehl. Die Reihe der islamischen Propheten beginnt mit Adam, Noach und Abraham (arab.: *Ibrâhîm*), dem Stammvater Muhammads. Neben arabischen Propheten spielt im Islam Mose eine hervorragende Rolle, ganz besonders aber Jesus (arab.: *Isâ*), dessen jungfräuliche Mutter Maria (arab.: *Maryam*) ihn – sich an einen Palmstamm klammernd – in einsamer Wüste gebar. Die Propheten genießen Gottes besonderen Schutz, unbeschadet aller einstigen Bedrohungen für ihr Leben.

Der Koran kennt keine Entsprechung zur christlichen Kreuzestheologie. Gott selbst wird beim Jüngsten Gericht über die Menschen urteilen, über deren Taten Engel Buch geführt haben. Wer den göttlichen Anweisungen gefolgt ist, wird am Ende der Tage seinen Lohn erhalten und in das Paradies gelangen; wer den ärgsten Versuchungen erlag, muß auf ewig in der Hölle schmoren.

Den Islam kann man als „Orthopraxie" kennzeichnen, weil

– ähnlich wie im Judentum – die rituelle *Praxis* den Vorrang hat vor der „Orthodoxie" im Sinne „der rechten *Lehre*". Das ist ein wesentlicher Unterschied zum Christentum. Deswegen ist es so wichtig, daß Muslime ihren Glauben auch *praktisch* ausüben können, bleibt ihnen doch sonst der Eintritt ins Paradies verwehrt.

Die rituellen Pflichten des Islam haben alle gesunden, religiös volljährigen Männer und Frauen gleichermaßen zu erfüllen, wobei für Frauen besondere Regelungen aufgrund des Blut-Tabus (Menstruation, Geburt, Wochenbett) gelten. Diese zentralen rituellen Pflichten werden auch „die fünf Säulen des Islam" genannt, nämlich das *Glaubensbekenntnis* (arab.: *šahâda*, türk.: *şahada*), das *rituelle Gebet* (arab.: *salât*, türk. und pers.: *namaz/namâz)*, das *Fasten* (arab.: *saum*, türk.: *oruç)* im Monat Ramadan (arab.: *ramadân*, türk.: *ramazan*), die *Sozialabgabe* (arab.: *zakât*, türk.: *zekat*) und die *Pilgerfahrt* (arab.: *hajj*, türk.: *hac*). Männer wie Frauen erhalten beim Jüngsten Gericht denselben Gotteslohn; es trifft sie auch dieselbe Strafe, wenn sie das Höllenfeuer verdient haben.

Ein charakteristischer Unterschied zwischen den beiden islamischen Hauptdenominationen zeigt sich in der Formulierung des Glaubensbekenntnisses. Denn das sunnitische *Glaubensbekenntnis* „Es gibt keinen Gott außer Allâh, und Muhammad ist sein Gesandter" wird bei den Schiiten durch *„und Ali ist der Freund Gottes"* ergänzt. Mit diesem Nachsatz hat es folgende Bewandtnis:

Als der Prophet Muhammad am 8. Juni 632 in Medina starb, hinterließ er nach *sunnitischer* Auffassung keinen designierten Nachfolger. Nach *schiitischem* Glauben aber hatte Muhammad seinen Vetter und Schwiegersohn Ali zu seinem Nachfolger (arab.: *khalîfa*, „Kalif") bestimmt; denn Ali gehörte zu den *ahl al-bait*, zu der „Familie des Propheten", der *allein* nach schiitischer Auffassung die Würde des Kalifats zukam. Die Frage, wer legitimerweise Kalif werden sollte, trug also bereits den Keim der Spaltung des Islam in sich. Die Schiiten sehen in Sure 37, 83 einen göttlichen Hinweis auf die *Schiat Ali* (arab.: *ši'at 'Alî*), auf die „Partei Alis", die eingedeutscht als „die Schia" wiedergegeben wird.

Die Sunniten wählten aber nicht Ali zum Nachfolger Muhammads, sondern Abû Bakr (632–634), seinen engsten Gefährten und Vater seiner Lieblingsfrau Aischa. Ihm folgten die Kalifen Omar (634–644) und Othmân (644–656). Erst anschließend konnte Ali doch noch Kalif werden. Nach nur fünfjähriger, heftig umkämpfter Herrschaft wurde er 661 ermordet. Ali zählt deshalb für die Sunniten als der *vierte* Kalif, während die Schiiten ihn als den *ersten* legitimen Nachfolger Muhammads werten und ihn in diesem Sinne als den „ersten Imam" bezeichnen.

Alis Widersacher Muâwiya begründete die „sunnitische" Dynastie der Umayyaden mit Sitz in Damaskus; die Schiiten zogen sich nach Kufa und Basra in Mesopotamien, dem heutigen Irak, zurück. Der sunnitische Islam breitete sich unter den Umayyaden-Kalifen rasant aus und umspannte binnen eines Jahrhunderts ein Gebiet von Tours und Poitiers in Frankreich über fast ganz Spanien und einen breiten Küstenstreifen Nordafrikas hinweg über die Arabische Halbinsel bis zum östlichen Mittelmeerraum, im Osten über Persien hinaus bereits bis zum Industal.

Den Schiiten galten die sunnitischen Kalifen stets als Usurpatoren. Denn sie sahen in Hasan und Husain, Alis Söhnen aus der Ehe mit Muhammads Tochter Fatima, die legitimen Oberhäupter aller Gläubigen. Husain zog mit einer kleinen Schar Getreuer in einen aussichtslosen Kampf gegen Muâwiya. Er fiel mitsamt seinen Kriegern und den meisten Angehörigen. Dies geschah am 10. Muharram 680 bei *Kerbela*, das 70 km nördlich von Kufa liegt. Der Todestag Husains ist der höchste Feiertag der Schiiten. Sie gedenken tränenreich und in Trauerprozessionen, bei denen sich Männer blutig schlagen, des Martyriums des am meisten verehrten Prophetenenkels, aber auch aller anderen Imame. Sogar eine Art Passionsspiel haben die Schiiten entwickelt. Derartige Trauerbekundungen sind dem sunnitischen Islam völlig wesensfremd.

Unter „Schia" versteht man gemeinhin die „Zwölfer-Schia" bzw. *Imâmîya*. Der Name bezieht sich darauf, daß die Reihe ihrer historischen Imame mit dem 12. Imam endet. Nach schiitischem Glauben hinterließ der 11. Imam einen fünfjährigen

Sohn namens Muhammad ibn Hasan al-Mahdî. Das Kind soll im Keller seines Vaterhauses in Samarra vor den Häschern des Kalifen versteckt gehalten worden sein. Von dort sei es um die Jahreswende 873 auf 874 zunächst in die sogenannte „kleine Verborgenheit" und 940 in die „große Verborgenheit" entrückt worden. Aus dieser Verborgenheit, *ghaiba*, lenkt er seitdem die Geschicke seiner Gemeinde, bis er dereinst als „der Mahdî" wiederkommen wird, um am Ende aller Tage das Reich Gottes auf Erden zu errichten. Der „Verborgene Imam" ist also eine eschatologische Gestalt, deren Wiederkunft bis zum heutigen Tag erwartet wird. Nur so ist zu verstehen, daß die Geistlichkeit der Islamischen Republik Iran gemäß deren Verfassung von 1979 „in Abwesenheit des zwölften Imams" dessen Regierungsgeschäfte vertretungsweise übernommen und den Ayatollah Khomeini als irdischen Stellvertreter des 12. Imams und Mahdî etabliert hatte.

Im Zentrum *schiitischer* Theologie steht die Lehre von den Imamen. Diese gelten als sündlos und als unfehlbar in ihrer Koraninterpretation. Ihre schriftlich fixierten Traditionen stehen neben denen Muhammads. Allerdings haben die Imame nicht den Rang eines Propheten, dem göttliche Offenbarungen zuteil wurden; doch wird ihnen die Gabe zugeschrieben, Vergangenheit und Zukunft zu kennen. Von den Sunniten oft blutig verfolgt, wurden alle Imame zu schiitischen Märtyrern. Ihr Märtyrertod löscht beim Jüngsten Gericht einen Teil der Schuld der Gläubigen; ihrer Fürsprache bei Gott dürfen die stets trauernden Frommen gewiß sein. Die Vorstellung von einem partiell *stellvertretenden* Leiden bringt den bedeutenden Schia-Kenner Heinz Halm dazu, sogar eine – etwas gewagte – Nähe der Schiiten zu christlichen Glaubensvorstellungen zu sehen.[43] Im sunnitischen Islam sind die Kalifen Menschen ohne übernatürliche Fähigkeiten, und jeder Mensch ist selbstverantwortlich.

---

[43] *Heinz Halm:* Die Schia. Darmstadt 1988, S. 177, unter Bezug auf *Mahmoud Ayoub:* Redemptive Suffering in Islam. Den Haag–Paris–New York 1978. Zur Schia siehe auch *H. Halm:* Der schiitische Islam. Von der Religion zur Revolution. Beck'sche Reihe 1047. München 1994, und *Moojan Momen:* An Introduction to Shi'i Islam. The History and Doctrines of Twelver Shi'ism. New Haven 1985.

Eine besonders wichtige, oft sogar von den Fachleuten kaum angemessen wahrgenommene Erscheinungsform des Islam ist dessen Mystik, das *Sufitum*. Gleichsam als Gegengewicht gegen den orthodoxen Islam hat es sich schon in der Anfangszeit dieser Religion als ein *verinnerlichter, meditativer* Islam herausgebildet. Aus ihm sind zahlreiche mystische Derwisch-Orden und ordensähnliche Bewegungen hervorgegangen, die sich zum guten Teil auch in Deutschland wiederfinden.[44]

Die Aleviten

Vermutlich 20 % der Türken in Deutschland sind alevitisch. Ihre deutschsprachige Selbstbezeichnung als *„Aleviten"* ist unglücklich gewählt, weil sie sogar bei Fachleuten zu Verwechslungen mit den syrischen Alawiten oder Nusairi führt.[45] „Alevi" bedeutet „Anhänger Alis". Schiitische Einflüsse sind bei den Aleviten unverkennbar, denn sie verehren die zwölf Imame; aber ebenso sind alttürkische, vor-islamische Elemente erhalten geblieben. Ihr größter Heiliger ist Hacı Bektaş Veli; auf ihn führt sich auch der Bektaşi-Orden zurück. In dem türkischen Ort gleichen Namens – Hacıbektaş – wird seiner jährlich ganz offiziell mit einer Art von feierlichen Festspielen gedacht.

Religionswissenschaftlich werden die Aleviten gelegentlich als eine ganz eigenständige, unter anderem vom Islam beeinflußte Religion betrachtet. Sie selbst bezeichnen sich jedoch in der türkischen Öffentlichkeit als „die besten Muslime". Verschiedentlich hört man auch von Aleviten, sie gehörten einer eigenen islamischen Rechtsschule an beziehungsweise sie seien aus der islamischen Mystik hervorgegangen. Wieder andere erklären, das Alevitum sei eher eine Philosophie denn eine Religion. Erst seit Ende der achtziger Jahre treten die Aleviten

---

[44] Siehe S. 134–146.
[45] Die Alawiten stellen in Syrien mit ihren nur 7 % Bevölkerungsanteil sogar den Ministerpräsidenten.

in der Türkei öffentlich publizistisch hervor, wobei die schriftliche Fixierung ihrer bis dahin im wesentlichen nur mündlich überlieferten Tradition stark divergierende Auffassungen aufweist. Der Prozeß ihrer Selbstfindung ist noch längst nicht abgeschlossen.

„Arbeit ist Gebet", sagen die Aleviten und unterstreichen dies mit dem Ausspruch „Mehr arbeiten und wenig beten ist besser als wenig arbeiten und mehr beten", den sie dem von ihnen besonders verehrten „ersten Imam" Ali zuschreiben. Die Aleviten lehnen die Befolgung der fünf Pflichten des Islam und die Scharia (arab.: *šarî'a*), das islamische Gesetz, ab. Statt des Monatsfastens im Ramadan begehen sie zehn oder zwölf Fasttage in jenem Monat Muharram, in dem Alis Sohn Husain niedergemetzelt wurde.

Aleviten dürfen Alkohol trinken und Schweinefleisch essen. Verboten ist ihnen aber der Genuß von Hasen und Kaninchen; das sind traditionelle Tabu-Tiere, möglicherweise besonders verehrt wegen ihrer Fruchtbarkeit. Auch die Verehrung von bestimmten Quellen wird ihnen nachgesagt, deren Wasser ebenfalls zu Fruchtbarkeit, Gesundheit und „Leben" verhilft.

Aleviten brauchen keine Moscheen,[46] denn sie kennen kein Freitagsgebet. Sie sagen: „Das Herz des Menschen ist ein Gotteshaus." Sie haben statt dessen als *cem evi* (Plural *cem evleri*) bezeichnete eigene Gemeindehäuser, in denen sie ihre rituellen Feste feiern, Frauen und Männer gemeinsam. Nur bei diesen Feierlichkeiten tragen die Frauen Kopftücher. Diese *ayin-i cem* sind dazu da, um in der Lehre zu unterweisen, den Glauben zu bekräftigen, die Gemeinschaft zu stärken und die Bande zwischen jenen jungen Paaren zu segnen, die eine sogenannte Wahlverwandtschaft *(musahiplik)* miteinander eingehen, Bande, die stärker sind als die Blutsverwandtschaft. Weil Männer und Frauen gemeinsam den rituellen Tanz zelebrieren, stehen sie bei den Sunniten – völlig zu Unrecht – im Verdacht, Orgien zu feiern. Probleme werden bei derartigen, in der Regel monatlichen Zusammenkünften dem *dede*, der die

---

[46] Moscheebauten in alevitischen Dörfern der Türkei sind im Zuge einer permanenten Zwangs-Sunnitisierung von der Regierung durchgesetzt worden.

Veranstaltung leitet, vorgetragen. Ein Dede leitet in der Türkei alevitische Dorfgemeinschaften. Sein Amt ist erblich. Die Familien der Dede sind eine „Kaste von religiösen Experten", ähnlich wie in manchen anderen Religionen die „Priester-Kasten".

Als Alevit wird man geboren. Eigentlich sind nur Heiraten untereinander erlaubt; doch läßt sich das Gebot der Endogamie heutzutage nicht mehr durchhalten. Aleviten sind strikt monogam. Die Frauen haben im Vergleich mit ihren sunnitischen und schiitischen Geschlechtsgenossinnen eine gehobenere Position, ja ihre soziale Gleichstellung wird als Vorzug gegenüber der Scharia besonders hervorgehoben.[47]

Die Aleviten glauben, daß der Mensch autonom und frei sei und daß er selbst seinen Weg finden müsse, um ein „vollkommener Mensch" zu werden, und daß er sich – wie wir dies ähnlich im Sufitum finden – auf diese Weise Gott annähert. Früher glaubten die Aleviten daran, daß der Mensch sich in „vielen Leben" Gott näher bringen könne. „Moderne Alewiten drücken diese Vorstellung auch in dem Gedanken aus, daß der Mensch die Aufgabe hat, sich zur Gottähnlichkeit zu entwickeln, oder in dem Gedanken, daß der Mensch der eigentliche Gott sei."[48] Das Leben ist demgemäß ganz auf das mit Leiden erfüllte Diesseits ausgerichtet.

Im Zentrum alevitischen Denkens und Handelns stehen *Toleranz,* auch anderen Religionen gegenüber, und *Humanität.* Ihr wichtigster Leitspruch fordert von ihnen *„die Beherrschung der Hände,* (der) *Lende und* (der) *Zunge".*[49]

---

[47] Dies betont insbesondere auch *Ali Duran Gülçiçek:* Allgemeiner Überblick über die alevitische-bektaschitische Kultur und deren Glaubensauffassung. In: Die Stimme der Aleviten 2/1995, S. 18–29.
[48] *Gernot Wießner:* Das Alevitentum: ein Beispiel für religiös-soziale Opposition und religiöses Überleben. In: Die Stimme der Aleviten 2/1995, S. 5.
[49] In türkischer und deutscher Version: *Ali Duran Gülçiçek:* Der Weg der Aleviten (Bektaschiten). Menschenliebe, Toleranz, Frieden und Freundschaft. Köln 1996. Dazu *Krisztina Kehl-Bodrogi:* Die ,Wiederfindung' des Alevitums in der Türkei. Geschichtsmythos und kollektive Identität. In: Orient, Bd. 34/2, 1993, S. 267–282, und *Föderation der Aleviten Gemeinden in Europa:* Das Alevitentum. Eine Handreichung über die religiösen und kulturellen Grundlagen der Aleviten aus der Türkei. Juni 1997.

Die Aleviten befürworten den demokratischen *säkularen* Staat; ihre Verehrung für Atatürk trägt deutlich religiöse Züge.[50] Weil insbesondere viele junge Leute politisch linksgerichtet sind, haftet ihnen auch das Schimpfwort „Kommunisten" an. Eine Zeitungsmeldung der „Milliyet", daß zwölf Dede im Mai 1997 in Erbakans *Refah Partisi* eingetreten seien, ist nach Aussage eines Vorstandsmitglieds des größten alevitisch-bektaschitischen Dachverbands schlicht falsch.[51] Die Aleviten betonen, daß ihre Philosophie mit der westlichen Lebensweise übereinstimmt und daß sie alle Artikel der Menschenrechte, auch die Gleichberechtigung der Frau, akzeptieren.

Erst seit Anfang der neunziger Jahre haben die Aleviten damit begonnen, sich in Vereinen zu organisieren, um ihre Ansprüche politisch besser durchsetzen zu können und um selbst eine Form zu finden, ihre Traditionen, die mehr und mehr in Vergessenheit geraten, am Leben zu erhalten. Europaweit sollen sich etwa 130 Vereine gebildet haben.[52] Der größte Dachverband, die *Avrupa Alevi Birlikleri Federasyonu* (AABF, „Föderation der Aleviten-Gemeinden in Europa") verwaltet 90 Vereine mit mehr als 10 000 Mitgliedern. AABF „versteht sich dezidiert als säkularer Verband, der die Vermischung von Religion und Politik scharf ablehnt, jedoch auf kultureller Ebene mehr Selbstbestimmungsmöglichkeiten für die Aleviten in der Türkei und in Deutschland einfordert".[53] Doch wurde kürzlich ein weiterer, von der AABF unabhängiger Dachverband gegründet, der zu den Sunniten hintendieren soll; der Spaltpilz geht also auch unter den Aleviten um.

---

[50] Nach *Karin Vorhoff*. Zwischen Glaube, Nation und neuer Gemeinschaft: Alevitische Identität in der Türkei der Gegenwart (Islamkundliche Untersuchungen Bd. 184). Berlin 1995, S. 128, wird Atatürk mit dem Mahdî gleichgesetzt, S. 149 mit Hacı Bektaş Veli.

[51] „Milliyet" vom 14. Mai 1997. Die „Milliyet" zeigt ein Bild, auf dem ein ehrwürdiger alter Mann mit langem Bart – angeblich ein religiöser Würdenträger – Erbakan ehrerbietig die Hand küßt, nachdem dieser den hohen religiösen alevitischen Führern das Abzeichen der *Refah Partisi* angeheftet hatte, der sie beigetreten sind. Zu diesem Zeitpunkt war N. Erbakan noch Ministerpräsident.

[52] *A. D. Gülçiçek:* Der Weg der Aleviten (Bektaschiten), S. 214–217, führt die Vereine im einzelnen auf.

[53] *Y. Karakaşoğlu-Aydın:* Die türkisch-islamischen Organisationen in Deutschland. In: *Körber-Stiftung* (Hrsg.): Religion – ein deutsch-türkisches Tabu?, S. 112.

Trotzdem schreitet die organisatorische Konsolidierung der AABF rapide voran. „In Mannheim ist in diesen Tagen eines der größten Zentren der türkischen Aleviten in Europa eröffnet worden!".[54] Inzwischen haben sie auch einen „Bestattungsfonds" geschaffen, um die Überführung ihrer verstorbenen Angehörigen in deren türkische Heimat zu erleichtern. Auch beginnen sie, sich in der Öffentlichkeit darzustellen, insbesondere durch ihre Kultur-Festivals in Köln.

Innerhalb des Alevitentums besteht seit Jahrhunderten der Bektaşi-Orden, dem nach Vorstandsaussage jeder sechste Alevit in Deutschland angehören soll, eine Zahl, die mehr als verwunderlich erscheint, weil die Ordensregeln hohe ethische Ansprüche stellen. Der Orden ist eine elitäre, freiwillige Beitrittsgemeinschaft, deren Mitglieder durch einen Initiationsritus in die Gemeinschaft aufgenommen werden. Dem Orden steht der Ordensoberste, der *Dedebaba,* vor, der aufgrund seiner Qualitäten aus dem Kreis der Derwische gewählt worden ist. Er hat sein Domizil in der Türkei. Die Lehren der Aleviten waren stets im wesentlichen identisch mit denen „ihres" *Bektaşi*-Ordens.

Immer wieder aufbrechende blutige Auseinandersetzungen mit türkischen Muslimen – zuletzt die Unruhen in Istanbul 1995 mit 30 Todesopfern – zeigen, wie konfliktgeladen die Situation in der Türkei ist.[55] Die deutschsprachige Zeitschrift „Die Stimme der Aleviten" ist ein einziger Aufschrei. Doch nur sehr wenige in Deutschland nehmen diese Stimme wahr.

Auch in Deutschland müssen sich die Aleviten gegen die Türken wehren, die sie zu Sunniten machen wollen *(sünnileştirmek)*.[56]

---

[54] „Frankfurter Allgemeine Zeitung" vom 18. Juni 1996.
[55] Der Hotelbrand in Sivas – ein Anschlag auf Aziz Nesin, der Salman Rushdies „Satanische Verse" verlegen wollte – bei einem Aleviten-Sänger-und-Dichter-Treffen – kostete 37 alevitischen Künstlern das Leben.
[56] *Khálid Durán:* Der Islam in der Diaspora: Europa und Amerika. In: *Ende/ Steinbach,* 3. Aufl. 1991, S. 466 f, schreibt: „Die Propaganda gegen die Aleviten als ‚Teufelsanbeter und Blutschänder' führte teilweise zu einem verheerenden Antagonismus zwischen türkischen Schülern und stellte deutsche Erzieher in ein besonders schwer zu lösendes Dilemma." In einer *Selbstdarstellung* schildern die Aleviten der AABF die Gefahr der Sunnitisierung auch unter den Aleviten in Deutschland und berichten, daß alevitische Kinder gezwungen würden, Korankurse zu besuchen.

Ohne daß dies die Öffentlichkeit bemerkt, spielen sich hier Dramen ab. Da stach eine alevitische Schülerin in Mannheim ausgerechnet auf ihre Lehrerin ein, weil sie sich vor den Angriffen ihrer sunnitischen türkischen Mitschülerinnen nicht mehr zu retten wußte, die sie zwingen wollten, ein Kopftuch zu tragen; und ein von einem sunnitischen Hoca vorgeschlagenes „Versöhnungsgespräch" zwischen türkischen Muslimen und Aleviten in Stadtallendorf artete in Gewalttätigkeiten aus, weil die Aleviten in Wirklichkeit „bekehrt" werden sollten. Hierzulande fühlen sich die Aleviten zwar sicherer als in der Türkei, aber sie machen unmißverständlich auf die Gefahren aufmerksam, die ihnen auch in der Bundesrepublik durch die extremistischen Organisationen drohen, die in Deutschland ungehindert existieren.[57]

Die Sonderstellung der Ahmadiyya Muslim Bewegung

Die missionarisch sehr aktive Ahmadiyya war einst der wichtigste Wegbereiter für den Islam in Deutschland. Sie hat bereits 1923 in Berlin-Wilmersdorf die erste Moschee und 1949 in Hamburg die erste Missionsstation für Westdeutschland gegründet und betreut heute eigenen Angaben zufolge etwa 50 000 Anhänger, nachdem rund 10 000 Bosnier, 10 000 Albaner und in zunehmender Zahl Pakistaner dazugekommen sind. Die stets gut unterrichtete Hörfunk-Journalistin Hildegard Becker spricht von nur 400 Deutschen.[58] Da die Ahmadiyya 1976 vom pakistanischen Parlament, später auch seitens der Islamischen Weltliga aus der Glaubensgemeinschaft ausgeschlossen wurde[59] und ihre Mitglieder deshalb in islamischen Ländern als Häretiker verfolgt werden, genießen sie in Deutschland Erleichterungen bei der Gewährung von Asyl.

---

[57] Zum Beispiel in: „Die Stimme der Aleviten" Mai 1995, S. 37–39.
[58] Zitiert in: *Deutsches Orient-Institut*, S. 30; es beruft sich auf mehrere Beiträge – vor allem im Rundfunk – von H. Becker, z. B. im HR am 1. Sept. 1996.
[59] Dazu *Munir D. Ahmed:* Ausschluß der Ahmadiyya aus dem Islam. Eine umstrittene Entscheidung des pakistanischen Parlaments. In: Orient 16/1975, S. 112–143.

Die im 19. Jahrhundert in Indien entstandene Ahmadiyya – sie ist auch unter der Bezeichnung Qadiyani-Bewegung bekannt – verehrt Mirzâ Ghulâm Ahmad (1835–1908) als Propheten Gottes. Eine solche Vorstellung ist islamintern häretisch. Deshalb kam es über der Frage, ob Ahmad ein bloßer Reformer, ein *mujaddid*, oder ein eigenständiger Prophet, ein Ebenbild des Propheten Muhammad, gewesen sei, im Jahre 1914 zu einer Spaltung der Ahmadiyya. Allerdings glaubt die weitaus größere Gruppe, in Ahmad verkörperten sich Jesus als der Messias und die eschatologische Gestalt des islamischen Mahdî sowie der indische Gott Krishna zugleich. Jesus sei nicht am Kreuz gestorben, sondern nach Indien ausgewandert. Sein Grab liege in Srinagar in Kaschmir. Ansonsten gilt auch dieser Bewegung der Koran als die abschließende göttliche Offenbarung. In der Glaubens*praxis* unterscheiden sie sich nur geringfügig von den Sunniten.[60] Zu der Richtung, die in Mirzâ Ghulâm Ahmad den Mahdî sieht, gehören die deswegen besonders verfolgten Qadiyani in Frankfurt a. M., zu den eher sunnitisch geprägten Gläubigen, die ihn für einen „Erneuerer" halten, die „Inshaʿat-i Islami Lahore" in Berlin.

Ihrem *Selbstverständnis* nach ist die Ahmadiyya keineswegs häretisch, sondern im Gegenteil die beste aller islamischen Gemeinschaften.[61] Sie ist sehr konservativ und richtet sich streng nach den rituellen Vorschriften. Zuwiderhandlungen werden hart geahndet, gegebenenfalls mit Ausschluß.[62] Die Ahmadiyya ist eine exklusive Vereinigung. Die Frauen dürfen nur Männer ihrer eigenen Glaubensgemeinschaft heiraten; das

---

[60] Zur Ahmadiyya siehe *Munir D. Ahmed:* Ahmadiyya: Geschichte und Lehre. In: *Annemarie Schimmel* u. a. (Hrsg.): Der Islam III (Die Religionen der Menschheit 25,3). Stuttgart–Berlin–Köln 1990, S. 415–422.
[61] Dazu u. a. *Khalifatul Masih III:* Wir sind Muslime. Freitagspredigt (Khutba-Jumʿah). Die Ansprache von Hazrat Amirul Moʾmenin, Khalifatul Masih III, dem 3. Nachfolger des Verheißenen Messias, dem Oberhaupt der Ahmadiyya-Bewegung des Islam, gehalten im Rabwah, den 21. Juni 1974 (Frankfurt 1974). Ferner *Muhammad Zafrullah Khan:* Ahmadiyyat. The Renaissance of Islam. Oxford 1978.
[62] Der Studie des Orient-Instituts, S. 30, ist zu entnehmen, daß die Ahmadi, die bis zu 25 % ihres Vermögens an Hilfswerke abtreten, schon ausgeschlossen werden, wenn sie unbegründet zwei Monatsbeiträge nicht bezahlt haben.

schließt sogar die Ehe mit anderen Muslimen aus. Ebenso darf ein Ahmadi nicht hinter einem Imam beten, der nicht zur Ahmadiyya gehört, oder an einem Totengebet für einen Nicht-Ahmadi teilnehmen. Deswegen haben die Anhänger der Ahmadiyya eigene Moscheen und ein eigenes Gräberfeld bei Frankfurt, wohin ihre Toten aus ganz Europa überführt werden.

Die *Zentrale* der Ahmadiyya-Muslim-Jamaat für Deutschland ist die Nuur-Moschee in Frankfurt. Die Ahmadiyya ist sehr publikationsaktiv. Ihre größte Zeitschrift heißt „Der Islam", eine andere „Weißes Minarett". Nur für den internen Gebrauch bestimmt ist die „Ahmadiyya Gazette". Das wichtigste deutsche Verlagshaus der Ahmadiyya heißt „Verlag des Islam". Schriften wie „Eine islamische Rede an Deutschland" von Hadayatullah Hübsch[63] sind dieser intensiv missionierenden Religionsgemeinschaft zuzuordnen. In der Zentrale kann man kostenlose Broschüren, aber auch Audio- und Video-Kassetten erhalten. Die Ahmadiyya-Muslimgemeinschaft hat in Frankfurt a. M. ein eigenes Fernsehstudio in Betrieb genommen. Gesendet wird – eigenen Angaben zufolge – auf deutsch, „pakistanisch" und albanisch.

Prinzipiell grenzt sich die Ahmadiyya durch ihr elitäres Denken und Gebaren nachhaltig aus der Gemeinschaft der übrigen Muslime aus. Spannend ist eine neue Tendenz, die das Islam-Archiv von Soest in der „Moslemischen Revue" vorzeichnet: sie rubriziert die Ahmadiyya-Moscheen neutral unter „islamische Moscheen".[64]

Das Bahá'ítum als aus dem Islam erwachsene Religion

Nur der Vollständigkeit halber sei in diesem Zusammenhang auch noch die eigenständige Religion der Bahá'í mit heute etwa 4,8 Millionen Anhängern erwähnt. Sie ist im 19. Jahrhundert aus dem schiitischen Islam und dem daraus abgespaltenen

---

[63] *H. Hübsch:* Eine islamische Rede an Deutschland, Frankfurt a. M. 1993.
[64] „Moslemische Revue" 4/1995, S. 220.

Babismus[65] in Persien erwachsen und hat sich von dort aus über die ganze Welt ausgebreitet. Die Religion der Bahá'í geht auf Mirza Hosein Ali Nûrî (gest. 1892) zurück, der vor allem unter seinem Ehrentitel *Bahá'u'lláh* („Glanz Gottes") bekannt ist. Er trat als „göttliche Manifestation" auf, wurde verfolgt und floh nach Akka im heutigen Israel. Der zentrale Wallfahrtsort der Bahá'í ist das Grab ihres Begründers Bahá'u'lláh auf dem Karmel-Gebirge. Bahá'u'lláh verfaßte zahlreiche Schriften. Die heiligen Bücher aller anderen Religionen werden jedoch als gleichwertig betrachtet und in den „Häusern der Andacht" gelesen.

Die Geschicke dieser Religionsgemeinschaft leitet ein aus neun Personen bestehendes Führungsgremium, das „Universale Haus der Gerechtigkeit" in Haifa. Der „Nationale Geistige Rat" in Deutschland in Hofheim-Langenhain ist einer von 165 regionalen Räten in der ganzen Welt.

Die Frauen der Bahá'í sind den Männern gleichberechtigt. Der Erwerb von Wissen hat einen hohen Stellenwert; deshalb haben sie seit jeher viele Akademiker, aber auch erfolgreiche Geschäftsleute hervorgebracht. Ein eigener Kalender teilt das Jahr in 19 Monate mit jeweils 19 Tagen und vier zusätzlichen Tagen. Angestrebt wird die friedliche Entwicklung zu einer gerechten Welt unter einer zentralen Weltregierung.[66]

Seit der islamischen Revolution durch Ayatollah Khomeini werden die Bahá'í in Iran blutig verfolgt, weil sie – wie die Ahmadi – als vom Islam abgefallen gelten. Sie genießen deshalb in Iran keinen Minderheitenschutz. Aus diesem Grund gewährt ihnen Deutschland recht problemlos Asyl. Die ersten Bahá'í kamen bereits Anfang dieses Jahrhunderts missionierend hierher. Inzwischen haben sie längst einen festen Platz in der hiesigen Religionslandschaft.

---

[65] Benannt nach dem Gründer 'Alî Mohammad (1819–1850), der die Wiederkunft des Verborgenen Imams und Mahdî voraussagte und sich selbst als dessen „Bab", „Pforte", schließlich als der Mahdi selbst verstand. Damit stellte er sich außerhalb des orthodoxen Islam und wurde als Apostat hingerichtet. Der Babismus verschwand.

[66] Dazu *Bahá'u'lláh*: Ährenlese. Eine Auswahl aus den Schriften Bahá'u'lláhs, zusammengestellt und übersetzt von Shoghi Effendi. Hofheim-Langenhain 1980. *Udo Schäfer:* Der Bahá'í in der modernen Welt. Strukturen eines neuen Glaubens. Hofheim-Langenhain 1981.

5. Islamisten und Extremisten

Was ist Islamismus?

Der islamische Fundamentalismus wird heutzutage von den Fachwissenschaftlern oft als „Islamismus" bezeichnet. Die Islamisten selbst lehnen den Begriff „Fundamentalismus" meist als nordamerikanisch-christlich geprägt und somit diffamierend ab.[67] Andererseits verwenden Muslime zunehmend selbst den arabischen Begriff *ʿuṣûliyûn,* was soviel heißt wie „diejenigen, die sich an ihren Wurzeln bzw. Fundamenten orientieren". Deshalb kann man guten Gewissens auch für den Islambereich den Begriff „Fundamentalisten" im Sinne der *ʿuṣûliyûn* verwenden.

Die Fundamente des Islam sind *Koran* und *Sunna. Sunna* bezeichnet das in Hadîthen schriftlich fixierte Vorbild des Propheten Muhammad und seiner Urgemeinde. Dies ist die Grundlage aller gläubigen Muslime. Im Unterschied zu den Traditionalisten machen die Fundamentalisten bzw. Islamisten in der Regel aber die spätere theologische und scharia-rechtliche Entwicklung im Islam nicht mehr oder nur bedingt mit. Für sie endet das vorbildhafte „goldene Zeitalter" des Islam bereits mit dem Tod des vierten Kalifen Ali, des Vetters und Schwiegersohns Muhammads, im Jahre 656, also 24 Jahre nach Muhammads Tod. Bei den Fundamentalisten haben demnach die späteren islamischen Rechtsschulen mit ihren Weiterentwicklungen der Scharia (arab.: *šarîʿa*) meist keine Bedeutung.

---

[67] Dazu u. a. *R. Wielandt:* Zeitgenössischer islamischer Fundamentalismus – Hintergründe und Perspektiven. In: K. Kienzler (Hrsg.): Der neue Fundamentalismus. Rettung oder Gefahr für Gesellschaft und Religion?, Düsseldorf 1989, S. 46 u. Anm. 2.

Nur die Rückbesinnung auf die ursprünglichen Grundlagen und Werte des Islam führt zu dem Licht, das die Welt unter Gottes Leitung erfüllen wird.

Muslime, die Religion als bloße Privatsache oder gar nur noch als überkommenen Kulturbestandteil ansehen, sind den Islamisten unerträglich. Sie lehnen aber auch die Traditionalisten und ihre Institutionen wie die al-Azhar-Universität in Kairo oder das staatliche Präsidium für Religionsangelegenheiten in Ankara ab.

Während der orthodoxe *Traditionalismus* erstarrt ist und die durchaus vorhandenen Möglichkeiten, den Islam der modernen Welt anzupassen, nicht nutzt, ist der islamische *Fundamentalismus dynamisch* und *zukunftsorientiert.*[68] Er präsentiert sich gern als „dritter Weg" zwischen Kapitalismus und Kommunismus/Sozialismus. Nach dem Zusammenbruch des Ostblocks und der Entlarvung des Kapitalismus als eines ungerechten und ethisch höchst problematischen Systems ist ihrer Meinung nach der Islam der *einzige* Weg, der die gesamte Menschheit in ein gerechteres neues Jahrhundert führen kann und muß.

Die Islamisten sind der Überzeugung, man müsse nur wieder den *ursprünglichen* Islam praktizieren und der Rechtleitung Gottes durch den Koran folgen, damit diese einzig wahre Religion mit Allahs Hilfe wiedererstarkt.[69] Dann wird der Islam mit der ihm innewohnenden Kraft die ganze Welt mit Frieden und sozialer Gerechtigkeit beglücken. Die Befolgung der unverfälschten göttlichen Weisungen und konsequenter Wissenserwerb auf allen Gebieten verheißen den Sieg des Islam über die ganze Welt *in erreichbar naher Zukunft*. Die bisherige Überlegenheit des Westens auf wirtschaftlichem, militärischem und technologischem Gebiet wird dann bald der Vergangenheit angehören.

---

[68] Zu „Fundamentalismus" und „Traditionalismus" siehe *Martin Forstner:* Die Muslimbrüder. Teil I. CIBEDO-Texte, Nr. 24 vom 15. Nov. 1983, S. 4f.
[69] „Reformer" des 19. und beginnenden 20. Jahrhunderts wie Jamâl ud-Dîn al-Afghânî oder Muhammad Abduh erklärten die Überlegenheit des Westens bereits auf diese Weise.

Die Islamisten wollen aktiv sein und handeln. Ihnen gilt die Einheit von „Religion und Staat" (arab.: *dîn wa daula*) als charakteristisch für den ursprünglichen Islam.[70] Allein die islamische Ordnung unter dem göttlichen Gesetz, der Scharia, bietet ihrer Ansicht nach für *alle* Probleme die *beste* Lösung.

Der Koran darf nach Ansicht *aller* islamischen Theologen nicht analysiert, kritisiert oder gar als bloßes Menschenwerk – etwa als persönliche Gesetzgebung Muhammads – behandelt werden. Nach Meinung der *Islamisten* muß dieses Wort Gottes darüber hinaus aber auch möglichst *buchstabengetreu* befolgt werden. Wer freilich annimmt, daß unter den Islamisten Einigkeit in der Interpretation des Koran und der Sunna, der Tradition, bestehe, der irrt.

Alle islamischen Theologen sind gemeinhin der Auffassung, daß der Koran als *ewig gültiges* Wort Gottes der für die jeweiligen Zeitumstände nötigen Auslegung bedarf, die dem ursprünglichen Willen Gottes möglichst nahe kommen möge. Die Fundamentalisten sind lediglich weniger kompromißbereit als andere Muslime, die eher auch moderne Normen – wie beispielsweise die Menschenrechte – angemessen mitberücksichtigen.

Der Islamismus unterscheidet sich allerdings von den Fundamentalismen anderer Religionen in wesentlichen Punkten: Er ist *universell* orientiert, und er ist in allen Ländern mit islamischer Bevölkerung mehr oder weniger zu Hause.

Der islamische Fundamentalismus gedeiht überall dort besonders üppig, wo wirtschaftliche Not, soziale Mißstände und Unterdrückung herrschen. Er ist ein *„Krisen-Fundamentalismus"*, der an der Verelendung der Massen erstarkt. Je mehr sich die soziale Situation für die Muslime auch in Deutschland verschlechtert, desto anfälliger werden sie für die Heilsangebote extremer Organisationen.

Der Islamismus benutzt zudem die Religion als Instrumentarium für die Durchsetzung politischer Macht. Er will die

---

[70] Siehe u. a. dazu *Smail Balic:* Der Islam – europakonform?, S. 120–135.

Einheit von „Staat und Religion" – aus dem 19. Jahrhundert übernommene Schlagwörter – zunächst in der gesamten islamischen Welt durchsetzen. Westliche Staatsmodelle wie die säkularisierte *Demokratie* werden als den islamischen Ländern vom Kolonialismus übergestülpt *abgelehnt* oder für weiter gesteckte Ziele *ausgenutzt,* etwa durch Bildung eigener Parteien wie der FIS in Algerien oder der *Refah Partisi*, der „Wohlfahrtspartei", in der Türkei. Weil dieser politische Islam mit Macht auf die Realisierung letztendlich eines einzigen Gottesstaates, realistischerweise jedoch zunächst einzelner nationaler Gottesstaaten hinarbeitet, ist er sowohl als religiöser wie auch als politischer Faktor sehr ernst zu nehmen.[71]

Während westliche Wissenschaftler dazu neigen, den Islamismus als moderat und friedlich zu betrachten, solange er nicht attackiert wird, halten arabische Islamismus-Kenner den anti-westlichen Charakter der zahlreichen Bewegungen für aggressiv und fragen, ob sich nicht eine „weltweite islamistische Internationale" zusammenbraut. Sie teilen die Entwicklung des Islamismus in drei Phasen ein: a) die siebziger Jahre, in denen Saudi-Arabien den führenden Part hatte, indem es alle islamistischen Bewegungen und Institutionen finanziell unterstützte, gleichgültig welche politische Richtung sie vertraten; b) die achtziger Jahre, die ganz unter dem Zeichen Irans als dem Prototyp einer gelungenen Revolution gegen säkulare Herrschaft standen; und c) die neunziger Jahre, in denen der sudanesische Professor Hasan Abdallah at-Turâbî sein übergreifendes Konzept eines weltweiten Islamisten-Verbundes als Alternative anbietet. Die Popular Arab and Islamic Conference (PAIC), die 1995 zum dritten Mal in Khartum stattfand, hat immerhin Delegierte aus 80 Ländern – gegenüber 60 bei der zweiten PAIC im Jahre 1993 – angelockt; einige weitere Organisationen haben sich nicht angeschlossen beziehungsweise waren nicht eingeladen. Unter den Teilnehmern befand sich auch „der historische Führer" der syrischen Fraktion der Mus-

---

[71] Allgemein zur Diskussion siehe u. a. *Andreas Meier:* Der politische Auftrag. Programme und Kritik zwischen Fundamentalismus und Reformen. Originalstimmen aus der islamischen Welt. Wuppertal 1994.

limbrüder, Issam el-Attâr, der dreißig Jahre in Deutschland im Exil gelebt hatte.[72] Auf ihn geht die Gründung des Islamischen Zentrums Aachen (Bilal-Moschee) im Jahre 1964 zurück, das großen Einfluß vor allem auf die arabischen Muslime in Deutschland hat. Bei einem Anschlag in Deutschland im Jahre 1981, der eigentlich ihm gegolten hatte, kam seine Frau ums Leben.

Der Islamismus vermittelt dem einzelnen Muslim ein neues *Selbstwertgefühl,* ja Überlegenheitsgefühl gegenüber dem „abgewirtschafteten Westen" und bietet jungen Menschen moralische und religiöse Orientierungshilfe in einer schwierig gewordenen Umwelt. Er hilft auch ganz konkret mit finanzieller Unterstützung. Der Preis ist freilich die ideologische Vereinnahmung, aus der es kein Entrinnen gibt.

Eine besondere *Gefahr* des Islamismus besteht nach außen in der *Abschottung* gegenüber dem Westen und in der rigiden Ausgrenzung aller Nicht-Muslime, inner-islamisch zugleich in der Ausschließung aller jener Muslime, die nicht mit den Fundamentalisten unisono sprechen und entsprechend denken. *Elite-Gebaren* mitsamt seinen Auswüchsen auf der einen Seite sowie Ghettoisierung auf der anderen Seite sind die Folgen. Ghetto-Bildung in Deutschland aber ist nicht ungefährlich. Der Fundamentalismus praktiziert rigide *Geschlechtertrennung,* die sich nach außen durch das Kopftuch der Frauen dokumentiert. Das *äußerliche Erscheinungsbild* bei Männern und auffallender noch bei Frauen trägt nach Ansicht der meisten deutschen Nicht-Muslime bedauerlicherweise zu dieser Ausgrenzung noch bei. Ihre Gegenreaktion ist dann die Abschottung zum Schutz vor den Muslimen, so daß ein Circulus vitiosus mit fatalen Folgen entsteht.

Heute steht der Erwerb von *Wissen* gerade bei den Islamisten ganz obenan. Sie drängen als Studierende in die Hochschulen. Ohne das Know-how des Westens auf allen Gebieten zu kennen und zu beherrschen, läßt sich die westliche Domi-

---

[72] Vgl. dazu den Redaktionsartikel: Parties and Institutions: The Popular Arab and Islamic Conference (PAIC): A New „Islamist Internationale"?. In: „Trans-StateIslam" 1/1995, S.1.

nanz auch nicht abschütteln. Außerdem muß man gerüstet sein, wenn man selbst einmal die Regierung in welchem Land auch immer übernehmen will. Trotz deutlicher Präferenz für die technischen Berufe lassen sich Fundamentalisten gegenwärtig in *allen* Berufszweigen, sogar in der im allgemeinen verpönten westlichen Philosophie ausbilden. Den Weg zurück ins „finstere Mittelalter" will *kein* Fundamentalist. Deshalb nutzen sie Hightech und damit modernste Computer-Technik und werben online über „internet" für die eigene Sache.

taqîya: das Gebot der „Verstellung" im „Feindesland"

Aufgrund einer muslimischen Besonderheit kommt es immer wieder zu der Frage: Kann man den Aussagen von Muslimen trauen? Sagen zum Beispiel einige Spitzenfunktionäre die Wahrheit, wenn sie politische Enthaltsamkeit geloben?

Im Islam ist es verboten zu *lügen,* nicht anders als im Christentum. Natürlich lügen Christen wie Muslime bei allen möglichen Gelegenheiten trotzdem; denn sie sind nun einmal Menschen. Dennoch haben die Orientalen unter bestimmten Umständen ein anderes „Wahrheitsverständnis" als wir. Zwei völlig unterschiedliche Aspekte führen zu dieser Einschätzung. Der *erste* Aspekt ist *kultureller,* der *zweite religiöser* Art.

Peter Heine hat in seinem Buch „Kulturknigge für Nichtmuslime" ein Kapitel überschrieben mit „Was ist Wahrheit?" und darin sehr anschaulich sowohl die Höflichkeit der Orientalen beschrieben als auch deren „andere Realitätssicht".[73] Orientalen wollen beispielsweise einem *Gast* keinen Wunsch abschlagen, auch wenn er unerfüllbar oder gar peinlich ist. Bewußt falsche Auskünfte oder nicht eingehaltene Verabredungen können für einen Muslim unumgängliche Folgen sein, die wir dann fälschlicherweise als „Unzuverlässigkeit" oder als „mangelnde Wahrheitsliebe" kritisieren.

---

[73] *Peter Heine:* Kulturknigge für Nichtmuslime. Ein Ratgeber für alle Bereiche des Alltags. (Herder-Spektrum 4307). Freiburg–Basel–Wien 1994, S. 115–128.

Ein Artikel in der „Islamischen Zeitung" veranschaulicht diese Einstellung mit dem Bericht über einen vorbildlichen Geschäftsmann, der seinem Kunden gegenüber niemals zugibt, daß er einen gewünschten Gegenstand nicht auf Lager hat, sondern versucht, ihn hinzuhalten, um ihm das Verlangte irgendwie zu beschaffen. Der Kunde wird sich dankbar daran erinnern, welchen Einsatz der Geschäftsmann für ihn gemacht hat, und ihn künftig wieder aufsuchen, wenn nicht gar weiterempfehlen.[74]

Dieser „individuelle" Wahrheitsbegriff ist geboren aus Höflichkeit, Nicht-verletzen-Wollen und Gastlichkeit, Werte, die höher eingestuft werden als eine frontal-direkte, möglicherweise kränkende Absage.

Doch es gibt darüber hinaus auch eine *religiös* bedingte Ausnahmesituation, die einen Muslim geradezu *verpflichtet,* unter ganz bestimmten Lebensumständen nicht die Wahrheit zu sagen, sondern *taqîya* (pers.: *ketmân*, türk.: *takiye*) zu üben. Dieser Begriff läßt sich kaum ins Deutsche übersetzen. Der Schia-Experte Heinz Halm hat ihn zunächst mit „Vorsicht", später jedoch mit „Verstellung" wiedergegeben.[75] *Taqîya* bedeutet, daß ein Muslim seine *religiöse* Identität oder seine wahren Absichten im Fall von Bedrohung zu verschweigen hat. Für die Schiiten ist *taqîya* vor allem dann geboten, wenn das eigene Leben oder das eines anderen Schiiten in Gefahr ist, aber auch, wenn sein Eigentum oder das Eigentum eines anderen Schiiten gefährdet ist, selbst dann, wenn er durch *taqîya* etwas Nützliches für seine Glaubensgenossen erreichen kann, beispielsweise aufgrund falscher Konfessionsangabe die Einsetzung in ein öffentliches Amt als Lehrer, Verwaltungsbeamter, Richter etc. *Taqîya* kann sogar so weit gehen, daß er die religiösen Riten von Nicht-Muslimen mitpraktiziert, um nicht als Schiit erkannt zu werden.

---

[74] *Hayati Üstün*: Geheimnisse des Handels. In: Islamische Zeitung vom Febr. 1997, S. 5.

[75] *Heinz Halm:* Die Schia, S. 41, übersetzte *taqîya* zunächst mit „Vorsicht", in seinem späteren Buch: Der schiitische Islam, S. 17 u. S. 152, hingegen mit „Verstellung". *A. Harwazinski*, Die islamische Reform, S. 717, bietet als Übersetzungen „Vorsicht", „Furcht", „Verhüllen" an.

Obgleich *taqîya* nur für Schiiten obligatorisch ist und die Sunniten die Schiiten deshalb immer wieder wegen ihrer „Falschheit" anprangern, wird sie auch bei den Sunniten angewandt.[76] Im nicht-muslimischen Umfeld ist eine solche Haltung also auch Sunniten nicht verboten und gegebenenfalls sogar religiös legitimiert; für die Schiiten aber ist sie religiöse Pflicht. Aus diesem Grund läßt sich beispielsweise auch nicht die genaue Zahl der in Deutschland lebenden Schiiten von ihnen selbst in Erfahrung bringen.

Taqîya bei den Sunniten beschreibt das Zentrum für Türkeistudien: Necmettin Erbakan ließ am 24. Mai 1996 den von seiner eigenen Partei gestellten Mißtrauensantrag gegen die wegen Veruntreuung von Staatsgeldern verdächtigte Tansu Çiller fallen, um mit ihr dann eine Koalition einzugehen und so die *Refah Partisi* an die Macht zu bringen, was ihn selbst – für ein Jahr – auf den Ministerpräsidenten-Sitz brachte. „Diese opportunistische Haltung konnte Erbakan vor seinen konservativ-islamistischen Anhängern mit der 'takiyye' begründen."[77]

Assia Harwazinski weist darauf hin, daß nicht nur religiöse Muslime *taqîya* üben, sondern auch Laizisten und Atheisten islamischer Abkunft gegenüber den radikalen Muslimen eine der religiösen Bedeutung entkleidete *taqîya* praktizieren, wenn sie nicht massiv unter Druck geraten wollen. *Taqîya* ist eine Art von „Überlebenskunst" geworden, die recht vielseitig ist und sogar im außerreligiösen Kontext geübt wird.

Was es bedeuten kann, *taqîya* aufzugeben, erfahren seit Anfang der achtziger Jahre die türkischen Aleviten. Ihre Öffnung nach außen hat sie „geoutet", und sie haben dies – auch in Deutschland – sehr schmerzhaft zu spüren bekommen. Angehörige verschiedener islamistischer Gruppen zeigen im Gespräch ihre Aversion gegen die Aleviten ganz unverhohlen.

Wenn es dem Islam und der eigenen Organisation nützt, die

---

[76] So *H.A. R. Gibb/J. H. Kramers:* Shorter Encyclopaedia of Islam. Leiden – London 1961, S. 561 f. Zum aktuellen Gebrauch von *taqîya* siehe *A. Harwazinski,* S. 717 f.
[77] *Zentrum für Türkeistudien:* Presseauswertung „Milli Gazete" S. 8.

man ja für den besten Vertreter des Islam in Deutschland hält, ist es unter Umständen keine Sünde, seine eigentlichen Absichten zu verbergen. Die „Innenpolitik" mancher Vereinigungen *kann,* muß aber durchaus nicht mit den in der Öffentlichkeit vertretenen Auffassungen übereinstimmen. Dies sieht auch Hildegard Becker so: „Das Hauptproblem ist die Doppelbödigkeit. Gegenüber Deutschen und in deutscher Sprache betont man unablässig, auf dem Boden des Grundgesetzes zu stehen und den Dialog zu wollen. Gegenüber Türken und in türkischer Sprache überwiegen Hetzparolen gegen die deutsche Demokratie, den Puralismus und die angeblich ‚sittlich verrottete' deutsche Gesellschaft."[78]

Extremismus als Sonderform des Islamismus

Angesichts der explosionsartigen Entwicklung des Rechtsradikalismus in Deutschland[79] und der Ermordung von Ausländern, der Schändung jüdischer Friedhöfe, der Zerstörung von Moscheen und der Vernichtung von Eigentum fällt es schwer, über extremistische Gruppen von Ausländern, speziell von Muslimen, zu sprechen. Dennoch muß man ein Auge darauf haben, daß Deutschland nicht noch mehr als bereits geschehen Freizone für sich religiös legitimierende, in Wirklichkeit aber terroristische Aktivitäten und Psychoterror wird. Unser Rechtsstaat garantiert Religions-, Meinungs-, Presse- und Versammlungsfreiheit. Diese Rechte, die ihnen *keines* ihrer Herkunftsländer in solchem Umfang gewährt, werden von verschiedenen islamischen Vereinigungen mißbraucht. Das gilt ebenso für rechts- wie linksextreme Gruppierungen.

---

[78] *Hildegard Becker*: Rede-Manuskript vom 23. Juni 1997.
[79] Der Bundesverfassungsschutzbericht 1994, S. 77, gibt für das Jahr *1991* an: 40 950 Skinheads, Neonazis, Mitglieder bestimmter Jugend- und Studentenvereinigungen etc.; für *1993:* 65 400; für *1994:* 57 470 und für *1996:* 45 300 – bei steigender Gewaltbereitschaft einer geringer werdenden Zahl von – aktiven? erfaßten? – Mitgliedern.

Die linksextreme Szene

Die mit Abstand gewalttätigsten Ausländer sind *nicht* die Islamisten, sondern die militanten Kurden, obgleich sie sich seit 1996 friedfertig gezeigt haben.[80] Die Anhänger der 1978 gegründeten linksextremen PKK, „Arbeiterpartei Kurdistans", zählen in Deutschland etwa 8000 bis 9000 Männer und Frauen bei 50 000 Sympathisanten, doppelt so viele wie seit dem Verbot im Jahr 1993[81] und etwa 10 % der 450 000 bis 500 000 in Deutschland lebenden Kurden. 90 % der Kurden in Deutschland sind demnach friedliebend; sie werden teils sogar von den eigenen kurdischen Landsleuten erpreßt und haben selbst unter ihnen zu leiden.

In der Türkei herrscht zwischen der türkischen Regierung und Teilen der kurdischen Bevölkerung ein Kriegszustand, der letztlich in unerträglichem Maße zu Lasten der Kurden geht. Auch im Irak und in Iran werden die Kurden verfolgt. Doch darf dieser bedauerliche Zustand nicht dazu führen, daß der türkisch-kurdische Krieg – so wie es der Vorsitzende der PKK, Abdullah Öcalan, einmal fordert, ein anderes Mal ablehnt – auf deutschem Boden ausgetragen wird mit dem Ziel, die Bundesregierung zu einer politischen Kursänderung gegenüber der Türkei zu zwingen. Das größte Gewaltpotential geht dabei von der auf türkischem Boden agierenden PKK und den zahlreichen ihr angeschlossenen Vereinigungen aus. Nach ihrem Verbot haben sich Vereine und Verbände in der Bundesrepublik unter neuen Namen gegründet mit dem alten Ziel, einen von der Türkei unabhängigen Kurdenstaat zu schaffen.[82]

Am 2. April 1996 meldeten alle Nachrichtenagenturen, Öcalan wolle Selbstmordattentäter in sensiblen Sicherheitsbereichen der Bundesrepublik einsetzen. „Der Spiegel" zitierte Öcalan: „In Europa werde es eine ‚Massenerhebung' der un-

---

[80] Verfassungsschutzbericht von NRW über das Jahr 1996, S. 246 f.
[81] Ebd. S. 247. Die PKK ist in ihren inneren Strukturen im wesentlichen erhalten geblieben und kaum geschwächt.
[82] Zum Beispiel die am 27. März 1994 gegründete „Föderation kurdischer Vereine in Deutschland" (YEK-KOM), die an die Stelle des Dachverbands FEYKA-Kurdistan getreten ist; eventuell auch die „Kurdisch-Deutsche Presseagentur", die wohl KURD-HA ersetzt, so der Verfassungsschutzbericht 1994, S. 180 f.

terdrückten Kurden geben, ‚in der ersten Linie in Deutschland. Es werden dabei Hunderte von Menschen sterben'."[83] Am selben Tag wurden von PKK-Anhängern Morddrohungen gegen den Bundeskanzler und den Außenminister bekannt, die – was ohnedies gar nicht gegangen wäre – gerichtliche Abschiebungsentscheidungen zurücknehmen sollten. Inzwischen wurden gesetzgeberische Maßnahmen getroffen, denen zufolge Demonstrationsdelikte als „schwerer Landesverrat" eingestuft werden mit Abschiebung kurdischer Asylbewerber nach einem rechtskräftigen Gerichtsurteil.

80 % der politischen Gewalttaten von Muslimen in der Bundesrepublik, bei denen auch Gebetsstätten und Vereinsräume beschädigt oder zerstört wurden, werden vom Verfassungsschutz den radikalen Kurden zugerechnet. Die restlichen 20 % verteilen sich auf „Trittbrettfahrer", auf Angriffe von Muslimen gegen Aleviten und auf Auseinandersetzungen zwischen den verschiedenen muslimischen religiösen Gruppen.[84]

Die türkische, in Deutschland ebenfalls verbotene, militante Vereinigung *Devrimci Sol* („Revolutionäre Linke"; jetzt DHKP-C), die in der Türkei ein sozialistisches Regime errichten will, hat sich von ihren Flügelkämpfen erholt und gewinnt wieder an Boden. Die marxistisch-leninistische PKK agiert unverdrossen europaweit – dabei insbesondere auf Deutschland konzentriert – konspirativ. Sie hat sich organisatorisch untergliedert in 8 „Regionen", in nahezu 30 „Gebiete" und in viele „Räume" oder „Stadtteile".[85] Sie ist straff in Zellen und Kadergruppen durchorganisiert. Die Führungsspitze schlüpft in ständig wechselnden Quartieren unter. Diese Organisation handelt nach ihren eigenen Gesetzen. Ihr gilt die deutsche Verfassung nichts. Sie führt ein völliges Eigenleben und bildet bereits auf *ihre* Weise einen „*Staat im Staat*".

Hier handelt es sich zwar um linksgerichtete Gruppierungen mit rein politischen Zielen; doch sind sie aus dreierlei

---

[83] So der Artikel „Hilflos vor Terror". In: „Der Spiegel" Nr. 13 vom 25.03.1996, S. 35.
[84] Bundesamt für Verfassungsschutz (Hrsg.): 1996, S. 174–207.
[85] Ebd., S. 184.

Gründen für unser Thema interessant: Erstens sind sie anti-religiös, und es kommt immer wieder zu Auseinandersetzungen zwischen islamistischen und linken Gruppen auf deutschem Boden. Zweitens haben Linke und Islamistisch-Rechte bei aller Gegensätzlichkeit in mancher Hinsicht vergleichbare Strukturen: eine straffe Hierarchie und absolute Gehorsamspflicht, Abschottung nach außen und Bedrohung von Aussteigern als „Verräter", teils mit dem Tod. Drittens haben beide Richtungen die Tendenz, sich innerhalb Deutschlands einen eigenen Bereich aufzubauen.

Ebenso wie in der linksextremen Szene sind die Organisationen der Rechten mit den „Bruder-Organisationen" in den *europäischen Nachbarländern* vernetzt; insbesondere die islamistischen Gruppierungen arbeiten international weltweit zusammen. Im übrigen charakterisieren mangelnde Transparenz und konspiratives Agieren beide Richtungen.

Die rechtsextreme Szene

In Deutschland sind die islamischen Rechtsextremisten zahlenmäßig stärker vertreten als die Linksextremisten aus islamischen Herkunftsländern. Dennoch bleiben die politischen Aktivitäten der fundamentalistischen Vereine der deutschen Öffentlichkeit in der Regel verborgen; denn von den Problemen wissen meist nur die Betroffenen, die aus Scham oder Angst schweigen. Selten werden Fälle von Bedrohungen deutscher Staatsbürger publik wie jener der Verlegerin Donata Kinzelbach wegen der Veröffentlichung des Buchs „Prinzip Haß", das der algerische Schriftsteller Rashid Boudjedra über den Islamismus im Maghreb und die von Deutschland ausgehende Unterstützung islamistischer Gruppen in Algerien geschrieben hatte.[86] Es ist aber nichts gewonnen, wenn man Probleme schweigend übergeht, am wenigsten für die *überwältigende* Mehrheit der liberalen Muslime, die mit den radikalen Islamisten nichts zu tun haben will.

---

[86] *V. Schulz:* Eine Passion wird zur Profession – Die Verlegerin Donata Kinzelbach. In: Forum Eine Welt 2/1995. Weitere mir bekannte Namen darf ich nicht preisgeben.

Konflikte tragen die jeweiligen Gruppierungen in Deutschland in der Regel untereinander aus. Trotz letztlich gleichartiger Ziele können sich die diversen Verbände im Grundsätzlichen – z. B. in der Frage der Vertretung nach außen hin – nicht einigen und sind zum Teil heillos zerstritten. Sie machen sich gegenseitig die Mitglieder abspenstig. Weil sie vor allem an realer politischer Macht interessiert sind, gönnen sie den anderen nicht den Erfolg. Zumindest einige islamistische Gruppen scheinen darüber hinaus endogam zu sein, also nur gruppenintern zu heiraten und gesellschaftliche Kontakte zu pflegen.[87]

Sind islamistische Gruppierungen mit ihren von Deutschland aus durchgeführten Aktionen in ihren Heimat- oder in ihren Herkunftsländern erfolgreich und setzen sich dort mit ihrer Hilfe islamistische Kräfte durch, so hat dies mit Sicherheit Auswirkungen auch auf das Verhältnis beider Länder, auf die jeweilige Außenpolitik sowie auf die Situation der Muslime in Deutschland.

Auch wenn die These, daß beispielsweise der Islamismus in der Türkei von Deutschland aus massiv gefördert wird, nicht die Unterstützung aller Fachleute findet, so kann ich nur anführen, daß sich hohe Beamte des türkischen Justizministeriums im Herbst 1994 bei mir bitter über die nachlässige Haltung der Bundesregierung beklagt haben. Sie bezogen sich dabei einerseits auf die Indoktrination durch in der Türkei damals noch verbotene, in Deutschland aber hergestellte antilaizistische Literatur und Ton-Kassetten und andererseits auf die gewaltigen Finanzspritzen aus Deutschland für fundamentalistische Gruppierungen und Parteien, die aus der säkularen Türkei einen Islamstaat auf der Grundlage des islamischen Rechts, der Scharia, machen wollen. Ob sich dieser Verbund mit dem Herkunftsland bei den *jungen* Menschen noch lange erhalten läßt, ist allerdings fraglich. Immer mehr antworten, sie lebten nun einmal in Deutschland, und was in anderen Ländern geschehe, ginge sie letztlich nichts an.

---

[87] *M. Gür:* Türkisch-Islamische Vereinigungen, S. 138 ff, schildert, daß zwei junge Menschen einander nicht heiraten durften, weil der eine Vater den Süleymancı (VIKZ) und der andere Milli Görüş (IGMG) angehört.

In der Bundesrepublik tummelten sich nach Erkenntnissen des Verfassungsschutzes im Februar 1997 nicht weniger als 22 islamistische Organisationen,[88] gegenüber 13 im Jahr 1995.[89] Sie sind zum Großteil abhängig von den islamistischen Organisationen ihrer Herkunftsländer wie Algerien, Ägypten oder Libanon, den unter palästinensischer Verwaltung stehenden Gebieten, Iran oder der Türkei. Überhaupt nicht im Blick hat der Verfassungsschutz – soweit erkennbar – die Aktivitäten Saudi-Arabiens, das genau wie einige Golfstaaten und Libyen sowie internationale islamische Organisationen im großen Stil Gelder nach Europa und damit auch nach Deutschland pumpt.

Eine ganz grobe Einteilung nach Ethnien ist charakteristisch, wenngleich in dieser Pauschalität auch sehr vereinfachend: „Unter diesen Gruppierungen sind die türkischen Organisationen wegen ihrer Mitgliederstärke, die arabischen wegen ihrer Militanz und die iranischen wegen des hinter ihnen stehenden modellhaften theokratischen Systems am bedeutendsten."[90]

Der Verfassungsschutz stuft in erster Linie die algerische FIS, die „Islamische Heilsfront", sowie die Anhänger und Sympathisanten der GIA, „Bewaffnete Islamische Gruppe", als radikal ein. Er gibt in seinem Jahresbericht für 1996 an, daß in Deutschland wohl lediglich etwa 200 algerische Aktivisten leben. Doch sei der Verdacht, daß der umfangreiche Waffenhandel dieser Gruppen über Deutschland abgewickelt wird, inzwischen erhärtet. Mit diesen illegalen Machenschaften wurde in den Medien insbesondere auch Rabah Kebir, der „Leiter der Exekutivinstanz der FIS im Ausland", in Verbindung gebracht. Seit 1994 ist ihm jegliche politische Betätigung in Deutschland untersagt, was ihn freilich nicht daran hindert, sich dennoch in diese Geschäfte einzuschalten, wie immer er mag.

Weiterhin gehören in diese Rubrik palästinensische HAMAS-Anhänger, die sich Anfang Mai 1996 in Heilbronn unter der

---

[88] *Bundesamt für Verfassungsschutz* (Hrsg.): 1996, S. 177 mit Anm. 1.

[89] *Bundesamt für Verfassungsschutz* (Hrsg.): Islamischer Extremismus, S. 11.

[90] Aus der Sendung „Lange Nacht" von Deutschlandradio Berlin am 3./4. März 1995; Deutschlandfunk: 4./5. März 1995.

Bezeichnung IBP, „Islamischer Bund Palästinas", organisiert haben. Der IBP lehnt einen Frieden mit Israel grundsätzlich ab. Laut Verfassungsschutz halten sich in Deutschland nicht mehr als 100 Aktivisten auf.[91] Wichtige Stützpunkte habe die HAMAS, getarnt als IBP, auch in Berlin und Aachen, schreibt „Focus" und schildert: „Eine hitzige Großveranstaltung der HAMAS fand eine Woche vor Weihnachten [1995] in der Alten Mensa der Technischen Universität (TU) Berlin in der Charlottenburger Hardenbergstraße statt. Berlins islamische Fundamentalisten treffen sich dort regelmäßig, geduldet von Senat und Präsidium." An der Türe habe folgende Parole gehangen: „Juden, wir werden euch vertreiben mit unseren Gewehren und unseren Selbstmordkommandos!".[92] Der Hauptagitator heiße Assam Tamimi, schreibt „Focus" weiter; er komme aus England und gehöre der Muslimbruderschaft an. Ebenfalls zur HAMAS gehöre die Al-Aqsa e.V., „Gemeinnützige Hilfsorganisation Schwerpunkt Palästina" mit Sitz in Aachen. Offiziell wirbt die Al-Aqsa Spenden ein für die Gesundheitsversorgung und die sozial Schwächsten – Witwen, Waisen, Alte, Kranke, dazu die Familien der Selbstmordattentäter – unter den Palästinensern.

Gute Kontakte zur HAMAS soll dem Verfassungsschutz zufolge die IGMG unterhalten, die ebenfalls schlimmste antijüdische Hetze betreibe, was diese selbst aber ganz entschieden bestreitet.[93] Die Äußerungen im Hausblatt „Milli Görüş und Perspektive" und in dem mir vorliegenden Jahresbericht des Vorsitzenden und des Geschäftsführers der IGMG von 1995/1996 sind nicht rassistisch. Allerdings wird die Politik Israels – und insbesondere dessen Siedlungspolitik – verdammt. Unabhängig von allen öffentlichen Statements kursiert jedoch offenbar unter den Studierenden türkischer Herkunft an hiesigen Universitäten heftiges antijüdisches und

---

[91] Verfassungsschutzbericht des Landes Nordrhein-Westfalen 1996, S. 362.
[92] „Focus" vom 15. April 1996.
[93] Nach *Emir Ali Sag,* S. 458, „wurde auf dem 10. Europäischen Generalkongreß der AMGT-Jugend am 14. 5. 1994 (Bielefeld) in einem Propagandafilm ein Monster, das einen Davidstern trug, als Gefahr für türkische Jugendliche dargestellt".

antidemokratisches Propagandamaterial.[94] Die aggressive „Milli Gazete" („Nationalzeitung"), die als Stimme der *Refah Partisi* und gleichzeitig der IGMG fungiert, ist dem Zentrum für Türkeistudien zufolge „durchaus als integrationsablehnend zu bezeichnen".[95] Antijüdische Hetze findet sich genügend; sie wird sogar mit einem Koran-Zitat begründet und somit religiös legitimiert.[96] Derartige, auch gegen die Christen gerichtete Hetzschriften gehören zur Ausstattung nicht weniger Verkaufsstellen islamischer Schriften.

Wie ungeniert sich auch andere muslimische Vereinigungen hier bewegen, kann man daran sehen, daß bei der Einweihung der als liberal eingeschätzten Mannheimer Yavuz Sultan Selim-Moschee ein ins Türkische übersetzter Bestseller – in der Türkei mit zweistelliger Auflagenzahl gedruckt – verkauft werden konnte, während Honoratioren der Stadt und kirchliche Vertreter der Eröffnungszeremonie beiwohnten, nämlich das hierzulande verbotene Buch „Mein Kampf" von Adolf Hitler. Der darin geschürte Anti-Judaismus feiert in islamistischen Kreisen fröhliche Urständ.

Ganz besonders erschreckend ist, daß sich auf der Ebene antijüdischer Hetzkampagnen offenbar *Neonazis* mit den von ihnen ansonsten als „Ausländer" heftig angefeindeten Islamisten zusammengefunden haben. Das Deutsche Orient-Institut hat festgestellt: „Arabische Islamisten bekommen zudem seit einiger Zeit die Gelegenheit, in rechtsextremistischen Zeitschriften ihre Ideologie zu verbreiten. So erschien vor einigen Monaten in der deutschen neonazistischen Postille ‚Sleipnir' ein den Jihad verherrlichender Artikel."[97]

---

[94] Diese Schriften und Handzettel habe ich selbst nicht gesehen. Da mir aber Studierende verschiedener Fachrichtungen von mehreren Universitäten von sich aus darüber berichteten, gehe ich von der Richtigkeit dieser Angaben aus.

[95] *Zentrum für Türkeistudien:* Presseauswertung „Milli Gazete" von Dezember 1995 bis 9. Juli 1996.

[96] Ebd., S. 20. Die „Milli Gazete" vom 25. März 1996 beruft sich dabei auf Sure 5, 82: „Du wirst sicher finden, daß diejenigen, die sich den Gläubigen gegenüber am meisten feindlich zeigen, die Juden und die Heiden sind".

[97] N. Feindt-Riggers als Autor des Beitrags: *Deutsches Orient-Institut* (Hrsg.): Islamische Organisationen, S. 40 mit Anm. 11 (Sleipnir. Zeitschrift für Kultur, Geschichte und Politik 4/1995).

Eine höchst seltsame Interessengemeinschaft bilden die IGMG und die *Scientology*.[98] Ob dieser Flirt jedoch zu einer festen Bindung führen wird, bleibt fraglich. Einst standen im Büro des Islamrat-Vorsitzenden Hasan Özdoğan in aller Unschuld die Schriften von L. Ron Hubbard, des Begründers dieser Bewegung. Insbesondere das Management und Spendeneinwerbungen wie Finanzierungsmethoden der Scientology müssen die IGMG fasziniert haben. Deshalb sollen auch regelrechte Schulungskurse durch Scientologen in der Kölner IGMG-Zentrale stattgefunden haben. Andererseits dürften die Islamisten für die Scientologen interessant sein, weil sie ihnen ganz neue Welten und gute Kontakte in diversen islamischen Ländern zum Beispiel im Sudan, Libyen und Algerien verschaffen.[99] Auch wäre eine Unterstützung durch eine in Deutschland ebenfalls diskriminierte und religiös verfolgte islamische Minderheit hochwillkommen. Daß Exemplare der Scientology-Zeitschrift „Freiheit" in verschiedenen Kölner IGMG-Stellen unter dem Ladentisch griffbereit liegen und an Muslime verteilt werden, ist im grunde kurios, weil „religiös" nicht zu vertreten. Im übrigen heißt es, daß auch der VIKZ entsprechende Verbindungen habe. Dies gilt auch für die Psycho-Sekte „LaRouche" und deren Unterorganisationen sowie für ihre Aktivistin Muriel Mirak-Weissbach, wenngleich diese Kontakte abgestritten werden.[100] Die Querverbindungen zur Scientology sind auch dem Verfassungsschutz bekannt, ebenso die Anwesenheit von VIKZ-Leuten, obgleich er letzteres nicht zitiert und nur indirekt sagt.

Die Islamische Republik *Iran* nimmt eine Sonderstellung ein; sie verfolgt und ermordet von Staats wegen Oppositionelle gegen die dortige Mollahkratie, offenbar sogar auf deutschem Boden. Als Hochburg *iranisch-schiitischer* Agitation gelten dem Verfassungsschutz das Islamische Zentrum in Hamburg

---

[98] Siehe zu den Scientology-Kontakten der IGMG auch den Verfassungsschutzbericht von NRW für 1996, S. 231f, und „Der Spiegel" vom 3. Nov. 1997, S. 64–67.
[99] Ich berufe mich hier auf Angaben der einschlägig informierten Journalistin Hildegard Becker (Stand: April 1997).
[100] Diese hochbrisanten Informationen stammen aus einem Rede-Manuskript von Hildegard Becker.

und die iranische Studentenorganisation UISA. Laut Verfassungsschutzbericht sind die Mitglieder „verpflichtet", ‚bis zum Tod den islamischen Glauben und die islamische Revolution zu verteidigen'".[101] Während sich die UISA-Aktivitäten im Jahr 1996 im wesentlichen auf Beteiligung an Demonstrationen usw. beschränkten, ist das Islamische Zentrum Hamburg „seit der Machtübernahme Khomeinis die ideologische Zentrale des Irans in Westeuropa für die Verbreitung des Islamismus iranischer Prägung".[102]

Unter den *türkischen* Gruppen benennen sämtliche Verfassungsschutzberichte als *„extremistisch"* den „Verband der islamischen Vereine und Gemeinden" (*„İslâmî Cemaatleri ve Cemiyetleri Birliği"* (ICCB, die Kaplan-Gruppe) und die „Islamische Gemeinschaft Milli Görüş" (IGMG), wobei betont wird, daß nicht alle Mitglieder extremistisch sind, sowie für das Jahr 1996 wieder die „Grauen Wölfe" (ATF, vormals ADÜTDF), die unter die sechs „extrem-nationalistischen" Gruppierungen fallen. Andere Gruppen scheinen sich geschickter zu tarnen.

Mitgliederzahlen
Ende 1995 hatten allein die dreizehn vom Bundesverfassungsschutz observierten islamischen Gruppierungen über 31 800 Mitglieder; das entspricht einer Zunahme um 50 % gegenüber dem Jahr 1992. Doch war für 1996 ein leichter Rückgang auf 30 900 zu verzeichnen.

Es mag kaum trösten, daß letztendlich eben doch nur ein sehr geringer Prozentsatz aller Muslime in Deutschland der antidemokratischen Szene zuzurechnen ist. Denn die vom Verfassungsschutz angenommene Mitgliederzahl entspricht immerhin der Bevölkerung einer Kleinstadt wie Bruchsal, Idar-Oberstein, Itzehoe, Saarlouis, Siegburg, Zeitz oder Zweibrücken. Die IGMG selbst gibt an, sie habe 73 000 Mitglieder, was Städten in der Größenordnung von Detmold, Herten, Konstanz, Marburg oder Stralsund entspricht, wobei aber keinesfalls alle Mitglieder als verfassungsfeindlich gelten.

---

[101] Verfassungsschutzbericht des Landes Nordrhein-Westfalen 1996, S. 263.
[102] Ebd.

Während sich die linksextreme Szene hierzulande weiter aufbaut, stagniert die Mitgliederzahl der IGMG,[103] vermutlich aus Enttäuschung über nicht nachvollziehbare finanzielle Transaktionen sowie darüber, daß zu viel von den Spendengeldern in die Türkei fließt, statt hiesigen Landsleuten zugute zu kommen, schließlich darüber, daß die einjährige Regierungszeit Erbakans keine spürbaren Veränderungen in der Türkei gebracht hat, die sich auch auf Deutschland ausgewirkt hätten.

Feindbilder der Islamisten

Die Feindbilder der Islamisten sind stereotyp: Die Regierungen *sämtlicher* islamischer Länder sind abzulehnen, sofern sie die Scharia nicht als ausschließliche Grundlage ihres Rechtssystems oder überhaupt nicht gelten lassen. Selbst Saudi-Arabien, das über die Islamische Weltliga[104] auch die gewalttätigsten Islamisten unterstützt, wird wegen seiner absolutistischen Herrschaftsform von diesen nicht akzeptiert.[105]

Ständig apostrophierte Feinde sind zudem der Welt-Zionismus und der Staat Israel, oft ganz allgemein „die Juden". Feind ist auch der Westen mit seinen Unterdrückungsformen und dabei ganz besonders die USA; nach der Überwindung des Kolonialismus sei „die Existenz des Staates Israel ... ein Symptom des anhaltenden Neokolonialismus[106]", wobei die USA als dessen Hauptpfeiler gelten.

Assia Harwazinski schreibt der AMGT (IGMG) eine Darstellung zu, die 1986 Feindbilder summierte: „Der Europäer ist ein Atheist und Götzenanbeter, ein Wucherer, Kapitalist, Sozialist, Zionist, Kommunist und Imperialist, ständig brünstig

---

[103] Ebd., S. 228.
[104] Genaueres bei *Reinhard Schulze:* Islamischer Internationalismus im 20. Jahrhundert. Untersuchungen zur Geschichte der Islamischen Weltliga. Leiden 1990.
[105] Die Beteiligung der Muslimbrüder an der blutigen Besetzung der Heiligen Moschee von Mekka im Jahre 1978 ist ein deutlicher Hinweis auf die islamistische Ablehnung des saudischen Königshauscs.
[106] So *Rotraud Wielandt:* Islamischer Fundamentalismus in der Politik. In: zur debatte. Themen der Katholischen Akademie in Bayern.1/1996, S. 17.

und besoffen, ehebrecherisch und materialistisch. Er hat sich dem Teufel verschrieben. Sie sind Agenten und Spione. Sie können als Arzt auftreten, als Krankenpfleger, als kluger Lehrer, als Gewerkschafter, aber alle sind sie Feinde des Islam."[107]

Die Muslime in Deutschland sollen sich hier gar nicht wohl fühlen, es sei denn, sie würden von den islamistischen Organisationen betreut. „Den in Deutschland lebenden Türken soll massiv das Gefühl einer dreifachen Bedrohtheit vermittelt werden: religiös bedroht durch Atheismus und Christentum, national bedroht durch das Deutschtum, politisch bedroht durch die unislamischen Parteien."[108]

Die Extremisten in den islamischen Ländern haben bei ihren Attacken ganz bestimmte Berufsgruppen im Auge, wobei diejenigen, die den Islam öffentlich kritisieren, den Koran wissenschaftlich-kritisch analysieren oder ihn gar als Menschenwerk und historisches Zeitdokument darstellen, im günstigsten Falle ihre berufliche Karriere beenden können. Besonders betroffen sind Schriftsteller und Journalisten, aber auch Theologen, Soziologen, Juristen, Parlamentarier und andere Akademiker.

Solche Feindbilder werden in Deutschland von den entsprechenden Gruppen übernommen. Ganz charakteristisch ist ein Leserbrief einer Maryam ohne Nachnamen, deren Namensangabe aber zu entnehmen ist, daß sie die große Pilgerfahrt vollzogen hat. Al-Hadja Maryam schreibt in „Focus": „Im Islam sind Dichter und Dichtung, Philosophen und Philosophie sowie alles, was damit zusammenhängt, unerwünscht. Daher haben auch die sogenannten Goethe-Institute in Muslim-Staaten nichts zu suchen. Die einstige DDR hatte ein Pendant: die Herder-Institute, und damit genauso wenig Sinn für den Islam gezeigt. Dichter sind Lügner, und unnötiges Geschwätz ist nicht erlaubt."[109]

Man kann nur mit Dankbarkeit feststellen, daß sich islamische Philosophen wie Averroes (Ibn Rushd), großartige Dich-

---

[107] *A. Harwazinski,* S. 721 f. Das Zitat stammt aus „Milli Gazete" vom 24. Juli 1986.
[108] Zitiert in der Sendung „Lange Nacht" (siehe Anm. 90).
[109] In: „Focus" 32/1993, S. 132.

ter wie Hafiz, Saadî, Nizâmî und Shirâzî, Rûmî und Yunus Emre oder auch die Miniaturmaler und viele andere Träger und Mittler großer Kulturen nicht an Vorschriften dieser Art von Islamisten gehalten haben. Die Welt wäre unsagbar ärmer ohne sie.

Zum Thema „Feindbild Islam in den Medien" schießen Arbeiten und Projekte wie Pilze aus dem Boden,[110] und einschlägige Veranstaltungen nehmen kein Ende. Aufs Ganze gesehen wird gern angeprangert, daß die Medien mit Vorliebe extremistische und militante Gruppen als islamtypisch vorführen. Auf der anderen Seite kann man über das islamische Feindbild *Christentum* und *westliche Islamwissenschaft* nur verstreute Notizen finden. Nach islamistischer Vorstellung haben westliche, christliche Islamwissenschaftler nicht das Recht, sich über den Islam zu äußern. Deshalb werden auch deutsche Orientalisten verteufelt und zu Feinden des Islam gemacht, nur weil sie es wagen, sich mit dem Islam zu befassen.[111] Doch es gibt Ausnahmen: Sigrid Hunke ist mit ihren orientophilen Schriften sehr beliebt; hochverehrt wird vor allem die Professorin für Islamwissenschaft Annemarie Schimmel.

Wenn man deutsche Fernsehsendungen mit den Augen der strengen Islamisten betrachten wollte, wären wir ein Volk von Perversen, von Sadisten und Masochisten. Fast jede der die Zuschauer überflutenden Talkshows befaßt sich mit Promiskuität, Vergewaltigung, Ehebruch als Mittel, die eigene Ehe wiederzubeleben, Prostitution, Kindersex und Kinderpornographie, Sex in allen Stellungen und Lagen, Triebtätern, Massenmördern und bestellten Killern – kein „Nervenkitzel" wird ausgelassen. Das Bild, das hier vermittelt und von den Musli-

---

[110] Dazu *Jochen Hippler / Andrea Lueg:* Feindbild Islam. Hamburg 1993; *Verena Klemm / Karin Hörner:* Das Schwert des „Experten". Peter Scholl-Latours verzerrtes Araber- und Islambild. Heidelberg 1993. Ein breitgefächertes Bild des Islam bietet dagegen *Gernot Rotter* (Hrsg.): Die Welten des Islam. Neunundzwanzig Vorschläge, das Unvertraute zu verstehen (Fischer TB 11480). Frankfurt a. M. 1993.

[111] Kurz vor seinem Tod Mitte März 1996 hat der Großscheich der al-Azhar-Universität in Kairo, ʿAlî Gadd al-Haqq, unter anderen den renommierten Islamwissenschaftler Josef van Ess völlig grundlos als „Feind des Islam" bezeichnet, ein Urteil, das bei dem Besuch des Nachfolgers Tantawis in Deutschland im März 1997 und einem Treffen mit hiesigen Islamwissenschaftlern revidiert worden sein soll.

men meist als einziges wahrgenommen wird, muß als Spiegel unserer Gesellschaft gedeutet werden. Die Älteren unter den frommen Muslimen setzen sich daher mit ihrer ganzen Kraft dafür ein, die Kinder und Jugendlichen vor diesem moralischen Sumpf und Otterngezücht zu bewahren und ihre islamisch-religiöse Identität zu fördern.

Zielvorstellungen

Ein Papier der europaweit organisierten *Milli Görüş* aus dem Jahr 1994 zeigt den *globalen* Ansatz aller Islamisten: „Was ist die Absicht der AMGT? Besteht diese darin, die schönsten Moscheen zu errichten oder aber die Miete für Gebäude und Vereine zu bezahlen oder aber den Korankurs zu eröffnen…? Ja, alle diese Ziele müssen wir realisieren, aber unsere Intention geht darüber hinaus, unsere Intention besteht darin, weltweit die gerechte Ordnung an die Macht zu bringen. Demgemäß müssen wir unsere Arbeiten in Richtung darauf intensivieren."[112]

Auf Deutschland bezogen ist das vordringliche Ziel aller Islamisten zunächst einmal die Durchsetzung ihres Grundrechts auf freie Religionsausübung. Der Gesetzgeber wird sich möglicherweise mit der Definition dessen, was unter „Religionsfreiheit" zu verstehen ist, auch mit Blick auf andere Religionen befassen müssen; denn Forderungen auf eigene Rechte werden vor allem muslimischerseits in verstärktem Maße auf diesen Staat zukommen.

Milli Görüş bietet zur Ausbildung in Sachen *Öffentlichkeitsarbeit* im Institut für Internationale Pädagogik und Didaktik in Köln Schulungskurse an. „Langfristiges Ziel ist es, die Teilnehmerinnen und Teilnehmer zu befähigen, als Referenten bei Vortragsreihen, Foren und Diskussionsrunden islamische Standpunkte und Interessen darzustellen und zu vertreten."[113]

---

[112] Zitat aus Verfassungsschutzbericht 1995, S. 232. Siehe z. B. auch „Milli Görüş & Perspektive", Okt. 1995, S. 40.
[113] Siehe z. B. in „Milli Görüş & Perspektive", Okt. 1995, S. 40.

Angesprochen sind vor allem junge Menschen ab dem 18. Lebensjahr, Studenten und Studentinnen. Die Kurse werden in deutscher Sprache abgehalten. Dagegen ist nichts einzuwenden, nur muß man sich nicht wundern, wenn man es künftig fast ausschließlich mit gleichgepolten und unisono sprechenden Gesprächspartnerinnen und -partnern zu tun hat, die eine ganz bestimmte Richtung des Islam vertreten. Angesichts der wohlbegründeten Angst der Deutschen vor Ausländerfeindlichkeit in den eigenen Reihen will ohnehin niemand widersprechen, wenn Muslime die deutsche Intoleranz anprangern und kein gutes Wort für ihre neue Wohnstätte finden. Sollte jemand die bedrohliche Lage für Christen in vielen islamischen Ländern erwähnen – was ohnedies nur selten geschieht –, dann wird dies als Ablenkungsmanöver deklariert, und ein Teil der Zuschauer spendet sogar noch Beifall.

Inzwischen sind auch die Islamisten in Deutschland im Rahmen ihrer engen Möglichkeiten darauf bedacht, den langen Marsch durch die deutschen Institutionen anzutreten. Die Klage, daß sie versuchen, die – politisch allerdings recht wirkungslosen – Ausländerbeiräte zu unterwandern, ist begründet. Sie wollen jede sich ihnen bietende Gelegenheit nutzen – auch die parlamentarische –, um den Islam ihrer Couleur in der Bundesrepublik zu fördern. Deutschland ist seit langem ein potenter Wegbereiter für die Wiederbelebung des Fundamentalismus in der Türkei. Der frenetische Beifall, der aufbrandete, als ein Redner anläßlich eines Symposiums der *Nurcu* in Istanbul im Jahr 1992 erklärte: „Der Islam in Europa kommt aus Deutschland", hallt mir noch in den Ohren. Die geradezu bösartigen Attacken bei einer Podiumsdiskussion anläßlich des „Weltmuslimtags" unter Beteiligung der *Refah Partisi*, der Wohlfahrtspartei, im Oktober 1994 in Ankara waren gegen die USA und die permanent missionierenden Christen in der Türkei wie in Deutschland gerichtet und recht eindrucksvoll. „Der Islam wird die Welt beherrschen", sagte einer der Redner. „In Deutschland sind die Muslime schon stark."

„Kalif" Cemaleddin Kaplan, der „Khomeini von Köln"

Besucher der Frankfurter Buchmesse 1996 wurden in der Halle 9 durch malerische Gestalten auf einen mit Büchern gut bestückten Stand aufmerksam.[114] Ihre Turbane und ihre weiten, teils bodenlangen Gewänder hoben sich heraus aus dem Getümmel der Aussteller und Messebesucher. Der Turban ist das Zeichen ihrer Zugehörigkeit zu einer elitären religiösen Gruppierung. Er besteht aus einem weißen oder grünen Käppchen, um das – je nach Rang – weiße oder schwarze Bänder gewickelt sind. Wer einen ganz weißen Turban trägt, gehört zu den Ulema, den Gelehrten des Ordens; das ist der höchste Rang.

In einem Fernseher auf der „Theke" des Standes läuft ein Video. Es zeigt einen temperamentvoll agierenden grauhaarigen Redner im schwarzen Anzug vor einer frenetisch jubelnden Menschenmenge. „Das ist unser seliger Emir Kaplan", erklärte mir ein würdiger Herr mit ganz weißem Turban und typischen weiten weißen Hosen ehrfurchtsvoll. Der Video-Redner ist Cemaleddin Hocaoğlu Kaplan, der im Jahre 1994 im Kölner Stadion vor 5000 begeisterten Sympathisanten den „Kalifatsstaat" mit Zentrum Istanbul ausgerufen hatte. Kein Zweifel, ich war beim Ausstellungsstand des ICCB gelandet.

Zwar hatte mir eine Freundin bereits die einzigen beiden Schriften Kaplans von dem arg unscheinbaren Stand, den dieser Orden im Vorjahr aufgebaut hatte, mitgebracht – was bereits eine kleine Sensation war –, und ich hatte einen ersten Eindruck gewinnen können; doch nun bekam ich die Chance, endlich mehr über diese Gruppe zu erfahren, die sich Nicht-Mitgliedern gegenüber bislang in völliges Schweigen gehüllt hatte.

Vor mir lagen nun die „Schätze" ausgebreitet: auf der Theke gab es Flugblätter in deutscher, türkischer, persischer und arabischer Sprache, zwölf der Schriften des im Mai 1995 verstorbenen Cemaleddin Hocaoğlu Kaplan – vier davon ins Deutsche übersetzt – sowie eine von seinem Sohn und Nach-

---

[114] Die Kaplan-Gruppe konnte 1995, 1996 und 1997 auf der Frankfurter Buchmesse ihre Schriften ausstellen, ebenso wie 1997 u. a. Milli Görüş.

folger Metin Müftüoğlu Kaplan, an unauffälliger Stelle sogar Videos. Auch ein Stapel des Vereinsblattes „Ümmet-i Muhammed" lag in greifbarer Nähe.

Wiewohl vom Verfassungsschutz als extremistisch und militant eingestuft und vermutlich dementsprechend observiert, wirbt dieser Verband ganz offen für seine strikt-islamistischen Ideen und für einen Staat, dessen alleinige Religion der Islam, dessen Verfassung der buchstabengetreu auszulegende Koran und dessen alleingültiges Gesetz die Scharia ist. Aus ihrer Einstellung machen die Angehörigen des ICCB keinen Hehl. Am Dialog mit den Kirchen sind sie nicht interessiert. Sie bemühen sich, die Behördenkontakte auf das Nötigste zu beschränken, treu dem Grundsatz: „Keine Einigung mit dem Regime des Unglaubens und der Ketzereien, auch keine Neigung zur Kompromißbereitschaft".[115]

Das elitäre Denken, sie allein seien die wahren Muslime, ist allen islamischen Sondergruppen eigen, mögen sie sich inhaltlich noch so sehr unterscheiden. Die Kaplan-Gruppe ist zudem eine endogame Gemeinschaft. „Unsere Töchter dürfen wir denjenigen, die keinen Treueid (gemeint ist: gegenüber dem Kalifen) geleistet haben, niemals zur Frau geben."[116] „Diejenigen, die sterben, ohne den Treueid geleistet zu haben, sterben den Tod der Unwissenheit."[117]

„Die Götzen und die Götzendiener unserer Tage sind: Faschismus, Kommunismus (an anderer Stelle auch: Sozialismus), Kapitalismus, Demokratie, Laizismus (Trennung von Religion und Staat), Atatürk und das kemalistische System, Parteien, Nationalismus und Rassismus."[118] Dazu kommen Necmettin Erbakan und alle anderen Politiker, weil sie nach Meinung der Kaplan-Anhänger keine echten Muslime sind, sondern sich „kompromißsüchtig" auf das westliche Parteiensystem eingelassen haben. Nur durch radikale Veränderungen im politischen System kann der wahre Kalifatsstaat zustandekommen.

---

[115] So *C. Kaplan:* Die neue Weltordnung?, S. 54.
[116] *Cemaleddin Hocaoğlu (Kaplan):* Das Khalifat und der Khalif, S. 125f.
[117] Ebd., S. 122.
[118] *C. Kaplan:* Islam'dan Taviz Vermenin Hükmü. Köln 1994, S. 94.

Beim Betrachten der türkischsprachigen Tafeln über den Bücherborden mit Zitaten berühmter Fundamentalisten der islamischen Welt, die gegen politische Parteien und Demokratie gerichtet waren,[119] komme ich mit einem hochgewachsenen jungen Mann mit einem von schwarzem Bart gerahmten Gesicht und hellwachen Augen ins Gespräch. Mit gelassenem Stolz und ruhiger, distanzierter Selbstsicherheit, die gar nichts Überhebliches hat, wirkt er überzeugend. Er erklärt mir, warum Demokratie mit dem Islam nicht vereinbar sei: „Den Nachfolger von Cemaleddin Kaplan haben wir gewählt nach dem Prinzip der *schura,* der ‚Beratung‘, so wie es zu Muhammads Zeiten gehandhabt wurde. Demokratie im europäischen Verständnis paßt nicht für uns Muslime. Wir wollen einen gerechten Staat. Aber Gerechtigkeit kann nicht abhängig sein von irgendeiner zufälligen Stimmenmehrheit. Die Wahrheit und die Gerechtigkeit Gottes, der alle Dinge bestimmt und uns im Koran mitgeteilt hat, können nicht durch Abstimmung ermittelt werden. Einmal mag ein Mensch mit seiner Meinung recht haben, und die große Mehrheit hat unrecht; ein anderes Mal mag es umgekehrt sein. Es kann doch auch nicht richtig sein, daß bei einem knappen Abstimmungsergebnis 49 % unrecht haben und 51 % recht. Was hat dies mit Gerechtigkeit zu tun? Sie ist unabhängig von der Meinung irgendwelcher Leute."

Während einige Muslime aus verschiedenen arabischen Staaten sich am Stand über den Kalifatsstaat informieren und ihre Visitenkarte hinterlassen, filmt ein ICCB-Kameramann die Besucher. Immer wieder macht er Aufnahmen von mir: von vorne, von links und von rechts; selbst mein Rücken konnte ihn nicht abschrecken. „Zur Erinnerung an die Messe", wehrt der Kameramann meinen allmählich hochsteigenden Unwillen ab.

„Wir schätzen und ehren die Frauen sehr. Sie haben die wertvolle Aufgabe, Kinder zu erziehen, was die Männer viel-

---

[119] Sie stammen aus Schriften von Cemaleddin Kaplan, aus dem Frühwerk des Bediüzzaman Saidi Nursi, des Begründers der Nurculuk-Bewegung, aus dem Œuvre des reaktionären türkischen islamistischen Dichters Necip Fazıl Kısakürek, von Hasan al-Bannâ, dem Begründer der Muslimbrüder, und von dessen engem Vertrauten Sayid Qutb, der unter Nasser hingerichtet wurde, sowie von dem Nakşibendi-Scheich Mehmed Zahid Kotku.

leicht nicht so gut können. Dafür vertreten die Männer die Familie nach außen. Die Frau ist sozusagen der Innenminister, der Mann der Außenminister. Weil ihr die Erfahrung mit der Außenwelt fehlt, darf keine Frau Regierungschefin werden." Daß *der Mann* auch in der Familie letztlich das Sagen haben müsse, begründet er mit der Lebenserfahrung des Mannes, mit der Schwäche der Frau und mit dem Argument, daß es bei dieser Aufteilung der Kompetenzen gar nicht erst zum Streit kommen müsse. Was der Mann beschließt, das gilt eben. Daß meinen Gesprächspartner, der in Deutschland aufgewachsen ist, keine Zweifel an der absoluten Richtigkeit seiner Aussagen plagen, ist offensichtlich.

„Im Islam ist es verboten, einer Frau die Hand zu geben", erklärt er, „doch viele Muslime passen sich dem Westen an und geben ihnen trotzdem die Hand. Sie üben den Islam nicht wirklich aus. Wenn sie auch jetzt nicht fühlen, daß sie falsch handeln. Das Diesseits und das Jenseits hängen aber untrennbar miteinander zusammen. Wer falsch gehandelt hat, wird dann verstehen, daß er besser richtig gehandelt hätte; doch dann ist es zu spät. Wer den Islam kennt und auch nur mit einem Prozent nicht Muslim ist, der ist ein Heuchler."

Gewappnet für die Diskussion waren die Kaplan-Anhänger zur Buchmesse gekommen. Während des dreieinhalb Stunden dauernden Gesprächs wurde Thema für Thema ungefragt angeschnitten. Als die Sprache auf „Polygynie" kommt, winke ich ab. Die Argumente, daß überschüssige Frauen auf diese Weise sozial versorgt werden müßten, eine jede dabei noch mit Gleichbehandlung rechnen könne, sind sattsam bekannt. Mich interessiert mehr der Umgang mit den Christen. Wir Christen hätten in einem Kalifatsstaat nichts zu befürchten, sagt er; denn „in der Religion gibt es keinen Zwang" (Sure 2, 259). Dies gelte allerdings nur für Juden und Christen, nicht aber für die Muslime; diese wüßten schließlich, was Koran und Sunna verlangen. Natürlich sei dabei der *jihâd,* der Glaubenskampf mit den Waffen, nur das *letzte* Mittel, zu dem man greifen dürfe; deswegen hätten Hausdurchsuchungen durch die Polizei bei ihnen auch keine Waffen zutage gebracht. Dennoch dürfe man den Einsatz von Waffengewalt als ultima ratio nicht ausschließen.

Die Scharia müsse in ihrer ganzen Strenge angewandt werden. Daß etwa bei Diebstahl die Hand abgehackt werden soll, findet mein außerordentlich höfliches Gegenüber richtig. Keiner zwinge einen Dieb zu stehlen; er wisse also genau, worauf er sich einlasse. Eine Abschreckung für alle anderen sei der Armstumpf. Dabei unterstreicht er seine Worte mit einer um sein Handgelenk kreisenden Bewegung mit der ungefährdeten Hand und hält den fiktiven Stummel hoch. Der versumpfte Kapitalismus mit seiner schwachen Gesetzgebung könne dies nicht schaffen: „Sehen Sie doch nur, was in Belgien passiert ist. Kinderschänder werden freigelassen und morden weiter – wie in Deutschland auch; Frauen werden vergewaltigt, ohne daß der Gesetzgeber durchgreift. Wir brauchen auch nicht die westliche – entschuldigen Sie bitte – Prostitution. Ehen gehen problemlos auseinander; Kinder wollen Ehelcute nicht mehr haben. Die Christen haben das Christentum schon lange vergessen. Es verehrt drei Götter. Wir aber haben den gerechten Islam, der – richtig gelebt – unsere Gesellschaft ordnet. Wir brauchen überhaupt kein westliches Gesetz; denn wir haben die gottgegebene Scharia. Sie wird die Welt wieder zu Sittlichkeit und Moral zurückführen."

Die Schriften von Kaplan sind weitestgehend unbekannt. Deshalb schaute ich sehnsüchtig zu den Regalen hin, wo sie stapelweise lagerten. Mein Gesprächspartner wäre kein Türke gewesen, hätte er mir nicht höflich eine Schrift nach der anderen angebracht und schließlich sogar geschenkt.[120] Als ich das Abon-

---

[120] Die Titel der in den letzten Jahren in Köln gedruckten Bücher in meinem Besitz lauten: „Hilâfet ve Halife" (deutscher Titel: „Khalifat und der Khalif"), „Islam Anayasası" („Die islamische Verfassung"), „Islam'dan Taviz Vermenin Hükmü" („Die Entscheidung, vom Islam her Kompromisse zu machen"), „Tebliğin El Kitabı" („Handbuch der Verkündung"), „Tebliğ ve Metod" („Verkündung und Methode"), „Islâm'da Sakal ve Kılık – Kıyafet" („Bart und Tracht – das äußere Erscheinungsbild im Islam"), „Imkânlar ve Hamleler" („Möglichkeiten und Angriffe"), „Messajlar" („Botschaften"), „Mezhepler" („Die Rechtsschulen"), „Şurâ ve Emir'ül-Mü'minin" („Der Rat und der Herrscher über die Gläubigen") und schließlich „Tasavvuf" („Islamische Mystik"). Nur in deutscher Übersetzung liegen mir vor: „Die neue Weltordnung?!." – die Satzzeichen sind korrekt – und die „Stellung der Frau im Islam und ihre Besonderen Zustände". Ferner von Metin Müftüoğlu (Kaplan) verfaßte Schriften „Gerçek Müslümanlar, Sahte Müslümanlar" („Die echten Muslime, die falschen Muslime") und „Rejimlere Kavgamız" („Unser Kampf gegen die Regime").

nement für ihr Hausblatt „Ümmet-i Muhammed" bezahle, bekomme ich das Vorblatt des Quittungsblocks zu Gesicht, das direkt vor mir ein korrekt gekleideter Herr – möglicherweise ein Pakistaner – ausgestellt bekommen hatte: 5000 DM.

Die Kaplancı bezeichnen sich als Sufi und praktizieren gemeinschaftlich den *dhikr.* Ihre ganze Lehre lasse sich in drei Symbolen zusammenfassen, erfahre ich: eine *Peitsche* als Zeichen der Herrschaft (*hakimiyet*, auch im Sinne von „Staatsgewalt"), ein *Koran-Ständer* als Zeichen für den *dhikr,* das „Gottesgedenken", und das gebogene *Schwert* mit der Spitze als das Zeichen für *jihâd.* Die drei Symbole sind eingerahmt von einer Gebetskette mit neunundneunzig Perlen, die für die „schönen Namen" Gottes stehen.[121]

Wir kommen im Gespräch über das Schwert zur „neuen Weltordnung", mit deren Hilfe im Ernstfall das Kalifat durchgesetzt werden soll. Meine pragmatische Frage, ob es nicht denkbar ungeschickt sei, ausgerechnet von der Diaspora, von Deutschland aus, einen Islamstaat mit Zentrum Istanbul aufbauen zu wollen, wird mit dem Lächeln des Wissenden quittiert. Es sei doch heutzutage, in einer Zeit mit Fax und Flugzeug, völlig gleichgültig, von welchem Ort der Welt aus sich der wahre Islam durchsetzen werde; es komme doch ohnedies seine Weltherrschaft. Außerdem liege Istanbul strategisch günstig, denn diese Stadt bilde die Brücke zum Westen. Außerdem müsse dies ja nicht der endgültige Standort sein. Die Nationalstaaten lassen sich nicht einfach wegdiskutieren, das ist auch den Kaplancı klar. Sie sollen – wenn es soweit ist – von Emiren regiert werden. Alle Emire bilden unter der Leitung des Kalifen eine Ratsversammlung. Der Koran soll dann die Verfassung, die Scharia das geltende Recht sein.

Als mein Gesprächspartner auf den Welt-Zionismus zu sprechen kommt, werde ich unruhig. Die Juden seien es, die im ehemaligen Jugoslawien Christen und Muslime aufeinander gehetzt hätten. Denn sie wollten die Welt zerstückeln, um an Macht zu gewinnen. Genau so, meint er, verführen sie mit den

---

[121] Das Titelblatt des Buches „Tasavvuf" („Islamische Mystik"), das Cemaleddin Hocaoğlu Kaplan verfaßt hat, enthält z. B. alle diese Elemente.

Kurden und mit der stets von den USA abhängigen Türkei. Auch die Palästinenser bekämen niemals ihren Frieden, weil die USA und Israel dies nicht zuließen. Die Deutschen seien durch ihre Geschichte vorgeschädigt und wollten diesen Tatsachen nicht ins Auge schauen. Meine Einwände läßt er nicht gelten; sie verletzen ihn aber auch nicht. Als Christin könnte ich ihn auch gar nicht kränken. Ich habe das Gefühl, daß es höchste Zeit ist zu gehen. Reich beschenkt mit den Schriften der beiden Kaplans bedanke ich mich für die Geduld, verabschiede ich mich und gebe nicht die Hand.

Der Mann, der die Köpfe dieser Menschen so verwirrt hat, heißt Cemaleddin Kaplan. Er war als Mufti von Adana im Dienste des Präsidiums für Religionsangelegenheiten in der Türkei tätig gewesen, bevor ihn die türkische Regierung wegen antidemokratischer Umtriebe entließ und des Landes verwies. Er soll auf Wunsch von Necmettin Erbakan nach Deutschland zu *Milli Görüş* (damals AMGT) gegangen sein und dort Fatwas erstellt haben. Er überwarf sich mit dem Vorstand und gründete 1983 – unter Mitnahme der Hälfte der Vereine – den ICCB in Köln.[122] Beide Gruppen befehden sich bis heute aufs heftigste. 1992 ließ er sich auf einem Kongreß seines Verbandes zum „Kalifen und Staatsoberhaupt"[123] einer „Islamischen Republik" mit der Hauptstadt „Islambol" („Voll-Islam" für „Istanbul") wählen.[124] 1993 wurde in Istanbul sein zwölfköpfiges „Islamisches Parlament" von der Polizei ausgehoben. In ganz Deutschland wurde Kaplan unter den Bezeichnungen „die Schwarze Stimme" und „Khomeini von Köln"

---

[122] Eine andere Version besagt, Necmettin Erbakan, der Chef auch schon der Vorläufer-Partei der *Refah Partisi,* habe ihn 1981 zur Schlichtung von internen AMGT-Streitigkeiten nach Deutschland geschickt. Kaplan habe sich dabei gegen den Vorstand gestellt. Siehe dazu insbesondere *Th. Lier/U. Piest,* Muslimische Vereinigungen S. 36 f.

[123] Er nannte sich „Emir der islamischen Rechtgläubigen und Khalif der Muslime".

[124] Wie dieser Staat aussehen soll, findet man in „Die neue Weltordnung?!. – Eine Veröffentlichung des Khalifatsstaates" mit einem Vorwort seines Sohnes Muhammed Metin Müftüoğlu (Kaplan), dem „Emir der Gläubigen und dem Khalif der Muslime". In „Die Rückgabe des Rechts an den Anspruchsteller", S. 53, ist der Aufruf vom 9. Juni 1992 zum Umsturz in der Türkei wiedergegeben.

bekannt, nachdem er den Kalifatsstaat Türkei proklamiert hatte. Daraufhin wurde ihm jede politische Betätigung untersagt. Kurz vor seinem Tod wurde gegen ihn wegen öffentlichen Aufrufs zur Gewaltanwendung ein Ausweisungsbeschluß verhängt, aber nicht mehr ausgeführt.[125] Nachfolger wurde sein in den eigenen Reihen umstrittener Sohn Muhammed Metin Müftüoğlu (Kaplan), dem offenbar die Ausstrahlung seines Vaters fehlt.[126] Noch 1995 hatte der ICCB in über 70 Vereinen 3800 Mitglieder gehabt;[127] binnen eines Jahres hatte sich seine Mitgliederzahl halbiert, möglicherweise aufgrund von Abspaltungen. Die Gefährlichkeit der Gruppe ist dennoch gewachsen. Eine Fatwa soll den abtrünnigen Sofu, der in Berlin ebenfalls als „Kalif" residierte, „zur Ermordung" freigegeben haben; er wurde in seiner Wohnung regelrecht hingerichtet.[128] Die Sofu-Gruppe wählte umgehend einen neuen Kalifen. Neben der abgespaltenen Berliner Gruppe konstituierte sich der „Verband der muslimischen Vereine e.V." („Muslim Cemaat Birliği") in Bochum.

Daß Cemaleddin Kaplan seine Gruppe als „weder gewalttätig noch aggressiv"[129] beschreiben konnte, nimmt nicht wunder, denn offenbar hatte er eigene Maßstäbe. So erklärte er, viele seien des Todes würdig, und führte die Kemalisten, also die Anhänger des modernen türkischen Staats,[130] sowie als Beispiele den türkischen Dichter und Humoristen Aziz Nesin oder den Journalisten Uğur Mumcu an, der unter anderem den Islamismus und seine internationalen Verflechtungen untersuchte und im Jahre 1993 ermordet wurde: „Wie viele andere gibt es noch außer ihm! Unter anderem diejenigen, welche während der Beerdigung des Mumcu gerufen haben: ‚Nieder mit dem islamischen Recht', und die Staats- und Regierungs-

---

[125] So „Orientdienst Informationen", Aug. 1995, S. 17, die Deutsche Welle zitierend.
[126] Das Video, das ich besitze, vermittelt trefflich die charismatische Wirkung von Persönlichkeit und Wort Cemaleddin Kaplans.
[127] Siehe „Focus" 6/1995, S. 209. ICCB ist Dachverband von 70 Ortsvereinen.
[128] „taz" vom 16. Mai 1997.
[129] „Ümmet-i Muhammed": Islam und Demokratie, Düsseldorf, o. J., S. 4.
[130] Der Haß gegen den türkischen Staat ist so groß, daß der türkische Nationalfeiertag, den selbst scharia-freundliche Zeitungen offiziell abfeiern, in der „Ümmet-i Muhammed" als nationaler Trauertag dramatisierend beklagt wird.

beamten und ähnliche, die bei diesen Angriffen keinen Ton von sich geben mochten. Diese sind Glaubensabtrünnige, weswegen sie der Todesstrafe unterliegen müßten!". Sie gilt für:

- Ehebruch eines jeden Muslims oder einer jeden Muslime (!), welche durch Ehevertrag miteinander verbunden sind, und zwar bei Beweis durch die Aussage von vier männlichen Zeugen.
- Mörder, die in der Absicht, jemanden zu töten, mit einer Mordwaffe angreifen.
- Die Räuberbande, welche die Reisesicherheit beeinträchtigt.
- Verachtung dessen, was durch das islamische Recht für heilig gehalten wird, und die Glaubensabtrünnigkeit.

Diese vier Gruppen haben die Todesstrafe in bezug auf die Fatwa verdient. Allerdings erfordert es noch eine Vollstrekkung, denn es ist eine Forderung Allahs (Gottes) im Koran, aber keine Vollstreckung und kein Vollzug. Das Vollstrekkungs- und Vollzugsurteil wird nur durch ein Gericht gefällt."[131]

Muhammad Rassoul

Nicht weniger brisant als die Schriften der beiden Kaplans ist das Buch „Das deutsche Kalifat" von *Muhammad Rassoul,* das 1993 in Köln erschienen ist. Rassoul ist Ägypter und Leiter des Missionsinstituts in Köln. Er soll sich mitsamt den Rechtsextremen von *Milli Görüş* (damals AMGT) abgespalten haben. Indizien sprechen für enge Kontakte zu Saudi-Arabien. Rassoul spricht offen aus, was seine Anhänger und andere im stillen denken: „Die Religionslandschaft in Europa hat sich geändert; in dem einst fast ‚islamfreien' Westeuropa leben heute Millionen von einheimischen Muslimen, die ohne Feuer und Schwert zum Islam übergetreten sind. Unter allen Ländern Westeuropas ist Deutschland das ‚klassische' Land geworden,

---

[131] Nachzulesen bei *Cemaleddin Hocaoğlu (Kaplan):* Die neue Weltordnung S. 93.

in dem der Übertritt der deutschen Bevölkerung zum Islam ziemlich schnell im Gange ist, so daß man sich über eine unvermeidliche Änderung der politischen und gesellschaftlichen Struktur Gedanken machen muß... Die vorliegende historische Bestandsaufnahme und zugleich Studie über das Kalifatssystem im islamischen Recht ist eine rein kritische und wissenschaftliche Untersuchung. Ob diese Schrift eines Tages die Geburt eines ‚deutschen Kalifats' im Herzen Europas erleben wird, ist eine Angelegenheit des Verborgenen, das allein im Wissen Allâhs, unseres Erhabenen Schöpfers, liegt."[132] Er endet seine Ausführungen, die u. a. das Kalifat verherrlichen, mit folgenden Worten: „Und was meine eigene Sehnsucht angeht, so möchte ich Allâh den Allmächtigen in aller Demut und Aufrichtigkeit darum bitten, die Herzen der Deutschen für den Islam schlagen zu lassen, und zwar nach seinen segensreichen Worten im Qur'ân: ‚Und aus euch soll eine Gemeinde werden, die zum Guten einlädt und gebietet, was Rechtens ist, und das Unrecht verbietet, und diese sind die Erfolgreichen.'"[133] Der Inhalt dieses üblen Pamphlets bestärkt bei christlichen Lesern Vorurteile gegen den Islam und schürt bei den Muslimen Haß gegen die Christen und Europäer.

Da solche Stimmen, die in unseren Ohren abstrus klingen mögen, sowohl unter den Muslimen in Deutschland als auch in der Türkei ein Echo finden und sich auch Gehör erzwingen, muß man ihnen Gewicht beilegen. Natürlich wird diese Gruppe keinen Umsturz herbeiführen; aber sie ist ein Multiplikator islamistischer revolutionärer Agitation und zudem ein Unruheherd bei uns, und zwar insbesondere unter den *türkischen Muslimen.*

---

[132] *M. Rassoul:* Der deutsche Mufti, S. 17f.
[133] Ebd., S. 137.

Jugendliche und Islamismus

Die Feststellung, daß Jugendliche es in unserer Welt besonders schwer haben, ist keine neue Erkenntnis. Sie kämpfen mit der Pubertät und suchen in ihrem Umfeld nach Orientierung und Zukunftsperspektiven, oft vergebens. Muslimische Jugendliche in Deutschland haben es noch schwerer. Sie wachsen überdies in zwei Kulturen auf und schwanken bei der Suche nach ihrer Identität oft genug zwischen beiden. Dabei klaffen der Anspruch des Elternhauses und der Anspruch ihres alltäglichen „Lebensraumes" weit auseinander; das geht zu ihren Lasten.

Die traditionelle Erziehung der Muslime – und nur von ihr ist jetzt die Rede – beruht auf anderen Werten als die deutsche. Knaben werden dazu erzogen, die Ehre der Familie, das heißt vor allem die Frauen zu beschützen. Reizbar sollen sie sein, wehrhaft, ja aggressiv. Aber diese Aggressivität soll gleichzeitig beherrscht werden, darf nicht dem Willen entgleiten und muß angemessen sein.[134] Mädchen werden zur Zurückhaltung erzogen. Mädchen wie Jungen haben den Älteren und Höherrangigen unbedingten Gehorsam und Respekt zu zollen.

Muslimische Jugendliche geraten bei der Begegnung mit der westlichen Kultur und deren Freiheiten in Interessen-, oft auch in Gewissenskonflikte. Sie halten gerne zusammen, treten selten allein auf; das irritiert wiederum die Deutschen. Gegeneinladungen werden vom jeweils anderen oft ausgeschlagen oder nicht weiter gepflegt, vielfach aufgrund von Mißverständnissen. „Wir sind und bleiben Ausländer; auch wenn wir uns noch so sehr anstrengen und uns anpassen wollen, ja selbst mit einem deutschen Paß; und wir sind darüber hinaus auch noch Muslime", charakterisierte ein junger, hervorragend Deutsch sprechender Türke die Situation. Was kann es Schlimmeres für einen jungen Menschen geben, als dabeizusein und doch nicht dazuzugehören?

---

[134] Hervorragend dazu der kurze Beitrag von *Manfred Schiffauer:* Vom schweren Los, ein Mann zu sein. In: „GEO Spezial Türkei" 1/1989, S. 26–32.

Die zunehmende Ausländerfeindlichkeit in ihren dramatischen, aber teils auch sehr subtilen Formen deprimiert, führt zu Trotzreaktionen oder drängt in eine Ghettoisierung, die vordergründig Schutz bietet. Schlechte schulische Chancen, zu wenig Ausbildungsplätze und miserable berufliche Perspektiven führen solche Jugendlichen zu denen, die ihnen Anerkennung und Selbstwertgefühl vermitteln: zu den Fundamentalisten. Auch wenn der Islamrat beklagt, daß nur noch 10 % der muslimischen Jugendlichen in Deutschland Korankurse besuchen und nur noch 12 % regelmäßig in die Moschee gehen,[135] so hört man doch gerade auch aus türkischen Lehrerkreisen von einer massiven Hinwendung der Jugendlichen zur Fundamentalisten-Szene, wobei sich die Kombination von ultrarechtem nationalistischem und islamistischem Gedankengut als besonders attraktiv erweist.[136]

Zwar mögen auch nicht-religiöse Gruppierungen, allen voran die Sportvereine, manche Frustration auffangen; doch aus vielerlei Gründen können sie dies nur sehr bedingt leisten. Die islamistischen Organisationen hingegen haben allesamt längst erkannt, daß sie auf die Zukunft bauen müssen, und nehmen sich ganz besonders der jungen Menschen an.

Was macht diese fundamentalistischen Organisationen für die Jugendlichen so attraktiv? „Sie geben uns das Gefühl, daß wir gut und stark sind."[137] Sie gewinnen Stärke und erhalten dadurch das Gefühl, ihr Schicksal selbst in die Hand nehmen zu können.

Diese neue stolze und trotzige Haltung zeigt sich auch äußerlich an den sichtbar getragenen Symbolen für ihre Herkunfts-Nationalität wie kleine türkische Fahnen oder sonstige Embleme an der Kleidung. Auch das berühmt-berüchtigte Kopftuch der Mädchen ist ein solches Symbol und hat Bekennercharakter. Das folgende Zitat mag dies erhärten:

---

[135] Dokumentation 1/1997, S. 5. Das sind etwa 78 000 Kinder und Jugendliche.
[136] Dazu Wilhelm Heitmeyer, der beschreibt, daß in manchen Moscheen der nationalistisch-fundamentalistischen *Milli Görüş* (AMGT/IGMG) jetzt fünfmal so viele jugendliche Besucher zu finden sind (laut Orientdienst April 1996, S. 19).
[137] Zitat aus der Sendung „Umzingelt. Türkische Schüler und der islamische Fundamentalismus". DLR Köln v. 17.08. 95 von Karl-Heinz Heinemann.

„Wie kann ich ohne Kopftuch als Muslima erkannt werden? Ich bin tagtäglich mit vielen Menschen zusammen und werde nun als ein ganz gewöhnliches Mädchen angesehen!". Diese Worte werden Aischa in dem im Ramadan 1990 erschienenen deutschsprachigen Büchlein „Wenn muslimische Mädchen weinen" in den Mund gelegt. „Durch das Kopftuch würde ich bestimmt nicht nur als Muslima, sondern auch als ein Mädchen erkannt werden, das an seinem Glauben und seinen Werten festhält. Ich muß unbedingt alle meine Kräfte sammeln, um meine Angst zu überwinden!".[138]

Nationalistisch-islamische Verbände finden bei Jugendlichen großen Anklang, denn sie geben Orientierungshilfe. Wilhelm Heitmeyer schreibt über die deutschen Rechtsradikalen, was genauso für die türkischen Rechtsradikalen gilt: „Ein Teil der Jugendlichen versucht, den Umgang mit diesen unübersichtlichen Situationen zu regeln, indem nach Gewißheiten gesucht wird, um Verhaltenssicherheit zu erlangen. Zu diesen Gewißheiten gehört auch der Bezug auf eindeutige Normanweisungen; gehört die Totalidentifikation mit Stärke verheißenden Symbolen und Ritualen; die Einordnung in ‚natürliche' Hierarchien; die Zugehörigkeit zu mächtigen Institutionen, in deren Schutz dann Stärke und Selbstbewußtsein entwickelt werden soll."[139]

Die islamistischen Gruppen vermitteln wieder Selbstwertgefühl. Man gehört jetzt zur „besten Gemeinschaft, die unter den Menschen entstanden ist" (Sure 3, 110), weil man die Religion „in der richtigen Weise" befolgt. Vereinen sich nationalistische und islamistische Ideologien, wird in besonderem Maße ein Elitedenken gefördert. Man ist nicht nur „stark und gut", sondern sogar der oder die Beste und über die „Ungläubigen" weit erhaben. Zudem bleibt man unter sich, genießt die Gruppensolidarität und persönliche Wertschätzung. Die Jugendorganisationen bieten dem einzelnen eine neue Gruppenidentität.

---

[138] *Sonia-Iman Rassoul:* Wenn muslimische Mädchen weinen. Köln 1990, S. 20.
[139] Die Analyse des Rechtsextremismus deutscher Jugendlicher von *Wilhelm Heitmeyer:* Jugend auf dem Weg nach rechts? In: Gewerkschaftliche Monatshefte 9/1989, S. 549–560, weist *Strukturen* auf, die auf die türkischen Jugendlichen im Islamisten-Milieu fast genauso zutreffen.

In dieses Muster paßt das neue Feindbild der türkischen Rechtsextremisten, das Pendant zu den deutschen Rechtsradikalen und ihrem Ausländerhaß. Dieses Feindbild ist nicht zuletzt durch die Morde an Türken in Solingen und Mölln entstanden. Wilhelm Heitmeyer stellt in einer empirischen Untersuchung unter 1200 türkischen Jugendlichen fest, daß „35,7 % der 15- bis 21jährigen bereit sind, mit körperlicher Gewalt gegen Ungläubige vorzugehen". 23,2 % stimmen dem Satz zu: „Wenn jemand gegen den Islam kämpft, muß man ihn töten."[140] Dieses Gewaltpotential, das sich erstmals in dieser geballten Form gegen die Deutschen und Nicht-Muslime richtet, muß man kennen. Es ist sicherlich realistischer, sich mit solchen Vorstellungen auseinanderzusetzen, als blauäugig zu erwarten, daß die dritte Generation derer, die ja nun mehrheitlich deutsche Staatsbürger werden, sich problemlos integriert oder sogar assimiliert.

Die Islamisten laufen Sturm gegen derartige Erhebungen und Anschuldigungen. Da als Hauptreservoir der militanten Jugend die *Islamische Gemeinschaft Milli Görüş* und die nationalistischen Idealisten-Verbände angeprangert werden, setzen diese sich zur Wehr: „Wir können machen, was wir wollen, wir werden immer verdächtigt. Wenn wir so wären, wie der Verfassungsschutz und Herr Heitmeyer meinen, dann würden wir unsere Jugendlichen in den Moscheen aufhetzen. Können Sie sich denken, was dann los wäre?" sagte mir ein Milli-Görüş-Funktionär und fügte etwas traurig hinzu: „Wir sind immer in der Defensive. Wissen Sie, was das für Menschen bedeutet, die als Staatsbürger ihre Steuern zahlen und ihren sozialen Beitrag leisten?".

Derzeit bestehen – nach M. S. Abdullah – folgende großen islamischen Jugendorganisationen in Deutschland: der „Bund Moslemischer Pfadfinder Deutschlands" (BMPD), ein Ableger der Jamaʿat un-Nur; „Islamische Pfadfinder – Deutsches Komitee" unter der Adresse der Freimanner Muslimbrüder-Moschee; der „Verband der Islamischen Jugendzentren e.V."

---

[140] Brief von W. Heitmeyer vom 17. April 1996; zudem *W. Heitmeyer/H. Schröder/J. Müller:* Desintegration, S. 26.

in Aalen, die „Islamische Jugend Aachen" sowie die außerordentlich gut durchorganisierte und sehr aktive „Jugendorganisation der Europäischen Vereinigung der Nationalen Sicht" der IGMG. Letztere verfügt angeblich über 5000 Mitglieder. Die IGMG veranstaltet neben Regionaltagungen jährlich einen deutschen „Islamischen Jugendkongreß" mit einer Beteiligung von durchschnittlich etwa 10 000 Jugendlichen.[141] Es gibt aber auch viele lokale Vereine mit derselben Intention, jungen Menschen helfen zu wollen.

Mit ihrem reichhaltigen *Unterhaltungsangebot* stoßen die Fundamentalisten auf beachtliche Resonanz. Sie führen Wochenend-Freizeiten und mehrwöchige Sommerlager durch. In Konkurrenz zu den weltlichen Sportvereinen bieten sie Sport-Kurse an, beispielsweise für Fußball, Basketball und Volleyball, für Schwimmen, Ringen und asiatische Kampfsportarten wie Karate oder Kung-Fu. ATIB veranstaltet jährlich Fußballturniere. Darüber hinaus geben die meisten großen Organisationen Computer-Kurse bis zum Erstellen der Software. Auch Religionsunterricht, verbunden mit Arabisch-Kursen, finden sich in den Programmen, dazu Näh-, Stick-, Koch- und Haushaltführungskurse für die Mädchen. Unterricht im Volkstanz und im Spielen der traditionellen Langhals-Laute Saz werden ebenso durchgeführt wie „Studien- und Kulturreisen in die Türkei, in die Türkrepubliken sowie Balkan- und andere Länder". Nachhilfeunterricht in allen Fächern, auch türkischer und deutscher Sprachunterricht sollen die schulischen Leistungen verbessern oder ergänzen. Die IGMG lockt Schüler mit der Aussicht auf Stipendien für ein späteres Studium.[142] Man kann verschiedentlich hören, daß die Islamisten durch ihren zusätzlichen nachmittäglichen Unterricht mit eigenem Lehrstoff die Autorität der staatlichen Schulen unterminieren und de facto eine „Gegen-Autorität" gegen die Schule und gegen die Eltern schaffen, denen man die Erziehungskompetenz abspricht.[143]

---

[141] Siehe *M. S. Abdullah:* Was will der Islam in Deutschland?, S. 66.
[142] *Emir Ali Sag,* Islamisch-fundamentalistische Organisationen S. 462 f, aus einer Bekanntmachung von *Milli Görüş*
[143] So auch *Emir Ali Sag*, Der Islam in der Diskussion S. 462.

Besonders *Milli Görüş* „verfügt über große finanzielle Möglichkeiten. Es vergibt Stipendien für türkische Studenten oder bietet umsonst Essen an", schreibt Faruk Şen.[144] Er sagt, die Elite der Islamisten werde aber natürlich hier, also in Deutschland, ausgebildet. „Und diese Elite vertritt die Meinung, daß, wenn sich solch ein System (gemeint ist ein islamistisches) in der Türkei durchsetzen würde, ihre Anhänger in Deutschland nach der gleichen Wertvorstellung leben oder sich zumindest mit dieser Wertvorstellung identifizieren. So, wie es bei den Marokkanern der Fall ist, die dem König folgen, wenn er sagt, daß sie sich von den politischen Ereignissen in der Bundesrepublik Deutschland fernhalten, kein Wahlrecht haben und nicht mal zu Ausländerbeiratswahlen gehen sollen. Das sei die Angelegenheit eines anderen Staates. Solche Vorstellungen haben fundamentalistisch eingestellte Organisationen."[145]

Der Verlust an Kompetenz in der Sprache des Herkunftslandes geht nicht immer einher mit einem adäquaten Erwerb der deutschen Sprache. „Die deutsche Sprache nenne ich meine ,Stiefmuttersprache' und habe sie als zweite Mutter akzeptiert", schreibt F. Metin Ilhan in seinem Beitrag „Islamische Religion als Brücke für eine neue Identität von Jugendlichen aus Immigrantenfamilien".[146] Doch dieses Problem wird die Zeit lösen.

Die Islamisten legen – überwiegend – großen Wert auf eine möglichst gute Ausbildung der Mädchen nicht weniger als der Jungen. Dabei halten sie einerseits an den traditionellen moralischen Werten und ethischen Normen fest, nutzen aber Technik und Wissenschaften, um ihre Ideen zu transportieren, z. B. auch über das Internet, über das sie die Jugend sehr gut erreichen können.

Es entstehen auf diese Weise *zwei völlig unterschiedliche Gruppen* von Jugendlichen: Da sind einmal die *säkular* aufwachsenden Muslime, denen ihre Religion noch – wenn überhaupt – ein Bestandteil ihrer kulturellen Identität ist. Sie

---

[144] Faruk Şen in: *Burgmer* (Hrsg.), S. 90.
[145] Ebd., S. 95.
[146] In: „Moslemische Revue" 1/1995, S. 60

unterscheiden sich in nichts von den anderen Jugendlichen, wenn man von der Kleinigkeit absieht, daß ihnen meist alles schwerer gemacht wird, als es eh schon ist. Sie haben in den letzten Jahren sogar eine eigene Rap-Kultur hervorgebracht, in der sie ihre Probleme und Wünsche musikalisch verpackt darstellen. Trotzig suchen sie ihren eigenen Standort in dieser Gesellschaft. Sie haben wenig, meist gar keine Berührung mit den frommen Jugendlichen.

Das Leben der *religiös* orientierten Jugendlichen erhält durch die Hinwendung zum Islam viele positive Impulse. Die Fundamentalisten vermitteln moralische Werte. Sie bieten Verhaltensregeln und vermitteln damit Sicherheit in allen Lebenslagen. Sie verlangen Opferbereitschaft; die Jugendlichen sollen ihre Egoismen zurücknehmen für ein höheres Ziel, nämlich sich würdig zu erweisen, der *umma*, der Gemeinschaft der Gläubigen, anzugehören. Die Wünsche des einzelnen haben gegenüber den Interessen der *umma* zurückzustehen; besonders die Mädchen sind hier gefordert, aber auch die Knaben. Die Islamisten holen die Jugendlichen von der Straße, bewahren sie vor Drogen- und Alkoholkonsum, Bandenbildung und Kriminalität und helfen gegebenenfalls auch finanziell. Sie vermitteln moralische Werte und Selbstachtung und zeigen ihnen, wofür es sich – trotz aller Anfeindungen, Arbeitslosigkeit und zunehmender Perspektivlosigkeit – zu leben lohnt.

Man sollte auf die Worte des Bielefelder Soziologen Heitmeyer hören, wenn man nicht weiter die Jugendlichen in die Arme der Fundamentalisten treiben will. Auch wenn sie auf die deutschstämmigen rechtsradikalen Jugendlichen ausgerichtet sind, so gelten sie doch genauso für die Strukturen der Islamisten:

„Nicht die rechtsextremistischen Gruppen haben eine besondere eigene Attraktivität, sondern soziale Ausgrenzung und vor allem eine breiter werdende soziale Verunsicherung, die weit über die real erfahrene Arbeitslosigkeit hinausgeht, produzieren erst diese Attraktivität. Dafür aber sind nicht die Jugendlichen verantwortlich, sondern sie setzen sich nur auf ihre Weise mit den vorgefundenen Verhältnissen auseinander.

Die Ursachen liegen also nicht bei den rechtsextremistischen Gruppen, gewissermaßen am Rande der Gesellschaft, sondern in deren Zentrum."[147]

Es wird sich in der Jugendpolitik und -arbeit, die ohnedies im argen liegt, noch sehr viel ändern müssen. Wenn die muslimischen Jugendlichen nicht unter Beibehaltung ihrer religiösen Identität und kulturellen Eigenart darin einbezogen und in unserer Gesellschaft voll akzeptiert werden, wird es noch ein schlimmes Erwachen geben, das wir selbst weitgehend zu verantworten haben.

---

[147] *W. Heitmeyer:* Jugend auf dem Weg nach rechts? S. 560.

6. Islamische Organisationen in Deutschland

Vereinsbildungen und ihre Tücken

Im Islam gibt es keine Amtskirche oder damit vergleichbare Strukturen. Der deutsche Staat aber wünscht, soll er den Islam als eine in sich geschlossene Größe begreifen und als Ansprechpartner akzeptieren, eine von allen Muslimen gemeinsam getragene Repräsentanz. Eine Anerkennung der islamischen Religionsgemeinschaft als Körperschaft des öffentlichen Rechts verlangt eine Institution, die Verfassungstreue garantiert, die Pflichten hat und die dann auch die Vorrechte einer anerkannten Religionsgemeinschaft für sich und ihre Gläubigen beanspruchen kann, wie sie den christlichen Kirchen und den jüdischen Gemeinden bereits zustehen.[148]

Um die geforderten Voraussetzungen für die öffentlich-rechtliche Anerkennung zu schaffen, haben sich in Deutschland islamische Vereine, Vereinigungen, Dachverbände und noch über diesen stehende Spitzenverbände in privatrechtlicher Organisationsform gebildet. In islamischen Ländern ist eine derartige Vereinsbildung weitgehend unbekannt. Deshalb mußte bei den Muslimen in Deutschland erst ein Lernprozeß vonstatten gehen, um sich diese Form des organisatorischen Zusammenschlusses von Menschen mit gleichgelagerten Interessen und Zielen anzueignen. Die Muslime haben schnell gelernt. Inzwischen gibt es islamische Vereine und Vereinigungen in großer Zahl und etliche Dachverbände dazu. Ihre Satzungen sind – soweit bekannt – verfassungskonform. Sind die Vereine eingetragen, so haben sie den Status der *Gemeinnützigkeit* beansprucht und meist erhalten. Die Vereine können

---

[148] Zu dieser Frage mehr unten, S. 222–226.

somit Spendenbescheinigungen ausstellen und die Zuwendung von Bußgeldern beantragen; sie genießen Steuervergünstigungen und erhalten gegebenenfalls Beiträge von offiziellen Stellen, zum Beispiel zum Moschee-Bau; kurz die Vereinsbildung erweist sich unter mehr als einem Aspekt als lohnend.

„Insgesamt wird man vermutlich mit 1900 eingetragenen Vereinen mit rund 300 000 Mitgliedern rechnen müssen", gibt Hermann Ruttmann für das Jahr 1995 an.[149] Ihre Anzahl dürfte inzwischen auf über 2000 angewachsen sein. Außerdem soll es auch noch 560 Jugend- und rund 300 Frauengruppen sowie etwa 80 islamische Hochschulgruppen geben. Doch man weiß nicht genau, wie solche Zahlenangaben überhaupt zustande kommen.[150] Sie widersprechen zudem teilweise internen Zahlen.[151]

Ruttmann spricht – wie Abdullah auch – vom „auffallend niedrigen Organisationsgrad" der Muslime, gibt aber gleichzeitig zu bedenken, daß in der Regel nur erwachsene Männer Mitglieder von Vereinen werden, de facto aber oft ganze Familien in diese Mitgliedschaft einbezogen sind. Der familiäre Anhang wirkt sich jedoch nicht auf die Statistik aus. Nimmt man einen Multiplikator von nur 3 an, so wären bereits 900 000 der 2,8 Millionen Muslime in Deutschland, also immerhin ein Drittel, in Vereinen organisiert. Die Klage über deren niedrigen Organisationsgrad ist deshalb unbegründet. Allerdings haben sich beispielsweise bestimmte ethnische Gruppen wie die Marokkaner, Tunesier oder Pakistaner noch kaum organisiert.

Übergeordnete Zusammenschlüsse von Vereinen stoßen auf vielfältige Schwierigkeiten. *Sprachbarrieren* oder *ethnische* Besonderheiten erweisen sich manchmal als allzu tiefe Gräben. Auch haben Angehörige unterschiedlicher islamischer Glaubensrichtungen oft kaum Umgang miteinander, ja sie grenzen sich geradezu gegeneinander ab, zum Beispiel finden Sufi-Gruppen und Muslimbrüder wohl kaum je zueinander. Manchmal entscheiden auch schlicht persönliche Aversionen

---

[149] *Hermann Ruttmann*: Vielfalt der Religionen S. 142.
[150] „Dokumentation" 1/1997 des Islamrats für die Bundesrepublik Deutschland – aus dem Islam-Archiv, S. 6.
[151] Zum Beispiel den Angaben in dem IGMG-Rechenschaftsbericht von 1995/96.

gegen ein Miteinander. Als sehr stark trennend erweisen sich die *politischen Orientierungen* verschiedener Organisationen. Trotz aller Divergenzen hat sich freilich – in der Frage des Religionsunterrichts – erstmals ein Schutz-, Nutz- und Trutzbündnis gebildet, bei dem traditionelle Gegnerschaften höherer Interessen wegen zurückgestellt wurden.[152]

Die verbands*internen* Auseinandersetzungen hängen großenteils mit dem *Generationswechsel* zusammen, der sich seit Ende der achtziger Jahre vollzieht. Junge Akademiker, die meist hier aufgewachsen sind und entweder in der Türkei, oft aber an deutschen Universitäten studiert haben, haben an vielen Verbandsspitzen die erste Generation in den verantwortungsvollen Positionen abgelöst. Sie verfügen über hohe Fachkompetenz, während sich die erste Generation noch meist mühevoll durch den deutschen Paragraphenwald, durch Verordnungen und Regelungen unterschiedlichster Art hindurchschlagen mußte, oft der deutschen Sprache und des Schreibens kaum mächtig. „Die Deutschen, die unter den Türken Arbeiter aussuchten, haben ihre Muskeln betastet, ihnen den Mund aufgerissen, um zu sehen, ob die Zähne gut waren, und sie haben ihren Gesundheitszustand überprüft, als wollten sie Vieh kaufen. Andere Fähigkeiten wie Denken oder Lesen und Schreiben galten nichts; die meisten kamen sowieso aus ärmlichen dörflichen Verhältnissen, wo man die Schule höchstens drei oder vier Jahre besuchen konnte", beschrieb ein Angehöriger der IGMG-Zentrale die Anwerbe-Methoden. Hätte nicht der Personalchef einer hessischen Firma selbstzufrieden und ohne irgendwelche Skrupel öffentlich Gleiches – wenn auch aus der anderen Perspektive – berichtet, man hätte es sich kaum vorstellen können, daß wir Deutschen den Sklavenmarkt wiedererwecken könnten. Mein Gewährsmann von *Milli Görüş* fuhr fort: „Auch mein Vater gehörte zu diesen Arbeitern. Von der Arbeit am Hochofen war er mit Mitte

---

[152] Nadeem Elyas führte in einem Vortrag in Frankfurt a. M. im Mai 1997 u. a. den Zentralrat, den Islamrat, DITIB, den VIKZ (= Verband der Islamischen Kulturzentren) und *Milli Görüş* (IGMG) als gemeinsame Unterzeichner an. Ob die Mitwirkung von DITIB auf Druck der seinerzeit islamistischen Regierung unter Erbakan zustandekam, war nicht zu klären. Leider bekam ich die vom VIKZ zugesagte Unterschriftenliste nicht.

Vierzig am Ende. So ging es vielen anderen auch. Wie hätte er sich weiterbilden können, so wie ich dann studieren durfte?".

Die neue Generation in den leitenden Positionen spricht vorzüglich deutsch, ist auf westliche Denkweise eingestellt, dialektisch geschult und steht ihren christlichen Gesprächspartnern in nichts nach. Viele von ihnen haben die deutsche Staatsbürgerschaft angenommen oder streben sie an; dennoch gelten sie in der deutschen nicht-muslimischen Bevölkerung – und ebenso bei vielen Politikern – immer noch als „Ausländer". Sie können jetzt aber ihre Bedürfnisse und Forderungen an diese Gesellschaft ganz selbstbewußt und viel sachgerechter artikulieren als ihre meist radebrechenden Väter.

Hierarchische Strukturen – Interdependenzen

Die lokalen Vereine werden meist von einer Zentrale in Deutschland aus „regiert" und haben keine Eigenständigkeit. Die *Islamische Gemeinschaft Milli Görüş* (IGMG) oder die „Idealisten" (ADÜTDF; jetzt ATF) unterteilen ihre Untergruppen geradezu generalstabsmäßig in „kol", „Zweigstelle, Filiale", und „bölge", „Region, Gebiet".

Die Zentralen in Deutschland sind ihrerseits wiederum einer internationalen Organisation, einer nationalen Institution oder einer politischen Partei im jeweiligen Herkunftsland unterstellt. Fast jede größere türkische Partei hat in Deutschland eine ihr zugeordnete Organisation: die IGMG steht zum Beispiel der *Refah Partisi* des Necmettin Erbakan nahe, ADÜTDF (ATF) de*r Milliyetçi Hareket Partisi* des inzwischen verstorbenen Alparslan Türkeş, die neugegründete ANF der *Büyük Birlik Partisi*.[153] Aus diesen und aus einigen anderen

---

[153] So hat sich beispielsweise ATIB gleichzeitig mit der Abspaltung von der ADÜTDF auch von deren politischer Orientierung abgewandt und sich stattdessen der ANAP (*Anavatan Partisi*, „Mutterlandspartei") des Mesut Yılmaz zugewandt. DITIB vertritt recht einsam die türkisch-laizistische Staatsdoktrin und gilt den anderen als der verlängerte Arm des türkischen Staates. Traditionell wählen die Nurcu die DYP (*Doğru Yol Partisi*, „Partei des rechten Weges"); aber es gibt auch Erbakan-Anhänger unter ihnen.

Gründen ist das Schicksal der Türkei und ihrer Parteien mit Deutschland eng verwoben. Gibt es dort große Veränderungen, setzt sich beispielsweise doch noch die politische, islamistische Richtung durch, dann werden sich diese – im Falle gewaltsamer Auseinandersetzungen – nachhaltig auch in Deutschland auswirken.[154]

Diese Abhängigkeit ist in mehr als einer Hinsicht fatal: Die Entscheidungsfreiheit vor Ort ist eingeschränkt durch diejenigen in der Ferne, die letztlich das Sagen haben, aber wenig von den Gegebenheiten in Deutschland verstehen und sich kaum in die Situation von Muslimen in der Diaspora hineindenken können. Fehlentscheidungen sind die unausweichliche Folge. Andererseits *müssen* sich die „untergebenen Vereinigungen" den Weisungsbefugten unbedingt fügen. Dieses Dilemma haben einige führende Muslime erkannt und streben eine weitgehende Abkoppelung von den diversen Abhängigkeiten in den Heimatländern an, um eigenständige, der noch neuen Diasporasituation angemessene Vorgehensweisen zu entwikkeln. Auch wenn erste Ansätze in dieser Richtung sichtbar werden, bleibt trotzdem in dieser Hinsicht noch sehr viel zu tun.[155]

Die Entwicklung in Deutschland ist andererseits nicht isoliert zu betrachten, sondern in einem großen Kontext zu sehen. Das Band Islam hat mit der Islamischen Konferenz alle Staaten mit mehrheitlich muslimischer Bevölkerung unter einem Dach zusammengeführt und nach heftigem Umwerben auch den einzigen säkular-islamischen Staat, die Türkei, einbinden können. Gemeinsame Tagungen der Staatsoberhäupter, der Außen-, Wirtschafts-, Finanz- und Gesundheitsminister und sonstiger Experten bis hin zu islamischen Sport-Konferenzen finden regelmäßig statt. Die Islamische Weltliga, der Islami-

---

[154] Zur gegenwärtigen religiösen Lage in der Türkei siehe den Beitrag von *U. Spuler-Stegemann* in: *W. Ende/U. Steinbach* (Hrsg.): Islam in der Gegenwart, 4. Aufl. 1996, S. 232–246, und *Udo Steinbach:* Die Türkei im 20. Jahrhundert. Schwieriger Partner Europas. Bergisch Gladbach 1996, S. 328–336.

[155] Siehe auch *H. Vöcking:* Staat und Kirchen, S. 5, der im Blick auf die Abhängigkeiten von den jeweiligen Regierungen darauf verweist, „daß sich die Muslime aus der Vormundschaft der Botschafter lösen möchten".

sche Weltkongreß und viele andere übernationale Institutionen – wie Hilfsfonds aller Art – setzen sich in allen Ländern für die Unterstützung und Stärkung des Islam ein. Nationale Eigeninteressen sind zwar kaum überwindbar, auch nicht Abhängigkeiten von außer-islamischen Mächten wie den USA; aber es gibt eine zunehmende Solidarität unter den Muslimen, die zunächst einmal auf nichts anderem beruht als auf der gemeinsamen Religion.

Die angebliche Transparenz

Um den Vorwurf mangelnder Transparenz zu entkräften, reagiert inzwischen eine ganze Reihe von islamischen Dachverbänden auf Anfragen umgehend und freundlich mit einer knappen Selbstdarstellung. Das ist eine positive Entwicklung. Doch viele Fragen bleiben offen. Offenbar sind in diesen Broschüren auch ganz bestimmte Reizwörter untereinander abgestimmt. Sie lauten beispielsweise: „offen für den Dialog", „einen Beitrag leisten zum wechselseitigen Kennenlernen und zum Abbau von Mißverständnissen", gelegentlich auch „Beitrag zur Integration", „eine feste Position in einem multireligiösen Deutschland einnehmen" oder „den Mitmenschen verpflichtet", wobei man freilich unter „Mitmenschen" in erster Linie die Muslime versteht.

Tatsächlich lassen sich jedoch die meisten islamischen Verbände nicht wirklich in ihre Karten schauen; *taqîya*, „Verstellung", oder eine bewußt begrenzte Offenheit ist angesagt. Ihre Strukturen bleiben meist undurchsichtig.

Das Verwirrspiel beginnt schon mit den Namen der Vereinigungen, die teilweise auch wechseln. Einige Vereine geben zwar mit ihrer Bezeichnung offen ihre *Zugehörigkeit* zu einer bestimmten Gruppierung zu und benennen ihre lokalen Vereine immer mit demselben Namen, z. B. der VIKZ, der „Verband der Islamischen Kulturzentren", der hinwiederum nicht verwechselt werden darf mit den „Islamischen Kulturvereinen" bzw. den antideutschen, nationalistischen „Türkischen Kulturvereinen", in denen die „Grauen Wölfe" heftig gegen jede

Form von Integration, ja jede Art von Konvivenz agieren. „Islamische Kulturvereine" oder „Kulturvereine" mit anderen Namensbestandteilen haben kaum Aussagekraft und können zu den Aleviten wie zu allen anderen Richtungen gehören. Andere – wie der Sufi-Orden der Fethullahçı/Fethullahi oder Niederlassungen der *Islamischen Gemeinschaft Milli Görüş* – sind nur für den Kenner, und auch für ihn oft nur mit viel Glück, ausfindig zu machen beziehungsweise eindeutig zu identifizieren. Teils firmieren sie als eigenständige Vereine mit völlig „unverdächtigen" Namen wie das „Institut für Internationale Pädagogik und Didaktik", das der IGMG zuzuordnen ist.

Ein weiteres Problem ist, daß gleichartige Bezeichnungen wie „Islamisches Zentrum" in verschiedenen Städten nicht eindeutig sind. So dürfen zum Beispiel das sunnitische „Islamische Zentrum München" und das ebenfalls sunnitische „Islamische Zentrum Aachen" nicht mit dem „Islamischen Zentrum Hamburg", das der theologische und politische Mittelpunkt aller *Schiiten* in Deutschland ist, in einen Topf geworfen werden. Die beiden sunnitischen Zentren gehören zudem zwei ganz verschiedenen Richtungen der Muslimbrüder an. Das ebenfalls sunnitische „Islamische Zentrum Köln" hat engste Beziehungen zur Milli Görüş (IGMG). Als „Islamische Gemeinschaft in Deutschland" bezeichnen sich zwei völlig unterschiedliche Gruppierungen, die IGD und die IGID. Sich durch diesen Namen-Salat hindurchzufinden ist eine Wissenschaft für sich; von ihrer bloßen Bezeichnung her läßt sich jedenfalls längst nicht jede Unterorganisation eindeutig ihrer Zentrale zuordnen.

Unklarheit herrscht auch bei vielen Gruppen hinsichtlich der *Anzahl ihrer Mitglieder;* entsprechend unterschiedlich fallen die Angaben der einzelnen Organisationen aus. Dafür gibt es viele Gründe: teilweise kennen sie selbst nicht die genauen Zahlen, oder es wird nicht zwischen Mitgliedern und Moscheebesuchern unterschieden; manche wollen gar keine Daten preisgeben, andere bauschen die Zahlen auf, um sich als möglichst stark darzustellen. Auch ist wahrscheinlich, daß die *Fluktuation* wegen der großen Zahl derer, die in ihre Heimat zurückkehren oder in andere Länder überwechseln, eine zumindest zahlenmäßige Instabilität der Organisationen bewirkt. Immerhin betrug allein bei den Türken im Jahr 1995 die Zahl der Zuzüge 73 592, die Zahl der Fortzüge 43 221.[156]

Aktivitäten und Zielsetzungen

Die Aktivitäten und Angebote der diversen Vereine stimmen in auffälliger Weise überein. Es lohnt sich, einen Blick darauf zu werfen, sind sie doch ein Spiegelbild der Probleme, der Problembewältigung und der Zielsetzung aller Vereinigungen. In allen Programmen findet man: Koran-Kurse in deutscher, türkischer oder anderer Sprache, Arabisch-Kurse, Unterrichtung in der Glaubenspraxis und in der Lehre des Islam; ergänzt wird dieses Standardangebot durch islamische Fachliteratur sowie Kassetten und Videos. Dazu kommen oft Alphabetisierungskurse für ältere Menschen. Verschiedene Vereine sind Anlaufstelle u. a. für die „Eingliederung ausländischer Mitbürger" mit ihrer Hilfe beim Schriftverkehr, etwa beim Ausfüllen von Lohnsteuer-Formularen oder von Anträgen, und bei Behördengängen, bei Arztbesuchen oder bei Gesprächen mit Arbeitgebern und Lehrern. Für Mitglieder relevante gesetzliche Neuregelungen werden über die Verbandsblätter mitgeteilt. Bestattungsfonds oder *Hajj*- und *ʿUmra*-Organisation gehören zum Programm jeder großen Vereinigung genauso wie die Unterstützung der Muslime in Notgebieten. Sorgentelefone setzen sich mehr und mehr durch.

Im Repertoire sind weiterhin Freizeiten für muslimische *Familien* sowie spezielle Programme für Kinder, intensive Jugendarbeit,[157] Nähkurse für Frauen[158] und eigene Sportvereine für Männer.[159] Viele Organisationen haben zusätzlich weitere Vereine für spezielle Gruppen – wie zum Beispiel die

---

[156] Gemäß AiD 2/1997, S. 8.

[157] Siehe auch das Kapitel „Islamisten und Extremisten", S. 93–100.

[158] Zu den Frauen siehe das Kapitel „Frauenfragen", S. 183–212.

[159] Die Fußball-Vereine Hilal Spor oder AMGT Mühlheim haben neben einer Reihe anderer Vereine einen sehr guten Ruf.

Studenten – und für besondere Aufgaben – wie die Arbeitsgruppe Islamische Erziehung – gegründet.

Einige Vereine bezeichnen sich auch als *Kontaktstelle für Nicht-Muslime,* die sich für den Islam interessieren, und bieten ihnen „Beratung, Gespräche, schriftliche Informationen" an. Eine wichtige *Zielsetzung* ist die Aufklärung über den Islam in Schulklassen deutscher Schulen und an Hochschulen. Dieses Engagement beinhaltet, daß Vorträge von Nicht-Muslimen zum Thema Islam gezielt besucht werden. Dadurch soll verhindert werden, daß ihre Religion – aus muslimischer Sicht – falsch oder auch nur kritisch vermittelt wird, und garantiert werden, daß ihre Interessen zur Sprache kommen. Die bloße *Anwesenheit* von Muslimen genüge, um die Referenten zu verunsichern; mancher harsche Absatz im Konzept würde dann nicht mehr verlesen. Für *daʿwa*-Aktionen, also Mission, und zur Abwehr von deutschen „Integrationsprogrammen" werden immer mehr junge Menschen rhetorisch geschult. Vorträge und Tagungen zum Islam und zum interreligiösen Dialog sowie „Tage der offenen Tür", die zum Besuch in der Moschee – sehr selten zur Teilnahme am Freitagsgebet – einladen, gehören schon fast zum Standardprogramm.

Alle Gruppen legen schließlich besonderes Gewicht auf Unterweisung und haben die unterschiedlichsten Konzepte dafür entwickelt. Koran-Kurse sind nur eine Variante davon.[160]

Ausgewählte islamische Spitzenorganisationen und Dachverbände

Zunehmend strukturiert sich die religiös organisierte Landschaft innerhalb Deutschlands und Europas. 1996 wurde in Straßburg der *„Islamische Kooperationsrat in Europa"* gegründet „mit dem Ziel, eine Ebene des innerislamischen Dialogs und der Kooperation in Europa zu schaffen, ohne sich als alleinigen Vertreter des Islam oder der Interessen der Muslime in

---

[160] Zu Korankursen und anderen Ausbildungskonzepten siehe das Kapitel „Islamische Bildungsstätten", S. 234–249.

Europa zu verstehen. Einig darin, Recht und Ordnung der europäischen Länder und Gemeinschaften zu respektieren, bekräftigt der Islamische Kooperationsrat in Europa sein Bekennen zum Islam und die Entschlossenheit, seine Vorschriften zu beachten und die eigene islamische Identität zu wahren. Der Islamische Kooperationsrat in Europa wird sich stets dafür einsetzen, daß die islamische Religionsgemeinschaft, die zu einem Bestandteil der europäischen Gesellschaft geworden ist, gemäß der ethischen Werte ihrer islamischen Lehre einen konstruktiven humanen kulturellen Beitrag zum Gesamtwohl Europas leistet."[161]

Zu den Gründungsmitgliedern zählen sehr unterschiedlich orientierte Vereinigungen aus Frankreich, Belgien, den Niederlanden, Spanien, Irland und Dänemark sowie die beiden hiesigen Spitzenverbände „Islamrat für die Bundesrepublik Deutschland" und „Zentralrat der Muslime in Deutschland", dessen Vorsitzender Dr. Nadeem Elyas im Geschäftsführenden Vorstand des Kooperationsrats ist.

Die islamischen Vereine in Deutschland haben sich vor allem in diesen beiden, miteinander konkurrierenden Spitzenverbänden organisiert. Der mitgliederstärkste Verband ist hingegen seit Ende der achtziger Jahre DITIB.[162] Das Anhörungsrecht beim Bund nehmen alle drei Verbände eigenständig in Anspruch.

Mit der „Konkurrenz" ist dies allerdings so eine Sache; denn einerseits rivalisieren die Organisationen aufs heftigste untereinander, andererseits bestehen verblüffende Querverbindungen und Kooperationen. So hat beispielsweise die IGMG, Hauptmitglied im Islamrat, durch verwandtschaftliche Konnexe einen Fuß in der Tür zum Zentralrat.

---

[161] „Islamische Zeitung" vom Februar 1997.
[162] „Orientdienst – Informationen", H. 161, Dez. 1996, nennt z. B. – die Deutsche Welle zitierend – Zahlen, die mit äußerster Skepsis zu betrachten sind.

DITIB

DİTİB *(Diyanet İşleri Türk-İslam Birliği)*, die *„Türkisch-Islamische Union der Anstalt für Religion e.V."*, ist der größte islamische Verband im Bundesgebiet. Er vertritt ausschließlich den türkischen Staatsislam mit dessen laizistischem Prinzip der Trennung von Staat und Religion[163] und wird daher von keiner der anderen islamischen Organisationen in Deutschland anerkannt. Das gewaltige Areal der DITIB-Zentrale in Köln wird von der Inneren Kanalstraße, von der Venloer Straße und der Fuchsstraße begrenzt. Das in seinem Inneren repräsentative Verwaltungsgebäude mit eindrucksvollem Treppenhaus ist Teil dieser Großanlage. Betritt man den Innenhof von der Straße her, befindet man sich urplötzlich mitten in der Türkei. Ein Lebensmittelladen mit türkischen Waren linker Hand gleich hinter der Toreinfahrt bietet bei gutem Wetter sein reichhaltiges Gemüse- und Obstsortiment im Freien feil. In der Verlängerung des Supermarkts, vorbei an dem Hinweis „Zutritt für Männer verboten" am Fraueneingang zur Moschee, liegt der über Treppen zugängliche Haupttrakt der Zentrum-Moschee. Rechts vom Hofeingang befindet sich ein großer Buchladen, daneben ein *berber,* also ein Friseur, und schließlich der *Çayhane ve Büfet Salonu*, eine Teestube mit Büffet-Betrieb. Ein Schild weist den Weg zum Konferenzraum, den gerade einige Frauen verlassen, darunter eine dunkelhäutige Frau mit buntem Kopftuch, die sich scherzend auf Türkisch unterhält. In der Luft schwirrt Derwisch-Musik; Kinder spielen Fangen und umkreisen dabei eine lebhaft diskutierende Männergruppe; zwei verschleierte Mütter schieben ihre Kinderwagen; eine friedlich-lebendige Welt mit einem Hauch von Orient inmitten von Köln.

DITIB wurde 1982 zuerst als Berliner Regionalverband gegründet und gilt heute als eigenständiger Verein mit eigener Satzung als der wichtigste Ansprechpartner der deutschen offiziellen Stellen. Zum Vorstand von DITIB gehören ausschließlich in Deutschland ansässige Türken. Der laut Satzung sehr

---

[163] De iure und de facto ist die oberste Religionsbehörde staatlich.

mächtige *Beirat,* der auch die Vorstandsmitglieder ernennt, besteht aus fünf Religionsbeauftragten des „Präsidiums für Religionsangelegenheiten" *(Diyanet İşleri Başkanlığı)* in Ankara, das seinerseits auch die Imame entsendet, die an deutschen Moscheen tätig sein dürfen. Sie haben ein Studium der islamischen Theologie an einer der türkischen Universitäten absolviert, und nur sie werden vom deutschen Staat akzeptiert. Doch dieses Monopol versuchen andere Vereinigungen DITIB streitig zu machen. DITIB legt Wert darauf, *keine* Dependance des *Diyanet* in Ankara zu sein, ist jedoch stolz auf gute Zusammenarbeit mit diesem Amt. Ein wesentlicher Punkt der DITIB-Satzung ist, daß keine Politik gemacht wird, der von dieser Institution vertretene Islam sich also grundsätzlich nicht in hiesige staatliche Belange einmischt.

Was die Mitgliederzahl anbetrifft, so schrieb mir ein Vorstandsmitglied von DITIB in einem Brief vom 6. Juli 1997: „Es gibt 750 Ortsvereine/Moscheen in Deutschland, die der DITIB angeschlossen sind. Man kann von durchschnittlich 130–150 Mitgliedern pro Verein ausgehen. Die Besucher/Nutzerfrequenz liegt demgegenüber höher, da Freunde, Fam.-Angehörige und Fremde hinzugerechnet werden müssen. Wir verfügen leider über keinerlei Statistiken." Wenn letzeres angesichts der ansonsten perfekten türkischen Bürokratie auch verwundern mag, so ist doch zu bedenken, daß die meisten Moscheevereine juristisch selbständige Körperschaften sind und erst nach Grundstückskauf oder nach der Errichtung einer Moschee ihr Eigentum DITIB überschreiben; die Vereine bleiben aber eigenständig. Den Angaben von DITIB zufolge hätte diese Institution – grob geschätzt – 105 000 Mitglieder. Rechnet man zu diesen Mitgliedern durchschnittlich auch nur zwei Familienangehörige, kommt man bereits auf 315 000. Die Zahl der Sympathisanten, die zwar DITIB-Moscheen aufsuchen, sich aber nicht an der Vereinsarbeit beteiligen, ist mindestens doppelt so groß. Das bedeutet konkret, daß etwa die Hälfte aller türkischen Muslime allein von DITIB repräsentiert wird.

Für einen Skandal, der DITIB betraf, ist dieser Verband jedoch nicht verantwortlich. Gemäß offizieller Regelung besoldet der türkische Staat die Imame, die das Präsidium für

Religionsangelegenheiten nach Deutschland schickt. Der türkische Journalist Uğur Mumcu hat in seinem Buch „Rabıta"[164] aufgedeckt, daß die Islamische Weltliga, *râbiṭa al-ʿalam al-islâmî*,[165] in Saudi-Arabien die im Ausland tätigen Imame – darunter etwa 400 Imame in Deutschland – Anfang der achtziger Jahre etwa zwei Jahre hindurch sozusagen übertariflich mit monatlich 1100 Dollar aus saudi-arabischen Quellen entlohnt hat, ein Faktum, das Staatspräsident Kemal Evren, der als General 1980 maßgeblich am Putsch gegen die Islamisten beteiligt war, seinerzeit lange leugnete. Die saudi-arabisch dominierte Islamische Weltliga gibt aber kein Geld ohne ideelle Gegenleistung, das heißt, sie fordert dafür die Einnahme einer ihr entsprechenden puristisch-islamistischen Haltung, die der offiziell säkularen Politik der türkischen religiösen Oberbehörde zuwiderläuft. Diese und andere Enthüllungen hat Mumcu 1993 mit dem Leben bezahlen müssen. Die damals betroffenen Imame sind aber längst abgelöst; die Bezahlung verläuft wohl inzwischen korrekt.

Der Islamrat

Der *Islamrat der Bundesrepublik Deutschland* wurde 1986 in Berlin gegründet. Der Generalsekretär ist gegenwärtig Hasan Özdoğan. Der Islamrat wird von der IGMG dominiert. Zu den Gründungsmitgliedern gehörte auch der VIKZ, der aber 1988 den Islamrat verlassen[166] und sich dem Zentralrat angeschlossen hat. In seinem Wappen führt der Islamrat den halben Reichsadler auf silbergrauem Grund sowie die Hälfte des weißen Halbmonds und Sterns auf rotem Hintergrund. In dem Schriftband oberhalb des Wappens steht in arabischer Sprache

---

[164] *Uğur Mumcu*: Rabıta. Istanbul, 13. Aufl. 1994, S. 197–516, sehr ausführlich und mit vielen Dokumenten belegt.

[165] Mehr zu ihren internationalen Verflechtungen bei *Reinhard Schulze:* Islamischer Internationalismus im 20. Jahrhundert. Untersuchungen zur Geschichte der Islamischen Weltliga. Leiden – New York – Kobenhavn – Köln 1990.

[166] Die Begründung dafür, daß der VIKZ 1988 den Islamrat verlassen hat, liefert Abdullah verärgert: „da er dessen auf Integration gerichtete schulpolitische Entscheidungen nicht mittragen konnte und wollte. Außerdem lehnte es der Verband ab, seine politischen Ziele offenzulegen." So *M. S. Abdullah:* Was will der Islam in Deutschland, S. 77.

der Koranvers: „Es gibt bei Gott keine andere Religion als den Islam (Sure 3,19)".

Der Islamrat hat im März 1997 eine gemeinsame Satzung mit der allerdings sehr kleinen deutschen Vertretung des *Islamischen Weltkongresses* unterzeichnet.[167] Im Jahre 1992 wurde nach einem Krach innerhalb und mit der Hauptorganisation des Islamischen Weltkongresses in Karachi die Verbindung gelöst und in Soest noch in demselben Jahr der *„Islamische Weltkongreß apT"* – das bedeutet „alt-preußischer Tradition"[168] – neu gegründet. Dessen alte Satzung wurde 1994 neu aktiviert, nunmehr als gemeinsame Satzung für den „Islamischen Weltkongreß (apT)" und den „Islamrat für die Bundesrepublik Deutschland", der bis dahin überhaupt keine Satzung hatte und deshalb auch kein eingetragener Verein sein konnte. Unterzeichner des Dokuments von 1997 waren M. S. Abdullah als Vertreter des Weltkongresses und der IGMG-Vorsitzende Ali Yüksel: „Unser erstes Ziel ist die offizielle Anerkennung des Islam. Das zweite Ziel ist, für Religionsunterricht für muslimische Kinder an den Schulen zu sorgen, und das dritte Ziel ist es, den Muslimen zu islamgerechtem Verhalten zu verhelfen."[169]

Daß einerseits der „Reichsadler" im Wappen des Islamrats gewählt wurde, andererseits die Bezeichnung „alt-preußische Tradition", mag ein Lächeln hervorlocken. Doch macht M. S. Abdullahs vieljähriges Bemühen, dem Islam einen historischen Platz in der deutschen Geschichte einzuräumen, plötzlich Sinn;[170] denn es verankert den Islamischen Weltkongreß (apT), den Islamrat und schließlich auch das von Abdullah geleitete Zentral-Institut Islam-Archiv-Deutschland in alter deutscher Tradition und verschafft dadurch ihrer Präsenz in Deutschland eine eigenständige Legitimation.

---

[167] Daß sie fusioniert haben, behaupten zwar die türkischen Zeitungen; M. S. Abdullah spricht aber von einem Mißverständnis, denn nur das Zentral-Institut Islam-Archiv-Deutschland und der Islamrat hätten ihre Satzungen aufeinander abgestimmt.

[168] Die Kenntnis der Bedeutung von „apT" verdanke ich Thomas Lemmen.

[169] „Türkiye" vom 17. März 1997.

[170] Siehe dazu im 3. Kapitel, S. 33.

Zum Islamrat gehören 11 Bundes- und 6 Landesverbände:
- Islamische Gemeinschaft Jama'at un-Nur e.V. mit ihrem
- Bund Moslemischer Pfadfinder Deutschlands (BMPD)
- Islamische Gemeinschaft Milli Görüş (IGMG), dazu deren
- IGMG-Jugendverband
- Moslemisches Sozialwerk in Europa (IGMG)
- Zentrum der Erforschung von Wirtschafts- und Sozialordnungen (IGMG)
- Islamischer Weltkongreß (apT) Deutschland[171]
- SDA (Dachverband bosnischer Gemeinschaften)
- Dachverband der Türkisch-Islamischen Vereine in Deutschland
- Verband islamischer Jugendzentren
- Gemeinschaft der Ehli-Beyt-Vereine in Deutschland;
- als selbständige Landesverbände die Islamischen Föderationen Bremen, Hamburg, Niedersachsen, Berlin, Baden-Württemberg und Bayern;
- außerdem 7 regionale und lokale Vereinigungen.

Der Zentralrat

Der *Zentralrat der Muslime in Deutschland (ZMD)* wurde am 27. November 1994 gegründet. Er ist aus dem „Islamischen Arbeitskreis in Deutschland" hervorgegangen und bildet sozusagen das Gegenstück zum Islamrat. Der Vorstand des Zentralrats setzte sich Mitte 1997 wie folgt zusammen: Vorsitzender: der saudiarabische Arzt und Islamwissenschaftler Dr. Nadeem Elyas vom Vorstand des Islamischen Zentrums Aachen; Erster Stellvertreter: Herbert Hobohm, genannt Mohammad Aman, deutscher Diplomat a.D. in Bonn und Geschäftsführer der König-Fahad-Akademie; Zweite Vorsitzende: Naciya Akgün, eine türkische Pädagogin aus Düsseldorf von der UMSO; Generalsekretär: Ibrahim Çavdar, gleichzeitig Generalsekretär des VIKZ, ein deutscher Staatsbürger türkischer Abstammung; Kassenführer: Wolfgang Borgfeldt, genannt Muhammad Siddiq, der Vorsitzende des „Hauses des Islam" in Lützelbach. *Ehrenmitglieder* des Zentralrats sind

---

[171] Näheres bei *M. S. Abdullah*: Islam für das Gespräch mit Christen, S. 189–192.

die Konvertiten Pop-Star Cat Stevens, jetzt Yusuf Islam, Dr. Murad Wilfried Hofmann, Axel Ayyub Köhler und Fatima Grimm sowie als besonderes Glanzlicht die Friedenspreisträgerin Annemarie Schimmel.

„Der Zentralrat der Muslime in Deutschland (ZMD) ist" – nach eigener Darstellung – „ein Spitzenverband der islamischen Dachorganisationen in Deutschland." Er versteht sich „als Diskussions- und Handlungsebene seiner Mitglieder und nimmt die Aufgabe eines Dialog- und Ansprechpartners für den deutschen Staat, die Verwaltung und die anderen Gruppen der Gesellschaft wahr".[172] Er will nicht mit den Moscheengemeinden, islamischen Vereinen, Dachverbänden etc. konkurrieren, sondern „ihre gemeinsamen Interessen als Gesellschaftsgruppe vor den Behörden vertreten und die Rechte, die ihnen als Religionsgemeinschaft zustehen, in ihrem Namen verlangen".[173]

Der Zentralrat – und wohl auch etliche Mitgliedsvereine – soll angeblich von Saudi-Arabien aus über die Islamische Weltliga finanziert sein.[174] Er vertritt eine ganze Reihe von Mitgliedsvereinen, die die strengste Auslegung der Scharia befürworten – zum Beispiel im Sinne einer wortgetreuen Übernahme der im Koran aufgeführten Körperstrafen oder des Bejahens der Polygynie –, die sie gerne auch für die hiesigen Muslime durchsetzen würden. Das Islamische Zentrum München zum Beispiel verfolgt die Ziele der ägyptischen Muslimbrüder sowie gleichermaßen die der *Jamâ'at-i Islâmî*, der „Islamischen Gemeinschaft", die 1941 von Abû l-A'lâ al-Maudûdî (1903–1979) im damaligen Britisch-Indien gegründet wurde und als „Partei der Weltrevolution" im heutigen Pakistan eine große Rolle spielt. „Abû l-A'lâ al-Maudûdî gilt als der konsequenteste Denker des fundamentalistischen Islam, und die Ideologie der Jamâ'at ist bei weitem stringenter als die der Muslimbrüder"; insbesondere die Stellung der Frau ist davon berührt.[175]

---

[172] Zitiert gemäß *HUDA-Netzwerk:* Frauen-Almanach, S. 59.
[173] Ebd.
[174] „Moslemische Revue" 4/1994, S. 278.
[175] *J. Reisner:* Die militant-islamischen Gruppen. In: *W. Ende / U. Steinbach:* Islam, S. 657.

Der Zentralrat hat Arbeitsgruppen für die Bereiche Umweltschutz, Tierschutz, Medienarbeit, Kindergarten und Religionsunterricht sowie für die Bestimmung des islamischen Festkalenders im „Deutschen Islamwissenschaftlichen Ausschuß der Neumonde des Zentralrats der Muslime in Deutschland".

Zu Recht verweist der Zentralrat darauf, daß er *multinational* ist und mit seinen 18 Dachorganisationen „eine breite Masse der Muslime in Deutschland" vertritt. Angaben, daß dies 70 % der in Deutschland ansässigen Muslime seien, halten sich zwar kontinuierlich,[176] werden jedoch vom Zentral-Institut Islam-Archiv heftig bestritten.[177] Die Mitglieder sind:

- Bundesverband für Islamische Tätigkeiten e.V.
- Deutsche Muslim-Liga Bonn e.V. (DML Bonn)
- Deutsche Muslim-Liga Hamburg e.V. (DML Hamburg)
- Haus des Islam (HDI)
- Islamische Arbeitsgemeinschaft für Sozial- und Erziehungsberufe (IASE)
- Islamische Gemeinschaft deutschsprachiger Muslime – Freunde des Islam Berlin
- Islamische Gemeinschaft in Deutschland e.V. (IGD)
- Islamische Gemeinschaft in Hamburg (IGH)
- Islamische Religionsgemeinschaft Berlin e.V.
- Islamisches Zentrum Aachen e.V. (IZA)
- Islamisches Zentrum Hamburg e.V. (IZH)
- Islamisches Zentrum München e.V. (IZM)
- Muslimische Studentenvereinigung in Deutschland e.V. (MSV)
- Union für in Europäischen Ländern Arbeitende Muslime e.V. (UELAM)
- Union der Islamisch-Albanischen Zentren in Deutschland (UIAZD)
- Union der Türkisch-Islamischen Kulturvereine (ATIB)
- Union Muslimischer Studenten-Organisationen in Europa e.V. (UMSO)

---

[176] Zum Beispiel Udo Tworuschka in einem Beitrag in HR 2 über den Zentralrat am 14. Juni 1997.
[177] „Moslemische Revue" 4/1994, S. 278, führt die von den großen Dachorganisationen angegebenen Zahlen ad absurdum.

- Verband der Islamischen Kulturzentren (VIKZ)
- Vereinigung islamischer Gemeinden der Bosniaken in Deutschland (VIGB).

Unbeschadet aller Konkurrenz gibt es zwischen dem Islamrat und dem Zentralrat einen Koordinierungsausschuß und auch sonst allerlei Verbindungen.

Islamisches Konzil in Deutschland

Ein Dachverband, über dessen Tätigkeiten wenig bekannt ist, ist das Islamische Konzil in Deutschland mit Sitz in Frankfurt a. M. auf einem Gelände, das auch die IGMG bewohnt. Durch diese sunnitische, von Saudi-Arabien gesteuerte Organisation werden – eigenen Angaben zufolge – 700 lokale Vereine in Deutschland repräsentiert. Den Vorsitz hat Salah El-Din El-Gafrawi (FIOE), sein Stellvertreter ist der Islamratsvorsitzende Hasan Özdoğan. Als Generalsekretär fungiert Ibrahim El-Zayat, als Referent für interreligiösen Dialog Ahmad al-Khalifa (IZM, IGD). Hier findet sich beisammen, was ansonsten nicht vereint auftritt, Islamrats- und Zentralratsmitglieder, unter anderen IGMG, IGD, MSV, ATIB, UIAZD, die „Vereinigung der bengalischen Kulturzentren", die „Vereinigung der indonesischen Muslime in Deutschland" und das Islamische Zentrum Frankfurt.

IGMG

Die *Islamische Gemeinschaft Milli Görüş (IGMG; türk.: İslam Toplumu Milli Görüş;* Nachfolgeorganisation der 1975 gegründeten *Avrupa Millî Görüş Teşkilatları (AGMT),* „Vereinigung der Neuen Weltsicht in Europa", wird von den Türken meist kurz gefaßt als „Milli Görüş" tituliert, eine aus Erbakans programmatischen Schriften[178] stammende Bezeichnung, die fälschlicherweise oft mit „Neue Weltsicht" statt korrekt mit „Nationale Weltsicht" wiedergegeben wird. Die AMGT änderte in ihrer 11. Vollversammlung am 11. Juni 1995 in Frankfurt a. M. den Namen um in IGMG und schuf für die Verwaltung ihrer Liegenschaften einen eigenen Verein, die FMUG

---

[178] Die grundlegende Schrift ist *Necmettin Erbakan*: Milli Görüş. Istanbul 1973.

(„Europäische Moscheenbau- und Unterstützungsgemeinschaft"). Das heutige *Logo* der IGMG zeigt in einem Quadrat Europa und – im Unterschied zum alten AGMT-Logo – die Türkei *einschließlich* der ehemals sowjetischen Turkstaaten,[179] in den (türkischen) Halbmond geschmiegt – grün auf weiß. Zum *Vorsitzenden* wurde am 12. Mai 1996 Ali Yüksel gewählt, nachdem sein Vorgänger Osman Yumakoğulları nach den Wahlen vom 24. Dezember 1995 als Abgeordneter der *Refah Partisi* in die türkische Nationalversammlung eingezogen war. Ali Yüksel ist Jurist. Zuvor war er Leiter der Rechtsabteilung im Präsidium für Religionsangelegenheiten in Ankara gewesen. Er avancierte rasch zum Generalsekretär der IGMG und zum ersten *Shaikh al-Islâm* (türk.: *Şeyhülislam*) seit den Zeiten des Osmanischen Reichs.[180]

Die *Islamische Gemeinschaft Milli Görüş* (IGMG) gilt als der größte türkisch-islamische und als der vielseitigste muslimische Verband in *Europa*. Zudem ist sie die stärkste Kraft im Islamrat. Sie verfügt nach eigenen Angaben über 2098 Vertretungen, das heißt Moscheevereine, Jugend- und Studentenorganisationen, Frauengruppen etc. in Europa. Die IGMG hatte gemäß ihrem Rechenschaftsbericht für das Arbeitsjahr 1995/96 in Europa 161 536, davon in Deutschland 57 048 Mitglieder.[181] Der Verfassungsschutzbericht 1996 dagegen spricht von lediglich 26 500 Mitgliedern in etwa 500 Zweigstellen.[182] In der „Üye-Lastschrift Bilgilendirme Broşürü" der IGMG von 1995 ist von 8750 Mitgliedern allein der Zentrale die Rede.

Die IGMG und die *Refah Partisi,* mit Necmettin Erbakan an der Spitze, sind auf das engste miteinander verknüpft.[183]

---

[179] Das Logo der AMGT hatte die zentralasiatischen Turkstaaten noch nicht inkorporiert. Dies ist u. a. ein Beweis dafür, daß die IGMG *politisch* denkt.
[180] Dazu siehe unten S. 226–228.
[181] „Zaman" vom 6. Sept. 1996 zitiert den Vorsitzenden Ali Yüksel, der von rund 73 000 Mitgliedern gesprochen habe. Wie sich die jeweiligen Zahlen errechnen, ist unklar.
[182] Verfassungsschutzbericht 1996, S. 199; Der Verfassungsschutzbericht NRW, 1996, S. 228, nennt hingegen die Zahl 26 000.
[183] Dazu *H. Becker:* Ein türkischer Verband in Deutschland verhilft der Refah Partisi (Wohlfahrtspartei) in der Türkei zum Wahlsieg. WDR 5 „Aus Religion und Gesellschaft", am 28. 12. 1995 .

Erbakan hat in Aachen Maschinenbau studiert und spricht fließend deutsch. Seine Schwägerin Amina Erbakan ist stellvertretende Vorsitzende der Deutschsprachigen Islamischen Frauengemeinschaft (DIF) im Rahmen der IGMG, sein Neffe Mehmet Sabri Erbakan IGMG-Generalsekretär. Schwiegersohn von Amina Erbakan und Schwager von Mehmet S. Erbakan ist Ibrahim El-Zayat, ein Sohn des Marburger Imams, der mit den Muslimbrüdern vom Islamischen Zentrum München zusammenhängt. Dieser wendige und sehr aktive junge Mann hinwiederum ist Vorsitzender der Muslim Studenten Vereinigung (MSV) und gleichzeitig Generalsekretär des Islamischen Konzils in Deutschland. Stellvertretender Vorsitzender der MSV ist Mehmet Sabri Erbakan. Während die IGMG Mitglied des Islamrats ist, ist die MSV Mitglied im Zentralrat. Dem Vernehmen nach soll es seit langen Jahren außerdem noch enge freundschaftliche Beziehungen zwischen bedeutenden Mitgliedern der MSV und des Islamrats geben. Die Verbindungen Necmettin Erbakans zum Nakşibendi-Orden sind bekannt; Scheich Nâzım, der in Deutschland einige Ordensgruppen leitet, hat diese Beziehung, die ja auch die IGMG betrifft, wiederbelebt.[184] Daß das *Weimar-Institut* (IGID), die *Islamische Zeitung* und die IGMG eng miteinander verbunden sind, ist ein offenes Geheimnis; und so ließe sich der Kreis immer weiter ziehen. Wer diese und noch sehr viel weitergehende Verflechtungen auch nur *ansatzweise* kennt, ahnt, wie komplex und verschlungen die Verhältnisse in Wirklichkeit sind.

Die IGMG ist eine rein türkische, politisch-islamistische Gruppierung. Ihren Aktivitäten und Finanzspritzen hat die *Refah Partisi* ganz wesentlich ihren Aufschwung zu verdanken. Zudem hatte das „Sprachrohr" der *Refah Partisi* und der IGMG, die Tageszeitung „Milli Gazete" („Nationale Zeitung"), im Juni 1996 mit Billigflügen Wähler an die türkischen Urnen gekarrt, um Necmettin Erbakan zum Wahlsieg zu verhelfen.

---

[184] Hildegard Becker verweist in einem Rede-Manuskript darauf, daß Scheich Nâzım in der „Milli Gazete" die Muslime aufgerufen hat, Erbakan bei den Wahlen 1995 zu unterstützen, weil jener die Welt unter dem Islam „einen" wolle.

Die Mitglieder und Sympathisanten sind rege. An ihrem Europakongreß am 1. Juni 1996 in der Dortmunder Westfalenhalle nahmen eigenen Angaben zufolge 25 000 Personen, bei dem Jahrestreffen im Juni 1997 am selben Ort 50 000 Personen teil; „Die Zeit" spricht von 40 000. Wie auch immer, die Beteiligung war enorm. Haben wir es wirklich noch mit einer religiösen Bewegung und nicht mit einer politischen Organisation zu tun, die den Islam lediglich für die Mobilisierung der religiösen Kräfte und für die Durchsetzung ihrer eigenen Machtinteressen nutzt? Oder ist die IGMG nichts anderes als eine Wirtschaftsorganisation, die Scientology-Methoden übernommen hat?

Die innere *Struktur* der AMGT/IGMG ist vor allem durch die Recherchen von Karl Binswanger und Fethi Sipahioğlu bekanntgeworden. 14 Abteilungen der IGMG sind in dem zweistöckigen Gebäudekomplex in Köln-Nippes untergebracht.[185] Die IGMG in Köln ist gleichzeitig die Europazentrale; doch der Gebäudekomplex wird zu klein. Mitte Juli 1997 war nur in Erfahrung zu bringen, daß ein 9 Hektar großes Gelände in Köln möglicherweise bereits gekauft sei.

Zu Milli Görüş gehören weitere Vereine, die unter anderen Namen firmieren. Außer EMUG und der „Deutschsprachigen Islamischen Frauengemeinschaft" (DIF) handelt es sich unter anderem um das „Institut für Internationale Pädagogik und Didaktik" (IPD), das „Muslimische Sozialwerk", dessen Ausgangspunkt die Betreuung von Ford-Arbeitern in Köln war, sowie das „Islamische Institut zur Erforschung von Wirtschafts- und Sozialordnungen e. V." Die „Islamische Union Europa e. V." (IUE), ehemals „Türkische Union Europa", mit Sitz in Köln unter dem Vorsitzenden der Islamischen Union Europa Hasan Özdoğan,[186] ist deswegen für die Mutterorgani-

---

[185] Die IGMG ist in ihrer *Struktur* ein Abbild des Präsidiums für Religionsangelegenheiten. Alle religiös relevanten Abteilungen sind darin vorhanden bis hin zum Gelehrtenrat, dem *Yüksek Din Kurulu*. Wollte man hochrechnen, so könnte man sogar so vermessen sein zu behaupten, daß die Struktur der IGMG derjenigen eines kleinen „Staates" ähnelt; jede Abteilung könnte ein Ministerium sein. Lediglich das in der Türkei so wichtige Militär fehlt.

[186] Alle Informationen zur IUE stammen von Frau Hildegard Becker, die sich intensiv mit dem Islamismus in Deutschland befaßt hat.

sation so wichtig, weil ihr als einziger in dem ganzen Milli-Görüş-Verbund die Gemeinnützigkeit zuerkannt wurde. „Sie verwaltet auch die Spendenkonten, über die nicht nur die Refah-Partei, sondern auch befreundete Organisationen in Aserbeidschan, Bosnien und Tschetschenien unterstützt werden."[187]

Schlüsselfigur in Berlin ist Jahja Schülzke, der als „einflußreicher Milli-Görüş-Mann" gilt.[188] Er ist stellvertretender Vorsitzender der „Islamischen Föderation Berlin" und damit des Trägervereins „Islam Kolleg Berlin e. V.". Die Personalkosten des Kollegs trägt seit November 1995 der Berliner Senat, nachdem er sich davon hat überzeugen lassen, daß an dieser Schule nicht die Scharia gelehrt wird. Gleichzeitig ist Schülzke Präsident der „Islamischen Religionsgemeinschaft Berlin". Mit diesem Verein hat es seine besondere Bewandtnis, denn er wurde noch in der alten DDR als „Islamische Religionsgemeinschaft in der Deutschen Demokratischen Republik" gegründet und soll 1991 von Milli Görüş übernommen worden sein. Über die Aktivitäten Jahja Schülzkes schreibt „Der Spiegel": „Derzeit versucht er, 37,6 Mio. aus SED-Geldern für die von ihm geführte ‚Islamische Religionsgemeinschaft' zu sichern, die Milli Görüş nahestehen soll. Die Gruppe war im Februar 1990 in Ostberlin von dem palästinensischen Geschäftsmann und damaligen Arafat-Vertrauten Abdelmajid Yunis gegründet worden".[189]

Milli Görüş arbeitet auch mit nicht-religiösen Vereinigungen zusammen: So sitzt dieser Verband zum Beispiel im Vorstand von RTS, dem „Rat der Türkischen Staatsbürger", der am 9. März 1996 gegründet wurde[190] und Mitglied im „Europäischen Migrantenforum" ist.

Der *„Verband Islamischer Kulturzentren"* (VIKZ; Süleymancı) und die *„Islamische Gemeinschaft Jama'at un-Nur"* (Nurcu) werden im Kapitel „Sufi und ordensähnliche Grup-

[187] Verfassungsschutzbericht von NRW, 1996, S. 230.
[188] Berliner Zeitung (BZ) vom 18. Dezember 1996.
[189] „Der Spiegel" 7/1996, S. 49.
[190] Vorsitzender: Dr. Dr. Yaşar Bilgin, Stellvertretende Vorsitzende: Ihsan Öner (TIDAF) und Dr. med. Arif Ordu; im Vorstand: Fikret Ekin (ATIB), Alaadin Diker (MÜSIAD), Metin Ilhan (IGMG).

pierungen" beschrieben,[191] der *„Verband der Islamischen Vereine und Gemeinden e.V."* (ICCB) in dem Kapitel „Islamisten und Extremisten".[192]

Die Muslimbrüder

Die Muslimbrüder (MB) haben in Deutschland das an Syrien orientierte „Islamische Zentrum Aachen", das allerdings eine solche Verbindung bestreitet, und das mit der ägyptischen Bewegung verbundene „Islamische Zentrum München"; vermutlich gehören ihnen noch weitere Zentren. Beide Zentren sollen lediglich etwa je 500 Mitglieder haben; ihr Einfluß, insbesondere unter den frommen Arabern und unter deutschen Konvertiten, ist jedoch groß.

Die 1960 gegründete *„Islamische Gemeinschaft in Deutschland e.V."* (IGD), deren Generalsekretär Dr. Ahmad al-Khalifa ist, erreicht man über das Islamische Zentrum München; die IGD hat 10 Zweigstellen im ganzen Bundesgebiet. Zum Islamischen Zentrum Aachen hingegen gehört unter anderem eine Gruppe namens „Islamische Avantgarden".[193] Ein Beiratsmitglied des Islamischen Zentrums Aachen, Dr. Elyas, ist zugleich Vorsitzender des Zentralrats. Das Credo der Muslimbruderschaft, die Hasan al-Bannâ 1928 in Ägypten gegründet hat, ist die Grundlage dieser Vereinigung.[194] Der Bundesverfassungsschutz vermerkt: „Angehörige der MB sind im Bundesgebiet bislang nicht gewalttätig aufgetreten."[195]

Die „Grauen Wölfe" ADÜTDF/ATF

Die „Föderation der Demokratischen Idealistischen Türkischen Vereine in Europa" (*Avrupa Demokratik Ülkücü Türk Dernekleri Federasyonu*, abgekürzt ADÜTDF), im Volksmund bekannt unter dem Namen „Graue Wölfe",[196] wurde 1978 in

---

[191] Siehe unten S. 139–143.
[192] Siehe oben S. 83–91.
[193] *Orient-Institut*, S. 64.
[194] Abgedruckt u. a. in: *Rudolf Walter* (Hrsg.): Leben ist mehr, S. 296f.
[195] *Bundesamt für Verfassungsschutz* (Hrsg.): Islamischer Extremismus und seine Auswirkungen auf die Bundesrepublik Deutschland, Jan. 1996, S. 17f.
[196] Weitere Kurzformen sind *Türk Federasyonu, Ülkücüler* oder „Türkische Kultur- und Idealistenvereine in Europa".

Frankfurt a. M. gegründet. Sie ist primär *nationalistisch*, hat aber seit den achtziger Jahren eine gewisse Hinwendung zum Islam vollzogen. Eigenen Angaben zufolge hat sie bundesweit über 180 Vereine. Nach der Abspaltung ATIBs ging ihre Mitgliederzahl von 7300 (1992) auf 3000 (1993) zurück.[197]

Bei dem 17. Großen Kongreß der „Idealisten" am 26. November 1994 fanden sich mehr als 15000 Teilnehmer ein. Redner war seinerzeit der im Frühjahr 1997 verstorbene Alparslan Türkeş, der Parteichef *der Milliyetçi Hareket Partisi* (Nationalistische Arbeitspartei). Der Islam dient den „Idealisten" sehr vordergründig als Vehikel, ihre nationalistischen Ideen zu transportieren. Weil das wirkliche Interesse des großtürkisch denkenden Verbandes nicht dem Islam gilt, hat sich ATIB verselbständigt.

Am 6. Oktober 1996 wurde der europäische Dachverband *„Avrupa Demokratik Ülkücü Dernekleri Konfederasyonu"* („Konföderation der Demokratischen Idealisten-Vereine in Europa") mit Sitz in Köln gegründet. Ihm unterstellt sind die Föderationen einzelner europäischer Länder. Zum Generalvorsitzenden der Konföderation wurde Prof. Dr. Ömer Aksu gewählt, zum Generalvorsitzenden der neuen *„Deutschland-Türkischen Föderation", („Almanya Türk Federasyonu"*, ATF) Mehmet Erdoğan.[198] „Wir sind die Europa-Repräsentanten des Islam", sagte Aksu selbstbewußt, „Wir sind Türken, wir sind Nationalisten. Wir müssen der ganzen Welt das Leben der Mevlanas und der Yunus Emres[199] als Beispiele vorführen ... Das 21. Jahrhundert wird – so Gott will – das Türkische Jahrhundert werden. Seid einig, gut und tatkräftig!".[200]

---

[197] Laut Verfassungsschutzbericht 1993, S. 190.

[198] Wie der Kenner der islamischen Szene Thomas Lemmen feststellte, ist er aber nicht unter dem neuen Namen ATF im Frankfurter Vereinsregister eingetragen.

[199] „Mevlanalar" im Sinne von „Persönlichkeiten" wie den großen Dichtern und Sufi Mevlana Jalaluddin Rûmî und Yunus Emre.

[200] „Türkiye" vom 26. März 1997.

ATIB

ATİB (*Avrupa Türk İslâm Birliği):* die deutsche Bezeichnung „Türkisch-Islamische Union" ist überholt, da es zu viele Vereinigungen gleichen Namens gibt; sie lautet jetzt „*Türkisch-Islamische Kulturvereine".* Der Dachverband ist TIKDB (*Avrupa Türk İslam Kültür Dernekleri Birliği,* „Union der türkisch-islamischen Kulturvereine in Europa");Vorsitzender seit der Gründung als TIKDB in Frankfurt a.M. am 21. Mai 1985 ist der vormalige ADÜTDF-Generalsekretär Musa Serdar Çelebi.[201]

Das *Logo* zeigt einen von goldenen Sonnenstrahlen umgebenen roten Kreis; in die Rundung fügt sich der weiße Halbmond mit Stern – die Embleme einer um 90 Grad gedrehten türkischen Fahne; genau in der Mitte liegt eine weiße Moschee. In einer deutschsprachigen Selbstdarstellung ohne Jahresangabe[202] bezeichnet sich ATIB als Dachverband von 122 Vereinen mit 11 000 Mitgliedern. Der Jahresabschlußbericht von 1996 gibt aber keine absoluten Zahlen preis. Man erfährt nur, daß Grundstückskäufe in Remscheid, Kassel und Göppingen bereits abgesichert seien, daß in Kornwestheim aber die Kommune Schwierigkeiten mache und daß in Darmstadt eine große Moschee mit zwei Minaretten gebaut werde, die dann auch 1997 eröffnet wurde. Die Berichte kritisieren allgemein eine anti-türkische Haltung der Behörden wie beispielsweise die Bevorzugung der deutschstämmigen Russen gegenüber den hiesigen Türken, die neben anderen Vorteilen auch noch kostenlosen Deutschunterricht erhielten. ATIB beklagt, daß Ausländer „wegen jeder Kleinigkeit gem. §45 AuslG ausgewiesen werden können" und durch die Gesetzgebung – z.B. durch das ihnen vorenthaltene aktive und passive Wahlrecht – und durch die Gerichte benachteiligt würden. So heißt es in dem teils türkisch-, teils deutschsprachig abgedruckten Text: „Türken werden laut Erfahrung von Anwälten grundsätzlich

---

[201] Durch Satzungsänderung wurden am 24. April 1993 die beiden Wörter „in Europa" hinzugefügt, was darauf hindeutet, daß die *Europazentrale* – wie bei VIKZ und IGMG – in Köln ist. Diesen Hinweis verdanke ich Thomas Lemmen.
[202] Weder in „ATİB stellt sich vor" (o.O.o.J.) noch in der türkischsprachigen Broschüre „ATİB", die ich beide 1996 erhalten habe, finden sich exakte Fakten.

für gleiches Vergehen zu härteren Strafen verurteilt… In der Praxis werden in einer sehr hohen Prozentzahl Ausländer schon wegen ihrem dunklen Aussehen immer wegen Anfangverdacht festgenommen" oder „Die Behandlung von Türken in Gefängnissen ist so gravierend, daß viele in der Türkei ihre Strafe absitzen möchten."[203]

Trotz der sehr kritischen Haltung gegenüber den „Deutschland-Deutschen" zeigt sich ATIB offen für den Dialog und zeigt sich mit der *inter akademi* auch nicht-islamischen Wissenschaftlern gegenüber ohne Berührungsängste. Ihre Klientel unterscheidet sich auch rein äußerlich von den übrigen jungen Muslimen; denn sie tragen oft schwarze Lederjacken, und ihr Haar ist nicht selten lang.

ANF

Unklar ist, wer genau sich hinter der ANF *(Avrupa Nizam-i Alem Federasyonu*, exakt übersetzt: „Föderation der Weltordnungs in Europa") verbirgt. Auf deutsch bezeichnet sie sich im Unterschied dazu als „Türkisches Islamisches Kultur- und Erziehungszentrum Dergâh e.V.". Der Verein rechnet mit einem Eintrag ins Vereinsregister im Oktober 1997; Informationsmaterial habe man noch nicht. Dennoch sind in einer einseitigen Anzeige der „Zaman"[204] vom 28. Februar 1997 als „e.V." 22 zu ANF gehörige Vereine in Deutschland aufgeführt; 11 zusätzliche Vereine hat ANF in Dänemark, in den Niederlanden, in der Schweiz, in Belgien, Frankreich und Österreich. ANF soll eine Abspaltung von ATIB sein; tatsächlich ist der „Idealisten-Verein" von Göppingen mit dabei. Die meisten Vereine tragen in ihrem Namen die Bezeichnung *dergâh*. Ein *dergâh* aber ist ein großes Derwisch-Kloster; doch ANF ist keine Sufi-Gruppe. ANF führt auch Pilgerfahrten nach Mekka durch, ist also organisatorisch tätig. Dieser Dachverband hängt jedenfalls mit der nationalistischen türkischen Großen Einheitspartei, *Büyük Birlik Partisi* (BBP), zusammen, mit deren Hilfe in der Jahresmitte 1997 Tansu Çiller Necmettin Erbakan

---

[203] „Dialog" März 1996, S. 4.
[204] „Zaman" vom 28. Februar 1997.

aus dem Rennen warf, letztlich aber einen – solcherart nicht vorgesehenen – Regierungswechsel mit Mesut Yılmaz an der Spitze bewirkte.

Schiiten

Das schiitische „Islamische Zentrum Hamburg" gilt als Stützpunkt der iranischen Regierung, vor allem seit der Khomeini-Revolution.[205] Das Zentrum ist erzkonservativ.[206] Seine Anhänger betreut es sehr intensiv. Die Seminare und Lehrgänge der Ali-Moschee können auch Sunniten besuchen. Als Zentralratsmitglied bildet das Hamburger Zentrum sogar eine Interessengemeinschaft mit den Sunniten.

Der schiitische „Islamische Weg e.V.", „Islami Yol" in Delmenhorst, der dem Islamischen Zentrum Hamburg zugerechnet wird, fördert – wie viele andere – den interreligiösen Dialog. Er bietet an: Seminare, gemeinschaftliche Anfragen wegen islamischer Rechtsfragen beim „Imam-ul-Ummah" (Imam Khamene'i), holt also schiitische Fatwas ein, bildet deutschsprachige Muslime in Glaubensfragen aus und betreibt die „gemeinschaftliche Teilnahme an Demonstrationen für Islamische Zwecke". Die Übersetzung von Fachbüchern steht genauso auf dem Programm wie die Durchführung von Vorträgen und von internationalen Tagungen.

DML Bonn

Die von der Zahl ihrer Mitglieder her sehr kleine Deutsche Muslim Liga besteht seit 1952; 1954 wurde sie in das Hamburger Vereinsregister eingetragen. Gründungsmitglied war Scheich Bashir Dultz. Nach internen Meinungsverschiedenheiten verließ Scheich Bashir Hamburg und gründete die Deutsche Muslim-Liga Bonn (DML Bonn).[207] In ihrer Selbstdarstellung heißt es: „Sie hat sich seit ihrer Gründung als

---

[205] Siehe dazu *Bundesamt für Verfassungsschutz* (Hrsg.): Islamischer Extremismus, S. 26 f.
[206] Das Buch des Ayatollah Morteza Motahari „Stellung der Frau im Islam" (Islamisches Echo, 4. Folge). Hamburg o. J., ist geradezu frauenverachtend.
[207] Die Muslim-Liga Hamburg war lange Zeit hindurch dem kompromißlos-konservativen Flügel zuzurechnen; dies scheint sich gegenwärtig zu ändern.

Brücke zwischen Deutschland und der islamischen Welt und den muslimischen Neueinwanderern verstanden, als Zusammenschluß von Menschen, die überall in ihrem Lebensumfeld Zeugnis für ihren Glauben ablegen und für die Durchsetzung islamischer Grundsätze eintreten. Die Liga versteht sich außerdem als Sachwalterin der besonderen Interessen von Muslimen mit deutscher Staatsangehörigkeit, die Mitgliedschaft steht aber Menschen aus aller Welt offen." Scheich Bashir, der dem as-Safinah-Orden vorsteht, ist ein offener, konstruktiv engagierter Gesprächspartner.

Organisationen zur Unterstützung sozial schwacher Muslime
Eine Sonderkategorie stellen solche *islamische Hilfswerke* dar, die Spenden für Bosnien, Palästina, Afghanistan, Tschetschenien und andere notleidende islamische Gebiete einsammeln und weitervermitteln. Solche Hilfswerke sind meist übergeordneten Organisationen angeschlossen, teils aber auch unabhängig. Sie helfen nicht nur in Krisengebieten, sondern fördern auch Entwicklungsprojekte, bauen die medizinische Infrastruktur aus, unterstützen Waisenkinder und verteilen *zakât*, die vorgeschriebene Pflicht-Sozialabgabe, versenden auch konserviertes Opferfleisch *(kurban)*. International arbeitet z. B. „Islamic Relief weltweit" mit Hauptsitz im bayerischen Garching mit Hilfsprogrammen für 24 Länder besonders rührig. Die 1985 gegründete „Muslime Helfen e. V./Muslim Aid, Internationale Hilfsorganisation" engagiert sich besonders für Muslime in Kriegs- und Naturkatastrophengebieten, ebenso der als „Merhamet", „Barmherzigkeit", firmierende Bundesdachverband der Bosnischen Muslime. Die Spendenfreudigkeit der Muslime aus Solidarität mit ihren Glaubensgenossen in Not ist beeindruckend.

7. Sufi und ordensähnliche Gruppierungen

Die islamische Mystik

Der arabische Begriff *tasawwuf* meint „islamische Mystik" und wird im Deutschen mit „Sufismus" bzw. „Sufitum" wiedergegeben. Diese Termini sind ebenso wie das Wort *tasawwuf* Ableitungen von *sûf*, „Wolle", eine Bezeichnung für das wollene Gewand, das die „Sufi" einst als äußeres Zeichen ihrer Bedürfnislosigkeit oder einer asketischen Lebensweise zu tragen pflegten.[208]

Bereits in der Frühzeit des Islam hat sich neben der sogenannten „orthodoxen" Richtung die asketische Weltflucht und daraus eine verinnerlichte, der Welt entsagende Mystik entwickelt. Die „Gottesliebe" steht seit der ersten bedeutenden Mystikerin Râbia al-Adawîya (gest. 810) im Zentrum des *tasawwuf*. Gott wird besonders von den persischen Sufi als „Freund" und „Geliebter" verherrlicht, ein von Außenstehenden oft mißverstandener Sprachgebrauch. Die mystische Gottesschau oder *fanâ*, das „Entwerden", das „Vergehen in Gott" – die Christen kennen dafür den Ausdruck *„unio mystica"* – sind einem Sufi höchste Erfüllung, für einen traditionellen Muslim jedoch geradezu ungeheuerliche Vorstellungen. „Ich bin die Wahrheit", „ana'l-ḥaqq", rief der Sufi al-Hallâj (gest. 922) aus und wurde so verstanden, als hielte er sich für Gott; er hat dies mit dem Leben bezahlen müssen. Hasan al-Basrî, der

---

[208] Zur islamischen Mystik siehe *Annemarie Schimmel:* Mystische Dimensionen des Islam. Aalen 3. Auflage 1995; *Richard Gramlich:* Alte Vorbilder des Sufitums, 1. Teil: Scheiche des Westens. Wiesbaden 1995; 2. Teil: Scheiche des Ostens. Wiesbaden 1996. Ferner *Hellmut Ritter:* Das Meer der Seele. Mensch, Welt und Gott in den Geschichten des Farîduddîn ʿAttâr. Leiden 1978; außerdem Arbeiten von Fritz Meier, Louis Massignon, Henry Corbin u. a.

Ägypter Dhû Nûn oder der Perser Bistâmî gehören zu jenen ersten herausragenden Sufi-Gestalten, die jeweils eigene Formen mystischen Erlebens gefunden haben. Trotz aller Skepsis hat der Islam es aber letztlich immer noch verstanden, das Sufitum zu tolerieren, ja herausragende Mystiker wie die großen Sufi-Dichter Yunus Emre oder Jalâluddîn Rûmî (gest. 1273) sogar zu würdigen.

Für viele Sufi sind die religiösen Pflichten – wie das rituelle Gebet – äußerliche Handlungen, die man *angemessen* nur in der Kontemplation nachvollziehen kann. Die sufische Vorstellung etwa einer „Himmelfahrt im Geiste" bleibt einem traditionellen Muslim schier unbegreiflich. Muhammad S. Abdullah beschreibt dieses Phänomen sehr eindrücklich: „Wenn ich hier den Versuch unternehmen möchte, eine Beschreibung der islamischen Mystik vorzunehmen – also über den Sufismus zu sprechen –, dann bin ich mir im klaren darüber, daß es sie im orthodoxen Verständnis eigentlich gar nicht gibt."[209] Doch hier kann nicht gelten, daß „nicht sein kann, was nicht sein darf"; denn das Sufitum ist ein vitales Element innerhalb des Islam. Seine Spiritualität steuert einem Erstarren der Religion zu äußerlichem Formalismus entgegen.

Wer sich mit *tasawwuf* beschäftigt, muß viel von dem über Bord werfen, was er über den traditionellen Islam weiß, und sich einer Welt öffnen, die fremd und faszinierend zugleich ist. „Man kann nicht über *tasawwuf* reden, man muß ihn schmecken", sagt Großscheich Abdullah Efendi. Aber gerade er betont auch, wie sehr Verstand und Gefühl, Selbsterkenntnis und Selbstbeherrschung zusammengeführt werden müssen in einer steten Entwicklung, die zu innerer Freiheit führt, zu einem Punkt, an dem man durch nichts mehr manipulierbar ist.

---

[209] *M. S. Abdullah:* Islam für das Gespräch mit Christen, S. 160.

Sufitum und Volksfrömmigkeit

Die sufischen Derwisch-Orden sind volksnah. Sie bieten an, was dem nüchternen, traditionellen und islamistischen Islam fehlt, die persönliche, direkt erfahrbare Gottesliebe. Die Ferne des allgewaltigen und allbarmherzigen Gottes wird überbrückt durch die vielen verstorbenen und lebendigen Heiligen, die die Sufi hervorgebracht haben, und durch die Segenskraft, die – mit Gottes Hilfe – sogar Wunder wirken kann. Ein guter Ordensscheich betreibt *Seelsorge;* er ist Ansprechpartner für seine Mitmenschen, hat ein offenes Ohr für alle Sorgen und Probleme und findet meist Wege zu helfen. Gar mancher Scheich kennt die Kräfte und Mittel des Heilens. Da große Orden ein weitverzweigtes Geflecht von „Klöstern", *tekke,* oder Klausen, *zaviye,* haben, können sie oft überregional Hilfe vermitteln. So vermag ein Scheich beispielsweise bei der Wohnungssuche einer jungen Frau in einer fernen Stadt eine Unterkunft zu vermitteln, die die Eltern jeglicher Sorge entledigt, die Tochter könne in der Fremde unter die Räder kommen.

Die *Volksfrömmigkeit* blüht im Islam – so wie im Christentum und in anderen Religionen auch. Verehrt werden in aller Regel große Sufis, Frauen wie Männer. Man nennt sie „Freunde Gottes" oder „Gottesnahe". Es sind ganze Hierarchien erstellt worden, an deren Spitze der *Khaḍr, Khiḍr* bzw. der türkische *Hızır (Baba)* – symbolisch auch der „Frühlingsbote" – steht. Ein jeder „Freund Gottes" hat einen Zuständigkeitsbereich wie im Katholizismus, wo St. Florian vor Feuer schützt und St. Antonius verlorengegangene Gegenstände wiederzufinden hilft: der eine verhilft zum ersehnten Ehemann; ein anderer bringt Brautpaaren lebenslanges Glück und schließlich auch den ersehnten Nachwuchs; ein weiterer heilt eine bösartige Krankheit; wieder ein anderer geleitet Examenskandidaten sicher durch die Prüfung; und noch einer sorgt für eine lang ersehnte Wohnung. Kein Wunsch muß unerhört verhallen; jeder findet ein wohlwollendes Ohr für seine Nöte oder die Erfüllung seiner Schwüre, die man im Namen des zuständigen „Gottesnahen" gemacht hat, den man seinerseits mit Opfergaben bedenkt.[210]

Im Islam gibt es tote und lebendige „Freunde Gottes". Lebende „Freunde Gottes" sind beispielsweise die beim Volk hochgeschätzten Marabut in Marokko; die verstorbenen „Freunde Gottes" – meist berühmte Scheiche, aber auch die schiitischen Imame – werden in ihren Mausoleen und Schreinen verehrt. Wenn man beispielsweise die Gitterstäbe eines solchen Schreins berührt, überträgt sich die Segenskraft des „Gottesfreudes", seine *baraka*. Kultstätten dieser Art gibt es in Deutschland nicht. Alles konzentriert sich hier auf den lebendigen Scheich, der „Herz und Kopf" seines Ordens ist.

Was ist ein Derwisch-Orden?

Ein muslimischer „Orden" oder eine „Bruderschaft" ist etwas völlig anderes als ein christlicher Orden, obgleich derselbe Begriff *tarîqa* (türk.: *tarikat*), „Weg", für beide verwendet wird.[211] Ihre hauptsächliche Gemeinsamkeit besteht darin, daß beide religiöse, freiwillige Beitrittsgemeinschaften sind. Christliche Orden sind besonders „orthodox"; der Eintritt ist mit dem Keuschheitsgelübde verbunden. Die Mitglieder eines islamischen Ordens dagegen sind fast ausnahmslos verheiratet, wohnen auch oft nicht in den Konventen, sondern inmitten der übrigen Bevölkerung und gehen Berufen nach, stehen also mitten im Leben. An der Spitze eines Sufi-Konvents steht der Scheich oder Pir. Derwisch-Orden sind streng hierarchisch gegliedert. Dem Scheich gegenüber sind die Derwische, die zum „inneren Kreis" zählen, durch den Treueid zum *absoluten Gehorsam* verpflichtet. Um diesen harten Kern sammelt sich

---

[210] Dazu *Richard Gramlich:* Die Wunder der Freunde Gottes. Theologien und Erscheinungsformen des islamischen Heiligenwunders. Wiesbaden 1987.

[211] Einen Überblick bietet *J. Spencer Trimingham:* The Sufi Orders in Islam. London – Oxford – New York 1971. Insbesondere auf den indo-pakistanischen Raum bezogen und speziell für Wander-Derwische siehe *Jürgen Frembgen:* Derwische. Gelebter Sufismus. Wandernde Mystiker und Asketen im islamischen Orient (dumont-TB 295). Köln 1993.

der „äußere Kreis" von Menschen, die die Sehnsucht nach Gott in ihrem Herzen tragen. Gehorsam in absolutem *Vertrauen* ist die Grundvoraussetzung auch für ein stabiles Lehrer-Schüler-Verhältnis.

Ein guter Scheich ist eine charismatische Persönlichkeit, die machtvoll Schüler und Derwische zusammenhält, die über *baraka*, „Segenskraft", verfügt und sie an Hilfesuchende weitergibt. Der Scheich ist nach Sufi-Vorstellung der Mittler auf dem Weg zu Gott. Der Schüler „verknüpft" sein Herz mit dem des Scheichs und kommt nur durch das Geleit seines Lehrers zu tieferer Erkenntnis der Wahrheit, zu der er sich stufenweise emporläutert. Ohne seine Führung wäre dieser Weg zu gefährlich.

Die Gottesschau oder die Vereinigung mit Gott ist das letzte und höchste Ziel vieler Sufi. Ein guter und ernst zu nehmender Sufi-Freund hat einmal in einer halböffentlichen Veranstaltung gesagt, dieses Verschmelzen mit Gott sei möglich, und es war allen klar, daß er über eine persönliche Erfahrung sprach. Andere Sufi halten dies für geradezu blasphemisch und streben statt dessen an, *al-insân al-kâmil*, der vollkommene Mensch, zu werden, „sich den Eigenschaften Gottes anzunähern". Die Welt des *taṣawwuf* ist breit gefächert, teils auch sehr bunt und variantenreich.

Ein wesentliches Element des *tasawwuf* ist das *Gemeinschaftserleben* und die *Gemeinschaftserfahrung*. Ihre religiösen Zusammenkünfte nennen die Sufi *„dhikr"* (türk:. *zıkır*), „Gottesgedenken". Frauen feiern ihre eigenen Veranstaltungen, die meist ein männlicher Scheich leitet. Die Burhânîya hat in Deutschland sogar Ansprechpartnerinnen für die Frauen. Die religiösen Zeremonien unterscheiden sich zwar im Detail; doch gibt es viele strukturelle Gemeinsamkeiten. Oft rufen der Scheich, die Derwische und andere Teilnehmer rhythmisch die 99 „schönen Namen Gottes" an und nehmen die Schwingungen eines jeden Namens in sich auf. Derwische eines anderen Ordens repetieren das Glaubensbekenntnis, preisen die Einheit Gottes und skandieren dabei die Silben in immer schnellerem Takt. Alle drehen sich raunend in einem großen Rund oder in konzentrischen Kreisen; jeder hat einen Arm auf die

Schulter, den anderen auf die Hüfte des Nachbarn gelegt; alle sind in engstem Körperkontakt einander verbunden. Immer lauter werden die Trommeln, immer stakkatohafter die Rufe, immer rascher die Schritte. Schweiß dampft auf; einzelne Derwische geraten in Trance, in einen Zustand der Verzückung und Entrückung; das Ich löst sich auf, wird zu einem „Wir" in Gott. Erst mit der Schlußgeste des Scheichs brechen die Bewegungen abrupt ab, Seele und Verstand kehren wieder zurück in diese Welt.[212]

Die gemeinsame ekstatische Erfahrung ist der Höhepunkt, ein leuchtendes Aufflammen. Doch der Übungsweg der Schüler ist lang und hart, ein Weg nicht nur des Herzens, sondern in hohem Maße auch des Verstandes; er fordert – wie Scheich Abdullah Halis Dornbrach dies formuliert – „bewußtes Wahrnehmen, waches Überprüfen, gewissenhafte Selbstkontrolle".[213]

Derwisch-Orden in Deutschland

Die *Geschichte des Sufitums in Deutschland* setzte mit der hiesigen Ordensgründung der Chishtiye durch Pir Inayat Khan im Jahre 1910 ein; die Chishtiye hat ihren Ursprung in Indien. Mit der Ordensgründung der Bektaşiye in Deutschland im Jahr 1913 verbindet sich der Name Walter Ulrich Paul Schwidtal; sein Nachfolger war Rudolf Adam Freiherr Glandek von Sebottendorf, der 1924 unter dem Titel „Die geheimen Übungen der türkischen Freimaurer" Bektaşi-Riten veröffentlichte.[214]

Das erste deutsche Sufi-Zentrum ist *„Haus Schnede"* in Salzhausen in der Lüneburger Heide. Es wurde im Jahr 1981 gegründet. Sein Träger war die Sufi Turuk Gemeinschaft e.V. Zu den Gründern gehörten der 1981 durch einen tragischen

---

[212] In Ekstase versetzen sich verschiedene Derwisch-Gruppen durch Konzentration und eine bestimmte Atemtechnik, Musik und Tanz; einige wenige Orden gestatten auch berauschende Genußmittel als Stimulanzien.
[213] Islam und Sufitum In: „Trebbuser Nachrichten" 4/Juli 1997, S. 4.
[214] Siehe *M. S. Abdullah:* Islam für das Gespräch mit Christen, S: 173.

Verkehrsunfall ums Leben gekommene Salah Eid und Husein Abdal Fatah, ein Mann mit vielen Namen.[215] Die finanziellen Schwierigkeiten wurden aber so groß, daß sich bereits 1984 die Sufigemeinschaft auflösen mußte. Heute hat die Burhânîya das Haus ganz übernommen.

Viele große Namen verschiedener Orden waren Ehrengäste oder Referenten in Haus Schnede, unter ihnen der berühmte Scheich Muzaffer Ozak von der Cerrahiye aus Istanbul[216] und Scheich Dr. Salah ud-Dîn Eid.[217] Ein weiterer Gast war der gebürtige Engländer Reshad Feild, dessen bedeutendstes Buch „Ich ging den Weg des Derwisch" besonders Westlern den Zugang zum Sufitum erleichtert; Feild war von dem Inder Pir Vilayat Khan, der ebenfalls als Ehrengast in Haus Schnede weilte, zu der Mevleviye im türkischen Konya übergewechselt.

Die Informationen über die Derwisch-Orden in Deutschland sind dürftig.[218] Es gibt nur eine dreizehnseitige Schrift von *Scheich Abdullah Halis Dornbrach* „Islamische Ordensgemeinschaften in der BRD" (1991), der er sachgemäß und ehrlich den Untertitel hinzugefügt hat: „Versuch einer Darstellung". Es ist tatsächlich unmöglich, eine vollständige Übersicht über die Situation in Deutschland zu geben. Nicht alle Derwisch-Orden wollen nämlich in der Öffentlichkeit genannt werden, zumindest nicht mit ihrer Adresse. Auch sind längst nicht alle Orden hierzulande organisiert; die Derwische treffen

---

[215] Er ist auch unter den Namen Hussain Makowski, Stefan Makowski, Steffen Steffek, Steff Steffân und Scheich Hussein bekannt und führt in ganz Deutschland Meditationskurse durch.
[216] Siehe *U. Spuler-Stegemann:* Gemeinschaft als Ort der Mystik. Bei einer modernen Derwischbruderschaft. In: *Rudolf Walter* (Hrsg.): Leben ist mehr, Freiburg 2. Aufl. 1995, S. 272–282.
[217] Er stand der Islamischen Gemeinschaft Berlin vor und hatte die ʿijâza der Burhaniya, der Nakşibandiya und der Rifaiya, war zudem Vertreter der Qadiriya. Er war von der Überzeugung durchdrungen, daß das Sufitum einen wesentlichen Beitrag zum Brückenschlag zwischen den beiden Religionen – im übrigen auch zum Judentum – leisten könne.
[218] Die leider unveröffentlichte Staatsexamensarbeit von Ludwig Schleßmann aus dem Jahr 1987 ist bereits großenteils überholt, weil sich in dem letzten Jahrzehnt sehr viel verändert hat; sie ist fast schon ein historisches Dokument.

sich von Zeit zu Zeit in ihren Wohnungen oder Privathäusern zu ihren gemeinsamen Veranstaltungen.

Großscheich Abdullah Efendi schätzt, daß etwa 20 % der „deutschen Muslime" und mindestens 10–15 % der türkischen Muslime in Deutschland – die Süleymancı eingerechnet – einer Ordensgemeinschaft angehören. Dazu kommen noch die nicht-türkischen Orden. Obwohl es auch für islamische Länder keine Sufi-Statistiken gibt, dürfte dies der Untergrenze dortiger Verhältnissen entsprechen.

Durán Khálid bezeichnet das Sufitum als eine Art „neue" Jugendreligion, ja er disqualifiziert den Zustrom junger Menschen, die sich von Spiritualität und Gemeinschaftserfahrung angezogen fühlen, geradezu als „Modeerscheinung".[219] Gar mancher, der sich den Anstrich eines gestandenen Sufi gibt und eventuell auch noch Sufi-Meditationskurse anbietet, hat in der Tat mit dieser hochstehenden religiösen Richtung des Islam herzlich wenig zu tun; aber es gibt auch ernsthafte Sufi-Gemeinschaften.

Großscheich Abdullah Halis Dornbrach unterscheidet in seiner Schrift nicht nur zwischen sunnitischen und schiitischen Orden, sondern führt noch eine dritte Kategorie ein, die „nicht-islamisch-traditionellen Ordensgemeinschaften" beziehungsweise Sufi ohne exklusiven Islambezug.

Unter den in Deutschland vertretenen sunnitischen Orden sind zu nennen: die Naqsh(i)bandiya/Nakşibendiye; die Darqawiya; die Shadhiliya mit dem Safinah-Orden; die Burhaniya; die Cerrahiye (Dscherrachijja); die Mevleviye; die offenbar nicht durchorganisierte Chishtiya aus dem indisch-pakistanischen Raum; die Kadiriya (auch: Qadiriya); die Rufa'iya/Rifa'iya; die Süleymancı/Süleymanlı, die im Verband Islamischer Kulturzentren (VIKZ) organisiert sind; die Nurcu, die hierzulande als „Jama'at un-Nur", „Gemeinschaft des Lichts", firmieren; und die Fethullahçı bzw. Fethullahi, die Anhänger von Fethullah Gülen, der sich den Nurcu gegenüber verselbständigt hat. Vor allem die Süleymancı, die Nurcu und die

---

[219] *Durán Khálid:* Islam in der Diaspora. In: W. Ende / U. Steinbach (Hrsg.), 3. Aufl., S. 463.

Fethullahçı lehnen es allerdings entschieden ab, als „tarikat" bezeichnet zu werden, wenngleich sie viele Charakteristika der traditionellen Orden aufweisen und mystische Einflüsse unverkennbar sind. Die deutsche Gruppe der Ordensgemeinschaft Les amis de l'Islam (Alawiya) hat sich wieder aufgelöst, nachdem ihr Scheich sie verlassen hat.

Fast alle Derwisch-Orden haben eine besondere Affinität zu Ali und seinen Söhnen Hasan und Husain, die ja auch von den Sunniten verehrt werden, aber einen ganz besonderen Platz in der Schia innehaben. Zu den wenigen schiitischen Orden gehören die Niʿmatullahi.[220] Dieser Derwisch-Orden hat in Köln[221] und damit in Deutschland eine Bleibe gefunden; er ist verhältnismäßig klein; etwa die Hälfte seiner Mitglieder sind Frauen.

Im ganzen Bundesgebiet sind außerdem Vereine der Bcktaşi zu finden, eines alevitischen Ordens, der während des Osmanischen Reichs lange Zeit großen politischen Einfluß hatte.[222]

Nakşibendiye

Der Orden der Nakşibendiye, der auch eine militante Tradition hat, ist in Deutschland in zwei große Lager gespalten. Der Zweig der Menzilci hat den Ruf, ganz besonders radikal und anti-christlich zu sein.[223] Die Menzilci gründeten bereits 1958 ihr erstes „Dergâh" – was so viel bedeutet wie „größeres Derwisch-Kloster" – in Mönchengladbach; heute gibt es 55 solcher „Dergâh-Vereine" in Deutschland mit insgesamt etwa 750 Mitgliedern und 1300 Sympathisanten. Sie unterstehen seit 1991 Mehmet Ildirar (genannt Albay). Die Zentrale in Castrop-Rauxel firmiert unter der seltsamen Bezeichnung „FATIH Glaubens- und Kulturzentrum GmbH".

---

[220] *M. S. Abdullah:* Was will der Islam in Deutschland?, S. 66. Der erste Scheich Muhamad Raşid hatte zwei Stellvertreter, Ildirar und den ausgebooteten Feyruz Kurtluk, der heute als „Wunderheiler" („*cinci hoca*") in Duisburg wirkt.
[221] Rheinstr. 6.
[222] Siehe oben Seite 55.
[223] *M. S. Abdullah:* Was will der Islam in Deutschland?, S. 66.

Die zweite Gruppe schart sich um Scheich Nâzım ʿAdl al-Haqqâni al-Kubrûsî, der in Deutschland, aber auch in England, in der Schweiz und in Österreich vor allem junge Menschen um sich sammelt, die sich als „die neuen Osmanen" (türk.: „Yeni Osmanlılar") bezeichnen. In Freiburg im Breisgau lebt je eine große Gruppe seiner türkischen und seiner deutschen Anhänger. Seine Auftritte – mit einem malerisch anmutenden Gefolge mit Turbanen, langen Gewändern und dem knorrigen Wanderknüppel in der Hand – sind sehr effektvoll, seine Reden hingegen eher schlicht. Aber er hält seine Anhänger zusammen, holt über die al-Haqqani-Stiftung geschäftig Spenden herein und verbreitet seine Vorstellungen in aller Welt. Neuerdings sucht er den Dialog mit den Christen. Der Papst in Rom hat ihn empfangen, und mit dem orthodoxen Patriarchen Bartholomaios in Istanbul hat er schon mehrmals konferiert.

Am 24. Mai 1996 wurde unter der Regie von Scheich Nâzım in Kall-Sötenich in der Nordeifel die „Osmanische Herberge" mit Gästezimmern, einem Restaurant und Tagungsräumen eröffnet.

In seiner dortigen Ansprache im heiligen Monat Ramadan 1996 schilderte Scheich Nâzım unter Beifallsrufen seine Zukunftshoffnung, er habe „ein Zeichen des Sieges gesehen". Sieben große Völker würden bekehrt werden, bevor der Mahdî erscheine, jene eschatologische Gestalt, die vor dem Jüngsten Gericht den Islam auf der ganzen Welt durchsetzen wird. „Und das erste von diesen Völkern sind die Deutschen. Und das ist eine gute Nachricht, daß die Beschaffenheit der Deutschen, ihr innerer Zustand, sehr geeignet ist für den Islam. Daß sie sehr offen für den Islam sind." Ein wenig später resümiert er: „Der Islam ist im Kommen".[224]

Süleymancı

Der Derwisch-Orden der Süleymancı ist ein in den dreißiger Jahren in der Türkei entstandener Abkömmling der Nakşibendiye. In der Öffentlichkeit hatte die Organisation VIKZ bislang jeglichen Zusammenhang mit dem Orden der Süleymancı

---

[224] In: „Der Morgenstern" 2/1996, S. 39.

bestritten. Das war wohl ihre Art von *taqîya*, die sie in der von Atatürk geprägten Türkei zum Überleben benötigten und die im übrigen für ihre Akzeptanz bei den „Orthodoxen" von Nutzen ist. Erstmalig in ihrer Selbstdarstellung vom Februar 1997 haben sie erwähnt, daß unter den VIKZ-Gründungsmitgliedern Schüler Süleyman Efendis waren. Die Bezeichnung „Süleymancılar", „Süleymanisten", lehnen sie hingegen „wegen ihres pejorativen Hintersinns" ab.

Die Vereinsgeschichte der „Schüler des Süleyman Efendi"[225] in Deutschland begann am 15. September 1973.[226] Als erste islamische Gruppe nahmen sie sich der religiösen Betreuung türkischer Gastarbeiter an und führten Korankurse durch, die wegen ihrer Aggressivität in die Schlagzeilen gekommen sind.[227] Schon damals hatten sie die Notwendigkeit erkannt, daß die muslimische Religionsgemeinschaft als Körperschaft des öffentlichen Rechts anerkannt werden müsse, und sich als offizieller Sprecher der Muslime in Deutschland angeboten, wenn auch vergeblich. Am 19. Juni 1980 gründeten sie ihre Dachorganisation „Verband Islamischer Kulturzentren" (VIKZ) für ihre zahlreichen lokalen Niederlassungen, von denen es in der Bundesrepublik 308, weltweit sogar 434 gibt.[228] Der Vorsitzende der VIKZ ist Tahsin Şafak, Generalsekretär Ibrahim Çavdar.[229] Der streng hierarchisch und zentralistisch gegliederte VIKZ ist das zahlenmäßig stärkste Mitglied im „Zentralrat für die Muslime in Deutschland".

In der Vogelsanger Straße in Köln steht die Zentrale der VIKZ, ein eindrucksvoller Gebäudekomplex mit einem Internat für etwa 160 Knaben und 120 Mädchen, die *Eliteschule* der

---

[225] Es gibt durch die gemeinsamen geschichtlichen Erfahrungen deutliche Parallelen zwischen den Süleymancı und den Nurcu.
[226] Bei der Gründung im Jahre 1973 spielte der „bekannte Muslimbruder, der Iraker Dr. Yusuf Zeyn al-Abidin, ... eine entscheidende Rolle", der auch bei der Gründung der AGMT (IGMG) mitwirkte, schreibt *R.Stolz*, Die Mullahs am Rhein, S. 240.
[227] *Der Deutsche Gewerkschaftsbund,* Hintergründe, S. 54–83.
[228] Diesen Hinweis verdanke ich Herrn Thomas Lemmen, Dormagen. Er bezieht sich auf das Frühjahr 1997.
[229] Der oberste Süleymancı, der Schwiegersohn von Süleyman Hilmi Tunahan, namens Kemal Kacar, residiert in seinem Palast in Ümraniye in Istanbul, bewacht von einer stattlichen Anzahl von Bodyguards.

Süleymancı; die Knaben, die hier zusammenkommen, werden als Imame für die rund 300 verbandseigenen Moscheen in Deutschland ausgebildet, die Mädchen insbesondere auch als „Rednerinnen für religiöse Ansprachen".[230] In ihren sonstigen Erziehungszentren – wie dem stattlichen Neubau in Mannheim – werden unter anderem Korankurse durchgeführt.

Ein etwa 18jähriger Koranschüler spricht meinen Mann und mich zur Mittagszeit im Hof der Kölner Zentrale an, als wir am Stand eine Bratwurst kaufen wollen. Voller Stolz berichtet er von seiner Ausbildung im Internat und führt uns durch den geschmackvoll ausgestatteten Betraum, der von außen her gar nicht kenntlich ist. Einer der gläsernen Erker erweist sich von innen als *mihrâb*, als Gebetsnische, die gen Mekka zeigt und die Gebetsrichtung angibt. Alles ist kostbar in dem modern gestalteten Raum, nichts prunkhaft überladen. Messing ist das bevorzugte Metall, das in breiten Bändern in die Ornamente eingelassen ist und auch die Frauen-Empore umschließt.

Im Rund sitzen ein Lehrer und seine Schüler, eifrig in den Koran vertieft. Alle haben ein Käppchen auf. Auf meine Frage nach dem Begründer des Ordens, Süleyman Hilmi Tunahan, der zu Atatürks Zeiten mit Korankursen den dahinsiechenden theologischen Lehrbetrieb in der Türkei ein wenig aufrechterhalten hatte, leuchten die Augen des Schülers auf: „Er ist unser Größter, unser Heiliger, der Wunderbarste und Wichtigste." Als der Schüler uns offiziell anmeldet, eilt alsbald ein Hoca herbei, der uns zum Tee einlädt; bescheiden und wohlerzogen zieht sich unser bisheriger Begleiter zurück. Dieser Knabe müßte der Stolz seiner Eltern und Lehrer sein. Geboren wurde er in Deutschland. Acht Jahre lang hatte er bereits Arabisch gelernt, das er sprachlich gut beherrscht. Sein Türkisch hat er ebenfalls bewahrt. Deutsch spricht er akzentfrei. Bald wird er ein trefflicher Hoca sein, selbstbewußt und im islamischen Sinne gebildet.

Die Süleymancı geben sehr wenig über ihre Lehrinhalte preis. Sich selbst kennzeichnen sie als die wichtigsten Wahrer des klassischen Islam und als Erzieher in dessen Geiste.

---

[230] *M. Gür*: Türkisch-islamische Vereinigungen, S. 61.

Gleichzeitig jedoch verstehen sie sich als „Auserwählte", die unter der spirituellen Führung des 1959 verstorbenen Süleyman Hilmi Tunahan stehen, den sie Süleyman Efendi nennen. Nur 300 000 Muslime, allesamt Süleymancı, seien dazu auserwählt, ins Paradies zu gelangen. In der Türkei waren die Süleymancı aufgrund eines Gutachtens des Präsidiums für Religionsangelegenheiten in den sechziger Jahren wegen ihres Selbstverständnisses als Elite und wegen der übergroßen Bedeutung, die sie Süleyman Efendi zumessen, als „häretisch" eingestuft worden.[231] Die Süleymancı haben diese Angaben stets als unrichtig abgelehnt. Mit Ausnahme ihrer kurzen Selbstdarstellungen haben sie aber keine aufschlußgebende Abhandlung veröffentlicht, die dies widerlegt hätte und die einer externen Leserschaft vor Augen gekommen wäre.[232]

In ihrer Zeitschrift „Anadolu" („Anatolien") hatten die Süleymancı 1978–1980 heftige antichristliche und antijüdische Attacken geritten und die Freimaurer unter verbalen Beschuß genommen: „Ein Deutscher (nicht Muslime) hat keine äußerliche Reinheit, weil er Wein, Schnaps und Bier trinkt und Schweinefleisch ißt. Innerliche Reinheit besitzt er sowieso nicht."[233] Auch von den „dreckigen Antlitzen der Judendiener" war die Rede.[234] Nachdem derartige Äußerungen publik geworden waren, wurde die Zeitschrift eingestellt; der damalige Vorsitzende wurde abberufen, und Stillschweigen ist eingekehrt. Seitdem habe sich ihre Einstellung vollkommen geändert, sagen die Süleymancı.

Nurcu und Fethullahi

Die Nurcu in Deutschland nennen sich seit einigen Jahren in arabisierter Form Jama'at un-Nur („Gemeinschaft des Lichts") bzw. „Islamische Gemeinschaft Jama'at un-Nur". Ihr Vorsitzender ist Rüstem Ülker in Köln. Sie ist nach der IGMG das

---

[231] Passagen aus diesem Gutachten finden sich in dem türkischen Lexikon „Meydan Larousse", Bd. 11, S. 643.
[232] Die einzige Ausnahme ist ein apologetisches Schriftstück, das ich einmal einsehen durfte, das aber auch keine weiteren Erkenntnisse brachte.
[233] *Der Deutsche Gewerkschaftsbund,* S. 70, zitiert „Anadolu" vom 8. 12. 1978.
[234] Ebd., S. 72.

bedeutendste Mitglied im Zentralrat. Die Schätzungen der hiesigen Mitgliederzahlen schwanken zwischen 5000 und 9000. „Gemeinsam mit den Fethullahi haben wir Zigtausende von Mitgliedern in Deutschland; viele davon studieren hier", sagte ein kompetenter Insider, der dies vielleicht so sehen möchte. Zu der Jamaʿat un-Nur gehören der „Bund Moslemischer Pfadfinder Deutschlands", die mit den „Pfadfindern Sankt Georg" zusammen tätig sind, und der „Islam Verein Kurdistan (IVK) e.V." in Bochum.[235]

Die Nurculuk-Bewegung entstand in den zwanziger Jahren unseres Jahrhunderts. Sie hatte in der Türkei lange unter Verfolgung durch staatliche Stellen wegen antisäkularer Bestrebungen zu leiden. Die türkischen Gerichtsakten sind dick, die Prozesse waren zahllos. Die Nurcu druckten deshalb sämtliche 130 Werke ihres Begründers Said Nursi in *Berlin* und schleusten sie in die Türkei ein. Inzwischen dürfen diese lange verbotenen Schriften offiziell verkauft werden und sind in fast allen religiös orientierten Buchhandlungen zu haben, auch in Deutschland. Die Werke Said Nursis sind ins Englische und Arabische übersetzt, Teile des voluminösen Schrifttums auch ins Deutsche; eine deutschsprachige Gesamtausgabe seiner „Risale-i Nur", der „Flugschrift des Lichts", ist in Vorbereitung. Die Berliner Nurcu brachten auch eine prächtige Koranausgabe heraus, die unter den hiesigen Gastarbeitern viele Abnehmer fand; doch leider brannte ein Ungetreuer mit der millionenschweren Kasse durch. Der Glaube, daß die im weitesten Sinne als *Koran-Interpretation* zu verstehenden Werke des 1960 hochbetagt verstorbenen Bediüzzaman Said Nursi *alle Weisheit der Welt,* deren die Menschheit neben dem Koran bedürfe, auch für die kommenden zwei Jahrhunderte enthalten, engt diese Bewegung in ihren Entfaltungsmöglichkeiten erheblich ein.

Fethullah Gülen Hoca Efendi hat sich in seinen zahlreichen Büchern mit einer freieren und moderneren Deutung der auch von ihm hochgeschätzten Schriften Said Nursis zum „Refor-

---

[235] *Deutsches Orient-Institut*, S. 62, berichtet erstmals von dem IVK.

mator" des Islam hochstilisiert und eine eigene religiöse Basis in der Türkei geschaffen.[236] Er gilt als islamisch-konservativ, dabei demokratisch, gemäßigt und dialogorientiert; doch sind seine wirklichen Absichten nicht bekannt. In Deutschland sollen es etwa 70 Bildungszentren sein, die unter ganz unterschiedlichen Namen agieren und keinem der großen Dachverbände angehören.[237] Das bekannteste ist das „Zühre-Bildungszentrum" in Düsseldorf, das offiziell „Türkisch-Deutscher Sozialdienst und Bildungsverein e.V." heißt. Diese Bildungszentren – in der Türkei als hochmoderne, außerordentlich erfolgreiche *dershane* bekannt – unterweisen nicht nur im sufisch-meditativen Islam des Fethullah Gülen, sondern insbesondere auch in den modernen Wissenschaften und hightech. „Die Schüler des ‚Hoca Efendi' sehen in einer Verbindung von Wirtschaft und Wissenschaft den besten Weg, Erziehung und Bildung effektiv zu vermitteln."[238]

Mevleviye

Ganz sicherlich ist der Derwisch-Konvent Trebbus ein beachtenswertes Sufi-Zentrum in Deutschland. Der Ordensscheich Abdullah Halis Dornbrach nahm mit 19 Jahren den Islam an. Zwei Jahre später traf er den Nakşibendi-Scheich Zekkeriya (Dörter) Efendi in der Türkei und begab sich in dessen Obhut. Als er „ausgelernt", also die Lehren dieses Ordens bis zur Lehrbefähigung in sich aufgenommen hatte, wurde er von seinem Lehrer an den Scheich eines *anderen* Ordens verwiesen, um dort sein Wissen und seine Erfahrungen zu vertiefen. Sechzehn Jahre verbrachte er auf diese Weise in Derwisch-Klöstern

---

[236] Der Begründer der Fethullahçı-Gruppe, die zeitweise ein gespaltenes Verhältnis zu den Nurcu hat, ist Fethullah Gülen. Siehe dazu: *Rainer Hermann*: Fethullah Gülen, eine politische Alternative zur Refah-Partei? In: Orient 37/1996, S. 619–645. Laut „Hürriyet" vom 16. Juli 1997 verfügt Gülen in der Türkei über die Zeitung „Zaman", drei Zeitschriften, 2 überregionale und etwa 20 lokale Rundfunk-Sender und den Fernsehsender „Samanyolu". Ferner werden Gülen's „Asya Finans" zugeordnet: 1 Grundschule, 12 Gymnasien, 2 Stiftungsuniversitäten, 11 Buchläden, 8 weitere Stiftungen sowie eine Beteiligung am Nişantaş-Sportklub.
[237] Zentrum für Türkeistudien: Muslime in Nordrhein-Westfalen, 3. Aufl., S. 170.
[238] Ebd.

verschiedener Orden und bekam schließlich für fünf verschiedene Orden die Lehrerlaubnis, die *ijâza* (türk.: *icazet*), eine hohe und verpflichtende Auszeichnung zum Abschluß einer langen Ausbildung.[239] Die Mevleviye, die er neben der Cerrahiye hauptsächlich vertritt, ist ein geistig sehr hochstehender Orden. Er ist dem großen Sufi-Dichter Jalâluddîn Rûmî engstens verbunden und für seine Toleranz anderen Religionen gegenüber berühmt.

Die tausendundeintägige Klausur des Mevleviye-Ordens, die an Schüler und Lehrer höchste Anforderungen stellt, durchlebte Scheich Abdullah Efendi in Aleppo, wohin der letzte Großscheich dieses Ordens übersiedelt war, nachdem Atatürk 1925 sämtliche Klöster geschlossen und das Stammhaus in Konya in ein Museum verwandelt hatte.[240] Die Lehrerlaubnis erteilte ihm 1975 Scheich Mustafa Kamâl al-Maulawî, „Scheich des Ordens der erhabenen Herren der Mevleviye zu Aleppo/Syrien" im Namen des „Rats der ehrwürdigen Scheichs der Mevleviye zu Konya". Er bezeichnet darin Scheich Abdullah Halis al-Maulawî als den „aufrichtig Liebenden und aufrichtig Freundlichen". In der Lehrerlaubnis wird ihm gestattet, als Zeichen seiner neuen Würde die Kopfbedeckung, den hohen Filzhut, aufzusetzen. „Desgleichen habe ich ihn autorisiert, die Litaneien des Mevlana morgens und abends zu rezitieren zusammen mit dem ehrwürdigen Koran und den Drehtanz in dem weißen Tanzkleid durchzuführen sowie alle Grundlagen des Mevleviye-Ordens weiterzuvermitteln. Ferner habe ich ihn angewiesen, seinen Scheich und seine Brüder auf dem Weg zu lieben, in der Gottesfurcht zu verharren und die Gottesbedürftigen, die Elenden und die Schwachen ebenso zu lieben und ihnen Hilfe und Unterstützung zu gewähren... Und ich

---

[239] Scheich Abdullah Efendi ist Großscheich der Mevleviye sowie Scheich der Halveti-Cerrahiye für Europa und hat außerdem Lehrerlaubnis auch für die Orden der Rifa'iye, der Nakşibendiye und der Qadiriya (türk.: *Kadiriye*).
[240] Die Mevleviye sind als „Tanzende Derwische" mit ihren hohen weißen Filzhüten und langen weißen Gewändern von ihren Aufführungen in Konya und von ihnen im Fernsehen übertragenen Auftritten in Frankfurt a.M. her auch in Deutschland bekannt. Die Rohrflöte ist das charakteristische Instrument dieser *tarikat*.

habe ihn in die Pflicht genommen, daß er mit seinem Herzen nur Gott und dem Propheten verpflichtet sein möge."[241]

Die Haltung und Kenntnisse des Großscheichs Abdullah Efendi versöhnen mit jenen Psycho-Neo-Ekstatikern, denen man hier vielerorts begegnet und die den Dhikr wie eine Droge in sich aufnehmen. Der Scheich bietet in seinem Derwisch-Konvent unter anderem Kurse zu Meditationstechniken, verbunden mit Vermittlung der sufischen Licht- und Farben-Lehre. Zu dem Konvent in Trebbus nahe Finsterwalde gehören das „Institut für Islamstudien – Sufi-Archiv Deutschland" und eine kleine Druckerei.

Der Derwisch-Konvent ist inzwischen ein fester Bestandteil der Ortsgemeinde geworden, in der sich die Dornbrachs angenommen fühlen und der sie ihrerseits ein kulturelles Zentrum bieten. Die Religion des jeweils anderen grenzt hier nicht aus, sondern beide Seiten wachsen aufeinander zu.

Weitere Derwisch-Orden

Der *as-Safinah*-Orden, vermutlich ein Abkömmling der nordafrikanischen Shadhiliya, wird von Scheich Bashir Ahmad Dultz geleitet. Den Namen seines Ordens leitet Scheich Bashir Efendi von *„safina"*, „Schiff, Arche", ab.[242] Wer ihn kennt, ist von der Ausstrahlung und Kraft seiner Persönlichkeit stark beeindruckt. Er ist politisch und sozial engagiert und bemüht sich, praktikable Lösungen muslimischer Probleme – z.B. für Beerdigungen – im Einverständnis mit deutschen, nicht-muslimischen Gremien zu finden.

Einige islamische Orden sind auch Christen gegenüber offen, so auch die „Tariqah as-Safinah". Doch kann man als Christ selbstverständlich nicht zum „inneren Kreis" gehören;

---

[241] Ich danke Scheich Abdullah Efendi, der mir – neben vieler weiterer Unterstützung – die Kopie des beeindruckenden Dokuments mitsamt seiner Übersetzung zugeschickt hat.
[242] Zitiert nach einem Brief Scheich Bashirs an Hannah Müller; danach erklärt Scheich Bashir die Ordensbezeichnung „As-Safinah" wie folgt: „Herz" – das ist das „Schiff der Seele", „Körper – das ist das „Schiff des Selbst", „Orden" – das „Schiff der Mitglieder", „Islam" das „Schiff der Muslime", „Erde" – das „Schiff der Menschen und aller anderen Wesen".

denn der Weg des Sufi ist letztlich ein „islamischer Weg", der das Bekenntnis zur Einheit Gottes, *tauhîd*, und zum Propheten Muhammad voraussetzt.

Die *Burhaniya* ist auf den 1983 verstorbenen Scheich Burhânî zurückzuführen und ein Abkömmling der Desuqi-Shadhiliya. Der Großscheich dieses Ordens sitzt in Khartum. Größere Zentren befinden sich in Hamburg, wo Scheich Husein, ein Bruder des Großscheichs Ibrahim, den Orden leitet, sowie in Berlin, Stuttgart und München. Nach eigenen Angaben soll er hierzulande 600 bis 700 Mitglieder haben, die überwiegend aus dem mittelständischen Bereich kommen und meist um die 50 Jahre alt sind. Die Prophezeiung, daß 40 Deutsche, die zu Scheich Burhânî in den Sudan reisen wollten, nach ihrer Rückkehr den Islam in Europa von Deutschland aus verbreiten werden, gehört zu den immer wiederkehrenden Weissagungen.[243]

Die Islamische Gemeinschaft in Deutschland (IGID), Institut Weimar, soll sehr klein sein. Ihr steht Abu Bakr Rieger als „Amir" („Emir") vor. Sie gibt die „Islamische Zeitung" heraus, ein Blatt, das ganz auf die „Erbakan-Linie" eingeschwenkt ist, der sie im übrigen in Weimar besucht hat. Das Oberhaupt dieser Derwisch-Gruppe ist ein gewisser al-Schaikh ʿAbdálqadir al-Murabit, ein strenger christenfeindlicher Schotte, mit vor-islamischem Namen Jan Dallas,[244] der seinen geistigen Stammbaum *(silsila)* auf al-Darqawi zurückführt; seine Anhänger preisen ihn als den zukunftsweisenden Reformer des Islam. Die aggressive Missionstätigkeit dieser Derwisch-Gruppe scheint bislang nicht von allzu großem Erfolg gekrönt zu sein.

Der extremistische ICCB, der im Kapitel „Islamisten und Extremisten" ausführlich behandelt wird, weist alle Charakteristika eines Sufi-Ordens auf. Doch hat er sich immer mehr isoliert und gilt in seinem islamischen Umfeld als „peinliche Entgleisung".

---

[243] *Hannah Müller:* aus einem bislang unveröffentlichten Protokoll ihres Gesprächs mit Murschid Ibrahim Singer, dem Leiter des Hauses Schnede, vom 16. November 1996.
[244] Zu seinen Schriften gehören „Der Amal von Madina. Eine Islamische Grundausbildung", (Weimar) 1993, eine Übersetzung aus dem Englischen, „Die Hundert Stufen", (Weimar) 1994, und „Der Weg Muhammads", o. O., o. J.

8. Moscheen

Die Muslime müssen auch in Deutschland ihren Glauben in der rechten Weise praktizieren können. Dies ist ein von unserer Verfassung garantiertes Recht.

Zentrum islamischer Glaubenspraxis ist das täglich fünfmal zu verrichtende rituelle Gebet. Prinzipiell kann es an jedem beliebigen Ort stattfinden, denn Gott ist überall gegenwärtig. Nur muß der Boden, auf dem man betet, rein und als – aus dem profanen Bereich ausgegrenzte – Gebetsstelle gekennzeichnet sein. Der Gebetsteppich – heutzutage bereits mit eingebautem Kompaß und Angabe der Breitengrade für die Bestimmung der Gebetsrichtung gen Mekka erhältlich – erfüllt diese Kriterien; notfalls reicht aber auch eine ausgebreitete Zeitung oder ein Tuch aus, um einen reinen Gebetsplatz zu markieren. Man kann ebensogut wie zu Hause auch in einem Schulraum beten, neben dem Fließband in der Fabrik oder am Straßenrand.

Das rituelle Gebet (arab.: *ṣalât*, türk.: *namaz*) ist Pflicht für Männer wie für Frauen. Die Musliminnen dürfen jedoch während der Menstruation und 40 Tage lang nach der Geburt eines Kindes das rituelle Gebet nicht durchführen. Ansonsten mag jeder Muslim im freien Gebet (arab.: *duʿâ*) zu Gott beten, wann immer er will.

Im Gegensatz zu den täglichen Gebeten ist das *Freitagsgebet* nur für die Männer obligatorisch; es wird anstelle des rituellen Mittagsgebets verrichtet und gilt als besonders heilbringend. Deshalb ist es für Muslime so wichtig, eine entsprechend ausgestattete „Freitagsmoschee" (arab.: *jâmiʿ;* türk.: *cami*) in erreichbarer Nähe zu haben. Die kleineren Gebetsstätten (arab.: *masjid*, türk.: *mescit*) sind dafür nicht geeignet. Eine *cami* ist „der Ort, an dem man sich versammelt", eine *mescit* lediglich „der Ort, an dem man sich (zum Gebet) niederwirft".

Zum gemeinsamen Gebet braucht man aber geeignete Räumlichkeiten, wie die Moschee sie bietet. Denn höheren Wert als das Gebet des einzelnen hat das *gemeinsame* Gebet. Ein Wort des Propheten Muhammad besagt: „Das Gebet der Gemeinschaft ist besser als das Gebet des einzelnen, und zwar siebenundzwanzigmal besser."[245]

In einer Moschee finden sich weder Altar noch Kultgegenstände. Die Kanzel, *minbar*, von der aus die Freitagspredigten gehalten werden, ist in islamischen Ländern nur in den großen Freitagsmoscheen zu finden. In der Diaspora mußte anfangs manch kleiner Gebetsraum zur „Freitagsmoschee" avancieren; nunmehr ist man bemüht, dieser Situation tatkräftig abzuhelfen. Die Kanzel steht meist rechts neben dem *mihrâb*, der Gebetsnische, die allein sakralen Charakter hat und die *qibla* anzeigt, die Gebetsrichtung nach Mekka. Im Gegensatz zu unseren christlichen, vor allem dem Sonntagsgottesdienst gewidmeten Kirchen[246] sind die Moscheen am Freitag meist sehr gut besucht, und an Festtagen finden die Gläubigen oft kaum noch Platz darin.

Die Anzahl der islamischen Gebetsstätten in Deutschland wächst so schnell, daß schon bei Erscheinen dieses Buches die beigebrachten Daten überholt sein dürften. Diese Entwicklung ist weltweit zu beobachten. Innerhalb der letzten fünf Jahre wurden in mehreren europäischen Staaten gewaltige Moscheen – Kuppelbauten mit Minaretten – errichtet, die nicht zuletzt auch muslimische Präsenz und Stärke demonstrieren sollen.

Anfang 1992 wurde in *Madrid* die größte Moschee Europas mit einem 36 Meter hohen Minarett auf einem 8000 Quadratmeter großen Grundstück eröffnet. Bezahlt wurden die Kosten von 17 Millionen US-Dollar aus der Privatschatulle des saudiarabischen Königs Fahad. Bedingung war, der sehr gestrengen „Islamischen Weltliga" dort Raum für ihre Kongresse zu bieten.

---

[245] In: So sprach der Prophet. Worte aus der islamischen Überlieferung. Ausgewählt u. übers. von Adel Theodor Khoury unter Mitwirkung von M.S. Abdullah, Üb. (GTB 785). Gütersloh 1988, S. 159. Eine andere Tradition bewertet das Gemeinschaftsgebet 55mal so hoch wie das Einzelgebet.

[246] Die Problemlage schildert in knappster Form *Thomas Loy:* Kauft Kirchen. In: „Die Zeit" vom 22. Dez. 1995.

Im Jahre 1996 lebten nur noch 80 000 Muslime in Spanien, 30 000 davon allein in Madrid. Fast acht Jahrhunderte hindurch, von 711 bis 1492, hatten Teile Spaniens zum islamischen Weltreich gehört. Die Alhambra ist neben der La Mezquita in Córdoba das wohl eindrucksvollste Baudenkmal jener Epoche, ein Wahrzeichen der ibero-islamischen kulturellen Blüte, die Gelehrte wie Averroes (Ibn Rushd) hervorbrachte und das mittelalterliche Abendland mitprägte. Heute ist Spanien eher zum Ersatz für den zerstörten Libanon, einst Zentrum orientalischen Reichtums und Wohllebens, geworden. Eine arabische Luxuswelt mit imposantem Immobilien-Eigentum ist jetzt in Spanien entstanden, und so verwundert es nicht, daß eine der wenigen anderen Moscheen Spaniens ausgerechnet im Jetset-Ort Marbella steht.

Das europäische Land mit den *meisten* Muslimen – vor allem aus Nordafrika – ist Frankreich. In *Lyon* wurde Ende 1994 die größte, architektonisch sehr moderne Moschee mit einem 25 m hohen Minarett erbaut. In ihrem einschließlich der Empore 1200 Quadratmeter großen Gebetsraum finden 1100 Betende Platz. Saudi-Arabien steuerte 20 Millionen Franc, umgerechnet etwa 6 Millionen DM, zum Bau bei; aber auch die Golfstaaten, allen voran Kuwait, haben reichlich Zuschüsse gewährt.

In *Rom* steht die größte Moschee Italiens, ein Kunstwerk, das der christliche Architekt Paolo Portoghesi gemeinsam mit dem muslimischen Architekten Sami Moussawi „als eine architektonische Symbiose der beiden Religionen" vor den Toren Roms geschaffen haben. Sie bietet 2000 der etwa 35 000 Muslime in der römischen Hauptstadt gleichzeitig Platz. Unter Polizeischutz finden dort seit 1994 allfreitäglich die Gottesdienste statt. Saudisches Geld ermöglichte dieses Projekt, das durch seine offene Bauweise im Stil einer Hofmoschee die Öffnung zu Toleranz und Dialog symbolisieren will.[247]

---

[247] Quelle: die dreiviertelstündige TV-Sendung von Bayern 3 am 14. Mai 1997: „Die andere Kuppel. Eine Moschee vor den Toren Roms". Ein christlich-islamisches Ökumenisches Zentrum in Jerusalem soll eine Erweiterung dieses Konzepts sein. Eine Internationale Jerusalem-Konferenz im islamischen Zentrum Roms zeigt die beabsichtigte Tendenz, politische Ideen auf der Basis des Kulturaustauschs zu entwickeln.

In *London* wird seit 1996 die Süleymaniye-Moschee im hochmodernen Baustil gebaut, deren siebenstöckiger Zentralbau ein Bildungszentrum mit einer großen Bibliothek, Klassenräumen und Unterkünften enthält; sie wird wohl der 1977 erbauten dortigen Regentspark-Moschee den Rang ablaufen. In *Brüssel* wurde eine große Moschee gebaut, und seit Mai 1997 verfügt auch *Moskau* über eine mittelgroße Moschee, die 500 bis 600 Personen Platz bietet; die Muslime rühmen ihre wunderschöne Lage am „Platz des Sieges".

Geld der saudischen Königsfamilie fließt in Strömen in alle aus islamischer Perspektive noch entwicklungsbedürftigen Länder,[248] gezielt auch in den Westen, also beispielsweise nach Belgien, in die Niederlande oder nach Großbritannien.

In *Deutschland* belief sich 1995 die Anzahl der islamischen Gebetshäuser bzw. Gebetsräume auf 2180. Die meisten dieser Gebetsstätten sind als solche nach außen hin aber kaum oder gar nicht kenntlich. Sie sind in Wohnhäuser integriert oder in Kellern untergekommen, in Hinterhöfen, in Scheunen oder sonstigen Nebengebäuden.

Der Wunsch nach großen Freitagsmoscheen wird in allen Städten und Ortschaften mit größerem muslimischem Bevölkerungsanteil artikuliert. Manches Mal sind hohe Hürden zu überwinden, z. B. in der mittelhessischen Gemeinde Dautphetal oder im südbadischen, muslimreichen Freiburg, wo die islamistische Milli Görüş bauen will.[249] Große Kuppelbau-Moscheen mit Minarett gibt es in Deutschland bislang etwa 30 an der Zahl, nicht eingerechnet die Ahmadiyya-Moscheen.[250] Sie stehen u. a. in Hilden, Marl, Hamm-Ahlen, Werl und Iserlohn, in Pforzheim mit einem Minarett von 23 Metern, Bobingen,

---

[248] So z. B. auch nach Japan, wo 600000 Muslime leben. In Tokyo entsteht eine Moschee für 1500 Gläubige im osmanischen Stil, die 1998 fertiggestellt sein soll, als Ersatz für eine frühere Moschee, die 1985 bei einem Erdbeben zusammengestürzt war.
[249] Die Freiburger Situation schildert die „Badische Zeitung" vom 14. Juni 1995: „Unterstützt von den Reichen aus den Golfstaaten, kämpfen Muslime in Südbaden für eine eigene Moschee. Wenn der Bürgersteig zum Gebetsraum wird."
[250] Die Zahlen für die Gebetsstätten und die „klassischen Moscheen" stammen aus: „Moslemische Revue", 4/1995, S. 220.

Emir Sultan Moschee in Hilden

Zeichnung: Alexander Maurer

Şehitlik-Moschee in Berlin (im Bau)

Zeichnung: Alexander Maurer

Dillenburg, Dortmund und Duisburg, im schwäbischen Lauingen, in Karlsberg, Mannheim, Berlin, Köln, Hamburg, in Siegen und Köln-Wesseling. In Frankfurt a. M. wurde Ende Oktober 1995 eine neue Zentrum-Moschee der DITIB eröffnet, die etwa 3000 Betenden Raum bietet und damit die Mannheimer Moschee mit ihren 2500 Gebetsplätzen noch übertrifft; 30 Millionen DM hat das Geschäftshaus im Frankfurter Bahnhofsviertel mitsamt dem Umbau gekostet.[251]

Mit dem Bau der ersten dreistöckigen Moschee in Deutschland, die über zwei 42,40 m hohe Minarette verfügen wird, wurde 1996 in Berlin begonnen. Die der DITIB zugeeignete Şehitlik Camii, „Moschee des Märtyrertums", am Columbiadamm in Berlin wird auf 1641 Quadratmetern so viel Raum bieten, daß 5000 Gläubige dort gleichzeitig beten können.[252] Eine weitere Kuppelbau-Moschee mit zwei Minaretten und Kulturzentrum wurde im niederbayerischen Dingolfing für 2 Millionen DM errichtet; die Stadt bezuschußt den Bau mit 20 % der förderfähigen Kosten.[253] Am 4. April 1997 wurde die erste fünfkuppelige Emir Sultan-Moschee mit Minarett im Stil Sinans, des größten Architekten und Baumeisters des Osmanischen Reiches, in Hilden bei Düsseldorf eröffnet. Wenige Tage danach hat DITIB in Neuss den Grundstein für eine Kuppel-Moschee mit Minarett gelegt.

Die Moscheen sind sichtbare und selbstbewußte Zeichen islamischer Präsenz in einem christlichen Land. Deshalb werden sie immer größer, und ihre Minarette immer wichtiger.

Moschee-Namen

Namen haben eine symbolische, ja magische Kraft. Wenn Moscheen einen Namen bekommen, wird er mit großem Bedacht ausgewählt. Manche werden nach berühmten muslimischen Persönlichkeiten wie dem Sufi Mevlana Jalâluddîn

[251] Gemäß „Orientdienst", H. 156, Febr. 1996, S. 19.
[252] So „Hürriyet" vom 1. Juni 1996.
[253] „Orientdienst", Heft 159, Aug. 1996.

Rûmî benannt, so z. B. die Mevlana-Moscheen in Berlin oder in Bremen, andere nach dem Prophetengefährten Ayyûb Eyüp-Moschee oder nach den ersten vier „rechtgeleiteten" Kalifen wie z. B. die ʿOmar ibn al-Khattab Camii in Mannheim. Einige erhalten ihre Namen in Verehrung gegenüber osmanischen Sultanen wie Yavuz Sultan Selim (1512–1520). Andere werden nach religiösen Ereignissen benannt, wieder andere schlicht nach ihrem deutschen Standort oder in Anlehnung an Bezeichnungen bedeutender Moscheen wie die von dem berühmten osmanischen Baumeister Sinan unter Sultan Selim errichtete „Selimiye" in Edirne auf der europäischen Seite der Türkei oder wie die al-Aqsâ-Moschee in Jerusalem, das drittwichtigste Heiligtum des sunnitischen Islam.

Erstaunlich oft taucht allerdings der Name „Fatih Camii", „Eroberer-Moschee", auf, z. B. in Pforzheim, Heilbronn, Mannheim, Bremen, im hessischen Stadtallendorf, in Lauterbach, Köln, Wuppertal-Barmen, Castrop-Rauxel, Kaiserslautern, Krefeld, Hameln, Kiel, Flensburg oder in Lübeck. Fragt man nach, wird auf Sultan Mehmet II., „den Eroberer", und darauf verwiesen, daß neuere Moscheen in der Türkei und schließlich auch die zweite Brücke über den Bosporus diese Bezeichnung erhalten hätten. Tatsächlich wird Mehmet II. in der Türkei überaus verehrt, und die 500-Jahr-Feier zum Gedächtnis an die Eroberung des christlichen Byzanz im Jahre 1453 war triumphal.[254] Moscheen im *christlichen* Umfeld so zu benennen und dies auch – trotz lauter Proteste aus der deutsch-christlichen Bevölkerung – weiterhin zu tun, kann man im besten Falle als religionspolitische Instinktlosigkeit kennzeichnen, muß aber Absicht hinter dieser tendenziösen bzw. provokativen Namengebung vermuten. Vergleichbares würde in den islamischen Ländern jedenfalls niemals toleriert. Gelänge es tatsächlich einmal, dort eine neue Kirche zu errichten, und gäbe man ihr den Namen „Eroberer-Kirche", oder würde man dort gar in Erinnerung an Gottfried von Bouillon

---

[254] Thematisch gehört dazu z. B. auch die Feier zur Eroberung von Byzanz in Mörfelden, zu der gemäß „Zaman" vom 5. Juni 1996 sogar der Attaché für Religionsdienste des Generalkonsulats in Frankfurt a. M. sowie der Mufti von Küçük Çekmece bei Istanbul kamen.

eine „Herzog-Gottfried-IV.-Kirche" errichten eingedenk der Kreuzzüge und seiner ersten Eroberung Jerusalems im Jahre 1099, es gäbe dort einen Riesenskandal, und jeder Christ in islamischen Landen müßte ob solcher Kühnheit vor Angst erstarren. Kirchenbau, das Tragen eines Kreuzes, selbst das Abhalten von Andachten in Privaträumen ist in Saudi-Arabien nach wie vor strengstens verboten, obgleich dort viele tausend Katholiken – vor allem von den Philippinen – leben.[255]

Nach der einst byzantinisch-christlichen „Hagia Sophia"-Kirche in Istanbul sind „Ayasofya-Moscheen" benannt wie die im Juli 1996 in Nürnberg eröffnete Moschee oder die in Oberhausen und Karlsruhe; der Grundstein für die Ayasofya-Moschee in Neuss wurde Anfang April 1997 gelegt. Dieser Name mag manchen Christen als positives Zeichen eines sich als „Bruderreligion" darstellenden Islam beeindrucken. Tatsächlich gilt die Hagia Sophia, die zwar seit der Eroberung von Byzanz im Jahre 1453 als Moschee ihren Namen beibehalten hat, den Muslimen bis zum heutigen Tag aber als ein Symbol für den Sieg des Islam über das Christentum. Unter Atatürk wurde die Ayasofya im Jahre 1934 in ein Museum umgewandelt. „Religiöse Kreise haben die Rechtmäßigkeit dieser Operation stets bestritten", schreibt der Bamberger Turkologe Klaus Kreiser, „Ende der 70er Jahre und erneut 1989/90 war die Wiedereröffnung als Moschee Gegenstand militanter Demonstrationen ,Die Ketten sollen brechen, die Ayasofya soll sich öffnen!'",[256] lauteten die Parolen. Das Thema wird bei den jährlichen Gedenkfeiern immer wieder aktualisiert.[257] Immer wieder einmal geistern Gerüchte durch die religiös orientierte Presse, die

---

[255] Der „Orientdienst", H. 137, Dez. 1992, zitiert den saudiarabischen Informationsminister, der diese Intoleranz als „Gottesbefehl" deklariert. Dem entsprechen persönliche Mitteilungen von Christen, die länger in Saudi-Arabien weilten.

[256] *Klaus Kreiser:* Kleines Türkei-Lexikon. Wissenswertes über Land und Leute, (BsR 838). München 1992, S. 29.

[257] Die Konzession des Staates, einen Seitenflügel für das rituelle Gebet freizugeben, wurde 1953 von der Bevölkerung stürmisch wie eine erneute Eroberung gefeiert. Gemäß „Türkiye" vom 20. Juli 1996 drängt der türkische Kulturminister Ismail Kahraman auf den Bau einer großen Moschee auf dem Taksim-Platz in Istanbul, weil es auf der „europäischen Seite" zu wenig Moscheen im Vergleich zu den 42 christlichen Kirchen gebe. Dieses Verhältnis – so sagt er – entspreche nicht den historischen Realitäten, nämlich der Eroberung Istanbuls im Jahre 1453.

Ayasofya würde an den Vatikan verschachert, ein Unsinn, der aber die Gemüter sehr erregt. Vor diesem Hintergrund macht sich gerade dieser Moscheen-Name in einem christlich geprägten Land sehr schlecht.

Träger der Moscheen

Wenn eine muslimische Gemeinschaft sich dazu entschließt, eine Moschee zu errichten, gründet sie einen Verein. So ist es seit den fünfziger Jahren auch in der Türkei üblich. In den siebziger Jahren wurden in Deutschland ebenfalls aufgrund von Privatinitiativen die ersten Räume für das gemeinsame rituelle Gebet angemietet und als Moschee ausgestattet. Zunehmend wurden Grundstücke käuflich erworben und eigene Gebetsstätten darauf errichtet.

Häufig haben sich Angehörige einer bestimmten *Nationalität* zusammengeschlossen, um ihre religiösen Interessen durchzusetzen oder zu wahren. Deshalb gibt es nicht nur türkische Moscheenvereine, sondern z.B. albanisch-bosnische, marokkanische, tunesische, afghanische, pakistanische und iranische.

Inzwischen bestehen kaum noch *freie* Moscheenvereine. Fast alle haben sich Dachverbänden angeschlossen, die mitunter auch für die Finanzierung der Imame und ihre Ausbildung sorgen oder sich für andere übergeordnete Ziele einsetzen. Hier beginnt ein besonderes Problem. Denn keiner der Dachverbände ist abgekoppelt von entsprechenden Organisationen im Herkunftsland, die sehr weitgehend in die Arbeit der lokalen deutschen Vereine hineinregieren.

Die Zuordnung der einzelnen Moscheen zu den verschiedenen Organisationen und zu deren ideologischem Standort gestaltet sich aber oft schwierig. Am Namen der Moscheenvereine und der Moscheen selbst ist die Zugehörigkeit jedenfalls nur selten abzulesen. Für Gespräche mit Muslimen ist es deshalb auf allen Ebenen von eminenter Wichtigkeit, zu wissen, auf welche ihrer Gruppierungen man sich konkret einläßt.[258]

---

[258] Dazu mehr in den Kapiteln 5 und 6 dieses Buches.

Laut „Moslemischer Revue" verteilten sich die *Gebets-stätten,* die nach außen meist nur durch ein Hinweisschild im Fenster oder an der Türe als Moscheen kenntlich sind, im Jahre 1995 ungefähr wie folgt: DITIB mit ca. 500[259], VIKZ mit ca. 287, ATIB mit ca. 90 Moscheen und die Jamaʿat un-Nur (Nurculuk) mit ca. 40 Medresen. Eigenen Angaben zufolge verfügte die IGMG im Jahre 1995 bereits über 413 und 1996 über 469 Moscheen.

Im Jahre 1995 gab es für die in Deutschland vorhandenen, überwiegend im klassisch-osmanischen Stil erbauten Moscheen mit Minarett folgende Zuordnung: „Von den 24 klassischen Moscheen gehören 14 zum Organisationsbereich der DITIB, 2 zur Islamischen Weltliga in Mekka bzw. sind vom saudischen Königshaus finanziert, 2 zur AMGT, 1 zum VIKZ, 1 zur (pakistanischen) Jamaʿat-i Islami, 1 zur iranischen Schia und 3 zur Ahmadiyya."[260]

Für wenige Städte liegen momentan die Zahlen von Gebetshäusern bzw. Moscheen und ihren Dachverbänden so konkret vor wie für *Bremen*: dort gehörten 1994 6 zur AGMT/IGMG, 5 zu DITIB, 2 zum VIKZ, 4 zu anderen Gemeinden wie den Nurcu oder der Gemeinde der Bosnischen Muslime.[261]

Der Gebetsruf und die Moscheenausstattung

Muslimische Geistliche würden gerne auch in Deutschland den Gebetsruf durchsetzen. Er hat für sie einen großen Symbolwert. Wenn ein mir bekannter Imam vom Glockengeläut spricht, dann ahmt er gehässig das „Bim-Bam" der christlichen Glocken nach, das ganz offensichtlich sein Ohr beleidigt. Doch

---

[259] Die Zahl dürfte zu niedrig sein.

[260] „Moslemische Revue" 4/1995, S. 220. Daß bei dieser Aufzählung die aus dem Islamverbund offiziell ausgeschlossene Ahmadiyya mit einbezogen wird, ist ungewöhnlich.

[261] Siehe *H.-L. Frese* und *T. Hannemann*, Religion im Gespräch S. 10. Im Vergleich damit verfügte Köln 1994 über 30 Moscheen und zahlreiche Versammlungsräume von Sufi-Orden. 5 der Kölner Moscheen gehören zu DITIB, 9 zur IGMG, 2 zu türkisch-schiitischen Ehli Beyt. So in *Th. Lier u. U. Piest:* Muslimische Vereinigungen und Moscheen in Köln, S. 55 ff.

Muslime haben keinen Staatsvertrag wie die christlichen Kirchen und damit auch keine dem Glockenrecht entsprechende Erlaubnis für den Ruf des Muezzin.

Die im Bau befindliche Şehitlik-Moschee, die „Moschee des Märtyrertums", in Berlin hat wohl bereits die Erlaubnis für den Gebetsruf erhalten. In Dortmund dürfen alle Moscheen zum mittäglichen Freitagsgebet rufen; auch in Oldenburg und in Siegen haben jetzt Moscheen eine entsprechende Regelung durchgesetzt. Dreimal am Tag, allerdings nicht früh beim Morgengrauen und zu Beginn der Nacht, soll der Muezzin von Dillenburg mit einer Lautstärke von 70 Dezibel – 60 werden nur genutzt – und nur in Richtung Mekka in der neueröffneten ATIB-Moschee zum Gebet rufen dürfen – sofern letztlich auch noch das Verkehrsamt seine Zustimmung gibt, das befürchtet, die Verkehrsteilnehmer könnten durch den Gebetsruf irritiert werden. Wenn in Pforzheim ein Minarett gebaut wurde, das der Öffentlichkeit als Aussichtsturm und touristische Attraktion zur Verfügung steht, dann ist dies natürlich Augenwischerei; denn selbstverständlich wartet die islamische Gemeinde nur darauf, endlich von dort den *ezan* (arab.: *adhân*) in alle vier Himmelsrichtungen erschallen zu lassen. Der Grundstein für die erste Moschee mit *zwei* Minaretten wurde Ende Mai 1996 in Berlin gelegt. Das Für und Wider im Streit um den Gebetsruf in Duisburg wurde dokumentarisch festgehalten.[262]

Zu einem klassischen Moscheebetrieb gehört mehr als nur der Gottesdienst. Eine Moschee hat *vielerlei soziale Funktionen*. Der Gebäudekomplex (türk.: *külliye*) enthält neben der eigentlichen Moschee Räume für das Personal, eventuell auch Unterkünfte für Stipendiaten und Unterrichtsräume. Einige rein islamische Kindergärten sind bereits gegründet und haben ihren Platz in Moscheen gefunden. Die mehr oder weniger gut ausstaffierten Bibliotheken selbst von „toleranten" Moscheen enthalten neben Koran-Exemplaren und -Kommentaren gele-

---

[262] *Martin Dietzsch/Margret Jäger/Siegfried Jäger/Ulrike Schulz:* Der Ruf des Muezzin. Eine kommentierte Dokumentation des Duisburger Instituts für Sprach- und Sozialforschung (D.I.S.S), Duisburg 1997.

gentlich ein erstaunliches Repertoire an Literatur, die durchaus nicht nur den sanften, liberalen Islam propagiert.[263]

Zu *jeder* Gebetsstätte gehört schließlich eine *Koranschule*, in der Kinder und Jugendliche in ihrem Glauben unterwiesen werden. Die stolzen Sieger regelmäßiger Wettbewerbe für Kinder verschiedener Altersgruppen im Koran-Rezitieren werden belohnt und in Zeitungen abgebildet.

Moscheen-Personal

Die meisten Vereine bezahlen ihre *Imame* oder *Hocas* aus der eigenen Tasche. Der Begriff „Hoca"[264] ist ebenso vieldeutig wie die Bezeichnung „Imam"[265]; im folgenden werden beide im Sinne von „Vorbeter" und oft auch „Leiter einer Gemeinde" verwendet. Nur die Imame der DITIB-Moscheen werden vom türkischen Staat bezahlt.

DITIB-Imame können sehr selten Deutsch, und dies soll auch unbedingt so bleiben. Die im Grunde stockkonservative DITIB sorgt selbst dafür, daß ihre Imame alle drei bis allerspätestens fünf Jahre abgelöst werden, damit sie gar nicht erst die Mindestvoraussetzung dafür erlangen, mit den Christen zu fraternisieren.

DITIB-Imame sind an den theologischen Fakultäten türkischer Universitäten ausgebildet.[266] Entsprechendes gilt aber nur für wenige der anderen Imame. Imame sind keine Priester, sind nicht ordiniert und schon gar nicht dem Zölibat verpflich-

---

[263] Die nähere Beschreibung einer Moschee findet sich im 1. Kapitel, S. 17–27.

[264] Die Bandbreite der respektvollen Anreden mit *hocam*, „mein Lehrer", reicht vom Universitätsprofessor über den Lehrer an religiösen Schulen oder für Korankurse bis zu jenen Männern, die Zauberpraktiken ausüben, z. B. Amulette anfertigen, Krankheiten durch magische Praktiken heilen oder Fruchtbarkeit versprechen. Nicht selten haben solche *hocalar* auch religiöse Funktionen.

[265] Ein Imam ist auch bei den Schiiten der „Vorbeter" in der Gemeinde. In der Zwölfer-Schia kommt daneben den „zwölf Imamen" eine ganz eigene Bedeutung zu; siehe S. 49f.

[266] Zwar sollte man erwarten, daß die vom Präsidium für Religionsangelegenheiten in Ankara entsandten Imame eine säkular-staatliche Einstellung vertreten; doch bleibt zu berücksichtigen, daß diese Behörde sowohl von Anhängern der *Refah Partisi* als auch von Süleymancı unterwandert ist.

tet. Sie vermitteln nicht zwischen Gott und den Menschen und sind keine Fürsprecher bei Gott. Im Islam gibt es keine Sakramente. Ganz besonders in der Aufbauphase islamischer Gottesdienste in Deutschland war es Usus, daß derjenige gläubige Gastarbeiter, der die relativ besten Arabischkenntnisse aufzuweisen hatte – und seien sie noch so gering gewesen –, als „primus inter pares", als Vorbeter in der Moschee, fungierte. Die „offiziellen", also die von der Türkei eingesetzten Imame sind „Volltheologen" und haben die arabische Sprache erlernt. Sie können Ehen mit einem kurzen Zeremoniell besiegeln, Beerdigungen und Toten-Gedenkfeiern in der Moschee durchführen und bei der Namensgebung wie bei der Knabenbeschneidung den Koran in der richtigen Weise rezitieren. Zum Fastenmonat Ramadan entsendet das türkische Präsidium für Religionsangelegenheiten allerdings ganz besondere Könner auf dem Gebiet des Predigens, die *vaiz*, also Wander- oder Freitagsprediger, nach Deutschland, die von Moschee zu Moschee reisen. Sie haben noch größere Fachkompetenz als die einfachen Imame und genießen oft hohes Ansehen.

Der Unterschied zwischen einem Imam und einem Pfarrer ist beträchtlich. Denn ein Imam ist kein Seelsorger, kein Hirte, der seine Schäflein hütet. Er genießt zwar großen Respekt und ist meist autoritär; er hält aber eher Distanz zu den Mitgliedern seiner Gemeinde, die er allerdings mit viel Einsatz zusammenzuhalten versucht, was unter hiesigen Bedingungen sicherlich besonders schwierig ist.

Trotz des Streits um den Muezzin-Ruf und trotz zunehmender Aggressionen der „Evangelikalen" zeigt sich auch eine immer größere Akzeptanz der Moscheen-Bauten durch die deutsche nicht-muslimische Bevölkerung. Es wächst die Erkenntnis, daß wir den Muslimen in Deutschland ermöglichen müssen, ihren Glauben zu leben. Diese sich wandelnde Einstellung hat den Vorsitzenden der Süleymancı (VIKZ) Ibrahim Çavdar zu der selbstbewußten Bemerkung veranlaßt: „Die Zeit der Hinterhof-Moscheen ist vorbei. Wir suchen die Zeit der Öffnung."[267]

---

[267] „Focus" 35/1996.

9. Praktische Probleme und deren Bewältigung

Scheich Bashir Ahmad Dultz bringt es auf den Punkt: „Für ein islamisches Leben ... sind meiner Ansicht nach Moscheen, Zentren und Ordenshäuser notwendig, die dann wieder Träger sein können für die vielen Dinge des Alltags wie z. B. die Vermittlung unserer Lehren an Jugendliche und Erwachsene, die Schaffung von oder die Mitbeteiligung an Kindergärten, Krankenhäusern, Tagungsstätten, Altenheimen und nicht zu vergessen Friedhöfen, die immer dringender gebraucht werden." [268]

Der Katalog dessen, was die frommen Muslime fordern, um ihrer Religion gemäß leben zu können, ist allerdings noch sehr viel umfangreicher. Sie wünschen Gebetsräume in Fabriken und in öffentlichen Gebäuden oder fordern nach Geschlechtern getrennte Badezeiten in öffentlichen Bädern. Sie möchten, daß ihre religiösen Festtage genauso als offizielle Feiertage anerkannt werden wie die religiösen Feste der Christen. Die islamischen Speisegebote werden zwar zunehmend berücksichtigt; doch sind vor allem Probleme der rituellen Schlachtung noch nicht hinreichend geklärt.

Rituelles Schlachten

Grundsätzlich ist den Muslimen nur der Verzehr von Fleisch aus rituell vollzogenen Schlachtungen erlaubt. Schweinefleisch ist verboten, genauso Blutwurst und alles, was Blut enthält. Das bedeutet in der Praxis, daß ein frommer Muslim sein

---

[268] Interview in der ersten Ausgabe von „Der Morgenstern", Okt. 1995, S. 28.

Fleisch nur bei einem muslimischen Metzger einkauft, weil er dann sicher sein kann, daß alles vorschriftsgemäß ist.

Tiere dürfen in Deutschland dem Tierschutzgesetz entsprechend nicht ohne vorherige Betäubung geschlachtet werden. Nun meinen aber viele Muslime, daß eine Betäubung das richtige Ausbluten des Tieres verhindere. Außerdem könne das zu schlachtende Tier während der Betäubung sterben und sei dann ungenießbar. Dagegen sprechen aber selbst hochkarätige religiöse Gutachten. Fatwas des ägyptischen Großmuftis und Rektors der al-Azhar-Universität vom 25. Februar 1982 und des türkischen Präsidiums für Religionsangelegenheiten in Ankara sowie eine Verlautbarung der Islamischen Weltliga aus dem Jahre 1989 in Dschidda gestatten durchaus das Schächten von Tieren mit Elektrokurzzeitbetäubung. Doch lösen derartige religiöse, im juristischen Sinne nicht rechtsverbindliche Gutachten das Tierschutzproblem nicht hinreichend, denn ganz gestrenge Muslime akzeptieren diese Entscheidungen nicht. Im Regierungspräsidium Gießen sagte man mir: „Der Hoca regelt das vor Ort." Der „Hoca vor Ort" kann allen möglichen islamistischen Gruppierungen angehören, die mit den traditionellen Institutionen nichts zu tun haben wollen, ergo deren Fatwas ignorieren. Die Frommen beziehen sich in der Regel auf den Korantext: „Verwehrt hat Er euch nur das von selbst Verendete und Blut und Schweinefleisch und das, worüber ein anderer Name als Allahs angerufen worden ist" (Sure 2,173 und Sure 5,3).

Das von den deutschen Behörden gewünschte Verfahren der Tiertötung erfolgt so, daß bei einer Elektrokurzzeitbetäubung 2 Sekunden lang 240-Volt-Strom durch das Gehirn der Tiere geleitet wird. Die Hessen, die den Muslimen gegenüber sehr kulant waren, demonstrierten im Juni 1993 im Frankfurter Schlachthof vor Vertretern des türkischen Generalkonsulats, Hocas und Imamen verschiedener islamischer Dachverbände und Moscheen eine tierschutzgerechte Betäubungstechnik und deren Auswirkung; die Tiere sollen schmerzfrei ausbluten. Fast niemand ließ sich umstimmen.[269] Eine Abordnung zog ein

[269] Dazu auch *Barbara Huber:* Halal-Fleisch aus deutschen Schlachthöfen. Elektrokurzzeitbetäubung legitimiert Muslimen die Schächtung. In: CIBEDO 3/1993, S. 86.

bereits *vor* der Veranstaltung gefertigtes Papier zu dem Thema aus der Tasche, das diese Art der Schlachtung ablehnte. Die Folgeveranstaltung der hessischen Tierschutzbeauftragten hatte genausowenig Erfolg wie eine dritte im Raum Mittelhessen. An dieser letzten Sitzung nahmen viele muslimische Studenten teil; gerade sie seien jedoch völlig unbeeindruckt geblieben. Geschätzte 90 % der Teilnehmer äußerten abschließend, daß für sie das Schächten mit Elektroschock überhaupt nicht in Frage komme; der Koran schließe dies aus. Hilflos müssen die Vertreter der unterbesetzten Veterinärämter sich – wie geschehen – von muslimischen Metzgern sagen lassen: „Wenn Sie sich umdrehen, dann schächten wir doch ohne Betäubung."

Anders als die Schweden, die Schächten ohne Betäubung mit hohen Strafen belegen, sind die Deutschen in dieser Frage sehr zögerlich. Also werden ganz besonders am Feiertag des *Opferfestes* Tiere, den Kopf gen Mekka gerichtet, in der Badewanne, im Keller, im Hinterhof, in der Scheune oder im Wald unfachmännisch geschächtet. Daß deutsche Landwirte Muslimen Räume für das rituelle Schächten anbieten, sei nur am Rande erwähnt.

In Zeitungen wie der „Türkiye" und der „Zaman" bieten türkische Tierhändler und Metzger in Deutschland und in den Niederlanden laufend Tiere zur Selbstschlachtung an.[270] Regelmäßig erscheinen Fotos aus einer Metzgerei in Melle-Wellingholzhausen mit neu eröffneter Zweigstelle in Osnabrück gegenüber dem Hauptbahnhof. Sie zeigen ein in einem drehbaren Holzkäfig zum Schächten arretiertes Rind, dem Angstschaum vom Maul tropft, und zwar einmal stehend und einmal auf den Rücken gedreht, wobei der Hals des Tieres langgestreckt wird, damit man leicht die Schlagadern erreichen und das Tier selbst schächten kann.[271]

Das *Opferfest* (arab.: ʿîd al-kabîr bzw. ʿîd al-aḏḥâ; türk.: *kurban bayramı)* begehen Muslime in der ganzen Welt am Zehn-

---

[270] Dies bietet z. B. die Karlsruher Fleischhandel GmbH in einem halbseitigen Inserat in der „Zaman" vom 8. Februar 1997 an.
[271] So z. B. in der „Zaman" vom 13. Oktober 1996 und in der „Türkiye" vom 3. Dezember 1996.

ten des Pilgermonats *dhû'l-hijja,* wo es einen religiösen Höhepunkt des *hajj* darstellt. Dieses größte islamische Fest wird gefeiert aus Dankbarkeit für Gottes Gnade, der – in Anlehnung an das Alte Testament – Abrahams Opfer seines Sohnes Ismaʿîl (!) nicht annahm. Tiere, meist Schafe, werden im Orient aber auch geopfert bei der Ankunft von hochrangigen Politikern, bei der Grundsteinlegung von Moscheen, zur glücklichen Geburt eines Kindes, aus Anlaß von Gelübden und bei anderen bedeutsamen Ereignissen.

Die Häute der geopferten Tiere werden in der ganzen Welt von islamischen Wohlfahrtsorganisationen eingesammelt und verwertet. Das nicht selbst verzehrte Fleisch wird an bedürftige Mitmuslime verteilt.[272] Einige Organisationen – auch in Deutschland – konservieren solches Opferfleisch und verschicken es an in Not geratene islamische Länder; die meisten Verbände sammeln stattdessen allerdings Geldspenden und lassen die Tiere dann vor Ort in den Krisengebieten schlachten.[273]

Zur hohen Bedeutung des Tieropfers schrieb schon Julius Wellhausen: „Schlachtgemeinschaft ist im Islam Sakralgemeinschaft", und er zitierte ein Hadîth, das besagt: „Wer an unserem Gottesdienst teilnimmt und sich nach unserer Qibla richtet und unser Schlachtfleisch ißt, das ist ein Muslim." Das Tieropfer und die gemeinsame Feier vertiefen die Solidarität unter den Gläubigen; es ist den Muslimen sehr wichtig.[274]

Die Muslime stellen in der Diskussion um das rituelle Schächten ohne Betäubung sogar ihre vermeintlich „humane" Art des Tötens den Tierquälereien bei den Tiertransporten und in deutschen Schlachthöfen gegenüber und bezeichnen sich mitunter als die *„besseren Tierschützer".* Ganz offensichtlich wollen vor allem islamistische Muslime die klassischen

---

[272] In dem „Kleinen Islamischen Katechismus", Ankara 1983, S. 81, stellt Mufti Soymen klar: „Es ist nicht erlaubt, das Opfertier den Armen lebend zu geben, weil das Ausblutenlassen der wesentliche Bestandteil des Opfers ist."

[273] Die Größenordnung der Spenden liegt zwischen 180,– DM (IGMG) und 200,– DM (DITIB) pro Tier.

[274] *Julius Wellhausen:* Reste altarabischen Heidentums. Berlin ¹1887, Berlin ³1961, S. 117.

Tierschützer mit deren eigenen Waffen schlagen. Deshalb nimmt es auch nicht wunder, daß der Zentralrat der Muslime in Deutschland jetzt eine Abteilung „Tierschutz" aufgemacht hat. Gerade aus den Ballungsgebieten hört man, daß in Tierschutzvereinen immer mehr Muslime zu finden seien.

Nicht zu Unrecht verweisen die Muslime allerdings darauf, daß der *jüdischen Religionsgemeinschaft* in Deutschland das Schächten nicht-betäubter Tiere als religionsbedingt notwendig erlaubt ist, hier also mit zweierlei Maß gemessen werde. Jüdische Schächter haben immerhin eine dreijährige Ausbildung; zudem ist beim Schächten stets ein Rabbi zugegen, der die Segensformeln spricht. Auch wenn es muslimische Metzger gibt, so existiert doch keinerlei religiöse oder sonstige Vorschrift, die das private Schächten verhindern würde. Man muß kein Fachmann sein, um sich vorzustellen, wie manch blutiger Laie an solch einem lebendigen Tier herumsäbelt.

Anders als die Rinder haben Schafe einen Blutkreislauf mit gesonderter Blutzufuhr zum Gehirn, die mit einem Kehlschnitt unterbrochen werden kann – so man die richtige Stelle kennt. Der Tod tritt nach 12–15 Sekunden ein, wenn alles korrekt abläuft. Aber nicht selten bilden sich beim Schächten Thromben, die ein rasches Entbluten verhindern. Dann muß nachgeschächtet werden, und das Tier leidet minutenlang.

Es gab unterschiedliche *Gerichtsurteile* in dieser Frage, dazu manche Ausnahmegenehmigung, die Schächten ohne vorherige Betäubung an kontrollierbaren, festgelegten Orten gestattete. Das Bundesverwaltungsgericht Hamburg hat in einem Urteil vom 15. Juni 1995 allerdings das Töten von eßbaren Tieren ohne Betäubung als tierschutzgesetzwidrig abgelehnt[275] und damit auch die Sondergenehmigungen gestoppt. Das Urteil wird damit begründet, daß das Schächten keine *zwingende* religiöse Vorschrift sei, sondern nur ein Ritual. Nun kann wohl kaum ein Außenstehender einem frommen Muslim sagen, was er glauben soll oder nicht, wenn nicht einmal hohe islamische Instanzen Gehör finden. So wird auch das türkisch- und deutschsprachige

---

[275] BVerwG 3 C 31.93.

Faltblatt, das der Deutsche Tierschutzbund erstmals anläßlich des Opferfestes Ende April 1996 herausgegeben hat und das den Türken die tierschützerischen Implikate des Schächtens aufzeigen soll, wahrscheinlich wenig effektiv sein. Aber dafür gibt es auch noch einen anderen Grund: Wie wäre es zu bewerkstelligen, daß in Deutschland zum Opferfest für 2,8 Millionen Muslime – grob geschätzt – 500000 Tiere gleichzeitig und tierschutzgerecht geschächtet werden? Die Schlangen vor den Schlachthöfen sind lang, und mancher kommt mit seinem Opfertier erst gegen Abend an die Reihe, wenn andere schon längst ihren Festschmaus hinter sich haben.

Für fromme Muslime in der Diaspora stellt sich das Problem, ob sie bei einem nicht-muslimischen Metzger einkaufen dürfen. Dem Präsidium für Religionsangelegenheiten lag folgende Anfrage vor: „Kann man Fleisch von Tieren, die von Anhängern einer Buch-Religion (Juden und Christen) geschlachtet worden sind, essen? Was sagen unsere religiösen Bestimmungen zum Fleisch von Tieren, die geschlachtet wurden, nachdem man sie durch einen Schuß betäubt hatte?". Antwort: „Fleisch von erlaubten Tieren, die von Leuten dem Brauch gemäß, d.h. indem man das Blut ausfließen läßt, geschlachtet worden sind, darf man essen. Fleisch von Tieren, die getötet wurden, indem man ihnen den Kopf abschlug, sie mit dem Hammer betäubte, die Augen ausstach oder ähnliche Verfahren [anwandte], darf man nicht essen. Obwohl das Töten eines Tieres durch einen Revolverschuß oder durch einen elektrischen Schlag [Stromstoß] den islamischen Bräuchen nicht entspricht, darf man das Fleisch des Tieres essen, wenn es noch vor seinem Tod nach islamischem Brauch geschlachtet worden ist".[276] Angeblich soll dieses mehr als seltsame Verfahren im Salzburgerland praktiziert werden.

---

[276] *Eyüb Sanay:* Handbuch des Gastarbeiters. In: CIBEDO-Dokumentation Nr. 26, Dez. 1985, S. 20 f. Es gibt allerdings auch Fatwas, die besagen, daß ein *Christ,* der die Basmala – die Formel „Im Namen Gottes, des Barmherzigen und Gnädigen" – ausspricht, dabei nicht den monotheistischen Gott der Muslime meint.

Speisegebote

Überall dort, wo Großküchen Speisen auch für Muslime zubereiten, sollte grundsätzlich ein Menü angeboten werden, das auch Muslime verzehren können. Das gilt für Werkskantinen, Mensen, Kasernen, Krankenhäuser, Gefängnisse, Kindertagesstätten, Internate, Jugendherbergen usw. In vielen Lokalen werden vegetarische Speisen angeboten, auch in Speisewagen; die Lufthansa und andere Fluggesellschaften haben sich darauf eingestellt. Schweinefleisch – entsprechend auch Speck, Schinken und viele Wurstsorten – sind einem Muslim verboten, genauso Schalentiere – wie Shrimps, Krebse, Langusten oder Hummer – und Kriechtiere, also Schnecken.

Wenn man seinen muslimischen Gästen ein wohlschmeckendes Fischgericht, einen duftenden Gemüseauflauf oder eine Thunfisch-Pizza auftischt, kann man jedenfalls nichts falsch machen. Doch schon beim Wackelpudding, der mit Gelatine angemacht ist, werden diejenigen, die streng auf diese Gebote achten, nicht zulangen können. Selbst Muslime, die sich nicht unbedingt an die Speiseverbote halten, empfinden oft das Schwein als Ekeltier und essen allein schon deshalb kein Schweinefleisch. Wir mögen ja auch kein Hundefleisch, das in manchen asiatischen Ländern gerne verzehrt wird. Gelatine wird aus Knochen und Haut von Schweinen hergestellt und ist deshalb auch verboten. Das gilt auch für die bei Kindern so beliebten Gummibärchen.

Alkoholische Getränke sind für jeden gläubigen Muslim tabu. Daß gar manchem Muslim trotzdem ein Gläschen mundet, steht auf einem anderen Blatt. Fromme muslimische Gäste freuen sich über einen frischgepreßten Orangensaft oder andere alkoholfreie Getränke. Ein heimlicher Schuß Alkohol in der Nachspeise oder in der Sahnetorte – vielleicht nach dem abgewandelten Motto „ein Schlückchen in Ehren kann niemand verwehren", oder, schlimmer noch, „sie werden's schon nicht merken" – ist ein grober Verstoß gegen die Gastfreundschaft. Eine Zigarette oder Zigarre kann man hingegen anbieten; denn Tabakgenuß ist Muslimen erlaubt.

Inwiefern das Alkoholverbot auch den Gebrauch bestimmter *Arzneien* und das Gelatineverbot auch Gelatine-Kapseln einschließt, wird zwar diskutiert; doch geht – sollte keine Alternative bestehen – stets die Gesundheit vor.

Freistellung von der Arbeit aus religiösen Anlässen

Es gibt bislang keine gesetzliche Regelung dafür, daß das rituelle Gebet, das fünfmal am Tag gebetet werden sollte, am Arbeitsplatz vollzogen werden kann. Der Arbeitsgang erlaubt oftmals keine Unterbrechung ausgerechnet zu den traditionellen Gebetszeiten. Deshalb ist auch durch Fatwas das Zusammenlegen von Gebeten gestattet, so daß unterlassene Gebete nachgeholt werden können.

Ein anderes Problem ist die Raumfrage. Etliche Universitäten stellen einen Raum zum Beten zur Verfügung. Manche Krankenhäuser gehen dazu über, außer der Kapelle noch einen islamischen Gebetsraum einzurichten;[277] gelegentlich stellen auch größere Betriebe einen Gebetsraum zur Verfügung.

Islamische Feste

Während für alle Einwohner Deutschlands – einschließlich der Nicht-Christen – die hohen *christlichen* Feste offizielle Feiertage sind, haben die Muslime hierzulande kein Anrecht auf Freistellung von der Arbeit anläßlich ihrer eigenen religiösen Feiern. Insbesondere gilt dies für das Fest des Fastenbrechens am Ende des heiligen Monats Ramadan (arab.: ʿîd al fiṭr; türk.: şeker bayramı) und für das Opferfest zur Zeit der Pilgerfahrt. Beides sind mehrtägige Feste. Dem islamischen Mondkalender folgend, der stets nur 354 Tage pro Jahr zählt, wandern diese Feste durch das Naturjahr, finden also jedes Jahr 11–12 Tage früher statt als im Jahr zuvor. Das Problem dieser ständig „wandernden" islamischen Feste ist bei uns noch ungelöst.

---

[277] „Zaman" vom 18. Juli 1997 berichtet z. B. von der Eröffnung einer „mescit", einer „kleinen Moschee", in einer Lüdenscheider Klinik.

Muslimische Kinder bekommen z. B. in Hessen auf Antrag schulfrei, Erwachsene mitunter bezahlten Urlaub; doch lassen sich solche Sonderregelungen z. B. in Fabriken mit vielen muslimischen Mitarbeitern nur begrenzt praktizieren. Deshalb wird oft nur der bescheidene Wunsch geäußert, wenigstens einen einzigen Tag freizubekommen.

Geburtstage werden unter Muslimen nicht gefeiert. Aber es gibt andere Gelegenheiten, bei denen freizügigere Regelungen des Arbeitgebers getroffen werden könnten, z. B. ein Urlaubstag anläßlich der Beschneidung des Sohnes. Bislang geschieht dies noch recht selten und eher zögerlich.

Altenheime

Älterwerden ist in islamischen Ländern mit einem Zugewinn an Respekt und Achtung verbunden; die Älteren zu ehren ist eines der wesentlichen Erziehungsideale, das schon bei dem Respekt der jüngeren Geschwister vor dem „älteren Bruder" und auch vor der „älteren Schwester" beginnt. Alte Menschen – Frauen wie Männer – werden wegen ihrer Lebenserfahrung mit größter Ehrerbietung behandelt, und ihr Wort hat Gewicht. „Die Eltern zu ehren" ist ein weitgefaßter Begriff; er impliziert, die Eltern und die Großeltern zu ernähren, wenn sie dies nicht mehr selbst können, ihnen Wohnung zu geben, sie zu pflegen, wenn sie der Hilfe bedürfen, und auf das zu hören und das zu befolgen, was sie zu sagen haben.

Diese engen, sozialen Bindungen zerbrechen an der Umstrukturierung vieler Großfamilien in Kleinfamilien, an räumlicher Trennung, an beengtem Wohnraum oder an den finanziellen Möglichkeiten sozial Schwacher. Die Versorgung alter Menschen in Heimen ist in den islamischen Ländern noch nicht üblich, nimmt aber zu.

Wie eine Umfrage des Zentrums für Türkeistudien in Essen feststellte, wollten 1988 bereits 83 % der hiesigen Türken für immer in Deutschland bleiben.[278] Das hat mancherlei Gründe.

---

[278] *Faruk Şen:* In: Christoph Burgmer (Hrsg.): Der Islam in der Diskussion, S. 93.

In langen Arbeitsjahren haben viele von ihnen hier einen Rechtsanspruch auf Rente und anderweitige Altersversorgung erworben und sind zudem krankenversichert. Außerdem sind die Kinder und die Enkel hiergeblieben. Das Heimatland ist ein „Besuchsland" geworden.

Einer anderen Befragung des Zentrums für Türkeistudien zufolge wollen „nur 6 % der türkischen Muslime in ein Altersheim gehen; jedoch sind schon 28 % der nächsten Generation dazu bereit, ihre Eltern in ein Altersheim zu schicken".[279] In Deutschland wird oft genug die Verantwortung für Familienangehörige Institutionen übertragen, und alte Menschen werden in Heime abgeschoben, die es hier reichlich gibt. Offenbar hat die zweite türkische Generation sehr schnell von unserer Wegwerfgesellschaft gelernt; die dritte Generation wird vermutlich schon leichteren Herzens handeln.

Wenn die Angehörigen die Betreuung der alten Menschen nicht übernehmen können oder wollen oder die Betroffenen alleinstehend und mittellos sind, muß der Staat für sie aufkommen. Eine Unterbringung zunehmend auch von Muslimen in Alten- und Pflegeheimen wird unerläßlich. Doch sind weder die Altenheime auf die besonderen Bedürfnisse andersgläubiger alter Menschen eingerichtet, noch sind jene selbst auf eine bevorstehende Änderung ihrer Lebensverhältnisse vorbereitet. Zwar leben die ersten Muslime in Altenheimen, zum Beispiel in dem Kreuzberger Seniorenheim in Berlin, um nur eines herauszugreifen. In *Duisburg* hat der Landesverband des Deutschen Roten Kreuzes 1996 mit dem Bau eines Altenheims „ein ungewöhnliches Projekt" in Gang gesetzt; danach sollen ältere deutsche und türkische Einwohner in diesem entsprechend geplanten Haus zusammenwohnen. „Neben einer Kapelle für Christen wird es einen nach Mekka gerichteten Gebetsraum mit Waschgelegenheiten geben. Außerdem wird jede Wohngruppe eine separate Küche für glaubensgemäßes Kochen haben."[280] Ein Anfang ist also gemacht, aber es sind eher noch Tropfen auf heiße Steine.

---

[279] Ebd., S. 94. Das Jahr dieser Umfrage ist nicht angegeben.
[280] So ein Bericht des „Hinterländer Anzeigers" vom 2. Januar 1996.

Einige der großen Wohlfahrtsverbände wie die Caritas, das Diakonische Werk oder das Deutsche Rote Kreuz setzen mit der Fürsorge für ältere Bürger schon früher ein. Sie bereiten zum Beispiel in gezielten Projekten Migranten – darunter viele Muslime – auf das *Älterwerden* vor. Ein Satz, den eine Sozialarbeiterin aus Rüsselsheim bei meinen Erkundigungen mit großer Selbstverständlichkeit über ihre fast ausschließlich türkische Gruppe äußerte, faßt das ganze Elend der ersten Generation zusammen: „Bei dieser Gesellschaftsgruppe müssen wir mit unseren Altersprojekten wie Vorträgen, Turnen, Schwimmen usw. *zehn Jahre früher* anfangen als bei den Deutschen; sie sind von der harten Arbeit verbraucht und durch die Lebensbedingungen und -umstände zerschlissen." Diese Worte wiegen zentnerschwer und werfen – mehr als tausend wissenschaftliche Abhandlungen dies vermöchten – ein Schlaglicht auf den makaber-trostlosen Zustand unserer Gesellschaft.

Bestattung

Ein brennendes Problem für die Muslime ist es, ihre Toten ihrem Glauben gemäß zu bestatten. Juden haben bei uns schon von jeher ihre eigenen Friedhöfe. Das erste muslimische Gräberfeld in Berlin am Columbiadamm – wo 1996 der Grundstein für die erste dreistöckige Moschee in Deutschland gelegt worden ist – war mit 220 Gräbern nach dem Zweiten Weltkrieg rasch ausgelastet; ein weiteres Gräberfeld auf dem benachbarten Garnisonsfriedhof konnte nur vorübergehend Abhilfe schaffen. Das erste und bislang einzige rein muslimische Gräberfeld hat die Stadtverwaltung Soltau in der Lüneburger Heide zur Verfügung gestellt.[281]

In der Sittenlehre von al-Kaysî[282] heißt es, ein Verstorbener dürfe auf keinen Fall auf einem nicht-muslimischen Friedhof begraben werden, genausowenig wie ein Nicht-Muslim auf

---

[281] „heide kurier" vom 11. Februar 1996.
[282] *Al-Kaysî:* Morals and Manners in Islam. A Guide to Islamic Adab, Leicester 1986, S. 178.

einem islamischen Gräberfeld begraben werden soll. Doch in der Diaspora passen sich selbst die islamistischen wahhabitischen Saudiaraber den Gegebenheiten an und lassen für den Notfall nicht-islamische Beerdigungsstätten zu.[283] Für große Aufregung sorgte freilich die Beerdigung eines Armeniers, den man irrigerweise für einen Muslim gehalten hatte, inmitten eines islamischen Friedhofs in Oldenburg. Der zuständige DITIB-Vertreter akzeptierte schließlich das Grab als nun einmal vollzogenes fait accompli, dem allerdings keine weiteren derartigen Fälle folgen dürften.

Weil die deutschen Rechtsvorschriften und Friedhofsordnungen nicht auf islamische Bedürfnisse eingerichtet sind, überführen die allermeisten Muslime ihre Verstorbenen in ihre Heimatländer. Kinder werden allerdings – wenn möglich – in Deutschland beerdigt; sie wenigstens will man in der Nähe behalten. Auf dem Stadtallendorfer Kinderfriedhof liegen zum Beispiel die Zwillinge Hasan und Hüseyin, die nur einen Tag leben durften, und noch andere Kinder; aber kein einziger muslimischer Erwachsener ruht auf dem großen Friedhof.

Die Überführung in das Herkunftsland ist nicht nur eine Kostenfrage.[284] Muslimische Bosnier hätten notgedrungen ihre Toten hier beerdigen müssen, hätte es nicht inzwischen pfiffige Unternehmer gegeben, die selbst während der Kampfhandlungen – zu einem Kilometerpreis von 1,– DM – die Toten in ihr Heimatland brachten. Doch viele Flüchtlinge konnten einen solchen Preis nicht bezahlen. Islamische Beerdigungsinstitute in Deutschland haben viel zu tun.[285]

Worin bestehen nun aber die Schwierigkeiten hiesiger Beerdigungen aus islamischer Sicht? Die Bestattungsvorschriften für Deutsche wie für Muslime sind streng geregelt; nur stimmen sie nicht überein. So ist die in den islamischen Ländern entstandene Vorschrift, die Toten – wohl wegen der Hitze –

---

[283] *Bund der islamischen Welt* (Hrsg.): Bestattungsregeln im Islam. Mekka o. J., S. 27.
[284] Der Sarg muß mit Zink ausgekleidet sein; der Transport geht nach Gewicht und ist deshalb teuer. Eine Überführung nach Marokko kostet z. B. 6000–8000 DM.
[285] Dazu mehr im 14. Kapitel, S. 283 f.

binnen 24 Stunden zu bestatten, nach deutschem Recht gar nicht praktikabel.

Man kann die islamischen Bestimmungen in einem kleinen Heft nachlesen, das der „Bund der islamischen Welt" mit Sitz in Mekka auch in deutscher Sprache herausgegeben hat.[286] Auf 23 Seiten werden die rituelle Waschung von Verstorbenen, die Lagerung des Körpers, die Verrichtung des Totengebets sowie die Rollen der Männer und Frauen genau vorgeschrieben.

Nach dem Tod wird ein Muslim rituell gewaschen. Dies gilt in islamischen Ländern nicht für Ungläubige und generell nicht für Feten. Märtyrer bedürfen der Waschung nicht; denn sie kommen direkt ins Paradies.

Der rituell gewaschene und parfümierte Leichnam wird in islamischen Ländern in Leichentüchern ohne Sarg beigesetzt. Särge sind aber in Deutschland vorgeschrieben. Muslime müssen sich deshalb auf die Bestattung in einem einfachen Sarg einlassen. Es gibt allerdings ein Fatwa, das Beerdigungen in Holzsärgen gestattet.[287] Im Regierungsbezirk Frankfurt hat man inzwischen für alle, auch für diejenigen, die die Fatwa nicht kennen oder akzeptieren, einen Kompromiß gefunden: man läßt den Sargdeckel offen und legt ihn verkantet auf den Sarg. In Aachen, Paderborn und Soltau ist sogar die Bestattung ohne Sarg möglich. In dieser Frage lassen sich also offenbar Regelungen finden.

Muslime *beerdigen* ihre Toten; Feuerbestattung lehnen sie aus ähnlichen Gründen ab, wie sie lange Zeit für die Katholiken verbindlich waren: Sie gilt als Hindernis für die leibliche Auferstehung der Toten am Ende der Zeit. Muslime legen die Toten auf die rechte Seite mit dem Gesicht gen Mekka in die

---

[286] Siehe Literaturangaben in Anm. 283 u. 289. Zum Thema gibt es zudem ein türkischsprachiges Video „*Müslümanın 365 Günü*" („365 Tage des Muslims") von Salih Dirilik, das in islamischen Buchhandlungen zu kaufen ist, und das das qualifizierte Sterben und Begräbnis detailliert beschreibt. Ferner *A. Th. Khoury:* Der Umgang mit Sterbenden und Toten im Islam. In: Klemens Richter (Hrsg.): Der Umgang mit den Toten. Tod und Bestattung in der christlichen Gemeinde. In: Quaestiones disputatae 123, Freiburg–Basel–Wien 1990, S. 183–192.
[287] So *M. S. Abdullah:* Islam für das Gespräch mit Christen, in seinem informativen Kapitel zum Thema Sterben, Totenfeier, Bestattungsriten, S. 98.

Gräber. Möglich ist auch die Rückenlage, wobei der angehobene Kopf zum islamischen Zentralheiligtum – zur Kaaba hin – ausgerichtet wird. Sollten die äußeren Bedingungen – etwa die Anlage von Reihengräbern – dies nicht gestatten, so muß man im Grab eine Nische aushöhlen, um den Leichnam in die richtige Richtung zu drehen. Aber dies ist natürlich auch eine Platzfrage.

Nicht jeder Boden ist für ein Grab geeignet; denn er darf nicht durch Grundwasser „verunreinigt" werden. Aus diesem Grund kommt auch nicht jeder Friedhof für eine Beisetzung in Betracht. Auch die Grabmaße (Gewann) sind grob festgelegt und entsprechen nicht unbedingt deutscher Norm. Denn die Tiefe des Grabes bemißt sich nach der Höhe der „Menschenbrust".

Die Erde auf dem Grab wird gerne angehäufelt, so daß das Grab erhaben ist. Es darf nicht zubetoniert werden. Gelegentlich findet man auch Stelen mit eingemeißelten Koranversen, manchmal auch mit einer Darstellung der Insignien des Berufs und sonstigen Angaben zur Person der Verstorbenen, meist Namen und Todestag. Neuerdings wollen einige Muslime anonym begraben werden. Auf hiesigen Friedhöfen kann man auch den aufgehenden Halbmond mit Stern eingemeißelt finden, in einigen Grabsteinen in Form der türkischen Nationalfahne. Grabsteine findet man gelegentlich – je nach Geschlecht – auch am Fußende. Manche Gräber sind mit Steinen eingefaßt. Außer diesen ansonsten schmucklosen Steinen ist kein Blumenschmuck üblich; allerdings gibt es auch den Brauch, daß Frauen an Feiertagen die Gräber ihrer Angehörigen mit Grün bedecken.[288] Lampen, also Totenlichter, dürfen nicht aufgestellt werden. Der westliche Friedhofskult ist sehr ausgeprägt; viele Muslime kennen dies nicht aus ihrer Heimat, übernehmen aber immer öfter hiesige Gepflogenheiten.

Muslime haben ein ganz anderes Verhältnis zum Tod als Christen. In Saudi-Arabien beispielsweise werden Einwände

---

[288] Ausnahmen gibt cs auch in islamischen Ländern: so werden z.B. schiitische Märtyrer-Gräber im Libanon mit Kunstblumen geschmückt, die an das Paradies erinnern sollen.

gegen den pietätvollen Besuch der Gräber erhoben; man gestattet ihn höchstens den Männern; er soll „zum Gedenken an die eigene Sterblichkeit" erfolgen. Doch sind die regionalen Gebräuche sehr unterschiedlich, und es kann sogar – wie in bestimmten Gegenden in Ägypten oder auch in Indien und in Pakistan – die ganze Familie in den Totenkult mit einbezogen sein. Allerdings, „Frauen während der Menstruation, solche, die die Periode der vierzig Tage nach dem Wochenbett nicht beendet haben, unreine Personen und alles, was die Engel ablehnen könnten, wie Musikinstrumente und andere Unterhaltungsapparate müssen vom Toten ferngehalten werden. Eine wohlriechende Substanz soll zu ihm gebracht werden."[289]

Für Muslime ist es eine Ehre, ja ein religiöses Verdienst, ihre Toten auf ihren Schultern zu Grabe zu tragen, und gar manches Mal reiht sich deshalb ein Außenstehender, der einen Leichenzug vorbeiziehen sieht, spontan unter die Träger ein. Der islamische *Beisetzungsritus* ist sehr schlicht. Der Imam rezitiert, nachdem er die *nîya*, die Absichtserklärung, ausgesprochen hat, die Fâtiha, die erste Sure des Koran; besonders häufig wird zusätzlich aus der 6. Sure rezitiert. Der Ruf „Allâhu akbar", „Gott ist größer", muß viermal erschallen. In arabischen Ländern folgt nach einer Eulogie auf den Propheten Muhammad oft ein Lobpreis des Verstorbenen. Im Abstand von 40 Tagen wird dann in der Moschee noch einmal mit der Familie in einer Feier des Toten gedacht.

Das Bestattungsgebet ist Gemeinschaftspflicht der Männer, so wie das Freitagsgebet in der Moschee. Frauen haben auf einer Beerdigung nichts zu suchen. Ich habe einmal in Ankara vor der Hacı Bayram-Moschee beobachtet, wie die eigenen Verwandten die Frauen, die sich nicht vom Vater und Bruder lösen konnten, sehr harsch vertrieben, als die Trauerzeremonie begann. Ein solches Verhalten zu verstehen fällt uns schwer.

Viele islamische Bestimmungen stehen den deutschen Friedhofsverordnungen entgegen. Dazu gehört auch, daß Gräber nur ein einziges Mal benutzt werden dürfen; in Deutsch-

---

[289] *Bund der islamischen Welt* (Hrsg.): Bestattungsregeln im Islam, S. 10.

land hingegen währt die „Pacht" nur eine bestimmte Anzahl von Jahren. Deshalb entsteht auch die Frage, ob die islamischen Gräberfelder nicht den Muslimen gehören müssen. So nimmt es denn auch nicht wunder, daß M. S. Abdullah schreibt, der erste muslimische *Grundbesitz*, genauer der des osmanischen Scheichülislam-Amtes, in Deutschland überhaupt sei der Berliner „Türkische Friedhof" gewesen; er war um das Grab des 1798 in Berlin verstorbenen Gesandten der Hohen Pforte, Ali Aziz Efendi, herum entstanden.[290]

Zunehmend werden Muslimen heute auf städtischen und auch auf evangelischen Friedhöfen Gräber zur Verfügung gestellt; auch kleinere Orte verweigern gelegentlich Muslimen nicht die Beerdigung; auf dem evangelischen Friedhof der hessischen 1300-Seelen-Gemeinde Bottenhorn wurde beispielsweise eine alte Bosnierin beerdigt; vergleichbare Fälle dürfte es auch andernorts geben. Eine Liste von 41 Friedhöfen in größeren Städten, wo Muslime bestattet werden können, mitsamt den Bedingungen enthält das 1996 erschienene Bändchen von Thomas Lemmen „Islamische Bestattungen in Deutschland".[291] In Leipzig wurde Mitte 1997 den Muslimen ein Areal zur Verfügung gestellt, auf dem sie 600 Gräber unterbringen können; dies wird der erste wirklich große islamische Friedhof .

Befriedigende Lösungen für dieses humanitäre Problem wurden noch nicht erreicht. Zwar zeichnen sich Möglichkeiten der Problembewältigung ab; doch die Zeit drängt. Womöglich müssen Grundstücke käuflich erworben werden, so wie für die Moscheen. Bei der Grundstücksauswahl kann die Ausrichtung der Gräber in Richtung Mekka von vornherein berücksichtigt werden, und die Totenruhe wird nicht gestört. Solange verstorbene Muslime in ihr Herkunftsland zurücktransportiert wer-

[290] *M. S. Abdullah:* Geschichte des Islams, S. 17. Frühere Kriegsgefangene, die es nach den Türkenkriegen nach Deutschland verschlagen hatte, wurden wohl auf christlichen Friedhöfen beigesetzt. Siehe auch oben 3. Kapitel, S 33 und 35.
[291] *Th. Lemmen:* Islamische Bestattungen in Deutschland. Eine Handreichung. Altenberge 1996 und *Gerhard Höpp/Gerdien Jonker:* In fremder Erde. Zur Geschichte und Gegenwart der islamischen Bestattung in Deutschland (Zentrum Moderner Orient, Arbeitshefte 11). Berlin 1996.

den müssen, werden sie *nicht heimisch.* Spätere Generationen werden kaum noch innere Beziehungen zur Heimat ihrer Väter haben und ihre Toten in der Nähe haben wollen. Es wird deshalb zunehmend islamische Gräberfelder geben müssen, so wie es auch jüdische Friedhöfe gibt.

Betreuung von Gefängnisinsassen

Daß Ausländer überproportional die Gefängnisse füllen, hat vielerlei Gründe.[292] „Seelsorge" ist ein Bereich, den der Islam nicht kennt und der ihm fremd ist. Deshalb bleiben die muslimischen Gefängnisinsassen sich häufig selbst überlassen. Nur selten findet ein Imam oder ein sonstiger Vertreter der Moscheen den Weg zu Inhaftierten. Eine organisierte Begleitung für muslimische Gefängnisinsassen gibt es nicht.

Schon in den achtziger Jahren haben sich Christen dieses Problems angenommen.[293] Sie haben erkannt, daß die inhaftierten Muslime einer „doppelten Isolation" ausgesetzt sind, weil die traditionell starken familiären Bindungen nicht mehr greifen und die Schande oft nicht zu ertragen ist. Die Angst, abgeschoben zu werden, ist eine zusätzliche Belastung.

Christlich-seelsorgerliche Bemühungen um islamische Gefängnisinsassen werden oft als Missionierungsversuche mißverstanden. Muslimische Eigeninitiativen gibt es jedoch nur ganz sporadisch. Unter anderen haben aber die „Türkisch-Islamischen Kulturvereine in Europa" (ATIB) dieses Manko erkannt und setzen sich besonders für jugendliche Straftäter ein.

In ihrer Monatsschrift „Dialog" äußert sich ATIB über eine Statistik zur Ausländerkriminalität. Daß „15 % der hiesigen Ausländer kriminelle Straftaten begangen haben", wird „nicht geleugnet", deren Darstellung durch Politiker, Medien und Sozialwissenschaftler jedoch als „rassistisch" bezeichnet. „Es

---

[292] Siehe dazu u. a. *Metin Gür:* Warum sind sie kriminell geworden? Türkische Jugendliche in deutschen Gefängnissen. Essen 1990. Außerdem „Focus" vom 28. Juli 1997, S. 31.
[293] Siehe dazu *W. Wanzura* (Hrsg.): Moslems im Strafvollzug. Altenberge 1982.

muß klar sein, es gibt keine ‚Ausländerkriminalität'. Die Straf-
fälligkeit junger Migranten ist nicht aus ihrem Ausländer-Sein,
sondern aus der sozialen Lebenslage, in die sie ‚hineingezwun-
gen werden', zu verstehen und zu interpretieren." Als Ursachen werden – allzu vereinfachend – aufgeführt: „die ungleiche
Rechtsstellung der Migrantenkinder mit den Deutschen, die
bikulturelle Sozialisation und daraus resultierende Identitäts-
konflikte, die diskriminierende Behandlung bei der Arbeitssu-
che und Wohnungssuche, labiles Selbstwertgefühl, Konflikte in
der Familie, Konflikte in der Schule, Kulturkonflikte u. a.…
Kein Mensch kommt als Krimineller zur Welt. Zu diesem wird
er gemacht durch die Ungerechtigkeit in unserer Gesellschaft."[294]

Es ist unbestreitbar das Verdienst von ATIB, zusammen mit
ihrem „Abkömmling", der *inter akademi*, sich dieser Menschen anzunehmen, wobei vor allem die *Jugendlichen* im Blick
sind. Sie führt Veranstaltungen zu Themen wie „Identitätskrise
und Kriminalität" durch[295] und ist dabei – Stand Mai 1997 –,
ein Rehabilitationsprogramm zu entwickeln, klagt jedoch darüber, daß kaum Personen für diesen Einsatz zur Verfügung
stehen. Immerhin versucht eine türkische Sozialarbeiterin in
Mainz tatkräftig, ein Netz der praktischen Hilfe in den Gefängnissen und für die Nachbetreuung aufzubauen.

Der „Heiler-Hoca"

Unter die „praktische Alltagsbewältigung" fällt auch der
Umgang mit der Krankheit. Nicht immer führt der Weg nach
einer Erkrankung direkt zum Arzt. Denn magische Kräfte
werden den Wunder-Hocas von jenen hilfesuchenden Muslimen zugeschrieben, die eher von ihnen Heilung erwarten als
von niedergelassenen Ärzten und von Kliniken. Mit Amulet-
ten, Wundermitteln und Exorzismuspraktiken versprechen sie

---

[294] *Sevgi Mala:* Zum Thema ‚Ausländerkriminalität'. In: „Dialog" der ATIB vom
März 1996, S. 4.
[295] Zum Beispiel ein Wochenendseminar am 22.03.–24.03.1996 in Solingen.

für teures Geld Genesung. Der Journalist Metin Gür hat in seinem Buch über türkisch-islamische Vereinigungen seine Erfahrungen mit solchen Heilern und mit deren Klientel geschildert.[296]

Wunderheiler aller Sorten haben Hochsaison in Deutschland; das gilt auch für die muslimischen Hocas, von denen es – laut Metin Gür – im Bundesgebiet 2500 geben soll.[297] In der islamischen Volksfrömmigkeit spielen Magier eine große Rolle. Sie bereiten den Liebestrank, helfen Verfluchungen abzuwenden, die sich in allerlei Unheil wie Beinbruch oder Verlust einer gestohlenen Geldbörse manifestieren können, und vertreiben böse Dämonen als Ursache unerträglicher Kopfschmerzen. In der Fremde sind sie eine beliebte Anlaufstelle bei allen anstehenden Entscheidungen. Ein guter Heiler, der psychologisch einfühlsam vorgeht, mag sogar im Einzelfall – etwa bei psychosomatischen Erkrankungen – hilfreich sein. Meist aber ist Scharlatanerie im Spiel, und der Zeitpunkt eines lebenswichtigen Arztbesuchs mag irreversibel verpaßt werden.

Eine Therapie, insbesondere in der Psychiatrie, sollte möglichst immer auch die Angehörigen mit einbeziehen; das familiäre Bezugssystem ist für Orientalen sehr viel wichtiger als in unserer Kultur. Viele Erkrankungen resultieren aus einem gestörten inner-familiären Verhältnis, aus der Überbelastung durch die Art der Arbeit und aus der oft erniedrigenden und entwürdigenden Behandlung durch die Umwelt – für die ich viele selbst beobachtete Beispiele anführen könnte. Sie werden mitbedingt durch Heimweh und Isolation, aber auch ganz konkret durch die veränderten Lebensbedingungen – z.B. durch den überreichlichen Genuß von tierischem Fett, den man sich in der Heimat nicht hatte leisten können. Die typischen Erkrankungen von Migranten sind Magen- und Darmkrankheiten sowie psychische Erkrankungen wie Angstneurosen etc.[298]

---

[296] *Metin Gür:* Türkisch-islamische Vereinigungen in Deutschland, S. 105–134.
[297] Ebd., S. 105.
[298] Siehe dazu z.B. *Eckhardt Koch/M. Özek/W. M. Pfeiffer* (Hrsg.): Psychologie und Pathologie der Migration. Deutsch-türkische Perspektiven Freiburg 1995.

Nach alter Derwisch-Tradition sind manche Scheiche hervorragende Experten der Naturheilkunde. Die Medizinkenntnisse, die Scheich Nâzım verbreitet, sind jedoch abenteuerlich. Er verbietet seinen Anhängern jegliche *Herz- und Gehirnoperation,* weil die Seele und der Verstand dort sitzen. Auch der *Kaiserschnitt* ist untersagt, da man Gott nicht ins Handwerk pfuschen darf: „Ich glaube nicht daran, daß es Säuglinge gibt, die nicht von alleine aus dem Mutterleib herauskommen können. Das einzige Problem ist, daß wir ungeduldig sind."[299] Die *einzige Impfung,* die der Scheich gestattet, ist diejenige gegen Windpocken. *Hautkrebs* soll man wie folgt behandeln: „Die entsprechende Stelle mit einem in Essig getünchten (vermutlich für „getauchten") Wattebausch bis zur Rötung, vor allem abends vor dem Schlafengehen einreiben und über Nacht drauflassen." Dazu empfiehlt er, die Sonne zu meiden.[300]

Zur *Parkinsonschen Krankheit* weiß er folgendes zu sagen. „Die Menschen sollten besser auf sich aufpassen, daß sie nicht diese Krankheit auf sich ziehen. Sie behandeln ihren Körper so unbillig und fügen sich Schaden zu, indem sie niemals darauf achten, was sie essen oder trinken oder wann sie schlafen oder wie sie arbeiten." Als Heilmittel empfiehlt er hier Echten Amber, den man unter drei- bis viermaligem Umrühren unter die Getränke mischen, und regelmäßig zu sich nehmen soll, „bis die Krankheit verschwindet".[301]

Nicht auszudenken sind die Folgen, wenn ihm blind ergebene Anhänger an die Wirksamkeit solch seltsamer Rezepturen glauben und sich bei schwerer Krankheit auf seine „Behandlungs"-Methoden einlassen. Zwar greifen auch andere Sufi-Orden auf ihre jahrhundertealte Pflanzenheilpraxis zurück; doch sind mir derart unheilvolle Rezepte ansonsten nicht bekanntgeworden.

---

[299] *Scheich Nâzım 'Adl al-Haqqânî:* Gegen jede Krankheit gibt es ein Heilmittel. Die natürliche Medizin der Sufi-Meister. Übersetzt aus dem Englischen. (Reihe: Authentisches Sufitum Bd. 2.), Bonndorf 1991, S. 77.
[300] Ebd., S. 74.
[301] Ebd., S. 88.

Krankenhausaufenthalte

Ein Krankenhausaufenthalt stellt nicht-deutsche Muslime vor zusätzliche Probleme. Allein schon der Formularwust ist verwirrend genug. Kommen mangelnde Sprachkenntnisse hinzu, nimmt die Verunsicherung gelegentlich geradezu dramatisch-traumatische Formen an; der Patient versteht oft gar nicht, was mit ihm geschieht. Allerdings hat sich die Situation hier und da durch fest angestellte Dolmetscher zumindest an großen Krankenhäusern verbessert.

Wie kompliziert eine Diagnose werden kann, habe ich selbst erlebt: Ein von schwerer Krankheit gezeichneter, quittengelber Türke wurde befragt, wovon eine bestimmte Operationsnarbe herrühre. Doch der Ärmste wußte keine Antwort. Skizzen von Leber, Galle und Gallengängen, die die Ärzte produzierten, verstörten nur noch mehr. Schließlich brachten die durch Fax herbeigerufenen Röntgenbilder einer Klinik in Ankara Aufschluß, und die heilungbringende Behandlung konnte endlich beginnen.

Muslime lassen ihre Kranken nicht allein und besuchen sie um so häufiger, je kränker sie sind. In orientalischen Ländern sitzen und stehen oft Trauben von Angehörigen und Freunden um das Krankenbett herum und plaudern miteinander. Die Fürsorge der Verwandten und Bekannten ist für einen muslimischen Kranken hilfreich. Wer solch eine Nähe einmal in einem islamischen Krankenhaus erlebt hat, ahnt, wie einengend hiesige Besuchszeiten-Reglementierungen sind.[302]

Die *Geburt* eines Kindes ist ein glückliches Ereignis, meist auch dann, wenn es ein Mädchen ist. Aber gerade bei der Geburt treten kulturelle Unterschiede zutage. Eine orientalische Muslimin darf in ihrem Heimatland beim Gebären aus Leibeskräften schreien; hier gilt ein solches Verhalten als un-

---

[302] Ihrem Hintergrund und ihrer Ausrichtung nach nicht spezifisch islamisch wird die erste *türkische Klinik* mit 200 Betten in Deutschland sein. Sie soll bis 1998 in Wiesbaden fertiggestellt sein. Vermutlich werden Muslime in eine solche Klinik mehr Vertrauen haben, es gibt keine Sprach- und Essensprobleme, und die typischen Deutschland-Türken-Krankheiten – z.B. Magengeschwüre und gewisse psychosomatische Erkrankungen – sind bekannt .

gehörig. In Kliniken, die mit dem entsprechenden Spezialstuhl eingerichtet sind, wird die Hocker-Stellung während der Geburt, die auch andere Kulturen bevorzugen, zugelassen. Ein frommer Muslim ist bei der Geburt seines Kindes nicht zugegen. Erst wenn alle Spuren der Geburt beseitigt sind, darf er sein Kind sehen. Er wird ihm dann den Gebetsruf in das linke Ohr und das Glaubensbekenntnis in das rechte flüstern und ihm einen später eventuell auswechselbaren Namen wie Muhammad oder Fatima geben. Da es keine Taufe und ohnedies kein Sakrament im Islam gibt, genügt das Wort des Vaters; ein Hoca wird das kleine Ritual der „richtigen" Namensgebung später durchführen.

Verstirbt ein Muslim in einer Klinik, sollte den Verwandten ein geeigneter Raum zur Verfügung gestellt werden, um ihnen das unmittelbar nach dem Tod durchzuführende religiöse Ritual der Waschung und der Gebete zu ermöglichen.

Muslime, in deren Lebensmitte die Glaubenspraxis steht, sind auf gewisse Hilfestellungen angewiesen, weil sie sich in einem Land befinden, das nur in geringem Umfang auf ihre Bedürfnisse eingerichtet ist. Mit gutem Willen lassen sich aber in den meisten Fällen im Gespräch praktikable Lösungen finden, die das Alltagsleben erheblich erleichtern können.

10. Frauenfragen

Eine ihren islamischen Glauben bekennende Frau bezeichnet sich als „Muslima", also mit der arabischen Feminin-Form von „Muslim". Als Plural begegnen uns die Formen „Muslimas" oder – nach dem arabischen Plural *muslimât* – die Bezeichnung „Muslimat". Manche Gruppen sprechen von „muslimischen Frauen". Ich selbst bevorzuge den ebenfalls neutralen Terminus „Muslimin".

Die *religiöse* Gleichwertigkeit von Frau und Mann vor Gott ist tief in der islamischen Lehre verwurzelt. Die Frauen sind ebenso eigenverantwortlich für ihre Taten wie die Männer. „Diejenigen aber, die handeln, wie es recht ist – sei es Mann oder Frau –, und dabei gläubig sind, werden ins Paradies eingehen und nicht im geringsten Unrecht erleiden" (Sure 4, 124).

Männer seien aber von Natur aus den Frauen überlegen; so steht es in Sure 4, 34: „Die Männer aber stehen über den Frauen, weil Gott sie (von Natur aus) vor diesen ausgezeichnet hat, und wegen der Ausgaben, die sie von ihrem Vermögen gemacht haben. Und die rechtschaffenen Frauen sind Gott demütig ergeben und geben acht auf das, was (den Außenstehenden) verborgen ist, weil Gott (darauf) acht gibt. Und wenn ihr fürchtet, daß (irgendwelche) Frauen sich auflehnen, dann vermahnt sie, meidet sie im Ehebett und schlagt sie! Wenn sie euch (daraufhin wieder) gehorchen, dann unternehmt (weiter) nichts gegen sie!" Wegen ihrer größeren Körperkraft, die einige islamische Interpreten mit „Verantwortung" gleichsetzen, fallen den Männern auch der Schutz und der Unterhalt der Familie zu. Das Mehr an Pflichten des Mannes verlangt aus Gründen der Gerechtigkeit größere Rechte, z.B. auch das alleinige Scheidungsrecht für die Männer. Neben der Vorstellung, die Frau gehöre ausschließlich an den Herd, soll sie nach überwiegender Meinung auch der Islamisten eine möglichst gute Ausbildung bekommen. Berufstätigkeit darf aber nicht zu Lasten der Kinder gehen. Die Familie, Keimzelle des islamischen Lebens, hat immer Vorrang vor individuellen Interessen.

Die türkische Soziologie-Professorin Nilüfer Göle sieht in ihrem lesenswerten Buch „Republik und Schleier. Die muslimische Frau in der modernen Türkei" ganz zu Recht darüber hinaus eine Strömung innerhalb des islamischen Fundamentalismus, die einen neuen Frauentyp hervorgebracht hat: die kämpferische, militante Frau.[303] Ohne ihre häuslichen Pflichten zu vernachlässigen, gehen muslimische Frauen in vielen islamischen Ländern in die Häuser, werben für ihre Ideen und publizieren. Leitbilder sind dabei Frauen wie Zaynab al-Ghazzâlî, die ägyptische Führerin der Muslimschwestern – dem Pendant zu den Muslimbrüdern –, oder Emine Şenlikoğlu, die meistgelesene türkische Autorin. Frauenzeitschriften und Videos machen diesen neuen Frauentyp allgegenwärtig und tragen ihn in die Wohnungen hinein, auch in Deutschland. Diese Frauen trennen sich gegebenenfalls ganz selbstbewußt von ihren Ehemännern, wenn diese ihre Glaubensrichtung und ihren missionarischen Eifer nicht teilen, und gehen für ihre fundamentalistischen Überzeugungen, sofern diese sich gegen die herrschenden Regierungen richten, notfalls sogar ins Gefängnis.[304]

Wir kennen besonders aus dem Fernsehen das selbstbewußte Auftreten solcher „Muslimat". Bekennende Musliminnen sind dabei allein schon ihres Kopftuchs wegen publikumswirksam. Seit dem unerträglichen Buch von Betty Mahmoodi „Nicht ohne meine Tochter" sind Musliminnen zudem als Talkshow-Gesprächspartnerinnen begehrt, wobei meistens inkompetente Talkmaster gutgeschulten Diskussionsteilnehmerinnen ziemlich hilflos ausgeliefert sind. Musliminnen verstehen es zunehmend, solche Sendungen für ihre Interessen zu

---

[303] *Nilüfer Göle:* Republik und Schleier. Die muslimische Frau in der modernen Türkei. Berlin 1995, S. 138f (Originaltitel: Modern mahrem. Istanbul 1991).
[304] Wie es z. B. *Emine Şenlikoğlu* in ihrem Buch „Burası Cezaevi" („Dies hier ist ein Zuchthaus"), 21. Aufl. 1992, schildert.

nutzen: Lächelnd nehmen ratlose Moderatoren und Moderatorinnen, teils auch Leute aus dem Publikum, jegliche Verunglimpfung des Christentums hin und sind vermutlich noch stolz auf ihre vermeintliche Toleranz. Manche Muslime aber sehen – wie sie mir unter vier Augen vergnügt erzählen – gerne zu, wie das Christentum sich bei solchen Gelegenheiten desavouiert, und sind – nicht zu Unrecht – stolz auf ihre Frauen.

Kämpferische Frauen, die sich von der muslimischen Männerwelt nicht unterdrücken lassen wollen, erheben gelegentlich ihre Stimme. In einem Leserbrief schreibt eine Muslimin: „In ... Leserbriefen war der Grundton, man solle zu Vorträgen (zum Islam) gehen, um ‚Vorurteile zu korrigieren‘. Früher war ich auch dieser Meinung. So ging ich alleine oder mit anderen Schwestern zu fast jedem Vortrag, um aufzupassen, ob der/die Vortragende auch nur Dinge von sich gab, die uns genehm waren. Mittlerweile habe ich es satt. Ich habe es satt, angebliche Vorurteile zu korrigieren, die ich genau dann als real ansehe, wenn ich mich z. B. in eine Moschee in Deutschland begebe. Warum soll ich also Vorurteile anderer korrigieren, die oft tatsächlich nur Urteile sind? Sinnvoller wäre es doch, die Defizite unserer eigenen Gesellschaft zu verbessern. Ich kann auch nicht verstehen, wie meine Schwester meinen kann, es sei Aufgabe der Männer, Informationsveranstaltungen über den Islam zu organisieren, zumal der Zutritt für Frauen in den meisten Moscheen verwehrt sei. Sollen wir wirklich so leicht das Feld räumen?".[305]

Auch wenn die Anzeichen sehr schwach sind, so wäre es doch zumindest denkbar, daß die Diaspora-Situation einen weiteren neuen Frauentypus schafft, nämlich die kämpferische Muslimin, die inner-islamisch Veränderungen durchsetzen und das Feld nicht allein den Männern überlassen will. Frauen, die selbstbewußt in einem westlichen Milieu aufgewachsen sind, können möglicherweise eher eine Bresche in festgefügte Sozialstrukturen und Männerhierarchien schlagen.

---

[305] „HUDA", Nr. 13, Sept. 1996, S. 45 f.

Die Ehe

Die Ehe ist im Islam kein Sakrament, sondern ein zivilrechtlicher Vertrag zwischen zwei Familien. Er wird durch die Unterschriften beider Seiten besiegelt, wobei die Frau noch nicht einmal persönlich zugegen sein muß, sondern der Vater, der älteste Bruder oder ein anderer männlicher Befugter als ihr Vertreter fungieren kann. Allerdings soll die Braut ihre Zustimmung zu der Eheschließung geben. Ein kurzes Zeremoniell, bei dem ein Imam die Fâtiha, die erste Sure des Koran, rezitiert, ist bei einer Hochzeit zwar die Regel; das konstitutive Element für das Zustandekommen einer Ehe ist aber allein der Vertrag.

Ein Kennenlernen vor der Ehe etwa beim Spaziergang im Park erfolgt im Normalfall unter Begleitschutz eines männlichen Verwandten. Unverbindliche Freundschaften zwischen Jungen und Mädchen sind nicht gestattet. Unter dem Stichwort „Freundschaft" heißt es in Rassouls Buch „Der deutsche Mufti": „Freundschaft aber zwischen Mann und Frau ist im Islam verboten; denn die einzige Bindung zwischen ihnen darf nur durch die Ehe hergestellt werden. Freundschaft zwischen Mann und Frau im Verständnis der modernen Gesellschaft wird als ‚Ehe ohne Trauschein' bezeichnet, eine Allah mißfällige Handlung, die Unzucht gleichkommt."[306] Die Vorstellung, daß sich ein Junge und ein Mädchen anfreunden, ist für einen frommen Muslim mit Versuchung, Ehrverlust und Sünde besetzt. Natürlich können aber Kontakte im Studium und im Beruf zur Heirat führen. Die jungen Menschen, die in der Diaspora in einem völlig anders gearteten Umfeld aufwachsen, werden oft genug mit den daraus innerhalb der Familie resultierenden Problemen kaum oder gar nicht fertig. Hier spielen sich Tragödien ab, die junge Männer wie Frauen betreffen und ganze Familien für alle Zeit spalten.

Eine binationale oder gar noch bireligiöse Ehe zwischen Muslimen und Nicht-Musliminnen ist wegen der ganz unter-

---

[306] *M. Rassoul*: Der deutsche Mufti. Köln 1997, S. 296.

schiedlichen kulturellen und religiösen Sozialisation beider Partner oft großen Belastungen ausgesetzt. Das Glück, die Andersartigkeit des Partners als Bereicherung zu erleben, widerfährt nicht allen Paaren; nur allzuoft steht eine bleibende Fremdheit zwischen beiden wie eine Trennwand, und jeder führt sein eigenes Leben.[307]

Jede kluge Frau, die einen Muslim heiratet, wird sich auch in Deutschland durch einen *Ehevertrag* absichern. Die „Interessengemeinschaft der mit Ausländern verheirateten deutschen Frauen e.V. Verband binationaler Familien und Partnerschaften (IAF)" hat sehr nützliche Broschüren mit vorformulierten Eheverträgen herausgegeben.[308] Hilfreich sind auch die Merkblätter für Auslandtätige und Auswanderer des Bundesverwaltungsamts Köln, die über die örtlichen Wohlfahrtsverbände erhältlich sind. Dabei werden auch die unterschiedlichen rechtlichen Verhältnisse in den einzelnen islamischen Staaten dargestellt. Jede Frau muß sich – selbst im Zustand größter Verliebtheit – gründlich darüber informieren, ob sie im Falle einer Rückkehr des Mannes in die Heimat dort von sich aus die Scheidung beantragen kann, wem in einem solchen Fall die gemeinsamen Kinder zugesprochen werden und ob die Ehefrau überhaupt dazu berechtigt ist, einen eigenen Paß zu haben, um eventuell auch ohne Zustimmung des Ehemannes nach Hause reisen zu können. Auch ist die Höhe des *mahr*, des Brautgelds, festzulegen, das der Mann der Braut zu zahlen hat; es bleibt im Besitz der Ehefrau und ist ein finanzieller Schutz im Falle einer Scheidung. Der *mahr* ist Verhandlungssache, soll allerdings einem Prophetenwort zufolge nicht zu hoch und damit auch für junge Männer erschwinglich sein. Vertraglich ist auch zu regeln, daß die Ehefrau gegebenenfalls einen Beruf ausüben kann. Unbedingt ist eine Klausel einzubringen, die weitere Ehefrauen ausschließt oder zuallermindest ein Ein-

---

[307] Allgemein: *Fuad Kandil* in: L. Hagemann / A. Th. Khoury / W. Wanzura (Hrsg.): Auf dem Weg zum Dialog, S. 126–162, und *Barbara Huber* zur christlich-islamischen Ehe, In: CIBEDO 21/22 (April/August 1984).
[308] Die IAF (iaf) ist eine wichtige Beratungsstelle für viele Fragen. Siehe auch den Muster-Ehevertrag in: Deutsche Bischofskonferenz: Christen und Muslime in Deutschland, S. 91–95.

spruchsrecht einräumt, woraus bei Nichtbefolgung resultiert, daß die Erstfrau sich scheiden lassen kann. Gütertrennung ist in allen islamischen Ländern üblich. Da die islamische Ehe nun einmal durch einen Vertrag abgesichert wird, muß dieser wasserdicht sein. Entsprechende Klauseln sind kein Zeichen von Mißtrauen, sondern sie verraten nur Realitätssinn und die Fähigkeit, sich angemessen auf fremde Sitten einzulassen.

Muslimische Männer dürfen nach Meinung der meisten islamischen Theologen Nicht-Musliminnen ehelichen, wenn diese zu den „Schriftbesitzern" gehören, also Christinnen oder Jüdinnen sind. Nach islamischem Recht ist hingegen die Ehe eines *Nicht-Muslims* mit einer Muslimin verboten. Auch eine islamische Ehe *muß* geschieden werden, wenn der muslimische Partner vom Islam abfällt, zum Beispiel zum Christentum konvertiert. Ein *nicht*-islamisches Ehepaar muß aber auch nach dem Übertritt der *Ehefrau* zum Islam geschieden werden, wenn nicht der Mann ebenfalls Muslim wird; denn Musliminnen ist es grundsätzlich nicht gestattet, mit einem Nicht-Muslim verheiratet zu sein.

Was aber geschieht, wenn lediglich der *Ehemann* zum Islam konvertiert? Diese Frage bewegte die deutschen Muslime schon 1982 bei einem ihrer Treffen. Derartige Mischehen betrachtet S. Ibrahim Rüschoff in dem Tagungsbericht deutschsprachiger Muslime auch insbesonderse mit Blick auf die Kindererziehung als schwierig.[309] Die „deutschsprachigen Muslime" dachten sehr ernsthaft darüber nach, ob das islamische Recht möglicherweise einen Begriff wie „Gewissensnotstand" kenne und ob ein sich liebendes Ehepaar, vielleicht gar noch mit Kindern, in einem derartigen Falle wirklich unbedingt getrennt werden muß. Die Frage blieb unbeantwortet. „Übereinstimmung herrschte in der Arbeitsgruppe darüber, daß in den Fällen, in denen ein Ehepartner kein Muslim ist, ein hohes Maß an gegenseitiger Liebe und Verständnis da sein muß, wenn die Ehe glücklich bleiben und darüber hinaus eine

---

[309] *S. Ibrahim Rüschoff:* Mischehen im Islam. In: Schariʻa hier und heute. Beiträge zum 17. Treffen deutschsprachiger Muslime in der Moschee in München vom 1.–3. Oktober 1982, S. 41–44.

Chance bestehen soll, daß der nicht-muslimische Ehepartner (zumeist die Frau) irgendwann einmal dem Schritt ihres Mannes folgt."[310]

Die evangelische und auch die katholische Kirche beugen sich inzwischen den Realitäten und akzeptieren nach intensiven Beratungsgesprächen in der Regel die Entscheidung eines Mitglieds, einen muslimischen Partner zu ehelichen.[311]

In Deutschland muß jede Ehe vor dem Standesamt geschlossen werden; sonst ist sie nicht gültig, und die aus dieser Verbindung hervorgehenden Kinder sind unehelich. Ob der standesamtlichen Trauung eine religiöse Zeremonie folgt oder nicht, ist Privatsache und bleibt den Eheleuten überlassen. Obgleich Bigamie gemäß § 5 des Ehegesetzes zivilrechtlich verboten und nach § 171 StGB eine Straftat ist, gibt es auch in Deutschland Muslime, die die Polygamie, genauer Polygynie, praktizieren, wobei der Mann aber meist nicht mehr als zwei Frauen hat. Die Rechtsunsicherheit für die Zweitfrau und deren Kinder ist groß. Nur im Falle der Einführung der Scharia für Muslime könnte eine solche Eheform legal praktiziert werden. Es heißt, daß einige Muslime in Deutschland die Mehrehe „beantragen" wollen.[312]

Die Polygynie oder „Vielweiberei" kann aus ganz unterschiedlichen Gründen zustande kommen. Manche Männer haben bereits eine oder mehrere Frauen im Herkunftsland geheiratet und sie gelegentlich sogar hierhergebracht. Es kommt auch vor, daß Männer, die bereits in ihrem Herkunftsland verheiratet sind, in Deutschland weitere Ehen schließen. Das wird möglich, wenn zum Beispiel den Standesbeamten falsche eidesstattliche Erklärungen vorgelegt werden, weil die erforderlichen Dokumente wegen Kriegswirren oder aus anderen Gründen nicht beigeschafft werden können. Das trifft

---

[310] Ebd., S. 43.
[311] Siehe von katholischer Seite die Deutsche Bischofskonferenz: Christen und Muslime in Deutschland, S. 43–60. Der Ausschuß „Islam in Europa" des Rats der Europäischen Bischofskonferenzen (CCEE) und der Konferenz Europäischer Kirchen (KEK) haben eine pastorale Handreichung „Christlich-muslimische Ehen" herausgegeben. In: CIBEDO 1/1997, S. 1–24. Ferner S. 322–324.
[312] So „HUDA", Nr. 9, Dez. 1995, S. 44–46.

nicht selten auf Asylbewerber zu, gilt aber auch für Länder, deren Registriersysteme nicht auf entsprechende Anfragen eingerichtet sind.

In der Türkei ist die standesamtliche Eheschließung Vorschrift. Doch hat sie sich insbesondere in ländlichen Bereichen weithin nicht durchsetzen können; die sogenannte „Imam-Ehe",[313] die nur religiös geschlossen ist, ist aber gesetzlich nicht gültig. Deshalb erläßt der türkische Staat etwa alle fünf Jahre ein Amnestiegesetz, um solche Ehen, aus denen mindestens ein Kind hervorgegangen sein muß, zu legalisieren. Diese Kinder werden dann mit einem Federstrich legitim und erbberechtigt. Wenn das genaue Geburtsdatum nicht amtsbekannt ist – Muslime feiern keinen Geburtstag –, wird es oft qua Amt auf den 1. Januar eines bestimmten Jahres festgelegt. Deswegen hat die Türkei eine stattliche Anzahl von Neujahrskindern. Allein im Zeitraum vom 16. Mai 1991, dem letzten Inkrafttreten eines entsprechenden Gesetzes, bis zum 31. Dezember 1993 wurden in der Türkei 67074 solcher „Imam-Ehen" mit 239979 Kindern standesamtlich registriert, während die nicht registrierten Imam-Ehen weiterhin ungültig bleiben. Wie die deutschen Behörden mit diesem Problem umgehen, ist meines Wissens noch nicht untersucht – obgleich es Gerichtsgutachten dazu geben dürfte –, genausowenig wie die Frage, wie viele Ehen mit Muslimen aus unterschiedlichen islamischen Ländern auch in Deutschland nur vor dem Imam geschlossen wurden und somit nicht rechtskräftig sind. Es empfiehlt sich deshalb eine behördliche Anerkennung der Eheschließung durch das jeweils zuständige Konsulat.

Der Islam gestattet nur den Männern die Mehrehe, nicht aber den Frauen. In der von Saudi-Arabien finanzierten und von der Deutschen Muslim-Liga herausgegebenen Broschüre „Islam und Muslime" heißt die Antwort auf die Frage: „Darf ein Muslim mehrere Frauen haben?": „Die Religion des Islam wurde für alle Zeiten und für jede Gesellschaftsform offenbart

---

[313] Die Bezeichnung „Imam-Prediger-Ehe" bei *Peter Heine:* Halbmond, S. 206–209, ist falsch, vermutlich eine Analogiebildung zu den religiösen „Imam-Prediger-Schulen" (Imam Hatip Okulları).

190

und muß daher auch sehr unterschiedliche gesellschaftliche Erfordernisse berücksichtigen. Umstände können die Ehe mit einer zweiten Frau erforderlich machen. Im Koran wird dieses Recht nur unter der Bedingung gewährt, daß der Ehemann seine Frauen absolut gleich behandelt."[314] Dann allerdings sind bis zu vier Ehefrauen *gleichzeitig* gestattet. Es gibt freilich auch Theologen, die die Meinung vertreten, eine echte Gleichbehandlung von mehreren Frauen sei unmöglich; deshalb schreibe der Koran – recht verstanden – geradezu die Monogamie vor. Beide Argumentationen stützen sich auf Sure 4, 3: „Und wenn ihr fürchtet, in Sachen der (eurer Obhut anvertrauten weiblichen) Waisen nicht recht zu tun, dann heiratet, was euch an Frauen gut ansteht, (ein jeder) ein, zwei, drei oder vier. Und wenn ihr fürchtet, (so viele) nicht gerecht zu (be)handeln, dann nur eine, oder was ihr an Sklavinnen besitzt. So könnt ihr am ehesten vermeiden, unrecht zu tun."

Nach dem Scharia-Verständnis der Deutschen Muslim-Liga, der Islamischen Zentren gleichgültig welcher Ausrichtung und vieler anderer islamischer Vereinigungen ist die Polygynie im Prinzip gestattet. Wer das göttliche Recht der Scharia den deutschen Gesetzen überordnet, kann auch die *Mehrehe* als legitim ansehen. Tatsächlich wird sie auch hierzulande praktiziert, selbstverständlich nicht standesamtlich legitimiert, sondern nur privatvertraglich mit islamischen Zeugen bei einem Imam. Fälle amtlicher Ahndung derartiger *hiesiger* Bigamie sind mir bislang nicht bekanntgeworden.

Wie viele polygyne muslimische Ehen es in Deutschland gibt, läßt sich nicht feststellen. Eine Betroffene schreibt: „Da in der islamischen Kultur die Privatsphäre traditionell von den Augen der Öffentlichkeit sehr abgeschirmt wird, ist ungewiß, wie viele Mehrehe-Bindungen hierzulande gelebt werden. Um einen ungefähren Anhaltspunkt zu geben: Ich weiß von ca. einem Dutzend Mehrehen, mir persönlich bekannt sind sechs Fälle. Dabei sind zwei Verbindungen, in denen die Männer als gebürtige Muslime aus dem Nahen oder Mittleren Osten kom-

---

[314] *Deutsche Muslim-Liga:* Islam und Muslime. Informationen zum Verständnis einer Weltreligion. Celle 1993, S. 24.

men, ansonsten sind alle Beteiligten in der abendländischen Kultur aufgewachsen, wo diese Mehrehen nun auch außerhalb einer islamischen Kultur gelebt werden."[315] Allerdings werden hinter vorgehaltener Hand Namen von prominenten islamischen Persönlichkeiten geflüstert.

Gerade deutsche Konvertitinnen treten öffentlich vehement für die Mehrehe des Mannes ein. Sie erklären, die islamische Polygynie unterscheide sich von der im Westen ausgeübten Vielweiberei dadurch, daß sie die islamische Zweitfrau gesetzlich legitimiert und finanziell absichert, während sich die deutschen Männer mit Mätressen in beliebiger Zahl abgeben und ihre heimlichen Liebschaften jederzeit ablegen könnten wie ein schmutziges Hemd. Daß jede Zweit- oder Drittfrau in „islamischer Ehe" in Deutschland illegitim ist, berührt die Befürworterinnen nicht.[316] Auch die Frage der finanziellen Absicherung im Falle des Abscheidens des Mehrfach-Ehemannes scheint sie nicht zu beunruhigen; ein Splitting der Rente oder Pension des Verstorbenen unter den Ehefrauen bietet sich hier an.[317]

Eine nach unseren westlich-christlichen Maßstäben geradezu demütige Anzeige in „HUDA" zeigt, warum sich zum Beispiel deutsche Musliminnen mit solchen Vorstellungen identifizieren können: „Aufgrund meiner Unfähigkeiten suche ich (Deutsche) eine zweite deutsche Ehefrau (gerne mit Kindern) für meinen Mann nach islamischem Recht. Nähere Einzelheiten erkläre ich dann direkt im Gespräch oder per Brief."[318] Vermutlich kann diese verzweifelte Ehefrau keine Kinder bekommen.

Eine deutsche Psychologin, die bei ihrer Heirat „den Islam in Kauf genommen hat",[319] schrieb unter dem Pseudonym „Rosa Blau" das Buch „Der geteilte Mann. Erfahrungen in der Ehe zu dritt". Dieses Insider-Buch wird von der Frauenzeit-

---

[315] *Rosa Blau*: Der geteilte Mann, S. 11.
[316] Zum Beispiel *B. Nirumand*: Interview mit Medina. In: *B. Nirumand* (Hrsg.), Im Namen Allahs, S. 66–70.
[317] Vgl. dazu *Gerhard Hohloch:* Islamisches Ehe- und Familienrecht vor deutschen Behörden und Gerichten. iaf-Dokumente (Frankfurt a. M.) 1988, S. 11.
[318] „HUDA", Nr. 15, Febr. 1997, S. 80 f.
[319] *Rosa Blau:* Der geteilte Mann, S. 20.

schrift „HUDA" als Lektüre empfohlen; es ist die authentische Beschreibung einer polygynen Ehe in Deutschland. Auf dem plakativen Hintergrund des ohnedies promiskuitiven Deutschen, den keine moralischen beziehungsweise religiösen Restriktionen mehr beeindrucken können, zeichnet sie als Gegenentwurf zur „Monogamie mit Geliebtenverhältnissen" ein sehr differenziertes Bild von der Polygamie. Offen führt sie die für die betroffenen Frauen oft recht schmerzhaften Erfahrungen an: einerseits möchte sie natürlich „ihren" Mann für sich alleine haben und seine Zuwendung nicht mit einer anderen Frau teilen; andererseits meint sie, auch „Chancen" einer derartigen religiös sanktionierten Dreierbeziehung erkennen zu können, nämlich die Entwicklung einer eigenen Persönlichkeit. Das Verhältnis von Ehe und Liebe wird durchleuchtet. „In der Mehrehe entgeht frau sich selbst nicht, sie kann sich nicht belügen, denn sie wird im Innersten aufgewühlt. Niemand lernt gerne am Leid, aber nur das Leiden läßt wirkliches Lernen zu. So gilt für die Mehrehe sicherlich in besonderem Maße, daß die Ehe ,nichts Gemütliches und Harmonisches ist'." „Heimliche Geliebte und offizielle zweite Ehefrau haben mit Eifersucht und Benachteiligungen gleichermaßen zu kämpfen", schreibt sie,[320] wiewohl auch das Schicksal der Erstfrau recht quälend sein kann. Die Autorin schildert auch die Reaktionen der Verwandten und Bekannten auf eine solche Ehe sowie die Schwierigkeiten, die den Kindern aus einer derartigen Beziehung erwachsen; aus den engeren Bindungen an das eigene Kind können innerhalb einer solchen Familie Fronten gegen die andere Frau mit oder ohne Kind entstehen, die nicht abzubauen sind.

Eine typisch *schiitische* Eheform ist die sogenannte *Ehe auf Zeit,* die für die Frist „von einer Stunde bis zu 99 Jahren" geschlossen werden kann.[321] Der Vertrag läuft nach Ablauf der festgelegten Frist einfach aus, ohne daß eine Scheidung einge-

---

[320] Ebd., S. 110.
[321] Am instruktivsten und mit Interviews von betroffenen Frauen und Männern versehen: *Shahla Haeri:* Law of Desire. Temporary Marriage in Iran. London 1989.

leitet werden müßte; er kann aber auch verlängert werden. Diese „religiös legitimierte Prostitution" wird von schiitischen Theologen als Ausweg für junge Männer betrachtet, „die noch nicht heiraten können und die durch den Sexualdruck Lebertumore oder Gehirnerweichung bekommen könnten", ebenso für Reisende – z. B. für iranische Geistliche auf der Pilgerfahrt – oder für Männer, deren Frauen krank oder schwanger sind. Unter der Mollahkratie in Iran wird die Ehe auf Zeit wieder verstärkt praktiziert. Manche deutsche Frauen sind über ihren rechtlichen Status gar nicht unterrichtet; sie unterschreiben irgendein Dokument in fremder Sprache und Schrift, das sie für einen der regulären Heiratsverträge halten, und sind maßlos überrascht, wenn sie ohne weitere Formalität plötzlich alleine dastehen. Auf Kinder, die aus einer solchen Frist-Ehe eigentlich nicht hervorgehen dürften, hat der Mann allerdings keinen Anspruch.

Weil die Ehe von Musliminnen mit einem christlichen oder jüdischen Partner nicht gestattet ist, verstärkt sich hierzulande die innerislamische Partnersuche. So ist es nur konsequent, daß die Zeitschrift „Al-Islam", die das Islamische Zentrum München herausgibt, Inserate veröffentlicht, in denen aufrechte Muslime und Musliminnen einen frommen und ehrenwerten Ehepartner suchen. Die Texte sind meist knapp: „Nordafrikanische Muslimah, 38 J., ledig, praktizierend, gute Hausfrau, möchte Muslim heiraten", oder „Türkisch-deutsche Muslimah, Ärztin, warmherzig, spontan und praktizierende Muslimah, sucht Ehemann zwischen 30 und 35 Jahren", oder „Deutsche Muslimah, 16 J., marokkanischer Herkunft, in Deutschland zu Hause, Berufsschülerin, spricht Deutsch, etwas Arab. u. Engl., aktiv in dawa, sucht deutschen oder anderen Muslim, 20 bis 25 J. alt, Student oder berufstätig mit ausreichendem Einkommen, deutsch- und/oder arabischsprachig, Nichtraucher, aktiv in dawa."[322]

---

[322] Alle Anzeigen aus „Al-Islam" 4/1996.

Scheidung in Deutschland

Für in Deutschland lebende muslimische Ehepaare gilt das deutsche Recht. Probleme treten auf, wenn ein oder beide Ehepartner nur das islamische Eherecht als für sich verbindlich ansehen, auch wenn eine zivilrechtliche Trauung vorgenommen worden ist. Kommt es zu gravierendem Fehlverhalten des Mannes, kann es vorkommen, daß die *Frau* sich scheiden lassen will. Das aber ist in manchen islamischen Ländern nicht möglich.

Ein Fall, der an die Deutsche Muslim-Liga Hamburg herangetragen wurde, schildert, wie eine Deutsche einen muslimischen Asylbewerber ehelicht, um ihm die Abschiebung zu ersparen. Doch die Ehe wird für die Frau, die zum Islam übergetreten ist, zum Fiasko. Der Mann arbeitet nicht, sorgt nicht für den Lebensunterhalt seiner Familie und lebt satt von dem Geld der Ehefrau. Obgleich er sie rüde beschimpft und schlägt, will er sich nicht von seiner einträglichen Frau trennen, die die Scheidung begehrt. Deshalb spricht er auch nicht die *talâq*-Formel, also das dreimalige „Ich verstoße dich" aus. Was tun?

Ein Artikel im „Rundbrief" mit der Überschrift „Rechtsgültige Scheidung nach Grundsätzen der Scharia – Das Dilemma deutscher Muslimas" bemüht sich um eine Lösung. Nach islamischem Recht muß der Mann die Familie – es haben sich auch Kinder eingestellt – unterhalten; auf der anderen Seite kann die Frau sich nicht von sich aus scheiden lassen. Der Frau bleibt als einziger Ausweg der *khul'*, der „Freikauf", mit dem *mahr*, dem Brautgeld, unter der Voraussetzung, daß der Ehemann zustimmt. Den eingeschalteten Hocas gelingt es nicht, den Mann zur Zustimmung zu bewegen. „Zwar kann sie sich auch in Deutschland zivilrechtlich scheiden lassen, jedoch dürfte die von einem deutschen Gericht in einem Scheidungsurteil angegebene Begründung nach den Maßstäben der Scharia nicht immer stichhaltig sein", resümiert der Verfasser. Auch ist eine zivilrechtliche Scheidung religiös gesehen nicht relevant, denn das Ehepaar bleibt nach der Scharia weiterhin verheiratet. „Weil es nun aber in Deutschland keine Scharia-

Gerichte gibt, das Problem aber real existiert, müssen die Muslime im eigenen Interesse zur Selbsthilfe greifen." Zur direkten Konfliktlösung führt kein Weg. „Wir haben aber inzwischen einen Zentralrat der Muslime in Deutschland (ZMD) und damit eine islamische Institution, die sich auch praktischen Aufgaben jenseits der Repräsentanz der Muslime in Deutschland zuwenden sollte" (die Deutsche Muslim-Liga ist Mitglied im ZMD). „Es bietet sich die Überlegung an, ob man nicht den ZMD bittet, beispielsweise einen Ausschuß für Familienrechtsfragen ins Leben zu rufen, der nach Prüfung der Sachlage gegebenenfalls das zivilrechtliche Urteil bestätigen kann ... Es geht einfach nicht an, daß die Muslime die Dinge schleifen lassen und nicht zur Selbsthilfe greifen. Sie können nicht einfach diese Dinge ignorieren und mit einem Achselzucken abtun, sondern (müssen) konstruktiv in das Geschehen eingreifen."[323]

Dieses Problembeispiel einer schariagemäßen Scheidung sogar in Deutschland kann zeigen, wie schwierig es ist, den Anforderungen zweier recht unterschiedlicher Kulturen gleichzeitig gerecht zu werden.

Das berühmt-berüchtigte Kopftuch

Vermutlich hat kein Bekleidungsstück die Weltgeschichte so intensiv bewegt wie das Kopftuch beziehungsweise der „Schleier" der Musliminnen. Die leidige Frage des Kopftuchs in Schule und Beruf ist ein Dauerbrenner hier in Deutschland genauso wie in anderen europäischen Ländern – insbesondere in Frankreich –, aber auch in der laizistischen Türkei. Die Literatur zum Thema ist immens.[324]

Die Verhüllung der Frau soll nach Gottes angeblichem

---

[323] DML Rundbrief 2/1997, S. 1.
[324] Zum Beispiel *Meral Akkent/Gaby Franger:* Das Kopftuch – Başörtü. Ein Stückchen Stoff in Geschichte und Gegenwart. Frankfurt a. M. 1987; *Erdmute Heller/Hassouna Mosbahi:* Hinter den Schleiern des Islam. Erotik und Sexualität in der arabischen Kultur. München 1993, Kap. X; *Carsten Colpe:* Problem Islam. Weinheim, 2. verb. Aufl. 1994, S. 105–125.

Willen die Männer vor der Aggressivität des weiblichen Geschlechts schützen. Die islamischen Theologen sind sich selbst nicht einig in der Interpretation von Sure 24, 31, und so bleibt theologisch ungeklärt, ob in diesem Koranvers tatsächlich der Çarşaf beziehungsweise der *Tschador* – also der lange Überwurf mitsamt der Kopfbedeckung – oder nur die Bedeckung des Brustausschnitts gemeint war: „Prophet, sag deinen Gattinnen und Töchtern und den Frauen der Gläubigen, sie sollen sich etwas von ihrem Gewand (über den Kopf) ziehen. So ist es am ehesten gewährleistet, daß sie (als ehrbare Frauen) erkannt und daraufhin nicht behelligt werden. Gott aber ist barmherzig und bereit zu vergeben" (Sure 33, 59).

An anderer Stelle heißt es: „Und sag den gläubigen Frauen, sie sollen ihre Augen niederschlagen, und sie sollen darauf achten, daß ihre Scham bedeckt ist, sie sollen den Schmuck, den sie am Körper tragen, nicht offen zeigen, soweit er nicht (normalerweise) sichtbar ist, ihren Schal über den (vom Halsausschnitt nach vorn heruntergehenden) Schlitz (des Kleides) ziehen und den Schmuck, den sie (am Körper) tragen, niemandem offen zeigen, außer ihrem Mann, dem Vater, ihrem Schwiegervater, ihren Söhnen, ihren Stiefsöhnen, ihren Brüdern, den Söhnen ihrer Brüder und ihrer Schwestern, ihren Frauen, ihren Sklavinnen, den männlichen Bediensteten, die keinen Geschlechtstrieb haben, und den Kindern, die noch nichts von weiblichen Geschlechtsteilen wissen. Und sie sollen nicht mit ihren Beinen (aneinander)schlagen und damit auf den Schmuck aufmerksam machen, den sie (durch die Kleidung) verborgen (an ihnen) tragen. Und wendet euch allesamt wieder (reumütig) Gott zu, ihr Gläubigen! Vielleicht wird es euch (dann) wohl ergehen" (Sure 24, 31).

Wenn Gläubige nun einmal der Ansicht sind, der Koran verlange mit diesen Worten die völlige Bedeckung des Körpers außer Händen und Gesicht, dann ist dies für sie eben relevant, und wir können solche Meinung nur respektieren.

Für die Befürworterinnen und Befürworter des Kopftuchs stellt sich der Sachverhalt so dar: „Gerade weil sie (die Frau) durch ihre Bekleidung Neutralität signalisiert, kann sie am öffentlichen Leben teilnehmen, erst wenn es ihr unmöglich gemacht wird, zieht sie sich zurück, was dann aber ebenfalls angeprangert wird. Ein Teufelskreis."[325]

Das Kopftuch kann vieles bedeuten. Es kann ganz einfach eine Beibehaltung gewohnter und landesüblicher Traditionen sein. Es mag aber auch – und dies ist nicht selten der Fall – ein Symbol für ein freies Bekenntnis zum Glauben darstellen.[326] Damit fordern manche Kopftuchträgerinnen ihre Umwelt provokativ heraus.

Das Tragen des Kopftuchs hat sogar zum Ausschluß aus der Schule und zu Entlassungen aus dem Beruf geführt, besonders wenn Musliminnen ihr Kopftuch nicht von Anfang an getragen hatten.[327] Nicht selten verhindert das Kopftuch eine Anstellung, z. B. im öffentlichen Dienst. Diese Kopfbedeckung hat in den Schulen und sogar in den Universitäten für reichlich Diskussionsstoff gesorgt. Gerne wird dabei von Muslimen vorgebracht, die Christen dürften ja auch ein Kreuz am Hals oder im Ohr tragen, ob es nun in der Schule, Universität oder am Arbeitsplatz sei; nur die islamischen Frauen dürften ihrem religiösen Bedürfnis nicht angemessen Rechnung tragen und seien Opfer der Behördenwillkür und sonstiger Vorurteile.

Amina Erbakan von der „Deutschsprachigen Islamischen Frauengemeinschaft" (DIF) in Köln nutzt jedwede Möglichkeit einer gerichtlichen Auseinandersetzung wegen dieses Kopftuchs und führt zahlreiche Prozesse wegen Benachteiligung durch dessen Tragen in der Schule und im Berufsleben, um endlich einmal einen Präzedenzfall zu ihren Gunsten zu schaffen. Daß man in dieser Hinsicht in Deutschland schon mehr erreicht habe als in der Türkei,[328] bekomme ich immer wieder zu hören.

Als vermutlich erste muslimische Lehrkraft, die in Deutschland – und zwar in Schwäbisch Gmünd – während des Unterrichts Kopftuch tragen darf, hat sich eine aus Afghanistan

---

[325] *DIF:* SchleierHaft, S. 168.
[326] Siehe dazu auch *I. Pinn / M. Wehner:* EuroPhantasien.
[327] Das Motiv durchzieht das ganze Buch „SchleierHaft".
[328] In den türkischen Universitäten und im Parlament in Ankara ist das Tragen von Kopftüchern verboten, wodurch die Frauenquote der islamisch-konservativen Fraktionen praktisch auf Null reduziert ist.

stammende 24jährige Referendarin mit ihrem Widerspruch gegen einen Entscheid des Baden-Württembergischen Kultusministeriums durchgesetzt. Die „Frankfurter Allgemeine Zeitung" zitiert einen Sprecher des Kultusministeriums in Stuttgart: „Die Entscheidung folge ‚aus einem Abwägungsprozeß, der die Religionsfreiheit, den Grundsatz der Neutralität der Schule und das Gebot, den Abschluß einer begonnenen Ausbildung zu ermöglichen, berücksichtigt."[329] Die afghanische Hauptschul-Referendarin hatte erklärt, das Kopftuch gehöre zu ihrer Persönlichkeit; sie wolle ihr Recht notfalls beim Verwaltungsgericht erstreiten. Die Genehmigung des Kultusministeriums gilt allerdings nur für die Referendariatszeit. Sie wird damit begründet, daß die künftige Lehrerin wegen des staatlichen Lehrer-Ausbildungsmonopols ihre Ausbildung nur an einer öffentlichen Schule abschließen könne. Der kleine Schritt, der noch längst nicht bedeutet, daß sie letztendlich auch als Lehrerin mit Kopftuch in den Staatsdienst übernommen werden muß, wird von der Zeitung „Zaman" beglückt „als erster Sieg" abgefeiert.[330]

Der Widerstand in der nicht-islamischen deutschen Bevölkerung kommt nicht nur von seiten der Republikaner. Wird diese Referendarin tatsächlich in den Schuldienst eingestellt, so muß vieles erneut überdacht werden; denn das Urteil hatte ja bewußt das Laizismus-Prinzip aus dem Spiel gelassen.

Nicht nur das Kopftuch, die gesamte *Kleidung* der Musliminnen soll nach religiösen Bestimmungen gestylt sein. Ein Textilhaus nach dem anderen wird in Deutschland eröffnet, das den Frauen „islamische Kleidung" anbietet. Zudem offerieren verschiedene Gruppierungen Batik-Kopftücher mit wunderhübschen Motiven. In Mainz und in Hannover wurden Modeschauen mit Islam-Kleidung veranstaltet. Die deutsche Designerin Zainab Birgit Horstmann in Berlin ist Modeschöpferin für islamische Frauenkleidung, denn: „Islam ist schick." Doch zeigt die kontrovers geführte Diskussion, daß es nicht

---

[329] „Frankfurter Allgemeine Zeitung" vom 19. Febr. 1997.
[330] „Zaman" vom 19. Febr. 1997. Dabei wurde allerdings der bedeutsame Unterschied zwischen Referendarin und Lehrerin nicht registriert.

nur um den modischen Zuschnitt und um dezente Farben geht. „Wie kann jemand in Deutschland fordern, jede/r Muslim/a muß als solche/r erkannt werden können? Will hier jemand zurück in die Zeit der Davidsterne/Hilals (Halbmond) und der Schutzbriefe der Juden-Muslim-Ghettos?", schreibt eine muslimische Leserin [331] und nimmt damit eine Gegenposition ein zu jenen, die größten Wert auf die fast totale Bedeckung und damit – nach Meinung anderer Musliminnen – gerade auf „*Äußerlichkeiten*" legen.

Achmed Schmiede, der bei DITIB arbeitet, mokiert sich über die Konvertitinnen: „Die dazugehörende Damenwelt huscht unislamisch tiefschwarz vermummt daher." [332] Das Problem betrifft freilich keineswegs nur die Konvertiten, sondern alle Musliminnen. Welche Motive sie auch immer für ihre Gewandung haben – z. B. Bekennertum, Bewahrung heimatlicher Sitte, Schutz vor den Männern –, in *unserer* Gesellschaft heben sie ihr Anders-Sein auf diese Weise besonders hervor. Es ist immer das Problem, ob eine Gesellschaft dazu bereit und reif genug ist, mit solchen sichtbaren Zeichen gewollter Fremdheit tolerant umzugehen.

Koedukativer Unterricht: Schulsport und Klassenfahrten

Vor einigen Monaten suchte der Vater einer türkischen Schülerin den Direktor ihres Gymnasiums auf und beklagte, daß seine Tochter in ihrer Klasse isoliert sei und so sehr darunter leide, daß sich psychosomatische Störungen eingestellt hätten. Die schulischen Leistungen von Suna waren gut; doch der Kontakt mit den Klassenkameraden war nur oberflächlich. Der Schuldirektor schilderte den besorgten Vater einerseits als konservativ, andererseits auch als „progressiv" zum Beispiel hinsichtlich der bei strengen Muslimen ansonsten verpönten Koedukation, und ihm lag das Wohlergehen seiner Tochter

---

[331] Leserbriefe in „HUDA" Nr. 11, April 1996, S. 43, zu „HUDA" Nr. 10, Febr. 1996.
[332] In: *A v. Denffer* (Hrsg.): Islam hier und heute, S. 173.

offenkundig sehr am Herzen, weil sie unter der Situation litt. Der Vater hatte im übrigen keinerlei Einwände gegen Besuche deutscher Klassenkameraden bei ihm zu Hause. Der Direktor gab ihm zur Antwort, das Problem liege seiner Ansicht nach in folgendem: Suna unterscheide sich zwar von ihren Mitschülerinnen rein äußerlich durch ihre Kleidung; dies würde aber im Grunde akzeptiert. Doch sie nehme weder am Schulsport teil, no[...]nfahrten beteiligen. Der gemeinsa[...] oder eines Kinos entfalle genauso [...]stagen oder das Diskutieren von Fe[...] Suna bleibe allen Gemeinschaft bil[...]fahrungen fern, könne sich deshal[...]hen der Schulklasse inhaltlich nic[...]urch abseits. Der Vater sei sehr nac[...]h habe die Unterredung letztlich [...]ungen gehabt.

D[...]gung von Mädchen am *koedukativen Schulsport* sowie an Klassenausflügen und an Aufenthalten in Landschulheimen ist nach wie vor für traditionell und religiös orientierte muslimische Familien schwer zu akzeptieren. Sie lehnen jede Beteiligung von Mädchen am koedukativen Sport – wie beispielsweise Schwimmunterricht oder Geräteturnen – strikt ab. Dabei ist Schwimmen eine im Islam als sehr nützlich betrachtete Sportart, die selbst die Frömmsten gestatten, sofern sie nicht mit dem anderen Geschlecht gemeinsam praktiziert wird.[334] Insbesondere die hierzulande üblichen Badeanzüge gelten bei den Frommen als obszön: „Fast nackt sind sie dann", ist eine vielfach wiederholte Klage. Der Verbandsvorsitzende von Milli Görüş Hessen (IGMG Hessen) findet Sport auch für Mädchen nützlich, allerdings nur mit Kopftuch;[335] aber Sport mit Kopftuch ist nicht an allen Schulen gerne gesehen und manchmal auch recht schwierig auszuüben.

[333] Geburtstagsfeiern kennen die Muslime nicht; sie gelten – wie der Muttertag – als westliche Unsitte.
[334] Zum Beispiel *Sevim Asımgil:* Benim Müslümân Yavrum („Mein muslimisches Kleinkind"). Istanbul 1991, S. 158f.
[335] Siehe dazu *Zentrum für Türkeistudien* (Hrsg.): Studie über islamische Organisationen … in Hessen, S. 183.

Einen Erfolg im Kampf um die Befreiung vom koedukativen Unterricht sieht die „Deutschsprachige Islamische Frauengemeinschaft" (DIF) darin, daß das Bundesverwaltungsgericht in einem Urteil die beklagte Schule dazu verpflichtet habe, „die Schülerin vom koedukativ erteilten Unterricht zu befreien".[336] Die Schulen bestünden zwar meist auf der allgemeinen Schulpflicht und stellten Schüler nur aufgrund eines gesundheitlichen Attests vom Sportunterricht frei; juristisch sei aber klar, daß die Schule keinen Anspruch auf die Durchsetzung von koedukativem Sportunterricht habe, genauso wenig darauf, daß Schülerinnen das Kopftuch im Unterricht abnehmen müssen, meint die DIF und ermahnt alle Betroffenen, ihre Rechte durchzusetzen.[337] Die vielerorts eingeleiteten Prozesse gegen den koedukativen Sportunterricht zielen jedoch nicht nur auf diesen, sondern richten sich letztlich grundsätzlich gegen jedwede Art von Koedukation.[338]

Ein weiterer „Sieg in kleinen Schritten" betrifft den *Sexualkunde-Unterricht.* Üblicherweise werden in dessen Zusammenhang Tafeln mit nackten Menschen zur Veranschaulichung verwendet. Um dieser Situation nicht ausgesetzt zu sein, wollen Muslime die Befreiung vom Sexualkunde-Unterricht erreichen. Im Mai 1997 hat das Berliner Verwaltungsgericht einer Klage muslimischer Eltern insoweit stattgegeben, als es zwar deren Tochter nicht vom Sexualkunde-Unterricht befreit, im nachhinein jedoch bestätigt hat, daß die beanstandeten Bilder hätten vermieden werden können, so daß die Berliner Schulbehörde die Prozeßkosten übernehmen mußte.[339]

Mehrtägige Klassenfahrten mit Übernachtungen sind für

---

[336] BVerwG, Az: 6C8.9 vom 25. August 1993.

[337] *DIF:* SchleierHaft, S. 122 u. 196.

[338] Dazu *DIF:* SchleierHaft, S. 123, mit einer überraschenden Erläuterung: „Auch bei uns Muslimen ist die Forderung nach geschlechtergetrenntem Unterricht keine explizit moralische, obwohl dies von vielen so gesehen wird, sondern eine pädagogische (sic!). In bestimmten Altersstufen kann sich der Heranwachsende in der gemischten Gruppe schlechter entwickeln. Diese Auffassung trifft sich exakt mit den Beobachtungen westlicher Pädagoginnen."

[339] So die „Frankfurter Allgemeine Zeitung" vom 16. Mai 1997. Dagegen schreibt die „Türkiye" vom 16. Mai, das besagte türkische Mädchen sei grundsätzlich vom Sexualkunde-Unterricht befreit worden.

muslimische Mädchen, aber auch für die „verführbaren Knaben" immer problematisch. Allerdings habe ich noch von keinem Fall gehört, der muslimische *Jungen* von gemeinschaftlichen Schulveranstaltungen ausschlösse. Die Angst, die Ehre der *Tochter* und damit der Familie könne bei derartigen Ausflügen besudelt werden, wird auch von nicht-religiös bestimmten muslimischen Eltern geteilt. Ihre Frage ist: Können die begleitenden Lehrer und Lehrerinnen hinreichend garantieren, daß die Mädchen keinen „Schaden nehmen"?

Benutzung öffentlicher Bäder

Die Einrichtung eines eigenen „Frauenbadetags" in öffentlichen Bädern steht auf der Wunschliste verschiedener islamischer Frauengruppen ganz obenan. Nun muß man wissen, daß die Badekultur in allen islamischen Ländern hochentwickelt ist. Die herrlichen Dampfbäder, die „türkischen Bäder" *(hamam),* haben eine lange Tradition. Ihr Besuch ist ein vielstündiges soziales Ereignis, das regelrecht zelebriert wird. Erst die zunehmende Installation von Bädern in Privatwohnungen hat die öffentlichen Badehäuser zurückgedrängt. Der Islam ist eine Religion, in der rituelle Reinheit und Sauberkeit eine ganz große Rolle spielen.

Die große rituelle Waschung, die den ganzen Körper einschließlich des Haares umfaßt, ist nach dem Beischlaf und anderen „Verunreinigungen" – insbesondere durch Körpersekrete – eine religiöse Pflicht, die unbedingt eingehalten werden muß. Die üblichen Hallen- und Freibäder in Deutschland können von frommen Muslimen nicht besucht werden, weil der Islam auf Geschlechtertrennung besteht, ein gemeinsames Baden von Frauen und Männern also verboten ist. Deshalb fordern die Muslime verschiedener Kommunen eigene Badezeiten. In Rüsselsheim und andernorts gibt es bereits einen solchen „Frauenbadetag". Gescheitert sind solche Projekte hingegen verschiedentlich an dem Verlangen der Musliminnen, die Bademeister müßten weiblich sein. Eigentlich müßte es auch einen islamischen „Männerbadetag" geben; denn wo sich

Frauen im hautengen Badeanzug oder Bikini tummeln, sollte ein frommer Muslim doch nicht zugegen sein; aber seltsamerweise wird ein solcher „Männerbadetag" nirgends verlangt.

Arztbesuch

Krankheit ist für Männer wie Frauen mit dem besonderen Problem der Wahl des richtigen Arztes verbunden. Merkwürdigerweise findet man jedoch nur die Frauen betreffende Verhaltensregeln wie bei Rassoul: „Ärztliche Behandlung der Frau soll soweit wie möglich von einer muslimischen Ärztin vorgenommen werden, und wenn diese nicht vorhanden ist, so kann sie nach dem Notstandsgesetz des Islam in der Reihenfolge von einer nicht-muslimischen Ärztin, alsdann von einem männlichen Arzt vorgenommen werden, wenn eine Krankenschwester anwesend ist, damit die verbotene Zweisamkeit mit einem fremden Mann (hier der Arzt) nicht zustande kommt."[340]

Die Mädchenbeschneidung

Die Mädchenbeschneidung ist islamisch-theologisch umstritten, und der Zentralrat der Muslime in Deutschland hat sich in einem Interview am 20. September 1995 sogar entschieden gegen jegliche Art der Frauenbeschneidung ausgesprochen.[341] Im Koran findet sich weder etwas über Mädchenbeschneidung noch über Knabenbeschneidung, obgleich diese im Islam – wie im Judentum – unbedingt durchgeführt werden muß. Die Mädchenbeschneidung ist allerdings in einigen islamischen Ländern traditionell üblich.[342]

---

[340] *M. Rassoul:* Der deutsche Mufti, S. 77 f.
[341] Der Text des Interviews ist erhältlich beim ZMD.
[342] Dazu u. a. *H. Lightfoot-Klein:* Das grausame Ritual. Sexuelle Verstümmelung afrikanischer Frauen (Fischer-TB 10993). Frankfurt a. M. 1992; *U. Spuler-Stegemann:* Mädchenbeschneidung. In: Gritt M. Klinkhammer/Steffen Rink/Tobias Frick (Hrsg.): Kritik an Religionen. Marburg 1997, S. 207–219; *Sami A. A. Abu Sahlieh:* Verstümmeln im Namen Yahwes oder Allahs. Die religiöse Legitimation der Beschneidung von Männern und Frauen. In: CIBEDO 2/1994, S. 64–94.

Die Mädchenbeschneidung kann ein relativ minimaler Eingriff sein, kann aber auch die Entfernung der äußeren und inneren Schamlippen und das Zunähen der Restlappen einbeziehen, wobei für Harn und Menstruationsblut eine durch ein eingeführtes Streichholz oder sonstige Hilfsmittel offen gehaltene winzige Öffnung verbleibt. Diese grausame Form der sogenannten „pharaonischen" oder „sudanesischen" Beschneidung wird vor allem in einigen afrikanischen Ländern auch unter Christen und Angehörigen bestimmter Stammesreligionen praktiziert.

In islamischen Ländern wie Pakistan, der Türkei, Iran, Afghanistan oder Bangladesch, aber auch in den Maghreb-Staaten Tunesien, Marokko und Algerien werden Mädchen überhaupt nicht beschnitten, sehr wohl hingegen in Ägypten, im Sudan und in Somalia. Die *gemäßigte* Beschneidungsform wird aber von Muslimen auch in anderen Ländern durchgeführt; es heißt, daß zum Beispiel saudiarabische Familien ihre Töchter dafür „in westliche Privatkliniken" bringen.[343] Ob sich deutsche Kliniken darunter befinden, weiß ich nicht. Ganz besonders setzen sich UNESCO-Komitees und Frauenorganisationen – auch in Deutschland – für ein grundsätzliches Verbot der Beschneidung von Mädchen und für eine Aufklärung über deren oftmals dramatische Folgen ein.

Im Landkreis Marburg-Biedenkopf in Hessen – und dies dürfte andernorts kaum anders sein – stellen ausländische Sozialhilfeempfänger Anträge auf finanzielle Unterstützung für Beschneidungen nicht nur von Knaben, die genehmigt werden, sondern auch von Mädchen, die grundsätzlich abgelehnt werden; vermutlich werden derartige Eingriffe jetzt von unqualifizierten Personen durchgeführt und die Mädchen dadurch zusätzlich gefährdet.

Sind deutsche Ärzte dazu bereit, z.B. ein sudanesisches Mädchen, in deren Heimat noch Mädchenbeschneidung und Infibulation üblich sind, zu beschneiden beziehungsweise einer Frau auf Wunsch des Ehemannes nach der Geburt eines Kin-

---

[343] „HUDA", Nr. 11, Sept. 1996.

des die Vagina wieder „zuzunähcn"? Die Frauenärzte, die ich befragt habe und an die derartige Ansinnen herangetragen worden waren, haben jedenfalls einen solchen Eingriff als Verstümmelung und Körperverletzung mit Empörung abgelehnt.

Die „Islamische Frauenzeitschrift HUDA"

Das arabische Wort *huda* bedeutet „Rechtleitung". Der Name dieser Zeitschrift ist Programm. Sie wird vom „HUDA-Netzwerk" für muslimische Frauen herausgegeben und richtet sich an Musliminnen in den deutschsprachigen Ländern; Männer werden aber nicht ausgegrenzt. Die Aufmachung ist bescheiden, die Aussagekraft jedoch beachtlich.

„HUDA" informiert in verständlicher Form über Grundlagen des Islam. Sie bietet Musliminnen ein Forum, ihren Bedürfnissen und Nöten in einer nicht-islamischen Umwelt Ausdruck zu verleihen und sich an oft sehr kontrovers geführten und dadurch fruchtbaren Diskussionen zu beteiligen.

Eine der besonderen Qualitäten dieser Zeitschrift ist ihr selbstkritischer Ansatz. Fragestellungen werden unter den verschiedensten Aspekten beleuchtet; Problemen wird nicht ausgewichen. Diese Zeitschrift könnte – würde sie mehr von Nicht-Muslimen gelesen – viel zu einem besseren Verständnis beitragen. Ihre erfrischende Offenheit ist sicherlich mitbedingt durch die Diasporasituation.

Eine eigene Schriftenreihe vertieft einzelne Bereiche. „Der Frauenalmanach" gibt Auskunft über eine Reihe von Frauenvereinen. Die Herausgabe einer Liste von muslimischen Ärzten und von muslimischen Juristen ist geplant. Wie man der „HUDA" entnehmen kann, gehört zu dem Netzwerk ein ständiger „Bazar". „HUDA" bietet wichtige Hilfsdienste an, die grundsätzliche Probleme erkennen lassen. Ganz offensichtlich machen die Standesämter bei der namentlichen Anmeldung eines neugeborenen Kindes mitunter Schwierigkeiten; ein eigener islamischer Vornamen-Service soll Abhilfe schaffen. Ein Sorgentelefon und ein Sorgenbriefkasten, denen man auch Ehe- und sonstige Familienprobleme anvertrauen darf, finden große Resonanz, weil man Vertraulichkeit voraussetzen kann. Zudem wird eine Leihbücherei mit islamischer Literatur aufgebaut. „HUDA" bietet kostenlose Beratung für stillende Mütter an und hat eine eigene Schrift „Stillen im Islam" herausgegeben. Heiratsannoncen werden grundsätzlich nicht entgegengenommen; statt dessen berät „HUDA" bei der Partnersuche und bietet eine interne Mappe unter anderem mit Informationen über Eheverträge oder mit Koranversen und Prophetenworten zu Heirat und Eheführung.

Den Anfragen an „HUDA" kann man viel über die ganz *persönlichen Sorgen* der Musliminnen entnehmen. Die folgende Auflistung an Problemen ist nicht vollständig und soll nur einen Eindruck vermitteln, in welchem Rahmen sich diese bewegen: So sucht eine Muslimin „Vorlagen und Schnittmuster für islamische Kleidung zwecks Eröffnung einer Nähstube". Eine andere fragt, ob jemand hinsichtlich der Gewährung von Sozialhilfe Erfahrung hat, weil sie wegen ihres Kopftuchtragens arbeitslos geworden sei oder aber weil der Ehemann eine Berufstätigkeit der Frau nicht dulde. Eine andere sucht Kopftuch-Leidensgenossinnen unter Krankenschwestern. Fragen – in der rechten Weise gelesen – verraten viel: Unsicherheiten bei den Riten z. B. im Zusammenhang mit der Geburt oder Fragen von Speisetabus tauchen insbesondere bei den Konvertiten auf. Kontakt mit Gleichgesinnten, auch im islamischen Ausland, ist eine andere wichtige Rubrik. Auch ist es wichtig, wie man als Privatperson zu Arabisch-Kenntnissen kommt. Kindererziehung im nicht-islamischen Umfeld ist ein Problem, auf das Eltern mit ganz unterschiedlichen Konzepten reagieren, die bis zur Unterbringung des Kindes in einem Internat in einem islamischen Herkunftsland gehen können. Aufgeklärt wird sachgerecht auch über das Erkennen von Kindesmißbrauch. Islamische Selbsthilfegruppen – zum Beispiel für Eltern mit einem behinderten Kind oder für spezielle Krankheiten – gibt es offenbar gegenwärtig nicht. Man muß allerdings immer vor Augen haben, daß sich insbesondere die Frauengruppen noch in ihrer Aufbauphase befinden.

Man sollte denken, Geschlechtertrennung sei für deutsche Nicht-Muslime kein Thema. Spannenderweise tun sich bei uns im Zuge der Frauenemanzipation ganz ähnliche Probleme auf: Frauen-Taxis gibt es in einigen deutschen Städten, wobei die Schutzfunktion sicherlich wichtig ist. Stolz ist die Schule im hessischen Städtchen Wetter auf „ihr Mädchen-Café", und über getrennte Mädchen- und Jungen-Aufenthaltsräume verfügt manch andere Schule bereits. Sogar die Koedukation an den Schulen wird hierzulande wieder einmal in Frage gestellt. Wir rümpfen die Nase über andere, verdächtigen sie der Rückständigkeit, drehen aber selbst das Rad der eigenen Geschichte im Zeichen der Fortschrittlichkeit zurück.

Frauen in den islamischen Organisationen

Bewundernswert ist das Engagement muslimischer Frauen, deren höchstes Ziel es ist, ihren Glauben in Deutschland „richtig" leben zu können. Die Frauen, mit denen ich mich unterhalten habe, bestechen durch ihre tiefe Religiosität. Der Impetus, mir ihren Glauben zu vermitteln, schien mir immer aufrichtig. Zwar empfinde ich – gerade bei Konvertitinnen – vieles als allzu „gesetzestreu": religiös-korrekte Speisen und die islamgerechte Bekleidung nehmen einen sehr großen Raum ihres Denkens ein. Aber oft wurde auch gesagt, wie man zum Islam kam und was der Islam für die Musliminnen selbst bedeutet. Fast immer wurden auch die Probleme mit der nicht-islamischen Familie und mit Muslimen anderer Richtungen oder Herkunft angesprochen.

Das Angebot der verschiedenen islamischen Verbände ist nur teilweise identisch mit den Aktivitäten von „HUDA": Grundkenntnisse über den Islam, Alphabetisierungs- und Sprachkurse, Vorträge, ferner Koch- und Nähkurse, Gespräche über Probleme in Beruf, Schule und Familie oder bei der Kindererziehung, gegenseitige Kinderbetreuung, Haushaltshilfe und Krankenbetreuung. Die Frauengruppe des Deutschsprachigen Muslimkreises Karlsruhe – um einen konkreten Verein herauszugreifen – hat ein „Mädchen-Café" eingerichtet, das vor allem von türkischen Mädchen gerne angenommen wird. Sie bietet auch Schwimmkurse für erwachsene Nicht-Schwimmerinnen und Kinder an und veranstaltet Bazare für hilfsbedürftige Muslime in aller Welt ebenso wie Tauschbazare.

Die „Deutschsprachigen Islamischen Frauen" (DIF) in Köln, ein eigenständiger Verein, der mit der Islamischen Gemeinschaft Milli Görüş (IGMG) kooperiert, dürfte die erste eigenständige und vermutlich die bedeutendste muslimische Frauenvereinigung sein. Mein Besuch bei der Vorsitzenden der DIF, Amina Erbakan, war ein Erlebnis. Sie ist Necmettin Erbakans Schwägerin. Amina Erbakan ist eine sehr gescheite Frau, die genau weiß, was sie will, und die sich als Juristin Zentimeter um Zentimeter mehr Islam gerichtlich erstreitet. Das von DIF herausgegebene, intelligente und zugleich aggressive Buch „SchleierHaft" zeugt von diesen Aktivitäten. Es zeigt Wege auf, wie Christen – oder genauer die nicht-muslimischen Deutschen – mit ihren eigenen Waffen, mit ihren eigenen gesetzlichen Bestimmungen zu schlagen sind. Allerdings wimmelt es in dem Buch von Attacken gegen alles, was die DIF-Frauen als Unterdrückung ihrer Rechte auf Religionsfreiheit und freie Meinungsäußerung ansehen. Dem Buch ging ein in mehreren islamischen Zeitschriften abgedruckter *Aufruf* voraus:

„Liebe junge Muslima, as salamu alaikum,

Du lebst in Deutschland, Deine Eltern kommen aus der Türkei oder anderen islamischen Ländern. Du lebst zwischen zwei Welten, Du bist Muslima in einer Gesellschaft, die dem Islam ablehnend gegenübersteht. Die einen sagen Dir, Du sollst Dich assimilieren, und versprechen Dir, dann seiest Du alle Probleme los, die anderen sagen Dir, halte Dich von der Gesellschaft möglichst fern. Das ist Grund genug für viele Probleme. Du wirst diskriminiert und hast das Gefühl, Dich nicht entwickeln zu können. Was sollst Du mit Deinem Leben anfangen? Du brauchst und suchst jemanden, der Dir in schwierigen Situationen hilft, zu einer Selbstbestimmung zu kommen, d. h. zu einem eigenen selbstbewußten vertretbaren Standpunkt zu gelangen und andererseits ggf. Diskriminierung und gesetzliche Ungerechtigkeiten abzuwenden. Du möchtest nicht mehr mundtotes Opfer sein. Du sagst Dir, jetzt rede ich!

In diesen Tagen findest Du auf den Straßen gelbe große Spruchbänder der Verkehrswacht, auf denen steht: Schule hat begonnen! Damit werden Autofahrer und andere Verkehrsteilnehmer darauf aufmerksam gemacht, Rücksicht auf Schulkinder im Straßenverkehr zu nehmen. Aber wer schützt die Seelen der muslimischen Kinder, von denen besonders die Mädchen mit äußerst gemischten Gefühlen und angstbesetzt in die Schule gehen?

Kopftuchkrieg, Ausgrenzung aller Art sind kein Thema mehr?

Leider noch immer.
Muß man/frau das hinnehmen?
Nein!!!

Wir helfen
bei Schulschwierigkeiten
bei Problemen am Arbeitsplatz in der Ausbildung
bei Problemen zwischen Eltern und Gesellschaft
bei allen Problemen die
Dir Unbehagen bereiten oder Dich unzufrieden und
sogar unglücklich machen!"

Angeboten werden in dem unteren Teil dieses Aufrufs Gespräche mit der Schule oder dem Arbeitgeber; Aufklärung über die verbrieften Rechte (und Pflichten) und Gespräche – wenn gewünscht auch mit den Eltern.[344]

Der Empfang durch Frau Erbakan ist herzlich und fröhlich. Ihr zur Seite steht Frau Rabiya Müller, die Pädagogik und Religionswissenschaft studiert hat. Beide sind von ihrer Arbeit erfüllt und erzählen so angeregt, daß mir kaum Zeit bleibt, Fragen vorzubringen.

---

[344] Zum Beispiel in „Al-Islam" 3/1995, S. 14.

Vielleicht ist es die auch anderswo unter Muslimen anzutreffende Aufbruchsstimmung, die an diesen beiden deutschen Musliminnen so fasziniert. Sie sind erfüllt von der Vorstellung, hierzulande etwas Konstruktives, Neues planen und umsetzen zu können, den Islam so verwirklichen zu können, wie sie ihn für ursprünglich und richtig erachten. Die Kerngruppe von DIF um Amina Erbakan, die schon seit den siebziger Jahren besteht, hat sich zu einer Anlaufstelle für alle, die Probleme haben, entwickelt. „Milli Görüş hat eine eigene Frauenabteilung", erklärt Frau Erbakan, und Rabiya Müller ergänzt: „Diese Frauenabteilung ist etwas fürs Herz; wir sind für den Verstand." Aber Herz und Verstand gehören nun einmal zusammen.

„Wir Frauen", erklärt Amina Erbakan und lächelt mich verschmitzt an, „wir müßten doch solidarisch zusammenhalten. Denn unser wirklicher Gegner ist nicht die Religion, sondern das Patriarchat." Diese Argumentationsweise ist mir islamischerseits neu.

Die DIF ist sehr agil. Aus ihren Reihen bildete sich IPD, das „*Institut für Internationale Pädagogik und Didaktik*",[345] das selbstbewußt neue Konzepte in der Ausbildung entwickelt. Die Kinder seien immer die Leidtragenden, erklärte Rabiya Müller, die Chefin der IPD. Einerseits sollen sie in den überkommenen Traditionen verharren, andererseits den wahren Islam praktizieren, der mit den Traditionen einfach nicht identisch sei. Mädchen und Frauen sollten sich bilden – wie es der Koran vorgeschrieben habe – und nicht das Heimchen am Herd spielen – wie es die Tradition verlange. Sie unterschieden sich insbesondere in einem wesentlichen Punkt von der IGMG: diese bestehe auf der Beibehaltung des Türkischen als Hauptsprache, die sie über die Generationen hinweg erhalten möchte; DIF hingegen gebe der *deutschen Sprache* unbedingt den Vorzug, schon um bessere Chancen in der Ausbildung und im Beruf zu eröffnen. Damit ist DIF dem großen Bruder *Milli Görüş* samt seinen „Frauen-Zweigen" in der Tat meilenweit voraus; denn die Zukunft dürfte *ihr* recht geben.

---

[345] Siehe dazu 12. Kapitel, S. 246f.

Voller Stolz weist der *Zentralrat der Muslime in Deutschland* darauf hin, daß in seinen Fachausschüssen 60 % Frauen sitzen; doch in der Vorstandsetage sitzt „nur" eine einzige Frau. Im Vergleich mit anderen islamischen Verbänden und Vereinen ist dies freilich als Pioniertat zu werten; denn wo immer man Bilder von Vorständen in den religiös-orientierten Zeitungen vor Augen hat, sieht man ansonsten keine einzige Frau.

11. Kommt der „Staat im Staat"?

Probleme mit der Staatsbürgerschaft

Ungefähr 2,8 Millionen Muslime leben in Deutschland. Jedes Jahr kommen hierzulande etwa 100000 Kinder auf die Welt, die nicht die deutsche Staatsangehörigkeit besitzen. Während ihre Anzahl in den Jahren 1992 bis 1994 stagnierte, nahm die Zahl der Kinder *deutscher* Eltern nach einem gewaltigen Geburtenknick von 1991 auf 1992 (von rund 830000 auf 709000) zwar langsamer, doch stetig weiter ab. Die meisten der als „Ausländer" statistisch erfaßten Kinder dürften Muslime sein. Allein 43,6 % der Kinder ohne deutsche Staatsbürgerschaft sind Türken.[346]

Aufenthaltsdauer der Türken in Deutschland
Quelle: AiD 1/1997, Stand: 31.12.1996

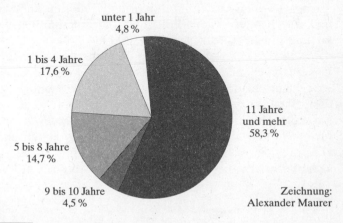

unter 1 Jahr
4,8 %

1 bis 4 Jahre
17,6 %

5 bis 8 Jahre
14,7 %

9 bis 10 Jahre
4,5 %

11 Jahre
und mehr
58,3 %

Zeichnung:
Alexander Maurer

---

[346] „AiD. Ausländer in Deutschland" 1 (1997), S. 10 u. 11.

Die Statistik zeigt in beeindruckender Weise die Dauerpräsenz unserer neuen *Mitbürger*, deren Kinder und Enkel großenteils in Deutschland geboren sind, rechtlich aber meist dennoch als *„Ausländer"* gelten.

Die Anzahl *„deutscher Muslime"* vor allem türkischer Herkunft wird sich nach einer Erleichterung der *Einbürgerung* stark vermehren, insbesondere dann, wenn sich endlich durchsetzt, daß die in Deutschland geborenen Türken künftig automatisch die deutsche Staatsbürgerschaft mit allen Rechten und Pflichten erhalten.[347] Obwohl im Juni 1995 die türkische Regierung beschlossen hat, den „Auslandstürken", die eine andere Staatsbürgerschaft angenommen haben, ihre Erbschafts- und Besitzrechte in der Türkei zu belassen, haben bislang nur 0,67 % diese Erleichterung zum Anlaß genommen, Deutsche zu werden. Doch zeigt sich am Beispiel Berlin eine Trendwende; denn ein Fünftel der Berliner Türken sind bereits Deutsche. Dieses Grundproblem muß bald gelöst werden, weil sonst eine Zwei-Klassen-Gesellschaft zementiert wird.

Mit der Anschlußverordnung vom 14. April 1997 zu der am 14. Januar 1997 in Kraft getretenen Verordnung hat das Innenministerium die Ausnahmeregelung für den Aufenthalt von Kindern bis zu 16 Jahren aus den ehemaligen Anwerbeländern Türkei, Ex-Jugoslawien, Marokko und Tunesien aufgehoben und die „Kinder-Visum"-Pflicht bzw. die „Aufenthaltsgenehmigungspflicht" für solche Kinder und Jugendliche eingeführt, die zwar hier geboren, aber nicht deutsche Staatsbürger sind. Die entsprechende Bundesratsentscheidung steht noch aus. In ganz Deutschland demonstrierten betroffene Familien gegen das „Baby-" und „Schnuller-Visum", wie sie es nennen, und sammeln Unterschriften. „Sollen wir für immer Ausländer bleiben?" und „Sie wollen uns nicht haben!" lauten unisono von links bis rechts die Kommentare. In einer immer angespannteren Situation drängt sich unseren türkischen Mitbür-

---

[347] Mitte Mai 1997 machte die SPD einen entsprechenden Vorstoß, wobei bei Drucklegung dieses Buches nicht absehbar war, welche Chancen ein solcher Antrag hat.

gern die Erkenntnis auf, daß dieser Staat sie am liebsten wieder loswürde, wenn er nur könnte. Die durch viele Anschläge auf türkische Einrichtungen und Moscheen ohnedies gereizte Stimmung,[348] die sich bis in die Regierungsebene fortsetzt, darf aber nicht noch weiter geschürt werden; die traditionelle türkisch-deutsche Freundschaft ist schon weitgehend verscherzt, einer weiteren Desintegration sind Tür und Tor geöffnet. Die Türken sind da; nehmen wir sie doch endlich als Mitbürger, als Bürger an.

Das Wahlverhalten der Muslime

Der *Islamrat*, der seit 1995 von der Islamischen Gemeinschaft Milli Görüş dominiert ist, bereitet ganz gezielt in speziellen Lehrgängen Hocas und sonstige fähige Mitglieder für ihre künftigen Aufgaben in der Politik und in der Öffentlichkeitsarbeit vor. Das gilt vermutlich auch für andere Organisationen. Der lange Marsch durch die Institutionen ist zwar noch in der Vorbereitungsphase, doch er hat begonnen. Der Enthüllung, daß ein türkischer CDU-Abgeordneter Mitglied der IGMG ist,[349] werden sicher bald weitere Nachrichten solcher Art folgen.

Muhammad S. Abdullah fordert seine Glaubensgenossen auf, *politisch aktiv* zu sein und in „Verbänden, Parteien und Parlamenten" mitzuarbeiten. Dies geschieht zunehmend. Im *Ausländerbeirat* von Dortmund beispielsweise stellen die Muslime mit 19 von 25 Sitzen auch den Vorsitzenden; offenbar gibt es aber auch in den Ausländerbeiräten – abgesehen von Nationalitätenproblemen – interne Konflikte zwischen Nicht-Religiösen und Religiösen.

Der erste Anlauf zu einer *Parteigründung* mußte scheitern.

---

[348] Die an hiesigen Kiosken erhältlichen Zeitungen kommentieren die Gewalttaten in Deutschland scharf. So behandelt der Kommentar der „Milliyet" vom 6. April 1997 den Rassismus unter Hitler und in der Gegenwart; er endet mit dem Satz: „Die Geschichte besteht aus Wiederholung."
[349] In: „Der Spiegel" vom 14. Oktober 1996.

Im Jahr 1989 unternahm Mohy Eldin Louden den Versuch, eine bundesweite *Islamische Partei Deutschlands* (IPD) zu gründen. Doch erwies sich dieses Unterfangen als deutlich verfrüht. Die Zahl der wahlberechtigten Muslime ist viel zu gering, um die Fünf-Prozent-Hürde zu überspringen, die vor den Einzug ins Parlament gestellt ist. Welcher Partei aber wenden sich hier wahlberechtigte Muslime zu?

Schätzungen aus dem Jahr 1996 zufolge sind 28 000 Muslime Mitglieder der SPD, die auch von den religiösen Muslimen bevorzugt wird; Mitglieder der CDU/CSU sind 11 000 Muslime, in der FDP etwa 100. Cem Özdemir ist Bundestagsabgeordneter der Grünen; aber weder diese noch die anderen Parteien haben bislang konkrete Zahlen angegeben.[350] Auch ist unklar, inwieweit es sich bei den muslimischen Mitgliedern um in Verbänden organisierte Muslime oder um „integrierte Muslime" handelt.

Wie stehen „die" Muslime zur deutschen Verfassung?

Die Gruppe derjenigen Muslime in Deutschland, die einen demokratischen Staat gleich welcher Art *kategorisch ablehnen,* wie es für Mitglieder der ICCB charakteristisch ist, ist zwar sehr klein, aber rege. Ganz grundsätzlich gilt: Die meisten der hiesigen Muslime wollen in einem demokratischen Deutschland leben, und sie *akzeptieren die Verfassung.* Sie wollen sich nicht mehr als Ausländer, sondern endlich als „Deutsche entsprechender Herkunft" fühlen. Die Muslime wollen in Deutschland eine ordentliche Ausbildung erhalten und ihren Lebensunterhalt verdienen, auf jeden Fall hier ungestört leben können. Sie wünschen die soziale Gleichbehandlung. Sie wollen zunehmend tatsächlich Verantwortung für das Gemeinwohl mittragen – was für Muslime, die in Islam-Kategorien denken, ja gar nicht selbstverständlich ist – und wollen gleichzeitig ihr kulturelles Erbe bewahren, das einem Teil der „dritten Generation" bereits verlorengeht.

---

[350] Die Daten sind dem „Materialdienst" der EZW 1/97, S. 23, entnommen.

In der langen Geschichte des Islam hat die Mehrzahl der Muslime in den unterschiedlichsten nicht-islamischen Regierungssystemen leben müssen. Sie haben bewiesen, daß sie dies auch können. Allerdings haben sie bislang kaum die Möglichkeit gehabt, in einem demokratischen nicht-islamischen Staatswesen zu leben, in dem die Menschenrechte und damit der Schutz ethnischer und religiöser Minderheiten verfassungsmäßig verankert sind.

Die Frage, was „den" Muslimen die deutsche Verfassung bedeutet, ist nicht einheitlich zu beantworten. Sicher ist nur, daß sie sich *mehrheitlich* damit identifizieren können.

In der Beurteilung unserer Verfassung durch traditionsgebundene Muslime mag folgendes auf den ersten Blick überraschen: Offenbar leben viele fromme Muslime lieber in einem *christlich* geprägten Deutschland als in einem religionslosen Staat. Ein Beispiel soll dies verdeutlichen. Der erste Satz der Präambel unseres Grundgesetzes lautet: „Im Bewußtsein seiner Verantwortung *vor Gott* und den Menschen, von dem Willen beseelt, als gleichberechtigtes Glied in einem vereinten Europa dem Frieden der Welt zu dienen, hat sich das Deutsche Volk kraft seiner verfassungsgebenden Gewalt dieses Grundgesetz gegeben." Die FDP macht immer wieder Vorstöße, daß der Bestandteil „vor Gott" gestrichen werden soll. Dagegen verwahrt sich z. B. der Islamrat ganz entschieden,[351] und auch der Zentralrat der Muslime in Deutschland betont die Bedeutung dieser Präambel.[352] Denn es sei besser und sicherer, in einem Land zu leben, dessen Bewohner Gott gegenüber verantwortlich sind, als in einem „gottlosen Staat". Derartige Argumente sind im übrigen auch aus jüdischen Kreisen zu vernehmen.

Unerwartete Schützenhilfe bei der Debatte über die Abschaffung des Buß- und Bettags erhielt die Evangelische Kirche ausgerechnet von dem gestrengen Zentralrat der Muslime in Deutschland (ZDM) im Oktober 1994: „Er sah darin ‚einen

---

[351] Dazu „Orientdienst" vom Sept. 1991, S. 18.
[352] Laut Interview mit dem Zentralratsvorsitzenden Dr. Naḍeem Elyas in HR 2 am 14. Juni 1995.

tiefgreifenden Eingriff in das religiöse und kulturelle Bild dieser Gesellschaft ... und eine Verletzung der religiösen Sphäre und Gefühle der christlichen Bevölkerung Deutschlands.' Motiviert war diese Stellungnahme durch das Bewußtsein, daß solche Tendenz, die Teile des Kulturgutes dieses Volkes zu Gunsten wirtschaftlicher Interessen opfert, nicht nach diesem Schritt halt machen wird."[353]

Weitere muslimische Betrachtungsweisen sind aus der Erkenntnis geboren, daß das Grundgesetz seinem Auftrag nach dem *Schutz der Minderheiten,* nicht aber dem Schutz der Mehrheit der Bevölkerung diene.[354] Man kann die Freiheiten freilich ebenso zur Eingliederung nutzen wie zum Sich-Abschotten und Durchsetzen eigener Interessen, die nicht unbedingt mit dem Gemeinwohl aller vereinbar sind.

Grundvoraussetzung für alle Muslime, ihren Glauben in Deutschland unbeeinträchtigt leben zu können, ist die Anerkennung der deutschen Staatsverfassung. Die Tendenz großer islamischer Dachverbände geht deshalb dahin, die untergeordneten Vereine und Vereinigungen auf diesen Konsens einzuschwören. Das ist nicht immer einfach und wohl auch nicht immer gelungen. Bedauerlicherweise kann man zudem nicht erkennen, wo lediglich Lippenbekenntnisse abgelegt werden, also *taqîya,* „Verstellung", geübt wird, und wo nicht.

M. S. Abdullah setzte sich einerseits für die Beibehaltung des religiösen Teils der Präambel des Grundgesetzes ein, sieht aber genauso die Möglichkeiten, die ein *nicht-religiös* gebundener Staat mit mehrheitlich christlicher Bevölkerung den Muslimen bietet: „Der Islam in der Diaspora braucht den säkularen Staat, die Demokratie und die Menschenrechte wie die Luft zum Atmen."[355]

Ganz offenkundig setzt sich allmählich auch unter einem Teil der strengen Muslime die Ansicht durch, daß das deutsche

---

[353] Bericht der Beratungsstelle für Islamfragen der Evangelischen Kirche im Rheinland und der Evangelischen Kirche von Westfalen. Pastor H. G. Rothe 1994/5, S. 1.

[354] Das Kruzifix-Urteil des Bundesverfassungsgerichts ist ein treffliches Beispiel auch für diesen Aspekt.

[355] In: *M. S. Abdullah:* Was will der Islam in Deutschland, S. 93.

Grundgesetz geradezu ein *Vorteil* für sie ist. Nicht daß diese Verfassung für sie ein Wert an sich wäre. Wichtig scheint nur zu sein, daß sie die Minderheiten schützt und ihnen Freiheiten gewährt, die sie in keinem einzigen islamischen Land haben können. Das Grundgesetz ist dem Islam *nützlich*. Denn es bietet die Basis dafür, daß man Rechte *einfordern* kann.

Im folgenden kommen zwei herausragende und höchst unterschiedliche Persönlichkeiten des organisierten Islam in Deutschland zu Wort, zuerst M. S. Abdullah, dann Scheich Bashir Ahmad Dultz:

„Eine positive Einstellung zum Grundgesetz und zur verfassungsmäßigen Ordnung darf nicht mit einem Sich-Bescheiden mit den in der Verfassung geforderten Mindeststandards bei den Grundrechten oder gar einem Bekenntnis zur Politik der jeweiligen Regierung verwechselt werden."[356] Den Aussagen von Scheich Bashir zufolge, der den Vorsitz der Deutschen Muslim-Liga Bonn innehat, „haben wir ganz bestimmt nicht die Absicht, uns in staatliche Dinge einzumischen. Wenn wir um Anerkennung des öffentlichen Rechts ringen, dann ganz einfach darum, weil es in *unserem* Grundgesetz steht, Rechte *einfordern* zu können. Es geht nicht um Einmischung, sondern es geht um uns, unsere Kinder und Familien. Wir wollen Strukturen *schaffen,* in denen auch Muslime als Teil dieser Gesellschaft leben können … Die politischen und gesellschaftlichen Rahmenbedingungen in der Bundesrepublik sind durch den säkularen Charakter des Staates wesentlich mitgeprägt. Der säkulare Staat ist ein nicht konfessionsgebundenes Gemeinwesen, das gleichwohl die Bedeutung der Religionsgemeinschaften und ihren Beitrag zur Verankerung von sozialethischen Grundwerten und Grundnormen in der Gesellschaft wegen ihres hohen Stellenwerts für die politische und gesellschaftliche Stabilität anerkennt. Deshalb bejaht und sucht der säkulare Staat den Dialog mit den Religionsgemeinschaften."[357]

Der säkulare *Rechtsstaat* – das haben auch die Muslime erkannt – bietet also Vorteile, selbst wenn die Anerkennung

---

[356] Ebd.
[357] Ebd., S. 89 (Kursivwiedergaben von der Verfasserin).

der islamischen Religion als Körperschaft des öffentlichen Rechts noch immer nicht erfolgt ist. Dem Bericht zum 6. Kongreß der ATIB 1993, an dem etwa 3500 Personen teilnahmen, ist zu entnehmen: „Die Tatsache, daß der Islam als offizielle Religionsgemeinschaft nicht anerkannt ist, sollte uns nicht einschüchtern. Wir sollten nicht vergessen, daß wir in einem Land leben, das im Rahmen seiner eigenen Werte die Überlegenheit des Rechts zur Grundlage nimmt. Dies ist ein wichtiges Thema. Wenn wir wissen, wo und wie wir irgendeines unserer Rechte einklagen können, und wenn wir in dieser Sache gemeinsam und geplant arbeiten, werden wir sehen, wie wir unsere Rechte Stück für Stück gewinnen. Der Islam ist zwar nicht als offizielle Religionsgemeinschaft anerkannt, aber heute kann in den Dortmunder Moscheen als Ergebnis der Bemühungen der ATIB am Freitag zum Gebet gerufen werden."[358]

Wird es die Scharia in Deutschland geben?

Jutta Limbach hat vor einiger Zeit als Präsidentin des Bundesverfassungsgerichts laut über die Scharia und das Grundgesetz nachgedacht. Ich habe deshalb Frau Limbach angeschrieben: „Bei meinen Recherchen bin ich auf eine Meldung im ‚Orientdienst' Nr. 149 vom Dez. 1994 zu den ‚Landauer Gesprächen' gestoßen, in der die Deutsche Welle wie folgt zitiert wird:

‚Der CDU-Bundestagsabgeordnete Heiner Geißler hat bei den ‚Landauer Gesprächen' darauf hingewiesen, daß sich auch Muslime an die Verfassung halten müssen. Bei Verstößen gegen das Strafgesetz und die Verfassung dürfe es wegen einer bestimmten Religionszugehörigkeit keine mildernden Umstände geben, sagte Geißler. Dagegen hob die *Präsidentin des Bundesverfassungsgerichts, Jutta Limbach,* hervor, daß Religionsfreiheit auch bedeuten müsse, andere Normen zu tolerieren. Die Freiheitsrechte der Religionen könnten ohne Zweifel mit anderen verfassungsrechtlich garantierten Grundrechten wie

---

[358] Siehe: *Türkei-Zentrum Essen* (Hrsg.): Muslime in NRW, 1995, S. 113.

der Gleichberechtigung von Mann und Frau in Konflikt geraten. Die diesjährigen ‚Landauer Gespräche‘, bei denen auch Faruk Şen, der Leiter des Essener Zentrums für Türkeistudien, sprach, thematisierten Pluralismus und Fundamentalismus.‘

Sie werden verstehen, daß diese Äußerung – so sie richtig zitiert ist – von großer Relevanz ist. Ich möchte in meinem Buch auf diese Bemerkung eingehen. Um einer eventuellen Fehlinterpretation Vorschub zu leisten, würde ich Sie um folgende Informationen bitten:

– Was verstehen Sie unter ‚anderen Normen‘?
– Wird an Ihrer Behörde darüber nachgedacht oder ist bereits beabsichtigt, den Muslimen gesetzlichen Freiraum für die Anwendung der Scharia zu geben?
– Gibt es sonstige Gremien, die mit diesen Fragen befaßt sind? Eventuell zugleich auch auf europäischer Ebene?
– Welche schariagemäßen Rechte könnte man den Muslimen zugestehen, ohne das Grundgesetz zu verletzen?
– Ist in diesem Zusammenhang an eine Verfassungsänderung gedacht?
– Kann es zweierlei Recht in einem Staat geben?"

Prof. Dr. Jutta Limbach hat am 17. August 1995 umgehend geantwortet:

„Haben Sie Dank für Ihren Brief vom 9. August 1995.

In der Tat habe ich die von Ihnen … kolportierte Äußerung auf jenem Symposium gemacht. Im übrigen aber bitte ich Sie, Verständnis dafür zu haben, daß ich Ihre auf zwei Seiten gestellten Fragen nicht beantworten kann. Unser Bundesverfassungsgericht beschäftigt sich mit verfassungsrechtlichen Problemen nicht von Amts wegen, sondern nur, wenn es in einer konkreten Rechtslage, etwa mit einer Verfassungsbeschwerde, angerufen wird. Nach meinem Wissen ist bisher ein derartiges Verfahren bei dem Bundesverfassungsgericht nicht anhängig.

In der gemeinsamen Verfassungskommission, die in den Jahren 1992 und 1993 getagt hat, sind derartige Fragen nicht Gegenstand eines Reformvorhabens gewesen. Leider ist es mir auch nicht möglich, Sie über Literatur und Gesprächspartner zu informieren."

Mein tastender Versuch, mehr Klarheit in die Äußerungen der Präsidentin des Bundesverfassungsgerichts zu bringen, muß als gescheitert gelten. Was im Jahre 1994 und in der ersten Hälfte des Jahres 1995 in den entsprechenden Gremien geschehen ist, bleibt im dunkeln. Der Gedanke ist in höchstem Maße erschreckend, daß zweierlei Recht in unserem Staat möglich sein könnte, selbst wenn dies die Grundrechte tangieren sollte. Eine eigene islamische Rechtsprechung wäre meines Erachtens der erste Schritt in Richtung „Staat im Staat".[359]

Die Scharia in heutigen islamischen Staaten – mit Ausnahme der Türkei – tangiert vor allem das Familienrecht, das Erbrecht, bestimmte Bereiche des Strafrechts und in einigen Ländern auch das Prozeßrecht. Nun ist die Scharia zwar in den meisten Ländern seit Anfang dieses Jahrhunderts kodifiziert, doch von ihrer Anlage her ist sie ein Netz von juristischen Bestimmungen aufgrund von Fallbeispielen, flexibel und unterschiedlich auslegbar und ausgelegt.[360] Auch spielt das Ausmaß der Beeinflussung der Gesetzgebung eines islamischen Staates durch europäisches Recht eine große Rolle. Das erklärt, warum zum Beispiel in Tunesien – und in der ohnehin auf westlichem Recht basierenden Gesetzgebung der Türkei – die Monogamie Pflicht ist und die Frau die Scheidung von sich aus verlangen kann, nicht aber in Saudi-Arabien, Ägypten oder in Iran.

Wie man in der Diaspora mit der Scharia umzugehen hat, ist unter den hiesigen Muslimen durchaus umstritten.[361] Daß man deutsches Recht umgehen kann, ohne es zu verletzen, schildert Murad Wilfried Hofmann in seinem Buch „Reise nach Mek-

---

[359] Eventuelle osmanische Vorbilder, nach denen nicht-islamische Religionsgemeinschaften gewisse rechtliche Freiheiten, allerdings auch deutliche Nachteile hatten, dürfen jedenfalls auf den deutschen Rechtsstaat nicht übertragen werden.

[360] Siehe dazu *Albrecht Noth:* Die Scharîa, das religiöse Gesetz des Islam – Wandlungsmöglichkeiten, Anwendung und Wirkung. In: *W. Fikentscher / H. Franke / O. Köhler* (Hrsg.): Entstehung und Wandel rechtlicher Traditionen. Freiburg – München, 1980, S. 415–435.

[361] Zur Diskussion siehe z. B. Schariʿa hier und heute. Beiträge zum 17. Treffen deutschsprachiger Muslime in der Moschee in München vom 1.–3. Oktober 1982. Haus des Islam. 1983.

ka" am Beispiel des *Erbrechts*. Um ihr Erbe gemäß Koran, Sure 4, 7–12, aufteilen zu können, bliebe „als Ausweg nur, sich freiwillig – durch Schenkung zu Lebzeiten des Erblassers oder letztwillige Verfügung – am koranischen Erbrecht zu orientieren. Wenn auch nur ein muslimischer Beteiligter dabei ausschert, verfängt freilich auch dieses Verfahren nicht."[362] Frauen erhalten im Erbfall nach islamischem Recht nur die Hälfte dessen, was ein Mann bekommt, weil er als der alleinige Ernährer der Familie gilt. Eine andere, deutschem Gesetz widersprechende, aber nach der Scharia gestattete Regelung ist die auch in Deutschland praktizierte *Polygynie*.[363]

Anerkennung als Körperschaft des öffentlichen Rechts

Der Anerkennung der islamischen Religionsgemeinschaft als Körperschaft des öffentlichen Rechts steht die mangelnde Einigkeit unter den Muslimen entgegen. Sie kann erst erfolgen, wenn die Muslime in Deutschland „die *Gewähr der Dauer* bieten, und diese Einschätzung muß sich aus ihrer Verfassung und ihrer Mitgliederzahl" ableiten. Die Muslime müssen sich auf eine *Repräsentanz* einigen können, einen „Lebensverband" auf religiöser Grundlage mit einem Mindestmaß an „amtlicher" Organisation.[364] Kurz: der Staat will wissen, mit wem er es genau zu tun hat, wer also konkret die wirklichen Interessen der Muslime in Deutschland vertreten kann.

Bislang liegt den Ministerien kein von allen großen Dachverbänden unterzeichneter Antrag auf Anerkennung als Körperschaft des öffentlichen Rechts vor. Soweit angesichts der Rivalität der Verbände erkennbar, wird es vermutlich wegen der Brisanz dieser Angelegenheit auch auf absehbare Zeit kei-

---

[362] *M. W. Hofmann:* Reise nach Mekka, S. 178.
[363] Mehr über schariatrechtliche Probleme im Zusammenhang mit der Ehe und der Scheidung ist in dem 10. Kapitel „Frauenfragen" nachzulesen.
[364] Art. 137 WRV, übernommen in Art. 140 GG; dazu *W. Loschelder:* Islam und Grundgesetz, S. 163.

nen gemeinsamen Antragsteller geben. DITIB könnte sich in einer so entscheidenden Frage kaum mit islamistischen Gruppierungen verbünden. Der bereits 1978 gestellte Antrag der Süleymancı, als Islam-Repräsentant anerkannt zu werden, ist seinerzeit nicht zum Zuge gekommen, zumal sich andere islamische Gruppierungen von dieser Entwicklung überfahren fühlten. Kurz vor dem Zusammenbruch der DDR hatte sich noch die „Islamische Religionsgemeinschaft in der DDR" gegründet und nach der Wende gehofft, daß *sie* aufgrund ihrer damaligen Anerkennung als Religionsgemeinschaft alle Vorteile für eine Anerkennung als Körperschaft des öffentlichen Rechts auch in der Bundesrepublik auf ihrer Seite habe; doch erwies sich dies als Trugschluß. Vor „einigen Jahren" hat der Islamrat, der sich erst 1997 eine Satzung gegeben hat, einen entsprechenden Antrag gestellt, der vor sich hinschmort – vermutlich aus gutem Grund.

Die *Verweildauer* ist gegeben. Die Muslime werden in Deutschland bleiben. Nach Auskunft des Düsseldorfer Innenministeriums muß aber auch die sogenannte *„30-Jahres-Frist"* überstanden sein. Das bedeutet, daß die Muslime erst mindestens 30 Jahre nach ihrer organisatorischen Konsolidierung und der Bildung von Zusammenschlüssen die Chance auf Anerkennung haben, die üblicherweise vom Staat ausgeht und quasi als Gütesiegel „verliehen" wird. Diese Fristsetzung hat zur Folge, daß eine Anerkennung in diesem Jahrhundert bestimmt nicht mehr erfolgen kann.

Die Muslime sind mit ihren Problemen nicht alleine. Seit 1995 kämpft die Scientology – mit Stand Ende Juli 1997 – vergeblich um die Anerkennung als Körperschaft des öffentlichen Rechts. Den Zeugen Jehovas wurde im Juni 1997 ihre Anerkennung versagt, und zwar mit der Begründung, sie beteiligten sich weder aktiv noch passiv an den Wahlen, unterstützten also nicht die demokratische Grundordnung. Allein schon die Tatsache, daß Milli Görüş vom Verfassungsschutz observiert wird und zugleich den Antragsteller Islamrat dominiert, dürfte unüberwindliche Schwierigkeiten machen. Verlangt wird ein klares und verläßliches Bekenntnis zur freiheitlich-säkularen Ordnung unseres Staates.

Im übrigen können die Bundesländer in dieser Angelegenheit keine isolierten Entscheidungen treffen. Sollte tatsächlich von dem zuständigen Ministerium eines Bundeslandes aus ein Verfahren hinsichtlich eines derartigen Antrags eingeleitet werden, so müßte die Entscheidung mit allen 16 Bundesländern abgestimmt werden.

Um überhaupt handeln zu können und um „amtliche Strukturen" zu entwickeln, haben sich die Muslime deshalb in eingetragenen Vereinen organisiert. Loschelder meint: „Diese Anforderungen beziehen sich selbstverständlich nicht auf die gesamte Glaubensgemeinschaft – ‚das' Christentum, ‚den' Islam; ‚Körperschaft' im Sinne des Grundgesetzes können nur die engeren Verbände sein, die in seinem Geltungsbereich existieren. Entsprechend müssen diese die verfassungsrechtlichen Voraussetzungen erfüllen. Allerdings ist ihre Zugehörigkeit zu einem weltweiten Glauben nicht bedeutungslos: Sie erlaubt auch bei geringer Mitgliederzahl in einer Diasporasituation, die Prognose der Dauer zu stellen. In dieser Hinsicht bieten die islamischen Vereinigungen mithin kaum Probleme – jedenfalls soweit sie zu den beiden großen Glaubensrichtungen, nicht zu sektenartigen Absplitterungen rechnen."[365] Die Erkenntnis, daß die islamische Religionsgemeinschaft durch *mehrere* Verbände vertreten sein kann, hat sich freilich erst langsam durchgesetzt; die Einrichtung einer einzigen Vertretung ist überhaupt nicht notwendig für die Anerkennung.

Art. 137 Abs. 2 der Weimarer Reichsverfassung räumt den „Religionsgesellschaften" – heute würde man statt dessen von „Religionsgemeinschaften" sprechen – eine gewisse Autonomie ein: Gebets- und Versammlungsrechte, Religionsunterricht etc. Tangiert werden zudem das Besteuerungsrecht – also sowohl eine der Kirchensteuer vergleichbare Moscheesteuer wie auch entsprechende Steuererleichterungen – und die „Dienstherrenfähigkeit", so daß sich islamische Religionsgemeinschaften wie die Kirchen selbst verwalten können.

Manches an der bisherigen Diskussion mag verwundern

---

[365] Ebd., S. 163 f.

angesichts der Tatsache, daß in Deutschland sowohl die katholische als auch die evangelische Kirche und kleinere christliche Gruppierungen als Körperschaften des öffentlichen Rechts fungieren können, hier also im Falle der Christen *keine gemeinsame* Religionsvertretung erforderlich ist. Selbst wenn die Beziehung zwischen unserem Staat und den Christen historisch ganz anders gewachsen ist als die zwischen diesem Staat und seinen Muslimen, so mag man doch den Schluß ziehen, daß hier vergleichbare Tatbestände vorliegen und daß man gerechterweise den Muslimen nicht abverlangen darf, was man auch von den Christen nicht fordert.

Allerdings erheben sich zunehmend Stimmen im islamischen Lager, die die Meinung äußern, man sei gar *nicht* auf die Anerkennung *angewiesen,* sondern könne sehr wohl und vielleicht noch besser hierzulande sein Eigenleben entfalten. Eine Anerkennung als Körperschaft des öffentlichen Rechts sehen sie als eine Überführung des Islam in westliche Denk- und Organisationsstrukturen und damit in eine Art „islamischer Kirche", die nicht islamgemäß und daher abzulehnen ist.[366]

Wer spricht für die Gesamtheit der Muslime?

Für die Anerkennung der islamischen Religionsgemeinschaft als Körperschaft des öffentlichen Rechts bietet sich mit seinem Vorstoß der Islamrat für die Bundesrepublik Deutschland an, Sprecher aller Muslime solle der *Scheichülislam* sein. Der Scheichülislam oder Mufti von Istanbul ist eine wichtige Identifikationsfigur. Der Versuch, das Amt des ranghöchsten Muftis zu Zeiten des Osmanischen Reiches (ca. 1300–1924) – an Macht dem Papst vergleichbar[367] – wiederzubeleben, sollte vermutlich Signale aussenden, die an die Stärke durch die Einheit der Muslime gemahnen. Ein Scheichülislam unterstand zwar dem Sultan, konnte diesen jedoch seines Amtes enthe-

---

[366] „Orientdienst" vom August 1994.
[367] Vgl *R. C. Repp:* The Müfti of Istanbul. A Study in the Development of the Ottoman Learned Hierarchy. Oxford 1986, S. XIX u. S. 115f.

ben, wenn er sich nicht scharia-gemäß verhielt; er war also letztendlich unabhängig vom Herrscher.

Am 27. Februar 1993 wurde meines Wissens zum ersten Mal seit der Gründung der Republik Türkei wieder der alte Titel „Şeyhülislâm" (bzw. Shaikh al-Islâm) verliehen. Der heutige Milli Görüş-Vorsitzende Ali Yüksel wurde vom Islamrat feierlich in dieses Amt eingesetzt. Am 4. November 1995 wurde der Nurcu Şükrü Bulut sein Nachfolger.

Der osmanische Scheichülislam beziehungsweise Mufti von Istanbul hatte unter anderem die wichtige Aufgabe, Fatwas zu erstellen.[368] *Fatwas* können sehr konstruktiv sein. Sie sind *das* Mittel, um den Islam sich verändernden Gegebenheiten anzupassen. Sie können beispielsweise Organtransplantationen oder Bluttransfusionen als islamgemäß deklarieren und zulassen. Schönheitsoperationen werden als Eingriff in Gottes Schöpfung abgelehnt. Diese religiösen Gutachten sind genausowenig richterliche Urteile wie die Enzykliken des Papstes. In der westlichen Welt haben vor allem die „negativen Fatwas" Furore gemacht; ganz besonders spektakulär war die Fatwa des Ayatollah Khomeini gegen Salman Rushdie, den Autor der Muslime verletzenden „Satanischen Verse". Ihn als vom Islam abgefallen zu brandmarken bedeutete faktisch, ihn und mit ihm die Übersetzer und Verleger dieses sündenbehafteten Buches für „vogelfrei" zu erklären.[369]

Fatwas zu ein und demselben Problem können sehr unterschiedlich ausfallen, denn es hängt viel von der Interpretation von Koran und Sunna und der Methode der Rechtsfindung ab.[370] Deshalb würde es schon Sinn machen, eine zentrale Anlaufstelle zu installieren und einen mit den hiesigen Ver-

---

[368] Eine Fatwa verbot z. B. über ein Jahrhundert lang den Muslimen den Buchdruck, weil die Ulema befürchteten, daß ihnen dadurch die Kontrolle über die Veröffentlichung von Schriften und somit ihre Autorität entgleiten würde.

[369] Siehe dazu z. B. *C. Colpe:* Problem Islam. 2. Aufl. Weinheim 1994, S. 95–101.

[370] Grund dafür ist die unterschiedliche Anwendung der wichtigsten hermeneutischen Mittel, das Tor zum „ijtihâd" (türk.: *içtihat*), also zur „zeitgemäßen Interpretation", aufzustoßen, nämlich: „Analogieschluß", *qiyâs*, „Übereinstimmung der Gelehrten", *ijmâ'*, und „Meinungsbildung nach bestem Wissen und Gewissen", *ra'y* bzw. *istihsân*, auf der Grundlage von Koran und Sunna unter Einbeziehung der von den unterschiedlichen Rechtsschulen festgeschriebenen Präzedenzfälle.

hältnissen vertrauten Mufti von Deutschland oder Scheichülislam zu bestimmen, an den sich verunsicherte Muslime wenden können, um Lebenshilfe zu erhalten. Doch erwies sich diese Aktion letztlich als Fehlschlag. „Die meisten islamischen Verbände hatten keine Reaktion auf die Wahl gezeigt, weil sie entweder davon keine Kenntnis hatten oder sie ignorierten."[371]

So kommt es, daß fast jede Organisation nach wie vor ihre eigene Fatwa-Stelle hat; bei ganz zentralen Fragen wenden sie sich meist an die übergeordneten Muftis im Herkunftsland, in Ankara, in Mekka, Riad, Kairo oder Ghom. „Doch werden wir in brennenden Fragen oft jahrelang von den zuständigen Stellen im Stich gelassen. Die verstehen überhaupt nicht, was es heißt, in der Diaspora zu leben", erklärte mir ein Imam.

Integration oder was sonst?

Die Diskussion über „Assimilation", „Akkulturation", „Integration", „Konvivenz" oder „Koexistenz" ist sehr lebhaft. An dieser Stelle soll lediglich auf die Position der religiös orientierten und organisierten Muslime eingegangen werden.

Den Begriff „Assimilation" lehnen die Muslime grundsätzlich ab, verstehen sie doch darunter den kulturellen und religiösen Identitätsverlust, ja die Preisgabe wesentlicher religiöser Glaubensinhalte und Werte. Der Begriff „Konvivenz", „Zusammenleben", den Theo Sundermeier geprägt hat und „als gegenseitige Hilfeleistung, als wechselseitiges Lernen und als gemeinsames Feiern" charakterisiert, ist meines Wissens muslimischerseits noch nicht aufgegriffen worden.[372] Statt dessen haben die Muslime den Begriff „wohlverstandene Integration" eingeführt. Er stammt aus einer Studie, die das Zentral-

---

[371] „Orientdienst" vom Oktober 1993 in der Rubrik „Nachrichten aus der Welt des Islam", Quelle: Deutsche Welle.
[372] Siehe: *Arnoldshainer Konferenz und Lutherisches Kirchenamt der Vereinten Evangelisch-Lutherischen Kirche Deutschlands* (Hrsg.): Religionen, Religiosität und christlicher Glaube. Gütersloh 1993, S. 128f, aber insbesondere *Th. Sundermeier:* Konvivenz als Grundstruktur ökumenischer Existenz heute. In: Ökumenische Existenz heute, Bd. 1 (ÖEh 1). München 1986.

Institut Islam-Archiv-Deutschland im Auftrag des Rats der Türkischen Staatsbürger in Deutschland (RTS) angefertigt hat:[373]

„Die islamischen Gemeinschaften lehnen eine Assimilierung der muslimischen Minderheit in die deutsche Gesellschaft ab. Dagegen hat sich die große Mehrheit der islamischen Verbände spätestens seit 1991 einhellig für die Fortsetzung eines ‚wohlverstandenen Integrationsprozesses‘ ausgesprochen und unterstützt dieser Zeit verstärkt alle Bemühungen, die zur Verwirklichung dieses Zieles notwendig sind.

Unter dem Terminus ‚wohlverstandene Integration‘ verstehen die Verbände des Islamrats eine Entwicklung, die es den Muslimen und ihren Organisationen ermöglicht, ihre besondere kulturelle und religiöse Identität beizubehalten, zu fördern und zu festigen.

Dieses scheint um so wichtiger, als die Gesellschaft es am Ende dieses Prozesses mit ‚deutschen Bürgern islamischen Glaubens und türkischer (oder anderer) Herkunft‘ zu tun haben dürfte.

Es geht also in diesem Prozeß nicht um die Verfestigung einer ethnischen oder nationalen Minderheit, sondern um den Schutz einer religiösen Minorität und des ihr eigenen kulturell-religiösen Brauchtums.

Dieser Prozeß kann von Muslimen nicht allein bewältigt werden. Integration ist im Gegensatz zur Assimilation keine Einbahnstraße. Sie bedingt vielmehr, daß sich auch die Gesellschaft, in die sich diese Minderheit integrieren möchte, mitintegriert. Die Gesellschaft kann von der sich integrierenden Minderheit nur das erwarten, was sie selbst zu diesem Prozeß beizutragen bereit ist: Respektierung des anderen Glaubens, der je anderen Traditionen, der je anderen Lebensweise.

Der von Muslimen eingeleitete gesellschaftspolitische Prozeß wird sehr bald offenlegen, in welchem Maße die Mehrheitsbevölkerung fähig ist, den vorgegebenen Pluralismus gesellschaftlich konkret zu verwirklichen.“

---

[373] „Moslemische Revue" 4/1993, S. 238.

Nicht alle Organisationen können von ihren Voraussetzungen her damit einverstanden sein, daß Integration nicht eine ethnische oder nationale Verfestigung beinhalten solle. Milli Görüş (IGMG) hält die Beibehaltung der Muttersprache für unerläßlich, die ATIB verwahrt sich dagegen, daß Kurden unter Türken zu rechnen sind, und ist national im strengsten Sinne, nachgerade nationalistisch; das gilt auch für andere Gruppierungen.

Imam Cengiz von der *inter akademi* der ATIB wählte in einem Gespräch den Begriff „Koexistenz zweier Kulturen". Er sprach davon, daß beide Kulturen einander sehr fremd sind. An den Berührungspunkten entstünden Spannungen, die beim Namen genannt werden müßten, denn bis jetzt würden sie einfach übergangen und ignoriert. Die *inter akademi* wolle Lösungsvorschläge erarbeiten, „damit die türkische Gesellschaft erhalten bleibt". Ganz deutlich wird hier ein absolutes Nebeneinander postuliert, allerdings der „Dialog" – was immer nun wieder darunter zu verstehen ist – mit den Nicht-Muslimen gewünscht.

Der ATIB-Vorsitzende Musa Serdar Çelebi erklärte auf dem Kongreß seiner Organisation am 26. April 1993 vor 3500 türkischen Teilnehmern in Castrop-Rauxel – nachdem er dargestellt hatte, daß die Türkei eines der stärksten Länder des 21. Jahrhunderts sein werde – in *türkischer* Sprache: „Im Hinblick auf unsere Zukunft in Europa ist unsere wichtigste Aufgabe die *Erziehung unserer künftigen Generationen* zu Personen mit einer *,nationalen Identität'*. Was unsere Bürger in Europa betrifft, so müssen alle unsere Bemühungen dahin gehen, künftige Generationen aufzuziehen, die eine *muslimisch-türkische Persönlichkeit* haben."[374] Die *türkischsprachige* ATIB-Selbstdarstellung spricht ebenfalls von der „Wahrung der türkisch-islamischen Identität" als einer der vordringlichsten Aufgaben";[375] dagegen ist in der *deutschsprachigen* Selbstdarstellung die Rede „von dem übergeordneten Ziel der *Integration* unserer Mitglieder in das Land, das für viele von uns

---

[374] Siehe: *Zentrum für Türkeiforschungen:* Muslime in NRW, 1995, S. 112 f. (Kursivwiedergaben von der Verfasserin).
[375] Siehe die türkischsprachige Selbstdarstellung „ATİB", S. 5.

schon zu einer Heimat geworden ist".[376] Handelt es sich hier um die sehr besondere Deutung des Integrationsbegriffs, oder wird nicht doch bewußt das wahre Interesse verdeckt und *taqîya,* „Verstellung", geübt?

Im Jahresbericht 1996 beschwert sich ATIB darüber, daß in dem Rahmenübereinkommen des Europarats zum *Schutz nationaler Minderheiten* vom 11. Mai 1995 wohl die Dänen, Sorben, Friesen sowie die Sinti und Roma als Minderheiten mit deutscher Staatsbürgerschaft genannt werden, nicht aber die Türken.[377] Es ist recht wahrscheinlich, daß diesem Vorwurf ein *idealisiertes* Bild vom Status der Minderheiten im *Millet-System* zugrundeliegt, das konfessionell definierten Ethnien im Osmanischen Reich Sonderrechte – z. B. eigene Familiengerichtsbarkeit – gewährte und das nun sozusagen „umgekehrt" auf muslimische Minderheiten im nicht-islamischen Land angewendet werden soll.

In Gesprächen mit Muslimen bekommt man sehr oft den Eindruck, als sei „Integration" für sie gleichbedeutend damit, daß die deutsche Gesellschaft die Muslime in jeder Hinsicht tolerieren müßte. Gegenleistung sei der finanzielle Beitrag der Muslime, die Steuern bezahlen und die Renten mit absichern.

In dem der DIF herausgegebenen Buch „Schleierhaft/ SchleierHaft" heißt es: „Insha'Allah kommt ein Tag, auf den wir die Hoffnung nicht aufgeben, daß die Mehrheitsgesellschaft ihre Einstellung zum Islam ebenso revidiert wie die islamische ihre Einstellung zu Traditionen; und es dann keine Mehrheiten und Minderheiten mehr gibt. Die Vorleistungen jedoch sind von denjenigen zu verlangen, die die Macht haben, Normen festzuschreiben, und nicht im Umkehrschluß von den Minderheiten, zumal für diese die Identifizierung mit der Herkunftsgruppe in einer rigiden unfreundlichen Umwelt eine enorm höhere Bedeutung gewinnt als in Fällen freundlicher Aufnahme."[378]

---

[376] Dazu die 24seitige Broschüre der Union der *Türkisch-Islamischen Kulturvereine in Europa*: ATIB stellt sich vor, o. O. (vermutlich Köln), o. J., S. 13 (Kursivwiedergaben von der Verfasserin).
[377] 9. Tätigkeitsbericht vom 11. November 1996 in Dortmund, S. 16.
[378] DIF: SchleierHaft, S. 177.

DIF kommt zu dem Schluß, daß *die deutsche Gesellschaft* nicht integrationsbereit sei. „Integration nach islamischer Art" sei Gleichberechtigung von in islamisches Gebiet Eingereisten mit den Einheimischen. „Fremden Gruppen" seien „eigene Rechtsschöpfung und Gesetzgebung (besonders im Personenstandsrecht) zugesprochen worden".[379] „Wie jemand heiratet, sich scheidet, seine Kinder erzieht, eigene Bildungseinrichtungen hierzu schafft, sich kleidet, seine Kranken pflegt und seine Toten beerdigt, bleibt ständig der betroffenen Gruppe selbst überlassen, ja sogar, ob sie an der Landesverteidigung teilnimmt, kann sie selbst bestimmen."[380]

Abgesehen von der Glorifizierung des islamischen Umgangs mit Nicht-Muslimen, die bei aller Toleranz im *dâr al-islâm*, im Gebiet des Islam, doch stets Bürger zweiter Klasse waren,[381] ist es sehr einfach, die Probleme den anderen anzulasten. „Integration" bedeutet hier nichts anderes, als die Scharia in einem nicht-muslimischen Staat durchzusetzen, der eines Tages ein muslimischer Staat sein wird – so Gott will. Ohne eine Klärung der verschiedenen Begrifflichkeiten werden Gespräche mit Vertretern der meisten islamischen Organisationen immer wieder in der Sackgasse enden. „Integration" bedeutet für fromme Muslime jedenfalls in der Regel „Eigenständigkeit" und „Abgrenzung" und führt in die „Ghettoisierung".

Hildegard Becker beurteilt die gesellschaftliche Situation der Muslime in Deutschland ausgewogen: „Die Gründe dafür, daß sich immer mehr Muslime von der deutschen Mehrheitsgesellschaft abwenden und abkapseln, können auch nicht *allein* in den Defiziten der deutschen Gesellschaft gesucht werden."[382] Die einseitigen Schuldzuweisungen vieler islamischer Organisationen und deren Deutung von Integration lassen

---

[379] Ebd., S. 179.
[380] Ebd., S. 181.
[381] Dazu am besten *A. Th. Khoury:* Toleranz im Islam. Entwicklung und Frieden. (Wissenschaftliche Reihe 22). München–Mainz 1980. Ferner: *L. Hagemann/A. Th. Khoury:* Dürfen Muslime auf Dauer in einem nicht-islamischen Land leben?
[382] *H. Becker:* Manuskript zu ihrem Landshuter Vortrag „Islam – Islamismus – Extremismus. Islamischer Fundamentalismus in Deutschland" am 6. Mai 1997.

befürchten, daß der Weg zu einem sozialen Konsens noch sehr lang ist. Diese Feststellung trifft aber auf die meisten in Deutschland lebenden Muslime nicht zu.

Das Projekt „Medina" – ein „Stadtstaat" in Deutschland?

Ein Stück Land, in dem *ausschließlich* Muslime wohnen und ihren Vorschriften gemäß leben, wollen sich die Sufi in Weimar schaffen. Diese kleine Gruppe nennt sich „Islamische Gemeinschaft in Deutschland" (IGID) und bezeichnet ihr Vorhaben als „Projekt Medina". Es sei „untrennbar mit den „Daʿwa-Aktivitäten verbunden", schreibt Amir Abu Bakr Rieger unter der Überschrift „Das Siedlungsprojekt oder die einfache Einsicht, daß Architektur politisch ist…" Bereits die islamisch sozialgerechte Architektur des Stadtstaates „Medina" soll westliche Fehler vermeiden und neue, von der Religion bestimmte Wege weisen: „Der islamische Markt, die Moschee und entsprechende Versorgungs- und Wohnmodelle sind klare politische Ziele für die Muslime in Europa".[383] Daß Weimar die Stadt Goethes ist, hat für diese Muslime, die den bedeutenden Dichter für einen der Ihren halten, große Bedeutung.[384]

Das jahrhundertelange *Nebeneinander* von Protestanten und Katholiken ist in Deutschland nur begrenzt zu einem wahren *Miteinander* geworden. Jetzt ist der Islam als eine ganz eigenständige „dritte Kraft" hinzugekommen. Das fordert uns alle gemeinsam.

---

[383] „Islamische Zeitung" vom Februar 1997 über die bislang zweijährige Arbeit und die Ziele von IGID. Trotz Aufforderung an die IZ-Leser, Materialien bei der Abt. Siedlungsprojekt, Postfach 2016, 99401 Weimar, anzufordern, erhielt ich keine Informationen.
[384] Weitere für die mögliche Entwicklung zum „Staat im Staat" wesentliche Aspekte sind an anderen Stellen dieses Buches zu finden, z. B. im Kapitel „Islamische Bildungsstätten" oder „Islamische Organisationen in Deutschland".

12. Islamische Bildungsstätten

Der verständliche Wunsch vieler muslimischer Eltern in Deutschland, ihre Kinder wie in ihrem Heimatland aufwachsen zu lassen, ist nicht erfüllbar. Die zunehmende Entfremdung von der heimischen Kultur ist ein hoher Preis für das Leben in einem anderen Land, gleichgültig ob der Aufenthalt zunächst auf eigenen Wunsch zustandegekommen ist oder durch die Verhältnisse im Herkunftsland erzwungen wurde. Die Zahl muslimischer Kinder und Jugendlicher unter 16 Jahren im Bundesgebiet wird gegenwärtig auf etwa 750 000 geschätzt.[385] Weit über die Hälfte von ihnen wurde bereits in Deutschland geboren.[386]

Kindergärten

Die kleinen Muslime gehen in kommunale oder kirchliche Kindergärten. Hier und da gibt es zwar auch islamische Kindergärten, meist in Verbindung mit Moscheen; doch ist ihre Zahl verschwindend gering. Auch wenn auf die muslimischen Kinder je nach Einfühlungsvermögen der Betreuenden Rücksicht genommen, gelegentlich auch eine Muslimin als Kindergärtnerin angestellt wird, bleibt doch das Problem, daß die Kindergärten prinzipiell auf nicht-islamische Verhältnisse eingestellt sind. Deshalb singen muslimische Kinder fröhlich Weihnachtslieder mit. Die Vorstellung, daß christliche Kindergärten am ehesten noch moralische Werte vermitteln, läßt

---

[385] So die unveröffentlichte Dokumentation 1/1997 des Islamrats für die Bundesrepublik Deutschland, S. 17; von 780 000 ist S. 4 die Rede.
[386] Ebd., S.16.

manche muslimischen Eltern sogar von den Kirchen betriebene Kindergärten bevorzugen. Etliche christliche Großstadt-Kindergärten werden überwiegend von muslimischen Kindern besucht. Außerdem liegt die Geburtenrate bei Muslimen deutlich höher als bei hiesigen Nicht-Muslimen, so daß ein zunehmender Bedarf an Kindergarten-Plätzen für sie zu decken ist.

Islamische Schulen

Die allgemeine *Schulpflicht* betrifft gegenwärtig knapp 400 000 muslimische Kinder in Deutschland.[387] Die allermeisten von ihnen besuchen öffentliche Schulen. Die Anzahl muslimischer *Sonderschüler* ist dabei überproportional hoch, nicht weil diese Kinder weniger intelligent wären als andere, sondern vor allem weil sich sprachliche Mängel störend auf die Beteiligung am Unterricht und negativ auf die Benotung auswirken. Für die Schule ist das Abschieben bequem; für die berufliche Zukunft dieser Kinder jedoch ist es eine verheerende Notlösung.[388]

Die islamischen *Erziehungsideale* entsprechen in mancherlei Hinsicht nicht den „westlichen" Vorstellungen. Die Muslime legen besonderen Wert auf den Respekt älteren oder höhergestellten Menschen gegenüber. Disziplin in der Schule wie im Elternhaus ist ihnen wichtig, Gehorsam und Wohlverhalten nicht minder. Wissen wird angehäuft, Querdenken nicht gefördert, Eigeninitiative der Kinder selten unterstützt. Groß ist die Sorge vieler muslimischer Eltern, ihre Kinder würden in deutschen Schulen zu „frei" erzogen, verlören dort die sittlich-religiösen Normen – zum Beispiel im Umgang mit dem anderen Geschlecht – und könnten ihnen entgleiten. Außerdem sind die Eltern nicht nur der ersten Generation oft genug in ihren persönlichen Orientierungen in der westlichen Gesell-

---

[387] Die Anzahl der türkischen Schüler und Auszubildender betrug Ende 1996 genau 379 093.
[388] Die Prozentzahlen der 14jährigen Sonderschüler in Hessen, 11 % Marokkaner, 10 % Italiener, 8 % Türken (bundesweit 6,7 %), zeigen für das Jahr 1995 die überdurchschnittlich schlechte Situation der muslimischen Jugendlichen.

schaft noch unsicher und neigen dazu, ihre Kinder möglichst zu „guten Türken", zu „guten Marokkanern" oder „guten Muslimen" zu erziehen. Auf der anderen Seite bleibt etwa ein Drittel der Eltern in Deutschland nur deshalb, weil sie ihren Kindern „eine gute Ausbildung" zukommen lassen wollen.[389]

Die bislang einzige islamische *Grundschule, das Islam Kolleg Berlin e.V. (Berlin Islami Ilimler Okulu),* wurde im Jahr 1989 mit der ersten Klasse eröffnet. Inzwischen besuchen 132 Schülerinnen und Schüler verschiedener Nationalität die 1. bis 6. Klasse und erhalten außer dem regulären Unterricht nach den Berliner Rahmenplänen noch islamischen Religions- und Arabischunterricht. Alle anfänglichen Befürchtungen, daß die Schulträgerschaft, die Islamische Föderation unter ihrem damaligen Vorsitzenden Jahja Schülzke, Auflagen der Senatsschulverwaltung unterlaufen und die Scharia predigen werde, haben sich nicht bestätigt. Mit der endgültigen Anerkennung als „Islamische Grundschule" am 1. November 1995 übernahm der Berliner Senat die Personalkosten. „Bei der Rekrutierung der Lehrerschaft paktiert das Islamkolleg sogar mit dem ideologischen Intimfeind. Neben den vier zum Islam konvertierten deutschen Lehrerinnen und einem Arabischlehrer stellte das Kolleg bevorzugt kommunistisch und sozialistisch geschulte und sozialisierte Fachkräfte aus dem Osten ein. Ostlehrer haben eine stärkere Persönlichkeit und legen mehr Wert auf Ordnung, Sauberkeit und Disziplin. Das sind wichtige Fähigkeiten, da unsere Kinder lebhaft sind", betont Jahja Schülzke.[390]

Eine *weiterführende* islamische Schule mit vier Klassen hat in *München* das stockkonservative Islamische Zentrum errichtet. Etwa 500 Kinder überwiegend arabischer, zunehmend aber auch türkischer Muttersprache werden bislang noch zur Hälfte auf arabisch, zur anderen Hälfte auf deutsch unterrichtet, wobei in naher Zukunft der deutschsprachige Unterricht den Gegebenheiten entsprechend ausgeweitet werden soll.

---

[389] Dazu z. B. *Ursula Neumann:* Erziehung ausländischer Kinder. Erziehungsziele und Bildungsvorstellungen in türkischen Arbeiterfamilien, Düsseldorf 1980, 2. Aufl. 1981, S. 151–165.
[390] Zitiert in: *E. Seidel-Pielen:* Unsere Türken, S. 108 f.

In *Bonn-Bad Godesberg* wurde im September 1995 die saudiarabische *König Fahad Akademie* eröffnet. Die Baukosten von 28 Millionen für die Errichtung der Akademie „wurden privat vom Hüter der beiden Heiligen Stätten, König Fahad Bin Abdulaziz, übernommen. Er hat Anweisung gegeben, auch in *Berlin* die Errichtung einer weiteren Akademie zu planen".[391] Vergleichbare Einrichtungen gibt es bereits in Washington und London. Auf einem 5600 qm großen Anwesen wurde die Bonner Akademie mit einer Gesamtnutzfläche von 5000 Quadratmetern als Nachfolgerin der Arabischen Schule in Bonn errichtet. Mit ihren über 600 Schülern und Schülerinnen platzt sie nach Angaben ihres Geschäftsführers bereits nach knapp zweijährigem Bestehen aus allen Nähten.

In den *Gebäudekomplex* baulich integriert ist die Moschee; sie hat ein hübsches Minarett mit vergoldeter Kuppel und kann 500 Personen aufnehmen. Neben einem Sprachlabor verfügt die Akademie über Versuchseinrichtungen für die Naturwissenschaften, einen Computerraum und eine Bibliothek. Für Konferenzen und sonstige Veranstaltungen bietet die Akademie große Säle, wo insbesondere auch in Abendkursen interessierten Erwachsenen die arabische Kultur nähergebracht werden soll.

Die *Unterrichtssprache* der König Fahad Akademie ist Arabisch; erste Fremdsprache ist Deutsch, die zweite Englisch. Die Ausbildung führt von der ersten Grundschulklasse bis zum „saudiarabischen Abitur"; Zwischenabschlüsse wie die Mittlere Reife gibt es hier nicht. Offiziell firmiert die König Fahad Akademie als „säkulare arabische Schule", im Unterschied zu den beiden religiösen „islamischen Schulen" des Berlin-Kollegs und des Islamischen Zentrums München. Da die Curricula dieser Schule aber den saudiarabischen Lehrplänen entsprechen, ist Religionsunterricht ohnehin eines der Pflichtfächer.

„Selbstverständlich steht die Bildungsarbeit auf der Grundlage der islamischen Ethik", erklärte Herbert Hobohm, ge-

---

[391] Zitiert nach dem Informationsblatt der Akademie.

nannt Mohammad Aman. Er ist der Geschäftsführer des Schulträgerschaftvereins und zugleich Stellvertretender Vorsitzender des Zentralrats der Muslime in Deutschland. Hobohm stellt fest, daß die Akademie als „Ergänzungsschule", nicht als „Ersatzschule" anerkannt ist und daher auch keine Ansprüche auf hiesige staatliche Unterstützung geltend machen kann. Sie ist für Schüler und Schülerinnen gedacht, die ihre Lebensmitte in den *arabischen* Ländern haben, vor allem für Kinder von Diplomaten, die allerdings nur 16 % ausmachen, und von Geschäftsleuten. Wenigstens ihrer Satzung nach steht die Schule auch nicht-muslimischen Kindern offen; allerdings muß für alle Schüler eine Befreiung des Schulamts von der deutschen Schulpflicht vorliegen.

Das nordrhein-westfälische Kultusministerium mischt sich nicht in die Stundenpläne und Lehrinhalte der Akademie ein, die vom saudiarabischen Erziehungsministerium vorgegeben und auch einige Male im Jahr kontrolliert werden. Die Prüfungen finden unter Aufsicht staatlicher Inspektoren aus Saudi-Arabien statt. Mit dem Abschluß-Diplom nach zwölfjährigem Schulbesuch erhalten die Absolventen die Zulassung zum Studium an den Universitäten sämtlicher arabischer Länder sowie der USA. Für die Zulassung zum Studium in Deutschland muß ergänzend der Besuch eines einjährigen Studienkollegs an deutschen Universitäten nachgewiesen werden, der vor allem der Vervollkommnung im Gebrauch der deutschen Sprache dient.

Wer die König Fahad Akademie besucht, muß sich von einigen Vorurteilen trennen. Die Mädchen, die etwa die Hälfte der Schulbesucher ausmachen, können frei entscheiden, ob sie Kopftücher tragen oder nicht. Die Akademie leitet eine Frau, die in Los Angeles Pädagogik und Management studiert und in Kairo promoviert hat. Ihr sind viele männliche Lehrer und Mitarbeiter unterstellt. In Saudi-Arabien genießt sie großes Ansehen. Als ich dieser Schuldirektorin, Frau Dr. Aisha al-Hussaini, zufällig in der Akademie begegne, trägt sie gerade selbst kein Kopftuch. Wer von einer saudiarabischen Schule erwartet, daß Jungen und Mädchen in verschiedenen Klassenräumen unterrichtet werden, wird ein weiteres Mal überrascht:

Koedukation, die in Saudi-Arabien selbst unmöglich wäre, wird hier problemlos praktiziert. *„Auch Volkstänze werden gemeinsam aufgeführt"*, ergänzt Mohammad Amin Hobohm.

Allerdings hat die König Fahad Akademie auch eine andere Seite. Die Lehrer, die aus verschiedenen arabischen Ländern, überwiegend aber aus Ägypten kommen, vertreten die in Saudi-Arabien übliche wahhabitische Richtung des Islam und damit die strengste Form der Scharia. So bezeichnete ein Lehrer an dieser Akademie als ihr offizieller Repräsentant in einem Fernsehinterview Händeamputieren bei Diebstahl als ein zwar strenges, aber gerechtes und wirksames Mittel zur Abschreckung, ein Standpunkt, den im übrigen auch das Islamische Zentrum München teilt. Wenngleich intendiert ist, daß die Absolventen der Akademie letztlich in ihre Herkunftsländer zurückkehren, so werden doch viele auch hierbleiben oder sich in die ganze Welt zerstreuen. Aber auch diejenigen, die in ihre verschiedenen arabischen Heimatländer zurückgehen, bleiben dauerhaft von dem wahhabitisch-puristischen Islam Saudi-Arabiens geprägt.[392]

Bei der feierlichen Eröffnung der Akademie waren außer dem saudischen Prinzen Abdulazîz auch Außenminister Klaus Kinkel und der nordrhein-westfälische Ministerpräsident Johannes Rau zugegen, Zeichen einer besonderen Wertschätzung dieser Einrichtung. Offenbar stört es die Bundesregierung nicht, daß hier Lehrer einen Islam propagieren, der der ganz überwiegenden Mehrzahl der in Deutschland lebenden Muslime völlig fremd ist, ja mehr noch, der – nach den Maßstäben unseres Landes – den Menschenrechten widerspricht. Daß hier keine „Konvivenz" gepredigt wird, läßt sich aus solcher Einstellung unschwer erahnen.

Verwaltet wird die Akademie von der „König Fahad Akademie gemeinnützige Schulträger GmbH". Vorsitzender des Aufsichtsrats ist der Botschafter des Königreichs Saudi-Arabien. Außerdem gehören zu dem vierköpfigen Gremium der sau-

---

[392] Diese Lehre geht auf ʿAbd al-Wahhâb (1703–1787) zurück; ihre Anhänger in Saudi-Arabien, die Wahhabiten, lehnen insbesondere Sufitum, Heiligenverehrung, Gräberkult und Nachbildungen lebender Wesen ab.

diarabische Kulturreferent an der Botschaft, Dr. Aisha al-Hussaini in ihrer Eigenschaft als Schulleiterin und Mohammad Amin Hobohm als Geschäftsführer des Trägervereins.

Korankurse und schulischer Religionsunterricht

Während man bei den islamischen Schulen einige Vorbehalte haben kann, ob sie tatsächlich zur Abkapselung gegenüber der deutschen Gesellschaft führen, fördern die meisten *Korankurse* eindeutig die Desintegration. Korankurse bieten *ausnahmslos* alle Moscheen an.[393] Solange die Frage des islamischen Religionsunterrichts an den deutschen Schulen nicht zufriedenstellend geregelt ist, werden diese Korankurse sogar von Kindern vieler ansonsten Korankurs-kritischer Eltern besucht werden.

Der Kontrolle deutscher Schulbehörden entzogen, haben die Hocas beziehungsweise Imame in den Korankursen einen beachtlichen *Freiraum* für die Darstellung und Durchsetzung *ihres* Verständnisses von Islam und vom Leben eines Muslim in der Diaspora, das außerdem von der Ideologie des jeweiligen übergeordneten Verbandes mitbestimmt sein dürfte. Weitgehend bewegen wir uns hier in einer Grauzone, über die man keine exakten Aussagen machen kann. Es ist jedoch davon auszugehen, daß im Rahmen des Koranunterrichts auch Fragen wie die des Verhältnisses zu anderen Religionen, zum Staat und zum Gesetz behandelt werden. Derartige Themen lassen sich ja gar nicht vermeiden; denn die Kinder und Jugendlichen werden Fragen stellen, zum Beispiel wie sie sich christlichen Klassenkameraden gegenüber zu verhalten haben und ob sie diese zu Hause besuchen dürfen. Die Lehrenden werden selbstverständlich antworten, und diese Antworten werden zwar unterschiedlich, in aller Regel jedoch so ausfallen, daß sie zumindest auf Distanz gehen sollen. Daß Lehrinhalten schulischen Unterrichts Gegendarstellungen entge-

---

[393] Sind mehrere Moscheen einer Vereinigung in einer Stadt, können sich die Kurse auch auf eine oder mehrere bestimmte Moscheen konzentrieren.

gengesetzt werden[394] und daß dadurch die Kinder neben der zusätzlichen Arbeitsbelastung auch in seelische Konflikte gestürzt werden, ist ein ernsthaftes Problem.

Etwa zehn Prozent der muslimischen Kinder und Jugendlichen in Deutschland besuchen einen der zahlreichen Korankurse. In den türkischen religiösen Zeitungen werden immer wieder auch hiesige Koranschul-Absolventen-Gruppen vorgestellt, vor allem wenn sie im Auswendiglernen des arabischsprachigen Koran oder bei den internen Wettbewerben im Koran-Rezitieren besonders gut abgeschnitten haben. Die Mädchen und Jungen werden auch in *Internaten* unterrichtet, und zwar außerhalb der Schulzeiten, an Nachmittagen und/oder an Wochenenden und während der Schulferien. Die Islamische Gemeinschaft Milli Görüş, die im VIKZ organisierten Süleymancı, die Vereine des Fethullah Gülen und andere Verbände verfügen über eine ganze Reihe solcher Internate, vornehmlich in den alten Bundesländern.

Über die *Lehre* in den Korankursen wird von den islamischen Verbänden selbst nur lapidar gesagt, man erziehe hier die dritte Generation, die sich schließlich mit jedem Tag mehr von der Religion und Kultur ihrer Heimatländer entfernt, um ihr die wichtigsten religiösen Kenntnisse zu vermitteln. Sie zeigen ihnen, wie man in unserer multikulturellen Gesellschaft ganz problemlos leben kann, ohne sich zu assimilieren. Die Sommerkurse 1996 von Milli Görüş leiteten Fachkräfte aus der Türkei, aus Ägypten und aus Deutschland.

Angegeben wird, daß sich die Teilnehmerzahlen im Jahre 1996 gegenüber 1995 um 79 % gesteigert haben. Im Tätigkeitsbericht Mehmet Sabri Erbakans für das Arbeitsjahr 1995/96 steht: „Für viele Schüler wurden Ferienkurse während der Sommer-, der Weihnachts- und Osterferien eingerichtet; Tausende von Schülern und Jugendlichen wurden hier ausgebildet. Nebenbei wurden Kindergärten, Grundschulen, Schulen der Sekundarstufe I eröffnet sowie Kurse für Religionsunterricht und Wochenendkurse eingerichtet. Hier wurden eben-

---

[394] Die Evolutionstheorie z. B. wird von frommen Muslimen völlig abgelehnt.

falls zigtausende Jugendliche unterrichtet. Dauerhafte Dienste haben unsere großen Bildungszentren geleistet, namentlich das Mädchenkolleg in Bergkamen, Mädchenkorankurs mit Internat in Mannheim, in Duisburg der ständige Wochenendkurs für Jungs und Mädchen, in Berlin die Schule der Islamwissenschaften, in Hamburg der ganztägige Kurs, in Belgien-Mons das Ibn-Sina-Institut,[395] in Nürnberg das Internat mit Schule für Mädchen, in Rodgau der ständige Wochenendkurs für Mädchen. In diesen Institutionen wurden inzwischen hunderte von Multiplikatoren ausgebildet."[396]

In den Bereich nicht-staatlicher religiöser Unterweisung gehören auch die *„Islamischen Wochenendschulen" (İslamî Hafta Sonu Okulları)* mit Sitz in Stuttgart, die insbesondere Erziehungsberatung für Eltern anbieten.

Die organisierten Muslime in Deutschland fordern mehrheitlich islamischen Religionsunterricht an den Regelschulen. Der Zentralratsvorsitzende Dr. Nadeem Elyas betonte in einem Vortrag:[397] „Die Religionsgemeinschaften müssen ihren festen Platz in der Gesellschaft haben. In einem autonomen Staat sollen aber auch die Religionsgemeinschaften autonom sein. Man soll ihnen das Recht geben, den Religionsunterricht selbst zu gestalten."

Ohne sich auf Modelle an deutschen Schulen – z. B. in Hamburg – zu beziehen, erklärte Elyas, man wolle auf das in Artikel 7 des Grundgesetzes garantierte Recht auf Religionsunterricht und auf eine Beteiligung an der Erstellung der Curricula nicht verzichten und müsse es notfalls einklagen. Der Religionsunterricht solle selbstverständlich im Rahmen der hierzulande bestehenden Gesetze und Bestimmungen erfolgen. Unbegründet und haltlos seien Befürchtungen, daß im Unter-

---

[395] In seinem Internat *Ibn-i Sina İslami İlimler Enstitüsü* in Istanbul bietet *Milli Görüş* Mädchen eine dreijährige Ausbildung zur „Lehrerin und Predigerin" – laut Annonce und mündlicher Auskunft des Instituts – „auf der Basis von Milli-Görüş-Gedankengut" an. Ein Teil der Mädchen kommt aus den Niederlanden, Belgien und Deutschland.
[396] IGMG-Jahresbericht 1996, S. 31 f. Das nächste Internat entsteht in Hannover.
[397] Gehalten am 27. Mai 1997 in der Johann-Wolfgang-Goethe-Universität in Frankfurt a. M.

richt durch muslimische Fachkräfte – beispielsweise hinsichtlich der Frage der Stellung der Frau – Positionen vertreten werden könnten, die dem Grundgesetz entgegenstehen. Dasselbe meint auch Ibrahim Çavdar, der die *Gleichwertigkeit* von Mann und Frau in seinem Artikel „Islamischer Religionsunterricht an deutschen Schulen" ebenfalls herausstellt;[398] freilich meidet der Jurist Çavdar in diesem Zusammenhang den entscheidenden Begriff *„Gleichberechtigung".*

In *Nordrhein-Westfalen* wird islamischer Religionsunterricht an den Schulen zunächst als Versuchsprojekt bis zum Jahr 1997/98 angeboten. Das Schulfach „Islamunterricht" wird für die Klassenstufen 1–10 unter der Bezeichnung „Religiöse Unterweisung für Schülerinnen und Schüler islamischen Glaubens" erteilt. „Juristisch wird cs im muttersprachlichen Ergänzungsunterricht verankert, also nicht als Religionsunterricht im Sinne von Art. 7, 3 GG. Damit glaubt die staatliche Seite, auf die von Grundgesetz und Landesverfassung für den Religionsunterricht geforderte Beteiligung der betroffenen Religionsgemeinschaften verzichten zu können."[399]

Der Zentralrat der Muslime in Deutschland (ZMD) hat in einer Pressemitteilung und durch Eingaben an den Kultusminister gegen die Art dieses Unterrichts in Nordrhein-Westfalen protestiert; an der Erstellung der Curricula für Nordrhein-Westfalen seien „keine Muslime" beteiligt worden. Nur 13 % der muslimischen Grundschüler in Nordrhein-Westfalen nähmen diese Möglichkeit wahr.[400] Der ZMD hat – eigenen Angaben zufolge – nunmehr einen Antrag auf Erteilung von Religionsunterricht für Muslime als reguläres Schulfach gestellt; Mitunterzeichner dieses Antrags sind der Islamrat, DITIB, der VIKZ und Milli Görüş (IGMG): es ist die *allererste gemeinsame Aktion* der Spitzenverbände.

Im inner-islamischen Diskurs über den Religionsunterricht stehen sich zwei diametral entgegengesetzte Auffassungen gegenüber: Auf der einen Seite wurden gemeinsam mit dem

---

[398] In: CIBEDO 4/1994, S. 165 f.
[399] „Bericht" von Pastor Heinrich Georg Rothe vom 27. April 1996.
[400] Siehe dazu auch die Pressemitteilung des ZMD vom 17. Januar 1995.

zuständigen Ministerium in Düsseldorf und Experten aus entsprechenden Fachrichtungen Lehrpläne erarbeitet, die modernen jungen Menschen ihre Religion vermitteln sollen. Dieses Modell für Religionsunterricht, das M. S. Abdullah und seine Mannschaft mitentwickelt haben und das vom Ministerium für Stadtentwicklung, Kultur und Sport in Düsseldorf getragen wird, impliziert *türkischsprachigen* Unterricht in einer säkularen, westlichen Gesellschaft.

Gegen diese Art des Religionsunterrichts verwahrt sich der Zentralrat. Sein Vorsitzender Nadeem Elyas erklärte in einem Vortrag:[401] „Der Islam ist eine Religion und hat nichts mit Sprache zu tun, nichts mit der türkischen und auch nichts mit der arabischen. Wie sollen denn die muslimischen Kinder in den Dialog eintreten und ihre Religion *erklären* können, wenn sie nicht einmal religiöse Begriffe in deutscher Sprache kennen und erläutern können. *Die Einheitssprache der Muslime in Deutschland ist Deutsch.* Der Unterricht muß einsehbar und kontrollierbar sein; nationalistische, gegen die Integration gerichtete Inhalte sind aus dem Unterricht herauszuhalten. Deshalb muß er in deutscher Sprache erfolgen."

Der Religionsunterricht soll Elyas zufolge *Pflichtfach* in den öffentlichen Schulen sein und von „qualifizierten Lehrerinnen und Lehrern" durchgeführt werden. Die durch das Zentral-Institut Islam-Archiv in zweijähriger Fortbildung ausgebildeten Lehrer erkennt er nicht als qualifiziert an; denn der „türkische Islam" sei nicht *„der* richtige Islam". Der islamische Religionsunterricht muß also grundsätzlich deutschsprachig sein.

In Zukunft sollten an Fachbereichen für Pädagogik der Universitäten in Deutschland ausgebildete Lehrer den Religionsunterricht erteilen. Eine islamisch-theologische Ausbildung an deutschen Universitäten läßt aber sicherlich noch auf sich warten. Mohammad Amin Hobohm, Stellvertretender Vorsitzender des Zentralrats, meinte, man könne einstweilen Religions-

---

[401] Ebd. Das gleiche Konzept vertritt auch das „Mannheimer Modell" der Christlich-Islamischen Gesellschaft Mannheim.

lehrer in Crashkursen ausbilden; daß diese Kurse dann aber der streng-islamischen Ausrichtung folgen würden, ist ziemlich wahrscheinlich.

Ungeklärt ist auch, inwieweit inner-islamische konfessionelle Unterschiede zu berücksichtigen sind. Die Lehrinhalte der Sunniten würden sich von denen der Schiiten unterscheiden, diejenigen der Nurcu-Bewegung von denen der Süleymancı oder der DITIB oder der Aleviten, die eine solche Forderung auch im Blick haben.

Vermutlich werden einige Organisationen auch nicht mit einer Besoldung von Religionslehrern durch einen säkularen Staat einverstanden sein. Die Anpassung an ein nicht-islamisches Schulsystem mit islamischem Religionsunterricht könnte schon von ihren bloßen Voraussetzungen her die Gefahr einer Assimilierung in sich bergen, der der Religionsunterricht ja gerade entgegenwirken soll. Deswegen ist davon auszugehen, daß auch islamischer Religionsunterricht an deutschen Schulen den Korankurs *nicht* verdrängen wird. Die Süleymancı (VIKZ), die Mitglied im Zentralrat sind und den Antrag auf Erteilung von Religionsunterricht ebenfalls unterzeichnet haben, errichten jedenfalls weiterhin große Bildungszentren – z.B. in Mannheim – und haben Häuser über das ganze Bundesgebiet verteilt; sie werden sie nutzen. Jedenfalls bleibt es ihnen und anderen Gruppen schließlich auch unbenommen, neben dem obligatorischen Religionsunterricht weiterhin Korankurse durchzuführen, um den Schulunterricht auf ihre Weise zu „begleiten".

Islamische Hochschulbildung

Die Forderung nach einer islamischen Hochschule für die *Theologen-Ausbildung* – sozusagen als Pendant zu den kirchlichen Hochschulen bzw. zu der Jüdischen Hochschule in Heidelberg – oder zumindest nach einem Lehrstuhl für Islamische Theologie steht im Raum. In Frankreich gibt es bereits eine entsprechende Institution für die Ausbildung von Imamen. Das Hauptproblem wird in dieser Frage jedoch wieder sein, welche der verschiedenen Gruppierungen eine derartige Hochschule akzeptieren oder in Gang setzen.

Das Fehlen einer islamisch-theologischen Hochschule wird in den letzten Jahren jedenfalls durch allerlei anderweitige Aktivitäten bis zu einem gewissen Grade *kompensiert.* Der Verband der Islamischen Kulturzentren (VIKZ) richtet beispielsweise in der im Herbst 1997 bezugsfertigen Villa Hahnenburg in einem parkähnlichen Gelände in Köln-Mülheim eine „Akademie" ein, die vermutlich den Charakter einer *Hochschule* haben soll.[402] Das schiitische Islamische Zentrum Hamburg bildet seinerseits Theologen und Theologinnen bis zur höchsten Examensstufe aus; die Abschlußprüfung wird von hochrangigen Professoren der iranischen Theologen-Hochburg in Ghom abgenommen, die dafür eigens nach Hamburg kommen.

Das *„Institut für Internationale Pädagogik und Didaktik"* (IPD) ist ein „Ableger" der Deutschsprachigen Islamischen Frauengemeinschaft (DIF). Auf der Basis des Koran, der als bildungsoffen interpretiert wird, entsteht das Konzept neuer Unterrichtsformen und eines *Ergänzungsstudiums,* das sogenannte *„Global-islamische Begleitstudium".* Dieses Begleitstudium setzt das „Studium an einer europäischen, deutschsprachigen Hochschule oder vergleichbaren Bildungseinrichtungen" voraus. Die Schwerpunkte der zweijährigen Ausbildung liegen im ersten Jahr auf den Fächern „Rechts- und Religionsgeschichte, Rhetorik, Logik, Philosophie und Arabisch", im zweiten Jahr auf den Fächern „Pädagogische Psychologie, Didaktik, Medienkunde, Curriculaerstellung und praktische Umsetzung". Unterrichtet wird „nach der Methode des globalen Lernens auf der Grundlage des islamischen Bildungs- und Erziehungskonzepts". Der Unterricht erfolgt in Fernkursen mit zusätzlichen Wochenend-Seminaren und Ferienkursen. Der Abschluß ist das IPD-Diplom; es befähigt die Teilnehmerin bzw. den Teilnehmer, die erworbenen Kenntnisse in den Unterrichtsfächern „nach Rücksprache mit dem IPD

---

[402] Fragebögen, die vom VIKZ an Nicht-Muslime, an Privatpersonen und Institutionen – darunter die EKD – verschickt worden sind, erbitten Ratschläge.

auch im nicht-deutschsprachigen Ausland zu lehren". Für die beiden Jahre bezahlen die Kursteilnehmer 4000 DM.[403] Die IPD erarbeitet auch *Unterrichtsmaterialien* für Schüler und Lehrer, die bereits im Rahmen der Sommerkurse der ideologisch verwandten IGMG erprobt werden.

Muslimische Studierende haben selbst Arbeitsgemeinschaften auf einer Reihe von Gebieten ins Leben gerufen. Die Johann-Wolfgang-Goethe-Universität in Frankfurt a. M. bot im Sommersemester 1997 der *inter akademi* und dem Vorsitzenden des Zentralrats der Muslime in Deutschland das Forum für eine Tagung. Diese türkisch-islamische Institution hat sich im Jahr 1991 als Zentrum für internationale akademische Tätigkeiten konstituiert, „um hier lebenden Türken wissenschaftliche Hilfestellung zu geben"; sie befindet sich noch im Stadium des Aufbaus.

Die *inter akademi* von ATIB will den hier aufgewachsenen Türken durch Sprachvermittlung, Vorträge und Reisen in die Türkei dazu verhelfen, ihre kulturellen und religiösen Wurzeln nicht zu vergessen. Auf der anderen Seite hat ihr Vorsitzender, Imam Cengiz, erkannt, daß die hiesigen Vereinigungen und Verbände, die von ihren Herkunftsländern aus dirigiert werden, für diese – gemeint sind unter anderem deren Politiker – nur insoweit von Interesse sind, als sie ihnen zu Hause nützen, und zwar in deren Wirkungskreis. Deshalb konzentriert sich die *inter akademi* ganz auf die Muslime in Deutschland, will aber auch mit hiesigen Parteien ins Gespräch kommen.

Zwei Projekte der *inter akademi* sind besonders bemerkenswert: „Auf wissenschaftlicher Grundlage soll erforscht werden, welche Bedürfnisse für muslimische ältere Menschen abzudecken sind, wenn man sie in Altenheime abschiebt. Denn diese Entwicklung ist hier bereits spürbar." Das zweite Projekt, das ganz besondere Beachtung verdient, befaßt sich mit straffällig gewordenen türkischen Jugendlichen, wobei die

---

[403] Die eigentlichen Unkosten dieser kleinen Privatuniversität belaufen sich zwar auf 5000 DM jährlich; sie wird aber „von Muslimen gefördert". – Alle Angaben sind dem Informationsblatt der IPD zu diesem Studium entnommen.

Hauptschuld an deren Scheitern der deutschen Gesellschaft zugewiesen wird.[404]

Auch die im Zentralrat vertretenen *Studentenorganisationen* sind sehr aktiv. Das gilt insbesondere für die *Muslim Studenten Vereinigung in Deutschland* (MSV) mit Hauptsitz in Frankfurt, Sekretariat in Köln sowie Buch- und Software-Versand in Marburg, wo auch die studentischen Arbeitsgruppen islamischer Pädagogen (AGIP) und islamischer Wirtschaftswissenschaftler (AGIW) aufgebaut werden. Der Beschaffung von Gebetsräumen in Hochschulen und der Veranstaltung islamischer Seminare gilt ihr besonderes Augenmerk. Diese außerordentlich rührige Studentenvereinigung hilft Studierenden bei der Zimmersuche, bei Aufnahmeprüfungen und bei Visum-Angelegenheiten. Sie veranstaltet Seminare ebenso wie Ausflüge und organisiert Sportwettkämpfe. Neuverheiratete sollen aus der Heiratskasse Zuschüsse bekommen. Zudem will diese Studentenvereinigung „unter bestimmten Bedingungen" zinslose Darlehen gewähren, Teilstipendien vergeben und „in Not geratenen Studenten einmalige Unterstützungen zur Überbrückung von Engpässen" zukommen lassen, wer auch immer die dafür erforderlichen, vermutlich nicht unerheblichen Finanzmittel bereitstellen mag. Auch eine weitere Tochter der MSV, die *Gesellschaft muslimischer Sozial- und GeisteswissenschaftlerInnen* (GMSG) mit Ibrahim El-Zayat an der Spitze, will im Hochschulbereich aktiv werden. Ihre zweite Fachtagung am 22. Juni 1997 in Bonn befaßte sich mit der Charakterisierung und Umsetzung „islamischer Pädagogik".

Unter Verfassungsschutz-Beschuß steht die iranische Studentenorganisation UISA, die Union islamischer Studentenvereine. Sie gilt als fanatisch, und ihr wird nachgesagt, daß sie Handlanger der iranischen Regierung sei.

Noch zu Zeiten des Schahs, im Jahre 1978, wurde die *Islamische Wissenschaftliche Akademie* gegründet zunächst mit Sitz in Köln, später in Hamburg. Die Leitung hatte der im Dezember 1996 verstorbene iranische Professor Abdoljavad Falaturi;

---

[404] Die Informationen zur *inter akademi* stammen von deren Vorsitzendem Imam Cengiz. Etwas mehr über die kriminell gewordenen Jugendlichen, S. 177.

sein Nachfolger in dieser von Iran weiterhin gesponserten Institution soll dem Vernehmen nach wieder ein Iraner sein. Zu den bekanntesten Veröffentlichungen der Akademie gehört die Reihe „Der Islam in Schulbüchern der Bundesrepublik Deutschland", die in Zusammenarbeit mit dem Jenaer Religionswissenschaftler Udo Tworuschka entstanden ist. Dieses Projekt dient der sachgemäßen Darstellung des Islam im Unterricht und damit dem besseren Verstehen zwischen den Christen und den Muslimen.

Die Entwicklung gerade auf dem Sektor der islamischen Bildung ist in den letzten Jahren weit vorangeschritten; das meiste spielt sich freilich noch in einer „Grauzone" ab. Die Institutionen entziehen sich dem staatlichen Zugriff. Ob sich hierzulande eine eigene, legale islamische Bildungswelt etablieren kann und welche Auswirkungen sie auf das Zusammenleben unter den Muslimen selbst und auch auf die nicht-muslimischen Mitbürger haben wird, ist noch nicht abzusehen.

13. Medien

Fernsehen und Rundfunk

Die Medien, allen voran das Fernsehen, bilden direkte Brükken zu den Herkunftsländern der in Deutschland lebenden Muslime. Die Ereignisse und Entwicklungen im Heimat- bzw. Ursprungsland werden in der Muttersprache via Satellit aktuell vermittelt. Mit ausreichend großen Satellitenschüsseln kann man sich den Maghreb oder andere Regionen ins Haus holen. 85,8 % der türkischen Haushalte empfangen türkischsprachige Fernsehsender.[405] So nimmt es nicht wunder, daß die Wohnungen und Häuser insbesondere der Türken an ihren zahlreichen Antennen und den großen Empfangsschüsseln zu erkennen sind. Über Satellit oder Kabel ließen sich Mitte 1997 außer dem offiziellen türkischen Staatssender TRT Int folgende Privatsender aus der Türkei empfangen: TGRT, Kanal 7, Show-TV, HBB, atv und Kanal D. Der Staatssender TRT hat die höchsten Einschaltquoten, zumal er auch an das deutsche Kabelnetz angeschlossen ist. TGRT gehört zu der mächtigen Ihlas-Holding in der Türkei und unterhält eine eigene Nachrichtenagentur; ihr gehört auch die auflagenstärkste religiöse Zeitung, die „Türkiye". Was das Fernsehen in *Deutschland* betrifft, so gibt es vier türkische Privatsender allein in Berlin. Das „Türkische Fernsehen in Deutschland" (TFD) wird von der Islamischen Gemeinschaft Milli Görüş (IGMG) unterstützt, die ein Studio in der Kölner Zentrale unterhält.[406] Eindeutig an der *Refah Partisi* des Necmettin Erbakan orientiert ist der türkische Privatsender „Kanal D", der unverbrämt

---

[405] *A. Goldberg:* Türkische Medien in Deutschland. In: AiD 3/96, S. 5.
[406] Vgl. *F. Şen / A. Goldberg*: Türken in Deutschland, S. 127.

Gedankengut der Milli Görüş verbreitet. Die extremistische Kaplan-Gruppe ICCB hat Ende April 1997 einen „Grundsatzvertrag" unterzeichnet, der es ihr ermöglicht, eineinhalb Stunden unter „Hakk-TV" („Wahrheits-TV") von Köln aus zu senden.[407] Außerdem gibt es einen privaten Fernsehsender der Ahmadiyya in Frankfurt.

Am liebsten sehen und hören Türken Nachrichtensendungen *(haberler);* sie verbinden am stärksten mit der alten Heimat. Dann folgen schon die religiösen Beiträge, darauf erst Talkshows und „Reality Shows"; so berichtet jedenfalls die „Zaman".[408] Anderer Darstellung zufolge sehen 82 % der Zuschauer die Nachrichten; dann folgen „Musik und Unterhaltung, Kinofilm, Filmserie, Wettbewerb, Magazin, Reportage, Sport und Religion".[409]

Seit es die Möglichkeit gibt, TV-Sendungen direkt aus der Türkei zu empfangen, werden türkischsprachige Angebote deutscher Sender wie „Babylon" (WDR Köln und Dritte Programme) oder „Nachbarn" (ZDF) kaum noch eingeschaltet. Gerade auch die öffentlich-rechtlichen Sender der Bundesrepublik haben die Chance verpaßt, beispielsweise durch türkischsprachige Untertitel Sendungen für Türken anschaubar zu machen, die ganz allgemein gerne gesehen werden, die durchaus auch einmal trivial oder ganz einfach nur lustig sein können und nicht die Türkei betreffen müssen, sondern das Leben unter *Deutschen* verständlicher machen oder Themen behandeln, die auch einmal in der Kantine mit deutschen Kollegen und Kolleginnen diskutiert werden können. Stattdessen haben sich allabendlich die Familien und Freunde um Videos aus der Türkei geschart und sitzen jetzt vor der Röhre und sehen türkische Sendungen an. Die Chance, sich auf ganz unbelastete Weise näherzukommen, scheint vertan.

Eigene *Rundfunksender* haben die Muslime in Deutschland nicht. Der von Türken gern als *Köln Radyosu* (Radio Köln)

---

[407] „Ümmet-i Muhammed" vom 1. Mai 1997.

[408] „Zaman" vom 9. Juli 1996.

[409] *Osman Okkan:* Die türkischen Medien in Deutschland. In: *Körber-Stiftung* (Hrsg.): Deutsch-Türkisches Symposium 1995, S. 97.

bezeichnete Sender meint die „Deutsche Welle“, die in verschiedenen Sprachen sendet. WDR 5 strahlt allabendlich zwischen 19.40 und 22.20 Uhr im Rahmen von „Forum Europa“ türkischsprachige Sendungen aus. Aber es gibt schon eigene Sendungen. „MultiKulti“ (SFB 4) sendet seit 1994 in vielen Sprachen – darunter auf türkisch, persisch, arabisch und kurdisch – und stellt den Versuch der Wahrung der eigenen Identität dar sowie eines Brückenschlags zwischen den ethnischen Minderheiten und den Deutschen. „Berlin. ‚MultiKulti‘“ bietet Deutsch für Türken und zweisprachige Sendungen an; ersteres wird von Türken der ersten Generation, letzteres von Türken der zweiten und dritten Generation bevorzugt genutzt. Sollte die ARD diese Art der sehr gut rezipierten Sendung übernehmen und bundesweit ausstrahlen, wäre sicher viel für die Gemeinsamkeit gewonnen.

„In vielen Städten bieten private Rundfunk- und Fernsehsender lokalen Gruppen sogenannte ‚offene Kanäle‘ an … zur Informationsvermittlung und Selbstdarstellung“, schreibt Ekkehard Schmidt.[410] Unter 30 Privatanbietern befinden sich drei persische und zwei türkische Sender, darunter der islam-kritische AYVA-TV, ein tapferer und offenbar auch kompetenter Eine-Frau-Ein Mann-Betrieb.

Islamische Literatur, Verlage, Buchmessen

Von der nicht-muslimischen deutschen Öffentlichkeit so gut wie unbemerkt etabliert sich gegenwärtig mit dem deutschsprachigen islamischen Schrifttum ein ganz *neuer Literaturzweig*. Neben der im üblichen Buchhandel erhältlichen Fachliteratur zum Islam, die meist westliche, nicht-islamische Experten verfaßt haben, hat sich ein *inner-islamischer Büchermarkt* aufgetan, der sich teils aus Übersetzungen, teils aber auch aus in Deutschland geschriebener Islam-Literatur speist und fast nur im Angebot islamischer Verlage und Buchhandlungen anzutreffen ist.

---

[410] *E. Schmidt:* ‚Ambitionierte Fernsehjunkies‘. Der Berliner Lokalsender AYPA-TV. In: AiD 3/1996, S. 8.

Die *Leserschaft* rekrutiert sich zum einen aus deutschsprachigen Konvertiten, zunehmend aber aus denjenigen Muslimen, deren Eltern aus islamischen Ländern stammen, während sie selbst in der Regel bereits in Deutschland aufgewachsen sind. Viele von ihnen sprechen zwar noch ihre Muttersprache, können diese aber kaum noch lesen; denn es fehlt ihnen der über den Alltagsgebrauch hinausgehende Wortschatz.

Naturgemäß befindet sich diese deutschsprachig-islamische Literatur noch *im Aufbau. Themen* der einschlägigen Bücher und Broschüren sind:

- Islamischer Glaube: Korane mit Übersetzungen sowie Kommentaren, Hadîth-Literatur und die Vita Muhammads, ein Katechismus, Schriften zu den rituellen Pflichten sowie Wörterbücher zum Islam, ferner Bücher zur islamischen Ethik und zur Geschichte des Islam, schließlich zur islamischen Wirtschaft, zur Scharia und den Menschenrechten, zur Naturwissenschaft, Medizin und Ökologie etc.;
- Darstellungen von Schriften und Leben berühmter klassischer Muslime in Übersetzung;
- Darstellungen unterschiedlicher Sufi-Lehren mit Schriften der entsprechenden Meister;
- apologetische Schriften und Auseinandersetzung mit dem Christentum;
- Anleitungen zur Mission;
- autobiographische Schriften von Konvertiten, die gerne auch deutsche Traditionsverlage wie Diederichs drucken;
- Schriften zur Situation von Muslimen in der Diaspora;
- Kinderbücher, Malbücher und Bastelanleitungen;
- Schriften zur Stellung der Frau im Islam und zur Bedeutung der Familie; Begründungen für das Tragen islamischer Kleidung; islamische Kochbücher.

Darüber hinaus werden auch Werke einiger weniger westlicher Wissenschaftler angeboten, wobei Bücher der Islam- und Religionswissenschaftlerin Annemarie Schimmel, die 1995 den Friedenspreis des Börsenvereins des Deutschen Buchhandels erhielt, fast immer vertreten sind.

Inzwischen gibt es auch die ersten „islamischen" *Kinder-spiele,* z. B. „Schlangen und Leitern", ein Spiel, das lehrt, gute von schlechten Eigenschaften und Taten zu unterscheiden, oder „Hadsch – Die größte Reise", das die Rituale der Pilger-fahrt einüben soll. Man findet hier neben Bastelarbeiten auch Baukästen mit islamischen Motiven. Sie zeugen von beacht-licher Kreativität und werden mit viel Liebe und Eigeninitia-tive angefertigt. Puppen darf es in frommen Kreisen allerdings nicht geben; denn das Abbilden und Gestalten von Lebewesen ist im Islam verboten.

Charakteristisch für die neue deutschsprachige Islam-Lite-ratur ist die *Neuorientierung* von Konvertiten in einer für sie letztlich doch ungewohnten Glaubenswelt, die sie fasziniert, aber auch befremdet. Die Literatur zeigt auch, wie schwierig es ist, in einer nicht auf den Islam eingerichteten Welt seinen Platz zu finden, und sie gibt in mancherlei Weise *Hilfestellun-gen,* insbesondere auch für deutschsprachige Muslime.

Eine nach Stichwörtern geordnete Unterweisung in allen Lebenslagen bietet *Muhammad Rassoul's* 824 Seiten starkes Werk „Der deutsche Mufti",[411] das in islamischen Buchhand-lungen ausliegt. Sein älteres „Handbuch der muslimischen Frau" hat der Autor eingearbeitet. Außer Artikeln zu „Men-struation", „Muttermilch", „Zeitunglesen" – auch „auf dem Klo" –, „Körpergeruch", „Ausfluß", „Haustiere", „Kreuz", „Weinen", „Begräbnis der Frau" (nicht des Mannes) oder „Mischehe" findet man noch allerhand nützliche Anleitungen zur praktischen Religionsausübung; allerdings ist das Buch aggressiv und antichristlich.

Aus einer an der Universität Köln von dem Ägypter *Said Ramadan* verfaßten Dissertation ging „Das Islamische Recht. Theorie und Praxis" hervor. Das bereits 1979 bei Harrassowitz in Wiesbaden erschienene Buch feiert mit seiner Neuauflage von 1996 ein lebhaftes Comeback unter den Muslimen in Deutschland. Diese Arbeit stellt die Scharia als allen anderen Rechtssystemen überlegen dar, weil sie beispielsweise kein „Minderheiten-Problem" kenne, da die Begriffe „Mehrheit"

---

[411] *M. Rassoul:* Der deutsche Mufti. Köln 1997, S. 792f.

und „Minderheit" angesichts der im Islam vorgegebenen Gleichheit aller Menschen vor Gott abgeschafft seien. Im islamischen Staat hätten die Nicht-Muslime Wahlrecht, dürften allerdings weder das Staatsoberhaupt stellen noch die Regierungsgewalt übernehmen oder gesetzgeberisch tätig werden. Der Autor ist ein ägyptischer Muslimbruder, der nach der Flucht vor den ägyptischen Behörden ab 1994 das Islamische Zentrum Genf leitete.[412] Die Tatsache, daß ein anerkannter Professor für Internationales Recht, der die Arbeit betreut hat und dessen Namen man besser verschweigt, in dem Vorwort zu erkennen gibt, daß diese bemerkenswerte Schrift „dem Frieden dient", wertet diese für den Fachmann sicher sehr interessante Schrift ungemein auf.

Der Zentralratsvorsitzende *Nadeem Elyas* hat seinem im März 1996 in arabischer Sprache erschienenen Buch 1997 die deutsche Übersetzung unter dem Titel „Das weiche Wasser wird besiegen den harten Stein" folgen lassen. Das Buch ist eine Hommage an das Ehrenmitglied des Zentralrats, die Islamwissenschaftlerin Annemarie Schimmel. Abgedruckt sind ihre Rede sowie die Laudatio von Roman Herzog anläßlich der Verleihung des Friedenspreises sowie eine Dokumentation der Diskussion über dieses Ereignis. Es folgen unter dem Titel „Islam und Frieden" ein ganz kurzer Abschnitt „Der Weltfrieden fängt in den eigenen vier Wänden an", darauf die ausführlichen Kapitel „Menschenrechte im Islam", „Friedensauftrag des Islam" und „Friedliches Zusammenleben in Europa" zu den Zukunftsperspektiven der Muslime in Deutschland. Das 144seitige Buch basiert zum Teil auf den Info-Blättern des Zentralrats. Elyas verweist darauf, daß die Menschenrechte gottgegeben sind, daß also der Koran *der Islamischen Menschenrechtserklärung* zugrundeliegt.[413] Über den

---

[412] *M. S. Abdullah:* Geschichte des Islams in Deutschland, S. 118 f.
[413] Zum Text siehe *Martin Forstner* (Hrsg.): Allgemeine Islamische Menschenrechtserklärung. In: CIBEDO 14–15/1982. Forstner kommentiert auch die Unterschiede zwischen der arabisch- und englischsprachigen Fassung. Siehe u. a. auch *Adel El Baradie:* Gottes-Recht und Menschen-Recht. Grundlagenprobleme der islamischen Strafrechtslehre (Rechtsvergleichende Untersuchungen zur gesamten Strafrechtswissenschaft 3. Folge/14), Baden-Baden 1983.

vorliegenden Buchtext hinaus ist wichtig, welche Grundsatz-fragen Elyas übergeht. So kommt die Stellung der Frau im Ver-hältnis zum Mann nicht vor. Er erwähnt lediglich, daß sich die Islamische Menschenrechtserklärung – die de facto den Mann über die Frau stellt – mit den „Rechten der verheirateten Frau" befaßt.[414] Die Religionsfreiheit wird als gegeben darge-stellt; nicht angesprochen wird der „Scharia-Vorbehalt", dem zufolge kein Muslim von seinem Glauben abfallen darf. Auch ist der Umgang mit Andersgläubigen, die keine Christen oder Juden sind, nicht thematisiert. Zur Todesstrafe heißt es, es gebe ohnedies kein wirklich islamisches Land; zum anderen würden fast überall auf dieser Welt Todesurteile vollstreckt. Das Buch – sozusagen gegen den Strich gelesen – zeigt typisch islami-stische Positionen, wenn sie auch klug verpackt sind.

Auffallend bleibt, daß es zwar sehr hübsche Kinderbücher, jedoch kaum Literatur speziell für Jugendliche gibt. Eines der wenigen Bücher dieser Art ist das sehr liebevoll zusammenge-stellte und optisch ansprechende Buch „Islam. Überblick für Jugend" (sic!) des „Deutschen-Moslembeauftragten der IGMG in Nordrhein-Westfalen und freien Mitarbeiters" der „Milli Gazete" *Ahmet Şengül*.[415] Das Buch weist aber auch gravie-rende Mängel auf. Der Verfasser hat – einen anderen türki-schen Autor zitierend – unter dem Stichwort „Christentum" auch die Religionsgemeinschaften der Yezidi, der Mormonen und der Zeugen Jehovas rubriziert. Vermutlich aufgrund die-ser Fehlinformation mußte ein hoher IGMG-Funktionär eine enttäuschende Erfahrung machen: Wenige Häuser neben der IGMG-Zentrale in der Merheimer Straße in Köln liegt der „Königssaal" der Zeugen Jehovas. Zur Pflege nachbarschaftli-cher Beziehungen brachte er im Namen der IGMG zu Weih-nachten einen großen Blumenstrauß, um zum Fest zu gratulie-ren. Doch diese nahmen ihm den Strauß nicht ab, weil sie als Zeugen Jehovas gar nicht Weihnachten feiern. Für den Über-bringer, der der festen Meinung war, es mit Christen zu tun zu haben, war die Irritation sehr groß.

---

[414] *N. Elyas,* S. 93.
[415] *A. Şengül* (sic!): Islam. Überblick für Jugend. o. O., o. J.

Den ersten deutschsprachigen „Jugend-Roman" schrieb Nida Anette Aslan. „Ali liebt Fatima" ist die „islamische Antwort" auf „Ben liebt Anna" von Peter Härtling.[416] Diese naive, reinen Herzens geschriebene Geschichte in schlichter Sprache schildert die Jugendliebe Alis zu der Mitschülerin, die ihm am Buchende schließlich ihr Ja-Wort gibt.

Fast ausnahmslos lassen die Schriften der Muslime erkennen, daß sie sich in Deutschland, ja in ganz Europa zurückgesetzt fühlen. Vielfach zeigen sich massive Ressentiments gegenüber dem Westen und den Christen.

Viele islamische Gruppierungen in Deutschland – sei es nun das Islamische Zentrum München, ATIB oder das schiitische Islamische Zentrum Hamburg – geben eigene *Schriftenreihen* heraus. Sufi-Vereinigungen wie das „Institut für Islamstudien – Sufi-Archiv Deutschland e.V." in Trebbus, die Niʿmatullahi oder die Nurcu veröffentlichen in deutscher Sprache insbesondere die Werke ihrer Lehrer. Eine *Ausnahme* unter den großen Verbänden sind die Süleymancı, die sich völlig bedeckt halten und kaum etwas über sich preisgeben.[417]

Instruktiv sind die Pressemitteilungen und Infos zu *aktuellen* Problemen wie „Demokratie leben", „Stellungnahme beim Bundestag und Europaparlament", zum „Islamischen Religionsunterricht", zu „Familienplanung und Abtreibung", „Hirntod und Organverpflanzung" anläßlich einer Anhörung im Bundestag, zum „Kruzifix-Urteil" oder zur „Frauen-Beschneidung". Zum Selbstkostenpreis von 5 Pfennigen pro Seite zuzüglich der Versandkosten sind diese Mitteilungen beim Zentralrat der Muslime in Deutschland (ZMD) käuflich zu erwerben.

In einer eigenen Schriftenreihe hat das „Institut für islamische Erziehung" (Islamisches Sozialdienst- und Informationszentrum) bislang sechs Schriften publiziert, darunter eine Schrift von Adnan Aslan: „Geschlechtserziehung in den öffentlichen Schulen und die islamische Haltung".

---

[416] *Nida Anette Aslan:* Ali liebt Fatima. Herausgeber: Islamisches Sozialdienst- und Informationszentrum e.V. (Schriftenreihe zur Erziehung 2). Stuttgart 1997.
[417] Eine 31seitige apologetische Broschüre von *Hızır Yılmaz:* „Süleymancılık" Hakkında bir İnceleme. Köln 1977, gibt wenig Auskunft über diesen Orden.

Wer Schriftenreihen herausgibt, hat meist auch einen eigenen Verlag oder läßt – wie *Diyanet* und *Milli Görüş* – im Herkunftsland drucken. Schon eine gewisse Tradition hat der *IB-Verlag Islamische Bibliothek* in Köln; er veröffentlicht u. a. die Beiträge der „deutschsprachigen Muslime" zu ihren turnusmäßigen Treffen im „Haus des Islam"; er ist vor allem auch das Sprachrohr von M. Rassoul. Der *SKD Bavaria-Verlag & Handel GmbH* mit Sitz in München gehört zum Islamischen Zentrum München; er brachte gleichzeitig mit der Koran-Übersetzung von Ahmed von Denffer eine bislang 20bändige kommentierte Koran-Ausgabe „Die Bedeutung des Korans" als „erste von Muslimen übertragene deutschsprachige Koran-Ausgabe" heraus, die vom Direktor für Angelegenheiten des Koran der Islamischen Weltliga in Mekka autorisiert worden ist; dazu kommen Übersetzungen von arabischsprachiger Literatur und Bücher von Konvertiten wie z. B. von Murad Wilfried Hofmann und von Roger Garaudy, dessen „Verheißung Islam" vor allem in den arabischen Ländern seit Jahren ein Bestseller ist. Der IID, der „Islamische Informationsdienst", hat 1997 mit dem Buch von Elyas die deutschsprachige Schriftenreihe des Zentralrats eröffnet. Der einstige *Turban*-Verlag in Bonndorf/Schwarzwald, jetzt umbenannt in *Spohr & Gorski*-Verlag, publiziert vor allem Schriften des Nakşibendi-Großscheichs Nâzım, hat aber auch das „Barnabas-Evangelium" veröffentlicht. Der kleine, aber qualitativ sehr gute Verlag *Kaveh Dali Azar* der Khaniqahi Niʿmatullahi (KNP) in Köln hat sechs Schriften ihres Lehrers Nurbakhsh herausgegeben. Der Hicret-Verlag gehört zu der IGMG. Der Turm-Verlag und IGID arbeiten eng zusammen. Der Ethnographia-Anatolica-Verlag in Köln ist eine Stütze der Aleviten; der NIL-Verlag in Köln dürfte der Gruppe um Fethullah Gülen zuzuordnen sein.

Weitere Verlage sind der *Al-Kitab*-Verlag im badischen Rheinfelden, der Ümmet-i Muhammedi-Verlag der ICCB in Köln, der *Cordoba*-Verlag in Karlsruhe sowie der Verlag des Islamischen Zentrums Aachen. Der Ahmadiyya Muslim Bewegung gehört der Verlag *Der Islam* in Frankfurt a. M.

Die deutschsprachige Islam-Literatur wird im Rahmen von *Buchmessen,* in Moschee-Buchhandlungen und durch eigenständige islamische Buchhandlungen vertrieben, wobei freilich die muttersprachlichen Schriften noch bei weitem überwiegen. Die bestsortierte Buch- und Videohandlung ist vermutlich der Omar-Faruk-Versand in Köln. Die große *Islamische Buchmesse* der Islamischen Gemeinschaft Milli Görüş (IGMG) hat bereits achtmal stattgefunden, meist in Köln, 1996 in Frankfurt, wobei sie sich zeitlich partiell mit der Frankfurter Buchmesse überschneidet. Daneben gibt es aber noch weitere Buchausstellungen anderer Vereinigungen, gelegentlich auch in Verbindung mit einzelnen Moscheen, die ihrerseits oft Bücher zum Verkauf anbieten.

Videos, Kassetten, Disketten

Auf *Videos* und *Kassetten,* die in der Regel nur Muslimen zugänglich sind, gibt es Mitschnitte von Vorträgen, Podiumsdiskussionen und sonstigen Veranstaltungen. Einige davon – mit in Klammern beigefügtem Namen der Referenten – sind: „Bericht über den Fünfjahresplan in Europa" (Teil I: Mehmet Erbakan, Köln; Teil II: Ibrahim El-Zayat, Köln); „Die Arbeit des islamischen Parlaments in England" (Dr. Kelim Siddiq) und „Die Islamische Partei Englands und die Parlamentswahlen am 9.4.1992" (Sahib Mustaqim Bleher); „Die Rolle der Muslime bei der Neugestaltung Europas nach dem Ende des Ost-West-Konflikts" (Necmettin Erbakan); „Der Transfer der Wissenschaft und seine Auswirkungen auf den Fünfjahresplan der Muslime in den USA" (Hischam at-Talib, Institut für islamisches Denken, Virginia); „Die Zukunftsperspektiven der Muslime in England" (Zahid Parviz); „Die sozio-politischen Probleme in Belgien"; „Die Situation und Zukunftsperspektiven der Muslime in Italien" (Dr. Ali Shueima); „Die islamische Kultur Andalusiens und ihr Einfluß auf Europa" (Ali Bulaç, Soziologe und Journalist, Istanbul); „Die Situation der Muslime in Österreich" (Dr. Abdurrahim Sai); „Die politische und soziale Bedeutung der Anerkennung des Islam als Körperschaft des öffentlichen Rechts" (M.S. Abdullah); „Meinungsvielfalt auf dem Wege zur islamischen Einheit" (Ibrahim

Çavdar, VIKZ); „Die Zukunft des Islam in Deutschland"
(Podiumsdiskussion mit acht Vertretern verschiedener islamischer Organisationen); „Politische Wirkungsmöglichkeiten für
Deutsche Muslime" (Abdullah Borek, Deutsche Muslim-Liga
Hamburg); „Die Bedeutung der Einheit der Muslime in der
Diaspora" (Ali Yüksel, erster Shaikh al-Islâm des Islamrates
der Bundesrepublik Deutschland); „Friedensgebet im Herren-
garten", das das Nachmittagsgebet der Darmstädter Muslime,
ferner Bittgebete in verschiedenen Sprachen einschließt;
„Fremd: Prinzip und Realitäten" (Nadeem Elyas); „Drogen-
problematik muslimischer Drogenabhängiger" (Hussain Al-
taib); „Der Westen aus islamischer Sicht" (Mehmet Erbakan).
Kassetten und CDs zum Erlernen der arabischen Sprache oder
mit Koran-Suren, vorgetragen von hervorragenden Koranrezi-
tatoren, ferner solche mit Sufi-Musik findet man in jeder gut
sortierten islamischen Buchhandlung.

Der Marburger Vertrieb der *Muslim Studenten Vereinigung*
verkauft *Disketten,* die es ermöglichen, den Koran – mit und
ohne Konkordanz – sowie Hadîthe im Original und in Übersetzung über den Computer zu lesen. Es gibt auch Computer-
Spiele, z. B. ein Koranvers-Quiz, auf Diskette. Die Möglichkeiten modernster Werbung für den Islam und der Vermittlung
von Wissen über diese Religion sind erkannt und werden zunehmend genutzt.

Zeitungen und Zeitschriften

Die neun türkischen Tageszeitungen, die in Deutschland
erscheinen, haben eine Auflage von etwa 350 000 Exemplaren
täglich,[418] d. h., siebenmal in der Woche. Arabischsprachige
Zeitungen wie die „Akhbâr" sind in Deutschland ebenfalls
erhältlich, auch iranische Zeitungen wie die „Etelaat". Allerdings haben nur die türkischen Zeitungen einen eigenen,
Deutschland betreffenden redaktionellen Teil. *Alle* Tageszei-

---

[418] *O. Okkan:* Die türkischen Medien in Deutschland. In: *Körber-Stiftung* (Hrsg.):
Deutsch-Türkisches Symposium 1995, S. 91.

tungen haben ihren Stammsitz in ihren Heimatländern; eine *deutschsprachige* überregionale Tageszeitung für Muslime gibt es nicht.

Nicht alle Zeitungen sind an den üblichen Kiosken – z.B. in Bahnhöfen – zu erwerben. Das gilt beispielsweise für die lediglich im Abonnement erhältliche, türkischsprachige *„Milli Gazete"* („Nationale Zeitung"), das Organ der *Refah Partisi* und Sprachrohr auch der Islamischen Gemeinschaft Milli Görüş.

„Die Zeitung ‚Sabah'[419] bereitet zur Zeit ihren Start in Deutschland vor", berichtete Osman Okkan, Redakteur beim WDR, 1995 auf einer Tagung der Körber-Stiftung, „und hat sogar schon ein Gebäude dafür gekauft. Im Augenblick dreht sich die Diskussion bei der ‚Sabah' um die Frage, ob ein eher aggressiver Stil gegenüber Deutschland und den Deutschen – wie der Stil der ‚Hürriyet' („Freiheit") – oder ein milderer, integrativer Stil mehr Verkaufschancen hat."[420] Es sind also letztlich die Marktanteile, die skrupellos die Orientierung dieser und wohl auch anderer Zeitungen bestimmen, die das Verhältnis zwischen den Türken und Deutschen maßgeblich beeinflussen.

Besonders informativ sind die religiös-konservative *„Zaman"* („Die Zeit") und die ebenfalls religiös orientierte, rechtsgerichtete *„Türkiye"* („Türkei"). Beide Zeitungen registrieren sehr gewissenhaft Ereignisse, die für die Muslime in Deutschland wichtig sind, und widmen ihnen im Durchschnitt täglich zwei Seiten.

Die „Zaman" ist das Organ der Fethullahçı/Fethullahi, einer sehr finanzkräftigen Abspaltung von den Nurcu, die dem wirtschaftlich wie politisch besonders rührigen Fethullah Gülen anhängt. Aber auch die Nurcu bringen in der „Zaman" Artikel und Ausschnitte aus den Werken ihres über alles verehrten Bediüzzaman Said Nursi unter. Sowohl die Fethullahi als auch die Nurcu verfügen in der Türkei über weitere Presse-

---

[419] „Der Morgen", eine Boulevard-Zeitung.
[420] Diskussionsbeitrag von Osman Okkan. In: *Körber-Stiftung* (Hrsg.): Deutsch-Türkisches Symposium 1995, S. 101.

organe. Die „Türkiye" und die „Zaman" verklären nostalgisch das Osmanische Reich und verfolgen engagiert die Vorgänge in den Turkrepubliken der ehemaligen Sowjetunion. Bosnien ist ein anderes Schwerpunktthema ebenso wie Tschetschenien, Afghanistan oder auch die bedrängte Situation der Muslime in China. Diese Zeitungen registrieren jeden Fortschritt des Islam, und sei er noch so klein, aber auch jeden Widerstand, und sei er noch so geringfügig. Unter die Rubrik „Auslandsnachrichten" fallen auch die Meldungen über Europa. Die teils recht scharfzüngigen Kommentare werden meist in der Hauptredaktion in Istanbul verfaßt, die Deutschland-Korrespondenten hingegen arbeiten hier vor Ort. Das mag die immer wieder auftretenden, auffälligen Divergenzen in der Sichtweise dem Westen und den Christen gegenüber erklären.

Neben den türkischsprachigen Zeitschriften erscheinen auch einige deutschsprachige. Die folgenden Angaben sind nicht vollständig; zu kurzlebig sind manche Zeitschriften; einige Titel habe ich gefunden, ohne ein Exemplar davon gesehen zu haben. Jede Organisation hat ihr eigenes Organ. Zudem geben verschiedene Vereine interne Info-Blätter heraus, die aber meist nur von lokalem Interesse sind.

Eine der wichtigsten, wenn nicht überhaupt die bedeutendste deutschsprachige Zeitschrift ist die *„Moslemische Revue"*, die sich als Fortführung der 1924 gegründeten und 1942 aufgegebenen Zeitschrift gleichen Namens versteht. Diese Vierteljahresschrift wird vom „Zentral-Institut Islam-Archiv-Deutschland" herausgegeben. Sie verdient – wenn auch mit gewissen Einschränkungen – die Bezeichnung „seriös", denn sie ist kritisch, sogar selbstkritisch, und ausgesprochen informativ, wenn auch – z. B. was Zahlenangaben angeht – einiges mit Vorsicht zu genießen ist. Manches ist allerdings auch widersprüchlich; insbesondere bringt sie neuerdings auch Texte gegen die laizistische Türkei Atatürkscher Prägung. Verantwortlicher Redakteur ist M. S. Abdullah. Im Beirat dieser Zeitschrift sitzen u. a. der Vorsitzende der *Jamaʿat un-Nur* und mindestens drei Vertreter von *Milli Görüş* – unter ihnen der Vorsitzende des Islamrats. Die Nähe zum Islamrat ist somit nicht von der Hand zu weisen; auch haben sich in den letzten

Nummern anti-laizistische und streng-orthodoxe Texte einge-schlichen, die teilweise sogar gegen das ursprüngliche Religi-onsunterricht-Konzept von M.S. Abdullah selbst gerichtet sind.

„Al-Islam" vom Islamischen Zentrum München[421] vertritt eine strikt islamistische Linie. „Al-Islam Aktuell", ebenfalls vom Islamischen Zentrum München, erscheint als vierseitiges Blatt achtmal im Jahr. Beide Zeitschriften sind deutschsprachig.

Die Monatszeitschriften „Dialog", ein vierseitiges deutsch-sprachiges Blatt, und der türkischsprachige „Genç Arkadaş" („Junger Kamerad") sind Periodika der ATIB. Die türkisch-sprachige „Milli Görüş & Perspektive" ist ein typisches Ver-bandsorgan, das primär über die Aktivitäten der IGMG berichtet, allerdings auch weitergreifende Themen aufnimmt. Die zuletzt 48seitige Zeitschrift ist zweigeteilt, in den größeren türkischsprachigen „Milli-Görüş-Teil" und in die deutschspra-chige, vormals unabhängige „Perspektive". Die fünfzehntäg-lich erscheinende, gegenüber dem Westen und der laizistischen Türkei extrem aggressive „Ümmet-i Muhammed", von den Herausgebern mit „Muhammeds Anhänger" übersetzt, ist ein türkischsprachiges Blatt der ICCB mit kleinen, das Osmani-sche reaktivierenden Artikeln.[422] Hinzu kommen der „Rund-brief der Deutschen Muslime" sowie die türkischsprachige, gut ausgestattete Monatsschrift „Haber Bülteni" („Nachrichten-Bulletin") von DITIB, die seit Mitte 1996 erscheint und für den internen Gebrauch bestimmt ist. Den Veranstaltungskalen-dern kann man Termine für zahlreiche Aktivitäten und Konferenzen entnehmen. „Al-Muhadschirun" ist die religiöse Zeitschrift der Muslimflüchtlinge in der Bundesrepublik Deutschland. Der Herausgeber ist die „Geistliche Verwaltung der Muslimflüchtlinge" in München. „HUDA. Islamische Frauenzeitschrift" ist beachtenswert.[423] „DML. Rundbrief. Für

---

[421] Nicht zu verwechseln mit „Der Islam" der Ahmadiyya.
[422] Obgleich ich die Wochenschrift abonniert habe, lese ich sie sehr ungern regel-mäßig, weil ihr aggressiver Inhalt kaum zu verkraften ist.
[423] Deshalb wird sie im 10. Kapitel „Frauenfragen", S. 206–208, ausführlicher besprochen.

Mitglieder und Freunde der Deutschen Muslim-Liga e.V. Hamburg" erscheint seit 1990 im Abstand von zwei Monaten. Das nur vierseitige Blatt setzt sich auf hohem Niveau mit den an die Redaktion herangetragenen Problemen von Muslimen auseinander und bemüht sich um Lösungen.

Angeprangert werden von allen Zeitschriften grundsätzlich sämtliche bekanntgewordenen islamkritischen Äußerungen von Politikern und anderen Personen des öffentlichen Lebens; aber *auch positive* Äußerungen werden genauestens registriert. Daß die kritischen Artikel und Notizen überwiegen, hängt nicht zuletzt mit der mißlichen Abschiebepolitik der Bundesregierung, dem Visumzwang und der bedrohlich wachsenden Ausländerfeindlichkeit zusammen.

Die führende *schiitische* Zeitschrift „*al-Fadschr. Die Morgendämmerung"* wird vom Islamischen Zentrum Hamburg herausgegeben. Die Beilage „*Salam Kinder!"* ist meines Wissens die bislang einzige in Deutschland erscheinende islamische Kinderzeitschrift. Die im Sommer 1997 schon 107 Seiten starke „al-Fadschr" erscheint bereits im 15. Jahr. Sie gibt einen sehr guten Einblick in die schiitisch-theologische Gedankenwelt der Gegenwart, nimmt aber andererseits die Probleme der Muslime in Deutschland kaum wahr und ist ebenso antiwestlich wie Israel-feindlich.

„*Islamische Zeitung"* (IZ) ist eine von Sufis publizierte Zeitung, die sich überregional organisiert und politische Arbeit betreibt. Seit 1995 erscheint sie 8- bis 10mal im Jahr. Zu finden ist sie im Internet unter der Adresse http://www.Unternehmen.com/IZ. Die IZ ist das Organ der IGID, der „Islamischen Gemeinschaft in Deutschland". Chefredakteur ist der Amir der IGID, Amir Abu Bakr Rieger. „Organisatorisch wurde die Zeitung insgesamt von der IGID getrennt, um eine Offenheit und Akzeptanz bei allen Muslimen in Deutschland sicherzustellen. Die IZ soll zum Forum aller Muslime in Deutschland ausgebaut werden" (IZ vom Okt. 1995). Die IZ ist Türkei-zentriert; sie unterhält eine rege Verbindung zu Milli Görüş und Erbakan und schaut gebannt auf die Entwicklungen in den Turkstaaten Zentralasiens. Das Niveau der Zeitung sinkt allerdings langsam, aber stetig.

Weitere Sufi-Zeitschriften waren die kurzlebige *„Sufi. Zeitschrift für Islam und Sufitum"*, Nr. 1, 1985 von Haus Schnede in Celle und *„AL-ṢÛFÎ. Zeitschrift für Islamische Mystik"*, die 1991 der Trebbuser Derwischkonvent herausbrachte und auf deren Fortsetzung man nur hoffen kann. Immerhin folgt ihr eine Schriftenreihe gleichen Namens. Die *„Trebbuser Nachrichten"* berichten über Arbeit, Ziele und Lehrinhalte dieses Konvents.

Die Zeitschrift der Nakşibendi *„Der Morgenstern. Zeitschrift für die Wege zu den Himmeln. Neues Forum der Religionen"* besteht seit 1995. Sie ist rein äußerlich gesehen ein anspruchsvolles Blatt. Der hochtrabende Titel wird dem gelegentlich recht antichristlichen Inhalt aber nicht gerecht.

„As-Salam. Der Friede. Muslimische Frauenzeitschrift von Frauen für Frauen". Die erste und einzige Ausgabe des Qibla-Vereins in Essen erschien 1996.

„Nur. Das Licht": Diese Zeitschrift der Islamischen Gemeinschaft Jamaʿat-un Nur e.V. ist eine der älteren deutschsprachigen islamischen Zeitschriften. Sie druckt auf ihren 32 Seiten hauptsächlich Texte des 130 Werke umfassenden Opus ihres Begründers Bediüzzaman Said Nursi sowie Arbeiten über ihn ab. Dazu kommen Nachrichten aus der islamischen Welt bzw. über die Situation der Muslime in Deutschland. Die Zeitschrift hat in den letzten Jahren nicht nur äußerlich gewonnen.

Im Jahre 1989 mußte Smail Balić im neunten Jahr ihres Erscheinens *„Islam und der Westen.* Unabhängige Zeitschrift europäischer Muslime. Mit einem bosnischen Textteil" seine sehr moderate und dem Westen gegenüber aufgeschlossene Zeitschrift aufgeben.

Außer den türkischsprachigen Zeitschriften der *Aleviten,* der *„Mürşit"* („Der spirituelle Meister"), die seit 1991 eingestellt wurde, und *„Gerçek İlim Dergisi"* („Zeitschrift für Wahres Wissen"), die seit 1987 unter einigen hiesigen Aleviten-Vereinen verbreitet und noch sehr auf der Suche nach der Wahrheit ist, erscheint seit Mai 1994 im Abstand von vier Monaten *„Alevilerin Sesi"* („Die Stimme der Aleviten"), die anfangs auch deutschsprachig herausgegeben worden ist, die es jetzt aber nur noch auf türkisch gibt. *„Zülfikar"* („Schwert des Ali") erscheint seit 1992 zweimonatlich als Zeitschrift des „Kürdistan Aleviler Birliği" („Bund der Aleviten Kurdistans") in Duisburg, *„Fidan"* („Der Sproß") wird von dem Hacı Bektaş Alevi Kültür Derneği in Rheda-Wiedenbrück herausgegeben ebenso wie *„Al-Gül"* in Berlin und *„Alevi Halk Gerçeği"* in Köln.

Darüber hinaus gibt es eine Jugend-Zeitschrift: *„TNT (Themen Nachrichten Trends). Das Jugendmagazin"* und *„Explizit"*, das der Internet-begeisterte M. Tawfiq herausgibt, sowie einige regionale und lokale Blätter wie *„Evidenz.* Magazin der Muslime in Baden-Württemberg", *„Islam hier & heute"*, das der rührige Deutschsprachige Muslimkreis Karlsruhe publiziert, dazu *„Inter-Kulti ,Dialog' "*, *„IJ-INFO"*, und *„Berlin Aktuell & Allahu Akbar"*.

Islam im Internet

Inzwischen haben fast alle islamischen Zeitungen und eine Reihe von Organisationen – wie die Khaniqahi Niʿmatullahi oder die Nakşibendi, der Derwischkonvent in Trebbus[424] oder lokale „Gemeinden" – eine Homepage oder einen Nachrichtenservice im Internet. Moscheen wie die „Internet-Moschee", die man mit den Augen „betreten" kann,[425] oder die vor allem in den USA reüssierende al-Haqqani-Stiftung des auch in Deutschland regen Nakşibendi-Scheichs Nâzım sammeln über Internet Spenden. Auch GIA hat eine eigene Homepage. Man kann autobiographische Bekenntnisse von Konvertiten im Internet nachlesen und sich zum Thema Islam durch mehr oder weniger kompetente Muslime belehren lassen. Es lohnt sich, auch über Stichwörter in niederländischer, englischer oder französischer Sprache aktuelle Daten hereinzuholen, z. B. unter folgenden Adressen:

---

[424] Mevl-Ifi@t-online.de
[425] http://www.nmia.com/~mosque

- http://www.web.de → organisationen → religion → islam
- http://www.yahoo.de/Gesellschaft_und_Soziales/Religion/
  Islam
- http://www.yahoo.com/Society_and_Culture/Religion/Faiths_
  and_Practices/Islam
- http://www.uoknor.edu/cybermuslim

Der Zentralrat der Muslime in Deutschland informiert über Islam und Muslime unter der Adresse: http://www.Islam.de. Nach eigenen Angaben können „eine kommentierte Literaturliste, ein Veranstaltungskalender, Selbstdarstellungen islamischer Institutionen in Deutschland, islamische Zeitschriften und weitere Dienste abgerufen werden".

Gelegentlich ist zu beobachten, daß Adressen sofort geändert werden, sobald sie publiziert sind; andere Adressen sind konstant. Die Entwicklung auf dem Internet-Sektor ist rasant.

14. Wirtschaftliche und berufliche Aspekte

In diesem Kapitel geht es nicht um die internationalen Verflechtungen von Wirtschaftsunternehmen in Deutschland mit islamischen Ländern wie etwa die Kapitalbeteiligung des Iran an der Daimler-Benz AG, sondern ausschließlich um die wirtschaftliche Bedeutung der in Deutschland lebenden Muslime, um ihre sozioökonomische Situation und nicht zuletzt um berufliche und geschäftliche Aspekte, die typisch islambedingt sind.

Die Muslime als staatstragender Wirtschaftsfaktor

Auch wenn wir die in Deutschland lebenden Muslime im allgemeinen im Blick haben, so stehen uns doch fast nur für die Türken gesicherte Daten zur Verfügung. Deshalb liegt das Schwergewicht der Darstellung in diesem Kapitel auch auf ihnen. Die hiesigen Türken sind im deutschen Sprachgebrauch immer noch „die Gastarbeiter";[426] doch haben sie sich hier längst dauerhaft eingerichtet.[427] Sie sind zu einem festen Bestandteil unserer Wirtschaft und unseres sozialen Systems geworden, ein innenpolitisch höchst bedeutsamer Faktor der Bundesrepublik Deutschland.

Alle hier arbeitenden Muslime leisten ihren Beitrag zur *Finanzierung des deutschen Staates* und sind eine nicht zu unter-

---

[426] Tatsächlich sind – gemäß der Sendung „Freistaat Moschee" in WDR 3 am 6. Juli 1997 – nur noch 35 % der erwerbstätigen Türken „einfache Arbeiter".
[427] Faruk Şen sprach bei einem 1994 auf Türken bezogenen Vortrag von 45 000 Häusern, deren Besitzer Türken sind, in: *E. Koch/M. Özek/W. Pfeiffer:* Psychologie, S. 149. Der Grundbesitz aller Türken in Deutschland soll – laut „Türkiye" vom 24. Aug. 1996 – einen Wert von 8 Milliarden DM haben.

schätzende Wirtschaftsmacht. „1,9 Mio. Türken und Kurden ... zahlen jedes Jahr 3,4 Milliarden an den Fiskus und weitere 3,4 Milliarden in die staatliche Rentenversicherung. Während der ersten Runde des Solidarzuschlags förderten sie den Aufbau Ost mit einer halben Milliarde."[428] „Als Konsumenten sind sie unentbehrlich – mit jährlich zehn Milliarden Mark fördern sie den Umsatz des deutschen Einzelhandels."[429] Dennoch ist erstaunlich, wie unbeweglich der deutsche Markt ist, wenn es gilt, die typisch türkischen Interessen und Ansprüche zu befriedigen, mehr noch, die türkischen Kunden überhaupt wahrzunehmen.

Türken als Unternehmer

Im Jahre 1995 beschäftigten etwa 38 000 selbständige türkische Unternehmer 100 000 bis 120 000 Menschen, darunter 20 000 Deutsche. Mitte 1996 waren es bereits 40 500 Unternehmen mit einem Jahresumsatz von 34 Milliarden DM.[430] Bevorzugte Betätigungsfelder sind Handel und Gastronomie. Zunehmend werden auch Dienstleistungs- und Handwerksbetriebe eröffnet. Außerdem sind türkische Unternehmer in das Hightech-Geschäft eingestiegen. Gerade die Türken gelten als besonders ideenreich und flexibel.

Die beruflichen Perspektiven der jungen Türken in Deutschland sind dennoch schlecht, vor allem auf dem eng gewordenen Lehrstellenmarkt. Das veranlaßt immer mehr junge Leute, sich wirtschaftlich auf die eigenen Füße zu stellen. Oft bringen die Familien dieser Jungunternehmer ihre Ersparnisse als Gründungskapital ein, so daß es sich zumindest indirekt um Familienunternehmen handelt. Außerdem werden zu diesem Zweck häufig Immobilien in der Türkei veräußert;[431] damit entfällt freilich das zweite Standbein Türkei, und Deutschland wird

[428] „Frankfurter Allgemeine Zeitung" vom 29. Febr. 1996.
[429] Ebd.
[430] „Türkiye" vom 24. Aug. 1996, unter Berufung auf das Essener Zentrum für Türkeistudien.
[431] „Hinterländer Anzeiger" vom 21. Aug. 1996, das Zentrum für Türkeistudien zitierend.

endgültig zum Lebensmittelpunkt. Die neue Regelung der türkischen Regierung, daß auch Türken, die die deutsche Staatsbürgerschaft annehmen, in ihrem Herkunftsland erbberechtigt bleiben, verstärkt zudem die Kapitalkraft manches Jungunternehmers. Zu den Geschäftsunternehmern kommen noch Selbständige hinzu wie Ärzte unterschiedlicher Nationen – darunter etwa 1000 türkische Ärzte –, Zahnärzte – darunter etwa 200–300 türkische –, Dolmetscher, Juristen etc., die ebenfalls mit guten Erfolgen praktizieren und arbeiten. Alle Berufe werden heute in Deutschland auch von *Muslimen* ausgeübt. Manche Beamte, durchaus auch in höheren Rängen, sind Muslime. In der Bundeswehr dienen etwa 450 muslimische Soldaten, darunter 25–30 Offiziere.

Bei dem „Ersten Weltkongreß der türkischen Unternehmer" im Februar 1996 in Istanbul waren die Investitionsmöglichkeiten von im Ausland tätigen Unternehmen in der Türkei eines der Hauptthemen.[432] Die Türkei hat die Bedeutung türkischer Unternehmer in der ganzen Welt, insbesondere aber in Europa und hier schwerpunktmäßig in Deutschland erkannt und wünscht eine enge Kooperation. Selbstverständlich spielen dabei über nationale Belange hinaus auch inner-islamische Verbindungen eine ganz erhebliche Rolle.

Arbeitslosigkeit

Die Kehrseite der Medaille ist, daß die Türken auch die höchste *Arbeitslosenquote* unter den hiesigen Ausländern haben. Sie werden freilich auch am schnellsten wiedervermittelt: Die türkischen Arbeitslosen finden rascher Arbeit als andere Ausländer, auch als die Deutschen. Sie sind flexibel und sehr willig, jede Arbeit anzunehmen. Ihr größtes Handicap ist die weithin noch mangelnde Qualifikation insbesondere für Handwerksberufe oder für das Studium an Fachhochschulen und Universitäten, wo die „Türkenquoten" noch sehr gering sind.

---

[432] *Wolfgang Koydl:* „Unser Algerien am Bosporus". In: „Süddeutsche Zeitung" vom 31. März 1995.

Pseudo-Gewerkschaften und Dachverbände
der Unternehmer

Eine Art Gewerkschaft für Muslime ist das Moslemische Sozialwerk in Europa (MSWE) mit Sitz in Köln im Gebäude der Islamischen Gemeinschaft Milli Görüş (IGMG). „Unter den Arbeitern der ersten Stunde", schreibt Claus Leggewie, „entwickelten sich anfangs linke, also laizistische, sozialdemokratische und gewerkschaftliche Positionen. 1973 gab es sogar militante ‚Türken-Streiks' mit linksradikalem Einschlag, am spektakulärsten bei Ford Köln. Doch wenig später entstanden schon die ersten Gebetsstellen neben den Werkshallen; die türkischen Wohnviertel bekamen mit Kopftüchern und Helal-Metzgereien islamische Farbe. Heute geben (neben den kurdischen Freischärlern) die politisch-religiösen Gruppen eindeutig den Ton an; die laizistische Linke ist in der Defensive. Bei Ford Köln, der einstigen maoistischen Hochburg, hat vor kurzem die ‚Nationale Sicht' (= IGMG) eine moslemische Gewerkschaft gegründet, die neben besserem Lohn und Arbeitszeitverkürzung auch die bezahlte Gebetspause und einwandfreies Kantinenessen fordert."[433] Das Muslimische Sozialwerk hat gemäß eigener Darstellung 2000 Ford-Arbeiter hinter sich.[434]

Die streng-religiöse IGMG, Parteigängerin von Necmettin Erbakan, nutzt also westliche Strukturen, die ihr im Herzensgrund zutiefst suspekt sind, um türkisch-islamische Interessen durchzusetzen. Dieser Prozeß beweist eine frappierende Fähigkeit, westliche Modelle zu übernehmen und sie für die eigenen Zwecke einzusetzen. Das linke, säkulare Gewerkschaftssystem wird zur Handhabe rechter, religiöser Fundamentalisten.[435] R. Stolz schreibt: „Der vor IGM-Plakaten (ge-

---

[433] *Claus Leggewie:* Alhambra, S. 144.
[434] *R. Stolz:* Die Mullahs am Rhein, S. 245.
[435] *Ministerium für Arbeit* (Hrsg.): Türkische Muslime in NRW, S. 122. Bei *P. Heine:* Halbmond, S. 123, heißt es, das Sozialwerk (Moslemische Kollegenschaft) sei Mitglied im Deutschen Gewerkschaftsbund; dem widerspricht jedoch der DGB in einem Schreiben an mich vom 12. Sept. 1996 entschieden mit dem Hinweis, daß das Sozialwerk nicht Mitglied sei und daß religiöse Vereinigungen prinzipiell nicht aufgenommen würden.

meint sind IGMG-Plakate) in seinem Büro posierende Generalsekretär Süleyman Delioğlu empfiehlt den Mitgliedern im Sinne einer Unterwanderungsstrategie, sich auf verschiedene Parteien zu verteilen und sich gleichzeitig auch den deutschen Gewerkschaften anzuschließen."[436] DITIB hat einen „Solidaritätsbund der Arbeiter aus der Türkei e.V." mit Sitz in Köln gegründet. ATIB plant – dem Jahresbericht 1996 zufolge –, einen eigenen gewerkschaftsähnlichen Verband ins Leben zu rufen.

Die MÜSİAD (*Müstakil Sanayici ve İşadamları Derneği*, „Unabhängiger Industriellen- und Arbeiter-Verband") ist mit einem Umsatz seiner Mitglieder von 3 Milliarden DM einer der größten islamischen Dachverbände der Welt und hat sich „den Grundsätzen des fairen islamischen Handels verpflichtet".[437] Sitz seiner Zentrale ist Istanbul; Filialen gibt es in Deutschland, in Wien, in Zürich und möglicherweise noch in anderen europäischen Ländern. Auskünfte habe ich auf meine Anfrage bei der Kölner Kontaktstelle nicht erhalten.

Inwieweit die am 10. September 1995 in England gegründete islamische Welthandelsorganisation „World Islamic Trading Organisation" (WITO) hierzulande Fuß fassen wird, läßt sich noch nicht absehen. Sie plant jedenfalls, die islamischen Regeln zu beherzigen, also „Zinsverbot, die Einführung von ‚echten Währungen' (Gold und Silber) sowie die Schaffung offener Märkte, die grundsätzlich für jedermann ohne Beschränkung und Abgabenpflicht zugänglich sind. Ein Aktionsprogramm unter dem Motto ‚Die 25 Offenen Märkte' wurde beschlossen."[438]

---

[436] *R. Stolz:* Die Mullahs am Rhein, S. 245.
[437] „Islamische Zeitung" vom Dez. 1995.
[438] „Islamische Zeitung" vom Okt. 1995.

Versicherungen

Ganz offensichtlich etabliert sich langsam ein inner-muslimisches Versicherungswesen für bestimmte Teilbereiche. Es handelt sich vor allem um die Bestattungsfonds aller großen Organisationen, auch der Aleviten. Sie sind eine Art Sterbeversicherung, die neben dem Service, den Bestattungsinstitute üblicherweise anbieten, auch die Überführung der Verstorbenen in ihre Heimatländer einschließt. Ansätze speziell „islamischer" Einrichtungen gibt es darüber hinaus im Bereich der Lebens- und Rentenversicherungen, soweit mir bekannt aber noch nicht im Assekuranz- und Haftpflichtbereich. *Frommen* Muslimen ist jeder Abschluß einer Versicherung ohnehin suspekt, zeugt er doch von mangelndem Gottvertrauen und konkurriert mit dem islamischen Modell der Familie als Solidargemeinschaft auch in schwierigen Fällen. Doch fortschreitende Säkularisierung und Individualisierung öffnen die Bahn auch für ein „islamisches" Versicherungswesen.

Islamische zinslose Banken und das Spendenwesen

Fast alle Arbeiten, die sich mit dem Thema „Islam und Wirtschaft" befassen, konzentrieren sich auf die „zinslosen Banken", die sich in einigen islamischen Ländern – zum Beispiel in den Golf-Staaten, in Saudi-Arabien, in Ägypten, seit 1977 in Pakistan und in Iran – etabliert haben, weil der Koran – gemäß Sure 2,278 – es verbietet, Zinsen zu nehmen. Selbstverständlich arbeiten auch islamische Banken nach dem Prinzip von Gewinn und Verlust; teils verfahren sie dabei ähnlich wie die Raiffeisenbanken. Das völlige Zinsverbot hat ein bemerkenswertes Fatwa des Muftis von Ägypten im Frühjahr 1997 aufgehoben.[439] Von

---

[439] Bemerkenswert sind auch Stellungnahmen wie diejenige von *H. Ayşar Ermiş:* Gençlere Kur'an Dili ve Resimli Namaz Hocası (Für die Jugend: Die Sprache des Koran und illustrierter Gebetsanleiter). Ankara 1980, S.116f. Danach können in nicht-islamischen Ländern wie Deutschland mit Zinsen arbeitende Banken beansprucht werden, wenn auch die anderen vorzuziehen sind.

den gegenwärtig 35 islamischen Banken wurden immerhin fünf in Europa gegründet. 1981 eröffnete die arabische Bank „Dar al-Maal al-Islami" eine Zentrale in Genf; ferner gibt es islamische zinslose Banken in Dänemark und England.[440] Die Europa-Filiale der saudischen *„Islamic Takafol Company"* (türk.: *„Islam Tekafül Kurumu"*, „Islamische Solidaritätsgesellschaft") hat ihren Sitz in Luxemburg. In Köln hat sie eine Repräsentanz, ist aber weder im Kölner Handelsregister eingetragen noch bei der zuständigen Industrie- und Handelskammer angemeldet. Ihr Angebot *speziell für Türken* umfaßt neben Lebens- und Rentenversicherungen zweckgebundenes Sparen etwa für die Aussteuer oder das „Wehrersatzgeld" für diejenigen, die sich vom Militärdienst freikaufen wollen; die jungen Türken können dies für 10000 DM, nach deren Zahlung nur noch eine zweimonatige Grundausbildung im Heimatland abzuleisten ist. Die Konditionen sind günstig, zumal ein „Solidaritätsfonds" unschuldig in Not geratenen Familien großzügig hilft. Wie sehr islamische Banken reüssieren, ist daran zu erkennen, daß z. B. die saudische Bank in Genf bereits in der Zeit von 1981 bis 1988 ihr Stammkapital von 1 Milliarde Dollar verdoppelt hatte.[441]

Über islamische Banken und Geldgeschäfte kann man auf offiziellen und offiziösen Wegen fast nichts erfahren. Immer wieder wird dabei von deutscher Seite auf die Abschirmung nach außen und auf mangelnde Transparenz ganz besonders Nicht-Muslimen gegenüber hingewiesen. Daß Banken nur für eine einzige Religionsgemeinschaft tätig werden, ist sicher ein Novum. Ich selbst habe in Ankara einmal eineinhalb Stunden an leeren Schaltern gewartet, um eine Auskunft einzuholen. Obwohl in der Schalterhalle stets mehrere Bankangestellte geschäftig und bedeutend aktiv waren, nahm keiner von mir

---

[440] Zu den Zahlenangaben siehe *I. Dalkuşu:* Islamische Ökonomie – Wirtschaften ohne Zinsen. In: „Neue Zürcher Zeitung" vom 24./25. Aug. 1996. Grundsätzliches findet sich bei *Volker Nienhaus:* Islamische Ökonomik in der Praxis. Zinslose Banken und islamische Wirtschaftspolitik. In: *W. Ende/U. Steinbach* (Hrsg.): Islam in der Gegenwart. 1996, S. 164–185.

[441] *K. Binswanger:* Ökonomische Basis: In: *B. Nirumand* (Hrsg.): Im Namen Allahs, S. 88 f.

Notiz. Auch als ich schließlich genervt Angestellte ansprach, war ich keiner Antwort würdig, mehr noch, ich – sichtbarlich Deutsche, wenn auch sehr dezent gekleidet, und Frau, aber offenkundig keine Muslimin – blieb selbst für eine weibliche Angestellte schlicht Luft.

Vermutlich kennzeichnet folgende Geschichte zumindest einen wichtigen Aspekt der *Finanzierungsart* islamischer Projekte auch hierzulande: „Es klingt wie ein Märchen, aber es ist wahr! Als wir uns vor zwölf Jahren darum bemühten, ein Haus für das HDI (= Haus des Islam) zu finden, hier in der Umgebung von Frankfurt, da hatte keiner von uns gedacht, sich nach einem Objekt umzusehen, das zum Kauf angeboten wurde. Wir suchten nach einem Haus zum Mieten. Dann kam ein Anruf aus Kuwait: ein syrischer Bruder wollte uns unbedingt treffen. Als ich ihn traf, fragte er ohne Umschweife, wie er uns bei unserer Arbeit helfen könne. Wir informierten den Bruder, daß wir zur Zeit auf der Suche nach einem Haus für das HDI seien und dafür noch Spenden benötigten. Die Spenden durften nur von privaten Personen und nicht an Bedingungen geknüpft sein.“ Sieben Wochen später war das Haus gefunden, das nun gekauft werden sollte: „Wir informierten den Bruder über unseren Fund, und schon drei Tage später holten wir ihn vom Flughafen ab. Er hatte kein großes Gepäck dabei, aber einen kleinen Aktenkoffer in der Hand. Am nächsten Tag gingen wir gemeinsam zum Notar, um den Kaufvertrag zu unterzeichnen, auch der Koffer war dabei. Nachdem Bruder Fatih und ich als Vertreter des HDI unsere Unterschriften unter den Kaufvertrag gesetzt hatten, fragte uns der Notar, wie wir bezahlen wollten. Wir warfen dem Bruder fragende Blicke zu, und er zeigte bescheiden auf den Koffer.

Verblüfft fragte uns der Notar: ‚Sie wollen doch nicht etwa sagen, daß Sie all das Geld in bar darin haben?' Wir bejahten ihm seine Frage. Zusammen mit dem Notar gingen wir zur Bank, die extra für uns öffnen mußte. Unter den Augen des Notars und des Bankdirektors wurde endlich der Koffer geöffnet.

Das Geld verschwand gezählt im Tresor, und Allah dankbar gingen wir mit dem Kaufvertrag nach Hause.

Und die Moral von der Geschichte: wa jarsuquhum min haithu la jahtasibu – Er versorgt sie, von wo sie es nicht erwarten."[442]

Daß bei derartigen Transaktionen Gelder illegal eingeführt und damit deutsche Gesetze gebrochen werden, scheint die Geschäftspartner nicht zu stören. Islamische Großprojekte werden von einer Reihe islamischer Länder und Daʿwa-Institutionen finanziert bzw. teilfinanziert. Nur ist es außerordentlich schwierig, dafür Belege in die Hand zu bekommen.

Die islamischen Länder, die sich an Geldtransaktionen beteiligen, sind vor allem – aber nicht ausschließlich – Libyen, Saudi-Arabien, Iran und die Golf-Staaten (Bahrain, Kuwait etc.). Gelder fließen ferner aus islamistischen Institutionen, also z. B. der finanzstarken Islamischen Weltliga, die eine große *Daʿwa*-Abteilung hat.

Ein enormes Spendenaufkommen erbringen auch die Mitglieder der verschiedenen islamischen Organisationen. Es gibt regelrechte Fonds für die *zakat*, die Sozialabgabe, und für die *zakat al-fitr*, die – ebenfalls als religiöse Pflicht – am Ende des Fastenmonats Ramadan zu spenden ist. Man will es dem Geschäftsführer des Islamischen Zentrums München, der zu IGD gehört, Dr. Muhammad al-Khalifa, einer eindrucksvollen, statuösen und zugleich charismatischen Persönlichkeit, gerne glauben, wenn er berichtet, daß die Mitglieder 14 % ihres Einkommens an das Zentrum abgeben – obgleich eigentlich bloß 2,5 % der *zakat* als Sozialabgabe gezahlt werden müßten. „Die Muslime spenden gern und großzügig. Wenn ich zu einem Geschäftsmann gehe, weil wir Geld brauchen, muß ich nur zur Türe hereinkommen und sagen: ‚Ich habe dich seit zwei Monaten nicht in der Moschee gesehen.' Dann weiß der Geschäftsmann sofort, was ich will. Ich brauche nichts zu sagen, und er wird ordentlich spenden."

Im hinteren, für Besucher im allgemeinen nicht zugänglichen Bereich einer hiesigen Moschee sah ich einmal eine Liste an der Wand, auf der Namen und die Höhe der Schulden der

---

[442] Eigendarstellung des HDI in: „*HUDA*" (Hrsg.): Frauenalmanach, S. 70.

Genannten aufgeführt waren. Der höchste Betrag belief sich auf 50000 DM. Säumige Schuldner werden mancherorts im ersten Teil der Freitagspredigt namentlich direkt angesprochen. Einem derartigen Druck dürfte kaum jemand so leicht entkommen, wenn er es denn wollte. Die Eigenleistungen beim Bau von Moscheen und anderen Einrichtungen sind in der Regel beachtlich; ergänzend sind kräftige Geldspritzen vor allem aus bestimmten islamischen Ländern üblich, und zwar in der Regel ungeachtet der ideologischen Ausrichtung der jeweiligen Moscheen.

Religiös bedingte Geschäfte

Ganze *Wirtschaftszweige* tragen inzwischen den religiösen Bedürfnissen der Muslime Rechnung. Sie fungieren faktisch *parallel* zu der deutschen Ökonomie, tendieren in gewissen Sparten aber auch zur Ghettoisierung. Ich will dies an einem Beispiel verdeutlichen: In der hessischen Kleinstadt Stadtallendorf ist jeder fünfte Bürger Türke. Eine der Moscheen gehört der VIKZ, also den Süleymancı. Zur Moschee gehört die Asya Küllük & Co. GmbH: eine Metzgerei mit „Schlachterlaubnis für Schafe und für das Zerlegen von Rinderhälften", eine Bäckerei und ein Lebensmittelhandel.[443] Um die Moschee herum kaufen Türken – ganz legal – Grundstück für Grundstück auf. Der Straßenzug, an dem die Moschee liegt, ist bereits fest in türkischer Hand; die ersten Querstraßen sind es ebenfalls. Diese Ansiedlung zieht jedenfalls ganz automatisch weitere türkische Geschäfte nach sich. Die Deutschen ziehen sich zurück. Langsam entsteht ein Türkenghetto. Vergleichbares läßt sich gegenwärtig in vielen Kommunen feststellen. Das wohl bekannteste Beispiel ist das Stadtviertel Kreuzberg in Berlin.

Die sauber recherchierten Beiträge von Karl Binswanger in dem von Bahman Nirumand 1990 herausgegebenen Buch „Im

---

[443] Siehe den Handelsregisterauszug HR B 1235 des Amtsgerichts Kirchhain vom 5. Aug. 1996.

Namen Allahs" handeln von dem beträchtlichen *Immobilienerwerb* und von *Handelsketten* islamistischer Verbände. Sie enthüllen auch organisatorische Zusammenhänge verschiedener Vereinigungen und unredliche Machenschaften – etwa des in Istanbul inzwischen zu Haftstrafen verurteilten, aber in die Revision gegangenen Süleyman Mercimek, der Spendengelder der damaligen AMGT für Bosnien in Millionenhöhe veruntreut hat. Doch solche schwarzen Schafe gibt es überall. Dennoch war der Ruf der AMGT – auch durch Fernsehsendungen – offenbar so sehr ramponiert, daß eine Namensänderung opportun erschien und 1995 aus der AMGT die IGMG wurde. Auch die Nakşibendi-Gruppe des Scheichs Nâzım sammelt über das Internet als *Haqqani Trust* oder *al-Haqqani Vakfı* Spenden ein. Auf diese Weise sollen enorme Gelder zusammengetragen worden sein, die teilweise in Immobilien angelegt wurden.[444]

Alle größeren religiösen Vereinigungen besitzen *eigene Betriebe,* teilweise in Verbindung mit ihren Moscheen. So gehört z.B. der Kaplan-Gruppe ICCB die „Kar-Bir Lebensmittel und Textil GmbH", deren Anteile zum Stückpreis von 1000 DM an ihre Mitglieder verkauft werden.[445] Die starke Asya-GmbH wird – wenn dies richtig ist – dem VIKZ der Süleymancı zugeschrieben. Große Obst- und Gemüse-Importfirmen sollen faktisch ATIB gehören.

Wer einmal einen Blick in das Handelsregister für die 1984 gegründete „Selâm Lebensmittelhandels-GmbH" von *Milli Görüş* geworfen hat, bemerkt abenteuerliche Konstellationen. Unter den ständig wechselnden Geschäftsführern finden sich die Brüder Akgün Erbakan (Kaufmann) und Mehmet Sabri Erbakan, seinerzeit Student, heute Generalsekretär der IGMG. Bis zur Auflösung der GmbH im August 1995 folgten noch sechs weitere Geschäftsführer, darunter ein Diplom-Ingenieur und ein Journalist.[446] In der Zeitschrift *„Millî Görüş*

---

[444] Zum Beispiel die Osmanische Herberge in Kall-Sötenich.

[445] *Th. Liers/U. Piest:* Muslimische Vereinigungen, S. 40.

[446] Gemäß Handelsregisterauszug HR B 15346 des Amtsgerichts Köln vom 5. Sept. 1996.

& Perspektive" vom Oktober 1995 annonciert „Selâm" dennoch unverdrossen weiter, allerdings nicht mehr als GmbH. Der IGMG wird nachgesagt, daß sie faktisch ein Sechstel des islamischen Lebensmittelhandels in Deutschland in der Hand hat. Der Vorsitzende der IGMG, Ali Yüksel, verwahrt sich allerdings gegen „Unterstellungen des Verfassungsschutzes", die IGMG besitze 15 Handelsgesellschaften mit einem Jahresumsatz von 10 Milliarden Dollar.[447] Ihre Immobilien in Deutschland sollen einen Wert von 100 Millionen DM haben.[448]

Ungemein reich soll der Verband der Islamischen Kulturzentren (VIKZ) sein. Er besitzt in vielen Städten über ganz Deutschland verteilt Häuser, dazu zahlreiche Firmen in Deutschland und im benachbarten Ausland. Der Generalsekretär des VIKZ berichtete bei einem Treffen der Deutschsprachigen Muslime am 22. April 1995, sein Verband habe „im vergangenen Halbjahr" 30 Häuser gekauft und 1994 bereits 20 Millionen DM an Spenden eingenommen; für das laufende Jahr 1995 erwarte man erheblich größere Summen.[449] Den Kontakt mit der Geschäftswelt pflegt diese Organisation unter anderem durch großzügige gastliche Einladungen.

In Deutschland gehören die ersten vier den Moscheen angegliederten „Kaufhäuser" der türkisch-islamischen, genossenschaftlich organisierten „Yimpaşa Holding", deren Anteilseigner Anteile im Wert von 10 DM bis 500000 DM erwerben können, wobei darauf geachtet wird, daß kein einzelner Anteilseigner über 50% in die Hand bekommt. Die 4500 Mitarbeiter, darunter Abgeordnete der *Refah Partisi,* streben eine Erweiterung ihres Absatzmarktes in Mitteleuropa an. Die sächsischen MZ-Motoren arbeiten mit der islamischen Finanzgruppe Kombassan zusammen, die unter anderem die Charter-

---

[447] „Zaman" vom 6. Sept. 1996.
[448] „Frankfurter Allgemeine Zeitung" vom 21. Sept. 1996, ein Papier des Verfassungsschutzes zitierend, spricht noch von 60 Millionen; doch war dies eindeutig zu niedrig. Vom Verfassungsschutz für NRW 1996, S. 230, ist der Wert mit 100 Millionen DM geschätzt worden.
[449] *Salman Reutter:* Muslime im Dialog in Zeiten der anti-islamischen Propaganda. Regionales Treffen deutschsprachiger Muslime in Köln. In: Milli Görüş & Perspektive, Juni 1995, S. 29.

Fluggesellschaft Air Alfa besitzt und ebenfalls auf islamisch-genossenschaftlicher Basis arbeitet.

Islamische Supermärkte liefern über eigene Importe und Händler alles vom Tee über Wurst von rituell geschlachteten, garantiert BSE-freien Rindern bis hin zu türkischem Käse und Oliven. Die meisten Vereinigungen besitzen eigene Verlage und Vertriebe, die auch eigene Schriftenreihen und Zeitschriften herausgeben.[450] Ihre Läden verkaufen islamische Kleidung, alkoholfreie Duftwässerchen, Gebetsketten, Poster, Grußkarten mit religiösen Motiven, islamische Kalender, Kassetten, Videos und Computer-Software.

Der Wirtschafts- und Sozialwissenschaftler Professor Faruk Şen, Leiter des Zentrums für Türkeistudien in Essen, charakterisiert in einem Interview die Situation in Deutschland wie folgt: „Die Türken fühlen sich diskriminiert, abgelehnt, haben keine gleichen Chancen und leben in Angst. Man kann das ganz genau so nennen. Das führt dazu, daß die Türken immer mehr Wert auf ihre eigene Infrastruktur legen."[451] Das entspricht auch dem Konzept der Islamic Chamber of Commerce & Industry, die von den USA aus weltweit im Internet ihre Glaubensbrüder aufruft, ausschließlich bei Muslimen zu kaufen: „Remember: Buy from Your Muslim Brothers".[452]

Beobachtungen anhand von Zeitungsannoncen

Spannend und aufschlußreich zugleich ist es, sich die *Reklame* in Deutschland erscheinender türkischsprachiger Tageszeitungen wie der „Zaman" oder der „Türkiye" vorzunehmen, die beide religiös ausgerichtet sind. Dabei haben wir es lediglich mit Anzeigen von Wirtschaftsbetrieben zu tun. Meine Beobachtungen orientieren sich ausschließlich an den *Reklame*-Anzeigen; Privatanzeigen sind ohnedies nicht üblich. Mit dieser Methode

---

[450] Dazu mehr oben, S. 250–267.

[451] *Faruk Şen*: Der Islam in Europa. In: *Chr. Burgmer* (Hrsg.), Der Islam in der Diskussion, S. 96.

[452] Unter der Adresse: http://www.ave.net/-icci/.

der Durchsicht von Anzeigen bekommt man zwar keine objektiv meßbaren Daten; doch werden immerhin gewisse Trends erkennbar.

Schon beim ersten Blick fällt auf, daß in diesen Zeitungen fast keine *deutschen* Unternehmen inserieren. Ausnahmen sind vor allem die Lufthansa und andere Fluggesellschaften, Mercedes-Benz und Kreditinstitute. Gelegentlich findet man auch Angebote von *internationalen* Unternehmen; MacDonalds zum Beispiel wendet sich insbesondere an die *Rückkehrer,* die ihrerseits für die Ausbreitung der amerikanischen Fast-Food-Kette in der Türkei sorgen sollen.

Bei den *von Türken* aufgegebenen Inseraten ergeben sich – zunächst einmal ganz allgemein und *nicht religionsbezogen* – folgende Schwerpunkte: Mit Abstand am häufigsten bieten Reisebüros, Fähren und Fluggesellschaften ihre Dienste an. Es folgen türkische Banken und private Kreditinstitute mit Billigdarlehen, teils mit Lockangeboten. Reichhaltig vertreten sind auch Immobilien-Inserate von Maklerfirmen, Anzeigen von Juwelieren, die ihre kunstfertigen Waren anpreisen, und solche von Speditionen, Autohändlern und Fahrschulen, die um türkische Kundschaft werben. Ferner kann man alles für die Herstellung von Deutschlands beliebtestem Gericht, *Döner Kebab,* erstehen. In Frankfurt steht sogar eine Döner-Fabrik.[453] Der Großhandel bietet Fische aus den Küstengewässern der Türkei an. Supermärkte werden laufend neu eröffnet, einer zum Beispiel mit 2000 Quadratmetern Stellfläche in Stuttgart direkt hinter dem Hauptbahnhof: „keine Parkplatzprobleme" heißt es in verschiedenen Anzeigen. Die annoncierenden Supermärkte sind mit türkischen Produkten wie Trockengemüse, Haselnüssen, Obst, Frischgemüse, Tee u. a. direkt aus der Türkei reich bestückt, natürlich insbesondere auch mit *Helal-*Fleisch von rituell korrekt geschlachteten Tieren. Hier finden die Türken all das, was sie in deutschen Supermärkten vermissen mögen; außerdem sind ihre religiösen Interessen gewahrt. *Metzger* und *Tierhändler* werben besonders zur Zeit des

---

[453] Dazu: *Eberhard Seidel-Pielen:* Aufgespießt. Wie der Döner über die Deutschen kam. Rotbuch 1034. Hamburg 1996.

Opferfestes mit Fleisch aus garantiert gesunden Herden; einige bieten auch lebendige Tiere an.[454]

Oft findet man in Anzeigen, daß *Hochzeitssalons (düğün salonu),* die auch in der Türkei üblich sind, für Familienfeiern angemietet werden können.

Einmal im Leben nach Mekka zu pilgern ist für jeden Muslim Pflicht, der sich eine solche *Wallfahrt,* den *hajj,* leisten kann, ohne sich dadurch zu verschulden. Sie ist aber auch der absolute Höhepunkt im Leben eines Gläubigen. Deshalb sind diese Fahrten heißbegehrt und knapp, zumal manche einflußreiche Muslime auch noch mehrere Male in ihrem Leben nach Mekka pilgern. In islamischen Ländern werden die *Wallfahrten* staatlich geregelt, um der jahrhundertelang praktizierten schonungslosen Ausbeutung der Mekka-Pilger durch Transportunternehmen aller Art zuvorzukommen. Um den gleichzeitigen Ansturm der inzwischen auf zwei Millionen jährlich angewachsenen Pilgerschar für einen religiös vorgeschriebenen Zeitraum von wenigen Tagen bewältigen zu können,[455] hat Saudi-Arabien Pilgerquoten eingeführt, die nur für die eigenen Landsleute nicht gelten. Dem Schlüssel 1:1000 gemäß darf jedes Jahr nur einer von tausend Einwohnern eines jeden islamischen Landes im Wallfahrtsmonat nach Mekka reisen. Auf die Türkei kamen dementsprechend 1997 nur 61 158 Pilger, viel zu wenige für den enormen Andrang. Die glücklichen Teilnehmer werden ausgelost; Zettel mit den Namen der auf die Wallfahrt hoffenden Anwärter werden in einer gläsernen Trommel gesammelt, gezogen und veröffentlicht. In Deutschland richtet sich nach Angabe einiger Organisationen die Anzahl der zur Verfügung gestellten Plätze nach der jeweiligen Absprache mit dem saudiarabischen Ministerium für das Pilgerwesen.

Wer dann eine solche Pilgerfahrt gemacht hat, erhält den Ehrentitel *hacci.* Zeitungen bilden gerne die einzelnen, jeweils

---

[454] Dazu mehr oben, S. 161–166.
[455] Pflicht sind die Wallfahrtszeremonien in der Zeit vom 7. bis zum 13. des Monats *dhû 'l-hijja,* wobei sich das Intensivprogramm aber zeitlich etwas entzerren läßt; auch der religiös sehr verdienstvolle Besuch des Prophetengrabes in Medina gehört üblicherweise in das Programm.

von mindestens einem religiösen Funktionär begleiteten Pilgergruppen ab; und so kann man auch die Pilger aus allen Teilen Deutschlands – übrigens meist Männer – in den türkischen Zeitungen bewundern.

Außerhalb der festgelegten Zeit für den *hajj*, die „große Wallfahrt", kann das ganze Jahr hindurch die sogenannte „kleine Wallfahrt", die *umra* (türk.: *umre*), vollzogen werden. Sie gilt als religiös verdienstvoll, kann den *hajj* aber nicht ersetzen.

Als Reiseveranstalter für die große und die kleine Pilgerfahrt konkurrieren in den Zeitungsinseraten sämtliche großen islamischen Organisationen, einzelne Imame und Reisebüros miteinander wegen des religiösen Prestiges und wegen der begehrten Pfründe.[456] Das Pilgergeschäft wird ergänzt durch die ersten Läden für das obligatorische Pilger-Outfit, die vorgeschriebenen weißen Tücher für Männer und Frauen, Gebetsteppiche, wohlduftende Essenzen und anderes mehr.

Islamische Kleidung ist in Fachgeschäften nunmehr fast aller westdeutschen Großstädte zu erhalten. Die „Tesettür Mode Collection" („Schleier-Mode-Kollektion") von der Bekleidungskette „Tekbir"[457] hat in Deutschland bereits 35 Läden. Die Bekleidungsskala reicht von schlicht bis hochelegant. Lange fließende Gewänder aus Samt, Seide und Brokat mit passender Kopfbedeckung schmeicheln dem Auge und den Sinnen; geworben wird mit entsprechenden Bild-Anzeigen.

Die *Leichenüberführungs-Unternehmen* betreiben ein lukratives und auf Dauer angelegtes Geschäft. Einige „islamisch-türkische" Großunternehmen bieten laufend in Inseraten einen 24-Stunden-Service an, der garantiert, alle Überfüh-

---

[456] Die Preise für die *umra* beliefen sich bei der „IGMG-Millî Görüş Hac ve Umre Organizasyonu" um die Jahreswende 1996/97 auf 1150 DM für 2- bis 12jährige Kinder, auf 1550 DM für 13- bis 18jährige und 1750 DM für Erwachsene. Die Pilgerreise, der *hajj,* kostet etwa 3000 DM. Dieser Preis schließt einen zweitägigen Aufenthalt in Kairo mit ein oder aber in Jerusalem, wo sich das drittwichtigste Heiligtum der Muslime befindet. Außer Mekka besuchen auch diese Pilger meistens noch die Grabstätte des Propheten Muhammad in Medina.
[457] *Tekbir* ist der Terminus technicus für das Aussprechen der Formel „*Allâhu akbar*", „Gott ist größer".

rungsformalitäten zu übernehmen und die Toten von jedem Ort in Deutschland aus binnen Tagesfrist in die Türkei zu bringen.[458]

Verlage und *Buchhandlungen* mit ausschließlich islamischer Literatur der unterschiedlichsten Strömungen gibt es in fast allen großen deutschen Städten. Geworben wird mit ins Auge fallenden Großanzeigen insbesondere anläßlich der diversen islamischen *Buchmessen.*

Durch Annoncen wurde die erste *„Osmanische Kampf-kunstakademie"* in Weimar und damit ein neuer Berufszweig bekanntgemacht. Hier erlernen junge Muslime und am Islam interessierte Deutsche die Kampfart der osmanischen Janitscharen. Mut, Tapferkeit, Selbstbeherrschung und andere sittliche Werte werden zugleich mit der Kampftechnik vermittelt.

Völlig neu in hiesigen Breiten ist auch die *Berufssparte* der *Beschneider* von Knaben (türk.: *sünnetçi*): „In einigen Städten haben sich professionelle Beschneider und Geschäfte für Beschneidungsbekleidung etabliert."[459] Sie machen auch in Anzeigen auf sich aufmerksam; doch ist die Mund-zu-Mund-Propaganda noch wirkungsvoller.

Auch werden Heilkräuter, Honigmilch und vor allem das Kreuzkümmelöl als islamischer Beitrag zur *alternativen Medizin* in Riesenannoncen angepriesen.

Die Vielfalt dieser täglichen Angebote veranschaulicht, wie die Muslime die deutsche Wirtschaft in vielfältiger Hinsicht bereichern. Religiös bedingten Bedürfnissen muß – in wesentlich größerem Ausmaß, als dies bei den Christen üblich ist – Rechnung getragen werden. Das rührt vor allem daher, daß der Islam mit seinen religiösen Vorschriften die vitalsten Lebensbereiche tangiert und für eine Angebotspalette mit beachtlichen Umsätzen sorgt, die es ohne die Muslime hierzulande gar nicht gäbe.

---

[458] Siehe dazu auch oben, S. 172 mit Anm. 284.
[459] *Ministerium für Arbeit* (Hrsg.): Türkische Muslime in NRW, S. 71.

15. Konvertiten oder der Ruf zum einzig wahren Glauben

Die Annahme des Islam

„Ich bezeuge, daß es keinen Gott gibt außer Allah und daß Muhammad sein Gesandter ist." Wenn ein Nicht-Muslim in voller Absicht, zum Islam überzutreten, dieses Glaubensbekenntnis mit erhobener rechter Hand und ausgestrecktem Zeigefinger vor zwei männlichen Zeugen ausspricht, wird er dadurch Mitglied der *umma*, der islamischen Glaubensgemeinschaft, die ihn hinfort nicht mehr losläßt. Vom Islam abzufallen ist die einzige Sünde, die Gott niemals verzeiht. Der Neubekehrte gehört jetzt für immer zur „besten Gemeinschaft, die unter den Menschen entstanden ist" (Sure 3,110). Frauen und Männer nehmen mit dem Übertritt meist einen islamischen Namen oder wenigstens Vornamen an; Männer müssen sich außerdem beschneiden lassen.

Es gibt keine Statistik zur Zahl der Übertritte deutscher Staatsbürger zum Islam; denn es existiert keine zentrale Registrierstelle. Ebensowenig statistisch erfaßt sind Übertritte von Muslimen zum Christentum. Doch halten diese sich in sehr viel engeren Grenzen. In Deutschland ist Religionsfreiheit garantiert; in einer Reihe islamischer Länder hingegen führt der Abfall vom Islam fast immer zur Entlassung aus dem Arbeitsverhältnis, mitunter auch zu Lynchjustiz, der man am ehesten noch durch Auswanderung entrinnen kann. Oder er hat aufgrund der Rechtsprechung eine Zwangsscheidung der Ehe zur Folge, wenn der Mann konvertiert, weil kein Nicht-Muslim mit einer Muslimin verheiratet sein darf. Der fast obligatorische Ausschluß aus der Großfamilie bringt in der Regel auch den zwangsweisen Verzicht auf den bisherigen Besitz – Ländereien, Haus, Firma etc. – und auf jegliche Erbansprüche mit sich.

In einigen islamisch geprägten Staaten werden Konvertiten, die den Islam verlassen, sogar in aller Form zur Ermordung freigegeben.[460]

Der Absolutheitsanspruch

Der Islam und das Christentum sind beide missionierende Religionen, der Islam heutzutage in vielen Ländern aller Erdteile mit erheblicher Expansionskraft. Die Christen hingegen haben ihr früheres missionarisches Engagement gegenwärtig weithin aufgegeben[461] und konzentrieren sich heutzutage eher auf den Dialog und auf soziale Hilfen. Selbstverständlich gibt es noch Kongregationen wie den Orden der in Afrika missionierenden Weißen Väter und manche – teils sehr rigide – Missionsgesellschaften und andere Vereinigungen, die nach wie vor missionarisch tätig sind. Doch sind solche Aktivitäten eher Randerscheinungen im Kirchenspektrum. Allerdings ist nicht zu übersehen, daß evangelikale Gruppen wie „Die christliche Mitte" ihren Ton gegen Muslime erheblich verschärft und ihre Argumente mit unhaltbaren Anschuldigungen angereichert haben. Der arabisch-islamische Begriff für „Mission" ist *daʿwa*, die „Aufforderung, den Islam anzunehmen", der sich als Krone aller Religionen versteht.[462]

In welchem Verhältnis steht der Islam zu den anderen Religionen? Der Koran teilt die Andersgläubigen in zwei Klassen ein: einerseits die bevorzugten monotheistischen „Schriftbesitzer" (*ahl al-kitâb*) – also Juden und Christen sowie Sabier,

---

[460] Zum Beispiel in Iran, in Saudi-Arabien, seit dem 29. Januar 1996 auch in Ägypten.
[461] So in dem gemeinschaftlich von der Arnoldshainer Konferenz, der Evangelisch-Lutherischen Kirche Deutschlands (VELKD) und dem Lutherischen Kirchenamt Hannover herausgegebenen Taschenbuch: Religionen, Religiosität und christlicher Glaube. 3. Aufl. 1993, S. 129. „Wir sind als Christen gegenüber den anderen Religionen nicht der überlegene Inhaber der Wahrheit ... Die Religionen sind keine ‚Missionsobjekte', sondern haben selbst Stimme, denn Gottes Welthandeln kommt in ihnen auf uns zu."
[462] Die inkonsequenten Umschriften für „*daʿwa*" lassen oft keine Unterscheidungen zu zwischen „Mission" und „*daʿwâ*", „Gerichtsverfahren".

nämlich die Mandäer und Zoroastrier – und andererseits die generell abzulehnenden Polytheisten. Nicht weniger verwerflich als der Polytheismus ist der Atheismus, der Unglaube, wie er insbesondere den Kommunisten vorgeworfen wird.

Gott hatte schon *vor* Muhammad den Menschen seine Botschaft übermittelt. Er hatte Propheten zu verschiedenen Völkern geschickt; doch haben diese deren Warnungen in den Wind geschlagen, so daß er über sie „Not und Ungemach" (Sure 6,42) brachte. Auch die Offenbarungen an die Propheten Mose und Jesus verhallten. In einem frühen Stadium des Islam galten Muhammad die Offenbarungsurkunden Thora und Evangelium noch als mit dem Koran identisch; später – als die Juden in Medina dies in Abrede stellten und Muhammads Prestige gefährdet war – entwickelte sich in Abgrenzung gegenüber Judentum und Christentum die Theorie, daß sowohl die Thora als auch das Evangelium gefälscht seien; dies hinwiederum führte zu der Entwicklung einer eigenständigen islamischen Theologie. Das Verhältnis zu den Juden und Christen verschlechterte sich zunehmend, und diese verschiedenen Stadien fanden dementsprechend ihren Niederschlag im Koran, weshalb sich die Muslime im Umgang mit den Schriftbesitzern auf ganz unterschiedliche Bewertungen von Juden und Christen berufen können.

Einige Koranstellen betonen aber nicht nur die Sonderstellung des Islam, sondern auch die Gemeinsamkeiten zwischen den drei Religionen: „Sag: Ich glaube an (all) das, was Gott an Offenbarungsschriften herabgesandt hat!" (Sure 42,15). Allerdings sind die Thora und das Neue Testament nach islamischer Vorstellung verfälscht worden; die ursprüngliche Fassung aller Offenbarungen ist das „Urbuch" im Himmel, der Koran dessen einzig authentische, präexistente, also schon vor der Erschaffung der Welt vorhandene wortlautgetreue Wiedergabe.

Die Pluralität der Buch-Religionen wird gern als gottgegeben zum Beweis der großen Toleranz des Islam zitiert: „Wenn Gott gewollt hätte, hätte er euch zu einer einzigen Gemeinschaft gemacht" (Sure 5,48). Dieser Vers geht aber noch weiter und verlangt, daß die Menschen sich zu entscheiden haben zwischen den verschiedenen Bekenntnissen, weil diese einander nicht ebenbürtig sind. Der einzig wahre Glaube ist und bleibt der Islam, heißt es doch im Koran: „Sag: Ihr Menschen, ich bin der Gesandte Gottes an euch alle" (Sure 7,158) und „Die Religion bei Gott ist der Islam" (Sure 3,19; 48,28 u.a.).

Der Missionsbefehl

Es ist nur folgerichtig, wenn die Muslime die einzig wahre Lehre von dem Einen, allmächtigen und barmherzigen Gott und seiner Rechtleitung allen anderen Menschen dieser Welt zugute kommen lassen wollen. „Er, der Herr, (ist es,) der seinen Gesandten mit der Rechtleitung und der wahren Religion geschickt hat, um ihr zum Sieg zu verhelfen über alles, was es (sonst) an Religionen gibt, auch wenn es die Heiden hassen" (Sure 61,9). „Ihr müßt an Gott und seinen Gesandten glauben und sollt streiten („tajâhidûna", also „jihâd betreiben") mit eurem Vermögen und mit eurem Leben um Gottes willen" (Sure 61,11). *Jihâd* wird heute allerdings meist nicht mehr als kriegerischer „Glaubenskampf" verstanden, sondern im Sinne von „Bemühung auf dem Wege Gottes", die Mission einschließt.[463]

„Diejenigen, die verschweigen, was Wir an deutlichen Zeichen und Rechtleitung hinabgesandt haben, nachdem Wir es den Menschen im Buch deutlich gemacht haben, diese wird Gott verfluchen" (Sure 2,159). Zwingen allerdings darf man niemanden zur Annahme des Islam; denn: „In der Religion gibt es keinen Zwang" (Sure 2,256).

Tatsächlich haben die Muslime selbst in Zeiten der Expansion ihrer Herrschaft und Religion den Nicht-Muslimen lediglich die Aufforderung zukommen lassen, sich zu *unterwerfen;* sie haben ihnen zunächst Zeit zum Überlegen gegeben und sie

---

[463] Der Missionsbefehl ist noch verschiedentlich im Koran verankert, z.B.: „So haben Wir euch (Muslime) zu einer in der Mitte stehenden Gemeinschaft gemacht, damit ihr Zeugen über die (anderen) seid" (Sure 2,143), und „Aus euch soll eine Gemeinschaft werden, die zum Guten aufruft (da'wa), die gebietet, was recht ist, und verbietet, was verwerflich ist" (Sure 3,104; vgl. Sure 9,71).

– falls sie „Schriftbesitzer" waren – lediglich zu Tributzahlungen verpflichtet, mit denen besondere Schutzgarantien verbunden waren, haben sie also nicht zwangsweise islamisiert. Nur im äußersten Fall haben sie mit Waffengewalt gekämpft. Sehr viele tributpflichtige Schutzbefohlene, *dhimmî*, sind dann allerdings von sich aus zum Islam übergetreten, oft um den finanziellen Auflagen zu entkommen und um zu Bürgern erster Klasse zu avancieren; dafür bedurfte es keiner Missionierung. Einen beachtlichen Anteil an der Mission hatten und haben auch heute noch die muslimischen Kaufleute, z. B. in Afrika.

Deutschland als Missionsfeld

Klassisch-islamisch wird die Welt dreigeteilt in das „Gebiet des Islam" *(dâr al-islâm)*, in dem Muslime regieren und Juden wie Christen bei Bezahlung der Kopfsteuer Minderheitenschutz gewähren, und in das „Gebiet des Krieges" *(dâr al-ḥarb)*, das islam-feindlich ist und von Nicht-Muslimen regiert wird. Sozusagen dazwischen liegt bewertungsmäßig das „Gebiet des Friedens" *(dâr al-ṣulh)* beziehungsweise das „Gebiet des Vertrags" *(dâr al-ʿahd)*, das zwar ebenfalls von Nichtmuslimen regiert wird, das aber den Islam toleriert. Die meisten Muslime rechnen heutzutage Deutschland zu dieser dritten Kategorie. Es genügt ihnen, daß sie hier unbehelligt in einem Land leben können, in dem sie frei ihre Religion praktizieren und missionarisch tätig sein dürfen.[464] Nur sehr wenige Muslime betrachten Deutschland noch als „islam-feindliches Gebiet", in dem man sich eigentlich gar nicht aufhalten darf.

---

[464] Eine differenzierte Darstellung findet sich bei *A. Th. Khoury:* Toleranz im Islam, S. 103–182.

Die Furcht der Muslime vor der Christianisierung

Die Furcht der Muslime vor missionarischer Einwirkung der Christen ist sehr groß.[465] Bei einem von Islamisten veranstalteten Symposium in Istanbul habe ich selbst derartige Ängste zu spüren bekommen.[466] Mir war zunächst überhaupt nicht klar, daß den Muslimen die mittelalterlichen Kreuzzugsängste tatsächlich immer noch derart gegenwärtig sind, daß sie das heutige Christentum weiterhin als eine ernste Bedrohung empfinden. Diese Gefühle, die mir angesichts der miserablen Situation der wenigen in der Türkei noch verbliebenen Christen als völlig unbegreiflich erschienen, waren echt. Daß selbst diese Christen unterschiedlicher Glaubensrichtungen, deren Zahl auf etwa 100 000 geschätzt wird,[467] von den 60 Millionen Muslimen in der Türkei als Bedrohung empfunden werden, läßt sich den Worten des höchsten türkischen Religionsfunktionärs, des Chefs des Präsidiums für Religionsangelegenheiten, Mehmet Nuri Yılmaz, entnehmen: „Die Zahl der Christen in der Türkei ist so hoch, daß man sie nicht unterschätzen darf. Christliche Agenten gibt es überall, in Kindergärten und auch dort, wo der Arm des Roten Kreuzes hinreicht."[468] Die entsprechenden Sorgen der islamischen Funktionäre in Deutschland, die sozusagen in der Höhle des vermeintlichen Löwen leben, sitzen noch viel tiefer.

---

[465] Zwei von zahlreichen Beispielen: *Eyüb Sanay:* Handbuch des Gastarbeiters, übersetzt von Xavier Jacob, mit einer Einführung von U. Spuler-Stegemann. In: CIBEDO-Dokumentation Nr. 26, Dez. 1985, S. 7–17, oder „Moslem Revue" 4/1995, S. 243–246.

[466] Dazu *U. Spuler-Stegeman*n: „Sag den gläubigen Männern und Frauen, sie sollen die Augen niederschlagen!" Beobachtungen zur Körpersprache bei einem Symposium von Islamisten in Istanbul im Herbst 1992. In: *R. Mahlke / R. Pitzer-Reyl / J. Süss* (Hrsg.): Living Faith – Lebendige religiöse Wirklichkeit. Festschrift für Hans-Jürgen Greschat. Berlin 1997, S. 241–250.

[467] So *H. Klautke:* Vielfalt der Kirchen in der Türkei. In: *Körber-Stiftung* (Hrsg.): Religion – ein deutsch-türkisches Tabu?, S.129.

[468] „Türkiye" vom 14. Juli 1996. Die Verfolgung der syrisch-orthodoxen Christen (Assyrer oder Aramäer) im Tur Abdin wird hingegen nie angesprochen.

Gründe für den Übertritt von Christen

Niemand bei uns wird Einwände erheben, wenn Menschen aus Gewissensgründen zu einer anderen Religion konvertieren. Die eigene Religion streift man zwar nicht ab wie ein Hemd; und doch scheinen viele Konvertiten kaum Probleme damit zu haben, wie ich in einer Reihe von Gesprächen feststellte.

Was aber macht den Islam für Außenstehende so anziehend?

1. Der Hauptgrund ist die eindrucksvolle ungebrochene Glaubensgewißheit der Muslime. Daß der Islam die einzig wahre Religion ist, dessen ist sich jeder gläubige Muslim völlig sicher. Nur ganz wenige Sufi-Orden haben in dieser Hinsicht ein weiteres Herz und lassen auch die „Buch-Religionen" als Wege gelten, die zu Gott führen.

2. Sehr anziehend wirken die klaren Vorschriften des Islam für alle Lebensbereiche als Lebenshilfe. Sie erfordern keine eigene Entscheidungskraft; der Islam regelt alles. „Wir bekamen einen ungeheuren Respekt vor den vielen Vorschriften und genauen Verhaltensmaßregeln, die wir ständig zu beachten hatten", schreibt Jahja Schülzke, einer der führenden Muslime in Berlin, über seine eigene Bekehrung.[469]

3. Hervorgehoben wird von Konvertiten die sogenannte Rationalität und Einfachheit des Glaubens. Der Islam belaste seine Gläubigen nicht mit schwierigen theologischen Dogmen. Der Glaube an den einen allmächtigen und allbarmherzigen Gott ist unkompliziert. Er enthält keine Probleme wie die Gottessohnschaft Jesu. Mittler zwischen Gott und den Menschen – wie beispielsweise Priester – benötigten Sunniten nicht. Die göttlichen Gebote und Verbote sind klar und für jeden Gläubigen einhaltbar. Am Ende der Tage wird der gerechte und barmherzige Gott über jeden Menschen richten, der selbstverantwortlich für seine Taten einzustehen hat. Der Mensch ist zwar gut erschaffen, aber Versuchungen ausgesetzt und oft schwach. Wohlstand ist ein positiver Wert; er wird als erstre-

---

[469] *Jahja Schülzke:* „Da'wa hier und heute". In: *A v. Denffer* (Hrsg.): Islam hier und heute, S. 117.

benswert angesehen unter der alleinigen Voraussetzung, daß man von seinen irdischen Gütern solidarisch den Armen abgibt.

4. Weiterhin ist festzustellen, daß diesem oder jenem Konvertiten die hierarchischen Strukturen gerade auch der Sufi-Orden, innerhalb derer jeder seinen festen Platz zugewiesen bekommt, das Gefühl von Sicherheit vermitteln.

5. Dazu kommt bei Sufis auch das meditative, spirituelle Element, das im Christentum oft vermißt wird.

6. Besonders geschätzt wird am Islam generell das Gemeinschaftserleben, die Geborgenheit in einer ansonsten stark individualistisch orientierten Gesellschaft. Damit verbunden ist

7. der ausgeprägte soziale, selbstverständlich auch finanzielle Einsatz für die Mitmuslime.

8. Große Anziehungskraft haben schließlich in einer Welt düsterer Prognosen auch die positiven Zukunftsperspektiven der Islamisten, die aus tiefster Überzeugung prophezeien, daß der Islam das 21. Jahrhundert beherrschen wird. Das erzeugt bei nicht wenigen eine Art „euphorischer Aufbruchsstimmung", ganz im Gegensatz zur Gemütslage im europäischen Christentum, das nach verbreiteter muslimischer Ansicht dahinsiecht und bald ganz absterben dürfte.[470]

Wer wird Muslim?

Diejenigen, die zum Islam übertreten, sind vor allem deutsche Frauen, die Muslime heiraten. M.S. Abdullah beziffert ihre Anzahl auf rund 40000.[471] Daß Frauen freiwillig zum „frauenfeindlichen" Islam übertreten, verwundert in unserer westli-

---

[470] Aufmerksam wird die Schließung nicht nur von Kirchen in Deutschland, sondern auch im ganzen Europa verfolgt: „In fünf Jahren werden die Muslime in England die Mehrheit haben und die Christen an Zahl überflügeln", hofft die „Türkiye" vom 13. Mai 1997. Von 16000 „katholischen" Kirchen seien in den letzten 25 Jahren noch 3760 übriggeblieben, der Rest wegen mangelnder Gemeindemitglieder geschlossen worden. Von den 38 Millionen „Christen auf dem Papier" gingen sonntags nur 854000 in die Kirche (Statistik von 1995), von den 2,5 Millionen in England lebenden Muslimen jedoch an jedem Freitag 536000 in die Moscheen.

[471] *M. S. Abdullah:* Was will der Islam in Deutschland, S. 16.

chen Gesellschaft. Allerdings überspielen diese Frauen oft die Konflikte, denen sie tatsächlich ausgesetzt sind.[472]

Einen guten Beitrag zum besseren Verständnis dieser Frauen leistet Swaantje Barrett, „Unterdrückung oder Befreiung? Deutsche Frauen konvertieren zum Islam".[473] Solche Frauen sehen im Islam wirklich eine Befreiung der Frau, die nunmehr ihrer ureigenen, gottgewollten Bestimmung gemäß leben kann. Der unterschiedlichen Aufteilung der Aufgabenbereiche von Mann und Frau muß eine entsprechende Aufteilung der Rechte korrespondieren. Doch vor Gott sind Männer und Frauen *gleichgestellt; beiden* wird das Paradies zuteil, wenn sie sich wohlverhalten, oder die Hölle, wenn sie wider Gottes Rechtleitung handeln. Das halten viele für plausibel, in sich stimmig und für viel überzeugender als die christliche Lehre, gerade auch den ärgsten Sündern sei letztlich ewiges Heil gewiß.

Man darf auch nicht diejenigen nicht-islamischen Männer vergessen, die eine gläubige Muslimin heiraten möchten. Weil dies im Islam streng verboten ist, müssen die Männer zunächst Muslime werden.

Eine eigene Klientel kennzeichnet Murad Wilfried Hofmann und nennt sie die „Grünen".[474] Diese Gruppe besteht „meist aus jungen Menschen, die aus Protest gegen die Entgleisungen der modernen Industriegesellschaft schon seit längerem auf einer ideologischen Reise, wenn nicht Flucht sind: auf der Suche nach einer universellen Gesellschaft von höherer Moral und ohne einzwängende Hierarchien, einer Gesellschaft, die Nestwärme verbreitet, Halt bietet und dem sinnlos gewordenen Leben einen tieferen Sinn gibt".[475] Zu dieser Gruppe mit ihrem Dritte-Welt-Interesse zählt er auch jene „Wanderer durch die Religionen", die endgültig im Islam vor Anker gehen.

Die Muslime sind stolz darauf, daß Konvertiten selbst in hohen Rängen der Bundeswehr und in den NATO-Streitkräf-

---

[472] Dazu im 10. Kapitel besonders S. 191–194.
[473] In: CIBEDO 3/1995, S. 1–19.
[474] *Murad Wilfried Hofmann:* Reise nach Mekka, S. 164.
[475] Ebd.

ten zu finden sind. Zum Kreis der Konvertiten gehören Beamte im gehobenen Dienst in den Ministerien und Botschaften, Parlaments- und Landtagsabgeordnete, Soldaten, Studierende, Universitätsprofessoren, Lehrer, Akademiker in unterschiedlichen Bereichen und Geschäftsleute. Natürlich seien auch die Ehefrauen von Muslimen erst durch die Annahme des Islam wahrhaft glücklich geworden.[476] Der „deutsche Islam" ist ein Phänomen vor allem der Oberschicht.

Der berühmteste Konvertit Englands in der Gegenwart ist der Pop-Star Cat Stevens, der nunmehr Yusuf Islam heißt. Er hat sich jedoch sehr rasch in die Nesseln gesetzt, weil er die Freilassung „Hunderter von Dissidenten" aus saudiarabischen Gefängnissen forderte und die Regierung Saudi-Arabiens mit „beleidigender Kritik" bedachte.[477] Die Boxer Cassius Clay, jetzt Muhammad Ali, und Mike Tyson werden – wiewohl Black Moslems – ebenfalls gerne als Konvertiten herausgestellt.

Die Frage, ob Prinz Charles Muslim geworden sei, bewegt die islamische Welt seit seiner Rede in Oxford am 23. Oktober 1993.[478] Der Dauerbrenner in der religiösen islamischen Presse hat einen letzten tragikomischen Höhepunkt erreicht, als der rührige Nakşibendi-Scheich Nâzım den griechisch-orthodoxen Patriarchen in Istanbul, Bartholomäos, zur Vorbereitung eines „Interreligiösen Dialogs und Beitrags zur Toleranz" traf und sich nach Prinz Charles erkundigte. Der Patriarch soll geantwortet haben, dies wisse nur Gott allein: Prinz Charles ringe sehr mit sich um eine Entscheidung zwischen den beiden Religionen.[479]

In Deutschland gibt es eine ganze Reihe sehr rühriger Konvertiten. Der derzeit wohl bekannteste deutsche Vorzeige-Muslim ist der Harvard-Absolvent, Jurist und Diplomat

---

[476] Siehe u. a. das oben S. 45, Anm. 36, angeführte Faltblatt von M. Rassoul sowie viele Einzelmeldungen.

[477] Gegenwärtig produziert Yusuf Islam im britischen „Mountain of Light"-Verlag islamische Songs.

[478] *Prince of Wales:* Islam and the West.

[479] „Zaman" vom 14. April 1996. Ferner *Nâzım Kıbrısi* (= Großscheich Nâzım): Prens Charles Mehdi'yi görecek ve ona hizmet edecektir (Prinz Charles wird den Mahdi sehen und ihm dienen). In: „Çağrışım", 2. Jg. H. 2, Jan. 1994, S. 24–28.

Murad Wilfried Hofmann, der nach seiner Bekehrung zum Islam noch viele Jahre als Informationsdirektor der NATO arbeitete. Wer seine Bücher liest, wird vielleicht manche seiner Positionen nicht nachvollziehen können, etwa seine Einstellung zur Rolle der Frau; doch wird er am Ende der Lektüre sehr viel mehr vom Islam verstehen. Hofmann versucht nachzuweisen, daß der Islam nicht im Widerspruch zur Demokratie stehen muß und daß er sich problemlos als Minderheit einer nicht-islamischen Regierung unterordnen kann. Anmerkenswert ist im übrigen, daß Hofmann – wie recht viele schreibende Konvertiten – vom arabischen Islam herkommt. Seine Bücher sind nicht zuletzt deshalb interessant, weil hier ein sehr differenzierter Muslim seine Erfahrungen als Konvertit in einem immer noch christlichen Land wiedergibt; im übrigen propagieren sie zwar recht einseitig den Islam, sind aber dennoch durchaus lesenswert, zumal sie eine sehr anziehende Seite des Islam widerspiegeln.

In deutschen Verlagen sind auch Bücher des ehemaligen CDU-Politikers Christian Hoffmann erschienen. Mohammad Amin Herbert Hobohm war ebenfalls Diplomat und erster Imam in Berlin; er ist ein Mann noch der ersten Stunde. Der außerordentlich fähige, religiös höchst gestrenge Ahmad von Denffer hat ein Hochschulstudium der Islamwissenschaften absolviert. Als Konvertiten weithin bekannt sind außerdem Jahja Schülzke oder Muhammad Siddiq, Scheich Bashir Dultz, Scheich Abdullah Halis Dornbrach oder der ehemalige Volkshochschuldirektor Wolf Ahmad Aries, Gairisona Jakobs, Irmgard Pinn und Amina Erbakan. Zu den Konvertiten gehört auch M. S. Abdullah. Dies sind nur einige besonders bekannt gewordene Namen.

Schließlich gibt es noch eine etwas seltsam anmutende Kategorie von *„Pseudo-Konvertiten"*, die islamischerseits gerne für die eigene Position vereinnahmt werden. Der Prominenteste unter ihnen ist ganz zweifellos Johann Wolfgang von Goethe: Sein „West-östlicher Divan", seine Reverenz an den persischen Dichter Hafiz, erweist dem Propheten Muhammad große Achtung und „intuitives Verständnis". Dies hat die Phantasie mancher Muslime beflügelt, die seine Offenheit für den Islam gerne mit einem Bekenntnis zum Islam gleichsetzen. Eine Fatwa hat Goethe im Jahre 1995 zum „Muslim" erklärt; daraufhin haben Muslime seinen Vornamen zu „M. J. W. von Goethe" erweitert, wobei „M." für „Muhammad" steht. Kein Wunder, daß im Oktober 1996 der türkische Kulturminister mit einem muslimischen Gefolge an Goethes Grab in Weimar gebetet hat. Immerhin stellen einige Muslime das letzte Urteil darüber, ob Goethe nun wirklich zum Islam übergetreten sei, vorsichtshalber doch lieber Gott anheim.[480]

Die Worte, der Islam sei die beste Religion, waren zu weitgehend, als daß sie ein engagierter Muslim überhören könnte, und so wurde George Bernard Shaw zum Muslim wider Willen.[481] Auch Otto von Bismarck wird mitunter als Muslim vereinnahmt, nicht weniger als der Hohenstaufer-Kaiser Friedrich II.[482] In diesem Sinne konstituiert sich seit 1996 sogar eine „Gruppe zur Vorbereitung und Durchführung der Errichtung einer Gedenkstätte Kaiser Friedrichs II. auf Zypern", die zumindest den Nordteil dieser Insel fester in den Islam einbinden möchte.[483] Solche „Pseudo-Konvertiten" dienen nicht nur der Reklame für den Islam, sondern „belegen", wie stark „das deutsche Wesen" schon immer dem Islam zugeneigt war.

Missionspraktiken

Bekehrte geben meist an, durch muslimische Freunde auf den Islam aufmerksam geworden zu sein, einige durch lange Aufenthalte in islamischen Ländern, die wenigsten durch bloße Lektüre des Koran und von Büchern über diese Religion.

---

[480] Zum Beispiel Bericht zu einer Diskussionsrunde am 28. Juni 1995: „War Goethe ein Muslim?" In: E-Info-Blatt Deutschsprachiger Multinationaler Muslim-Kreis in Paderborn e.V. (DMMK), Nr. 3 (1995), S. 2. Behutsamer die „Islamische Zeitung" vom April 1996; dagegen in derselben IZ vom Februar 1997 der Redaktionsartikel „Als Muslim gestorben: Goethe".
[481] Siehe *R. Stolz*, Die Mullahs am Rhein, S. 254.
[482] Vgl. „Der Morgenstern" 2/1996, Drei Beiträge S. 22–34, bes. S. 26–30: Tarik Erich Knapp: „War der deutsche Kaiser Friedrich II. von Hohenstaufen ein Muslim?".
[483] „Der Morgenstern" 2/1996, S. 53.

Bei allen nur möglichen Gelegenheiten beteuern Muslime, sie würden in Deutschland keine Christen aktiv missionieren. Statt dessen würde den Christen überzeugender Islam „vorgelebt", „lebendiges Zeugnis vom wahren Glauben abgelegt". In ihren Schriften zur „Einladung zum Islam", *daʿwa*, ist stets von der Toleranz, der Zuwendung und der Liebe die Rede, die man jenen zuteil werden lassen solle, die „auf dem Weg zum Islam sind".[484] Sie sind der festen Überzeugung, daß dies langfristig zum Erfolg führen müsse: „Die Muslime in Deutschland – Männer und Frauen – überzeugen zunehmend auch Deutsche davon, daß eine harmonische und sinnstiftende Lebensform möglich ist", heißt es in der überwiegend deutschsprachigen „Islamischen Zeitung".[485]

Ein Missionar, ein *dâʿî*, ist „im Grunde genommen jeder aufrichtige Muslim".[486] An ihn sind hohe Anforderungen zu stellen: Er muß unerschütterlich im Glauben und charakterlich einwandfrei sein; er muß gut informiert sein, kontaktfreudig, aber nicht bedrängend; und er muß Fragen abwarten können.[487] Deshalb werden – z. B. vom „Haus des Islam", dem Zentrum deutschsprachiger Muslime, oder von Millî Görüş (IGMG) – Muslime eigens für diese Tätigkeit geschult.

Muslime wurden während einer Missionierungs-Erprobungsphase des „Hauses des Islam" an der Haustür oder an Info-Ständen eingesetzt. Positive Reaktionen erhielten die Missionierenden vor allem, wenn sie eine „Einladung" aussprachen oder mit einem Geschenk aufwarteten: „Darf ich Ihnen diese kleine Broschüre schenken?" oder „Darf ich Sie zu einem Besuch der Moschee einladen?" Ebenso sei durch Fragen wie „Kennen Sie den Islam?" oder durch Reizfragen wie „Was halten Sie von Khomeini?" Interesse geweckt worden. Negativ hätten die meisten allein auf Fragen reagiert, bei denen es um Zeit oder Geld ging wie „Möchten Sie dieses

---

[484] *Jahja Schülzke:* „Daʿwa hier und heute". In: *A. v. Denffer* (Hrsg.): Islam hier und heute, S. 119.
[485] „Islamische Zeitung" vom Okt. 1995, „Kommentar: Türkische Frauen auf dem Vormarsch".
[486] Zum Beispiel *Ahmad v. Denffer.* In: Islam hier und heute, S. 13.
[487] Ebd., S. 12 f.

Buch über den Islam kaufen?" oder „Haben Sie etwas Zeit?"[488] Man müsse Information mit Positivem verbinden, ganz besonders, wenn es die „Frau im Islam" betrifft, ist die Quintessenz der abschließenden Analyse.[489]

Die Muslime nutzen in Deutschland viele Möglichkeiten, ihre Religion bekanntzumachen. Immer mehr Moscheen laden zum Besuch ein und informieren dort – oder in gesonderten Veranstaltungen und neuerdings auch in sogenannten „Islam-Wochen" – über die beste aller Religionen. Die „Tage der offenen Moschee" am 3. und 4. Oktober 1997, als eine Reihe von Moscheen zum Besuch einluden, sollten der deutschen Öffentlichkeit Offenheit und Transparenz signalisieren. Moscheeführungen, Kurzreferate und Diskussionsrunden sollten insbesondere im „Jahr gegen Rassismus" die anti-rassistische Haltung des Islam sichtbar machen; dazu forderte jedenfalls der ZMD auf. Im Internet findet man zudem häufig Selbstdarstellungen von Konvertiten unter Angabe von Gründen für ihren Übertritt zum Islam, meist auf Deutsch oder Englisch.

Eine beliebte Methode, den Islam als besonders wertvolle Religion herauszustellen, ist die, das Christentum schlechtzumachen. Einer der Schweizer Vorzeige-Konvertiten ist Ahmad (Albert Friedrich Armin) Huber, geb. 1927, Jurist und Volkswirt. Er verdient seinen Lebensunterhalt als Journalist und ist seit über dreißig Jahren Muslim. In einem Vortrag in der Volkshochschule in Freiburg i. Br. drosch er kräftig auf das Christentum ein und pries den Islam u. a. als eine „Frauenbefreiungsbewegung", die später mißverstanden worden sei. Er beschrieb bei einem Vergleich mit den fünf Säulen des Islam, was seine Religion vom Christentum unterscheidet. Der buchstabengetreu wiedergegebene Text seines Vortrages stammt aus einem Sufi-Magazin des Nakşibendiye-Derwischordens:

„Die schahada (das Glaubensbekenntnis) des Westens ist: ... Es gibt keinen Gott außer dem Geld, dem Dollar, und die Freiheit – denken Sie an die Freiheitsstatue in New York – ist die Prophetin, die Gesandte, die Übermittlerin des Götzen

---

[488] Ebd., S. 26.
[489] Ebd., S. 32.

Geld, hurriya, das arabische Wort für Freiheit, kommt im Koran nicht vor, sondern das Wort tahrîr, ‚Befreiung' ... Wir haben fünf Gebete am Tag, die Christen drei Gebete vielleicht, sie haben tausend Gebete am Tag: Es ist die Reklame, die Werbung, in allen Zeitungen, auf allen Straßen, in allen Fernsehprogrammen, die unterbrochen werden. Werbung ist das salah (Gebet) des Schaitan (Satans) ... Und wir haben einmal im Leben al-hajj, die Pilgerfahrt, einmal im Leben, die machen zwei-, dreimal im Jahr, machen sie auch einen Hadsch, die nennen das Sextourismus, Dollar-Tourismus, Alkohol-Tourismus. Wir machen tawâf, Rundgang, um die heilige Kaaba, sie machen Rundgang um Nightclubs und Bordelle ..."

Wenn ein Christ in einem beliebigen islamischen Land öffentlich einen derartigen Vortrag hielte: was ihm dann geschähe, die Folgen wären nicht auszudenken. Daß eine solche Hetztirade dann auch noch von Sufis – die von den westlichen Wissenschaftlern fast ausnahmslos als „liberal" eingestuft werden – in der allerersten Ausgabe ihrer Zeitschrift „Der Morgenstern" abgedruckt werden kann,[490] gilt uns als Zeichen unserer Pressefreiheit. Uns scheint es nicht weiter zu stören, wenn die Pressefreiheit zu Propagandazwecken und für die Darstellung von Klischees mißbraucht wird, die manchen Lesern dieser Zeitschrift im Gedächtnis bleibt.

Der Konvertit S. Ibrahim Rüschoff hat 1983 eine Broschüre mit dem Titel „Da'wa unter Nichtmuslimen" verfaßt, die vielen aktiv missionierenden Muslimen als Basisliteratur gilt.[491] Darin gibt er zahlreiche Tips, wie man Christen geschickt zum Islam hinführen kann. „Es ist psychologisch wichtig, das Gemeinsame in den Vordergrund zu stellen und erst im Bewußtsein dieser Gemeinsamkeiten Unterschiede klarzumachen. Völlig falsch wäre es dagegen, zum Islam befragt, dauernd darauf hinzuweisen, was das Christentum falsch macht oder nicht hat, sich also sozusagen auf Kosten des anderen zu definieren."[492]

---

[490] Redaktionsartikel: Islam und Frieden. In: „Der Morgenstern" 1. Okt. 1995, S. 4–11.
[491] Zum Beispiel *Halima Krausen* in: *Jahja Schülzke:* Da'wa hier und heute, S. 30–32.
[492] Siehe *S. I. Rüschoff:* Da'wa unter Nichtmuslimen, S. 7.

Zuerst sollen die sogenannten Gemeinsamkeiten beider Religionen angesprochen werden, nämlich der Monotheismus, die Bedeutung Abrahams, die Verehrung Jesu im Islam als hochgeachteter Prophet sowie das gemeinsame Interesse an der Abwehr des Atheismus. Erst danach werden die Gottessohnschaft Jesu, die Trinitätslehre und die Erbsünde als Irrwege des Christentums dargestellt.

Die Kreuzigung Christi und die Erlösung der Menschheit durch Christi Tod werden – wiewohl Dauerbrenner in christlich-islamischen Diskussionen – von Rüschoff genauso wenig thematisiert wie die Auferstehung. Der Jesus der Muslime ist gar nicht gekreuzigt worden (Sure 4, 157f). Dagegen wird Jesus recht ausführlich als islamischer Prophet charakterisiert.

Die Ratschläge sind durchaus praxisnah: „Man kauft sich einen Katechismus oder eine der (mit kirchlicher Erlaubnis gedruckten) einführenden Schriften und weiß verhältnismäßig schnell, woran man ist, denn die grundlegenden Lehren sind hier zusammengefaßt und knapp erläutert." [493]

Welcher Kirchenmann hätte sich je träumen lassen, daß der Katechismus einmal ein so nützliches Handwerkszeug für die Bekehrung zum Islam werden könnte?

Zielgruppen islamischer Mission

Die erste Antwort auf die Frage, wer missioniert werden soll, mag erstaunen: islamistische Muslime in Deutschland „bekehren" vor allem ihre eigenen, ihrer Vorstellung nach in der Glaubenspraxis viel zu laschen Mitmuslime zum „wahren Glauben". Der Druck, den sie dabei ausüben, kann sehr massiv, ja bedrohlich sein.

Im übrigen lohne es sich immer, Pfarrer anzusprechen. Sie sind – wie Rüschoff es ausdrückt – „für uns wichtige Multiplikatoren" und können „in Vorträgen und von der Kanzel das Bild des Islam nachhaltig beeinflussen." [494] Sie bahnen dieser

---

[493] Ebd. S. 9.
[494] Ebd., S. 9f.

Religion den Weg, ohne selbst den Islam anzunehmen. Es geht hier um eine ganz subtile Art von Mission; denn als Christen sind die Pfarrer den Muslimen *nützlicher,* als wenn sie konvertierten.

Pfarrer als Wegbereiter für die Öffnung des Christentums zum Islam? Die „uneigennützige Nächstenliebe" – ansonsten eine hervorragende christliche, nicht aber islamische Tugend – kommt solchen Bestrebungen der Muslime durchaus entgegen. Die verständnisvolle Haltung mancher wohlmeinender Kirchenvertreter wird mit Wonne ausgenutzt. Wer letztlich den Sieg davontragen wird, steht für die Muslime ohnedies längst fest.

Eine weitere Zielgruppe islamistischer Mission sind die „Atheisten". Insbesondere Ostdeutschland gilt vielen Muslimen als religiöses Vakuum und als Ansammlung von Atheisten, denen sie zunehmend Aufmerksamkeit schenken. Ein kurzer Artikel der monatlichen „Islamischen Zeitung. Forum für Deutschland, Österreich und die Schweiz" vom Oktober 1995 ist überschrieben mit „Daʿwa-Offensive": „Ahmad Gross – Leiter des Weimar-Institutes e.V. – kündigte für den Herbst 1995 weitere daʿwa-Offensiven in Ostdeutschland mit mehreren Dutzend Veranstaltungen in verschiedenen Städten an. Hierzu wurde ihm von der IGID ein Kleinbus und entsprechendes Budget zur Verfügung gestellt. Ziel ist es, möglichst vielen Menschen in Ostdeutschland eine Brücke zum Islam aufzuzeigen." Doch ist das Ergebnis bislang mager.[495]

Der Amir[496] der IGID bedankt sich „bei der großen Zahl der türkischen und arabischen Geschäftsleute und Moscheen, die das Projekt bereits großzügig unterstützt haben. Nur im Schulterschluß mit vielen einzelnen Förderern ist eine unabhängige und überparteiliche Arbeit auch künftig möglich."

Rüschoff hat weiterhin die gesellschaftlichen „Randgrup-

---

[495] Einem Bericht des Islamrats vom 18. Nov. 1996 zufolge bestehen in allen fünf neuen Bundesländern islamische Gemeinden nur in Weimar (10 Personen), in Dresden (12 Personen) und in Chemnitz (7 Personen). So *D. Fauth:* Alternative islambezogene Bildung, S. 42, Anm. 66. Offenbar übersieht der Islamrat dabei die sehr kleine Sufi-Gemeinde in Trebbus.
[496] Hier im Sinne von „Oberhaupt".

pen" wie Drogensüchtige und Obdachlose im Blick. Für letztere könne man freilich aus Geldmangel wenig tun. Deshalb gilt sein Augenmerk vor allem der christlichen Jugend: „Wer das Engagement vorwiegend junger Christen erlebt hat, die schonungslos die Probleme unserer westlichen Gesellschaft kritisieren und damit oft dieselben Punkte treffen, die wir Muslime meinen, der wird sehen, daß wir innerhalb der Kulturkritik mit diesen Christen ein Stück gemeinsam gehen können."[497] Deren Religion biete ihnen „wenig praktische Hilfe, und mit der Bergpredigt sei schwer Politik zu machen, höchstens im Geiste."[498]

Den Zugang zu christlichen Jugendlichen zu finden sei aber schwer, da die Auffassung vom „zwanglosen Umgang der Geschlechter miteinander" den islamischen Vorstellungen entgegengesetzt sei. Man müsse „dem Jugendlichen, der aus der Unübersichtlichkeit der gesellschaftlichen Großräume flieht, in denen er zur Anonymität verurteilt ist, eine persönliche, islamische Lebenswelt zeigen, in der er Halt und Anerkennung findet und sich nicht als Fremder fühlt". Man müsse zuhören, ohne mit Patentrezepten aufzuwarten, und ehrlich und voll menschlicher Wärme sein.[499]

Um an die christlichen Jugendlichen heranzukommen, scheint jedes Mittel recht. Das zeigt sich beispielsweise bei den Frommen des Islamischen Zentrums in München, die ultraorthodox sind und denen islamische Mystik eigentlich ein Dorn im Auge ist.[500] Doch wenn es darum geht, die Jugend zu gewinnen, können sie durchaus über ihren Schatten springen, eben weil sie vom *taṣawwuf* nichts verstehen: „Bei der Daʿwa unter Jugendlichen werden wir auch Wege gehen müssen, die nicht immer auf ungeteilte Zustimmung stoßen. So sind z.B. in Ber-

---

[497] Ebd., S. 24. Vgl. auch das 10. Kapitel, Abschnitt „Jugendliche und Fundamentalismus", S. 93–100.

[498] *Rüschoff:* Daʿwa unter Nichtmuslimen, S. 3.

[499] Ebd., S. 23.

[500] Vorsichtig äußert sich Ahmad v. Denffer vom Islamischen Zentrum in München; ganz deutlich hingegen formuliert seine Ablehnung des Sufitums Abdullah Borek, ehemals Vorsitzender der Deutschen Muslim-Liga Hamburg: In: „Der Morgenstern" 2/1996, S. 60.

lin eine größere Zahl junger Menschen über den Sufismus zum Islam gekommen. Hier scheinen Mechanismen den Zugang zu erleichtern, die Jugendliche auch in ihrem sonstigen Umfeld kennen. Ein lauter Dhikr mit seinen bewußtseinsverändernden rhythmischen Wiederholungen z. B. unterscheidet sich in seiner psychologischen Methode nur wenig von den Mechanismen, die Jugendliche bei recht modernen Rhythmen in einer Diskothek in Trance geraten lassen. Weiterhin kann auch die bei den Jugendlichen häufig beliebte ‚Extravaganz' durch orientalisch-islamische Kleidung einen Zugang zur Religion verschaffen. Diejenigen unter uns, die Turban und Djellaba als Kleidung europäischer Muslime ablehnen, sollten berücksichtigen, daß Kleidung auch äußerer Ausdruck einer inneren Haltung sowie manchmal auch eine Art ‚Sicherheitsgurt' sein kann. Überhaupt sollten wir bei den Methoden der Da'wa nicht dogmatisch sein, solange diese nicht unislamisch sind… Das Phänomen der ‚Jugendreligionen' macht deutlich, daß bei jungen Menschen hierzulande ein hohes Maß an Defizit besteht, was religiöse Belange angeht. Hier sollten wir unsere Chance sehen und aktiv werden."[501] Zwei „Stern"-Reporter hatten gar nicht so unrecht mit einem Artikel, dessen Titel lautet: „Bhagwan ist out, Allah ist in".[502]

Gespräche zwischen Christen und Muslimen sind außerordentlich wichtig; denn nur wer miteinander spricht, kann den anderen kennenlernen. Das Kennenlernen ist die Grundvoraussetzung für ein besseres Verstehen und Miteinander. Doch darf man auch nicht außer acht lassen, daß sehr viel häufiger, als gemeinhin angenommen wird, der Wunsch und das Ziel solcher Kontakte die Mission ist. Unternehmungen wie das „Ford-Programm" der katholischen Kirche in Köln, die sogar Stellen schuf und Personalkosten auf sich nahm, um hiesige Muslime im *islamischen* Glauben zu stärken, wird man auf muslimischer Seite nirgends finden.

---

[501] *Rüschoff:* Da'wa unter Nichtmuslimen, S. 23 f.
[502] *W. Metzner u. Th. Hegenbarth:* in: „Stern" Nr. 42, 1983, S. 20–28.

Die Neu-Muslime und ihre Stellung unter den „gebürtigen Muslimen"

Die Aufnahme von Konvertiten in die Glaubensgemeinschaft der Muslime ist herzlich. Religiös orientierte Zeitungen berichten ausführlich über zum Islam Konvertierte, so wie wir es christlicherseits höchstens von Blättern der Evangelikalen kennen. Die Zeitschrift „Diyanet" der höchsten staatlichen Religionsbehörde in der säkularen Türkei, des „Präsidiums für Religionsangelegenheiten", ist mit einer Auflage von etwa 55 000 Exemplaren für den internen Gebrauch, für die Imame und sonstigen Bediensteten bestimmt. Sie bildet Konvertiten mit Farbfotos ab und teilt den alten wie den neuen, nunmehr islamischen Vornamen, den Nachnamen sowie das Datum und den Ort der Bekehrung mit. Sicherlich ist dies als Ansporn gedacht.

Neubekehrte erhalten Glückwünsche aus der ganzen frommen Nachbarschaft. Hört ein frommer Muslim von dem Ereignis, holt er den Hoca herbei; Korane und andere Geschenke wie Gebetsketten oder erbauliche Schriften werden gestiftet. Die Begeisterung ist ehrlich und groß.

Doch ist das Verhältnis zwischen Alt- und Neu-Muslimen vielfach recht angespannt. Konvertiten, die aus Überzeugung ihren Glauben gewechselt haben, pflegen ihre neue Religion besonders intensiv zu leben und streng zu befolgen. Weil sie mit der Religion ja auch die fremde Kultur bis hin zum Vornamen und zur Kleidung, zu Grußsitten und zur Neuerlernung der Geschlechterrollen übernehmen, ist für sie die Situation sehr komplex und muß besonders eingeübt werden.

Die deutschsprachigen Muslime – meist Konvertiten – veranstalten im „Haus des Islam" in Lützelbach im Odenwald jährliche Treffen. Sie kommen teils mit ihren Familien aus ganz Deutschland herbeigeströmt und diskutieren ihre ganz spezifischen Probleme, für die sie Lösungen suchen. Zu diesen Veranstaltungen gibt es auch Publikationen. In dem idyllisch gelegenen „Haus des Islam" ist das ganze Jahr über an den Wochenenden Betrieb mit allerhand Veranstaltungen, Zeltlagern, „Tee-Parties" für Jugendliche und vielem anderen mehr, wozu auch christliche Gleichaltrige eingeladen werden. Dieses Zentrum zieht auch Türken und andere Muslime an, die sich mehr und mehr in Lützelbach ansiedeln.

Unter den deutschsprachigen Konvertiten gibt es zwei Hauptströmungen: die „Neuen", die alle Vorschriften ganz genau nehmen, „um ja nichts falsch zu machen", und die „Altgedienten", die souveräner damit umgehen und – wie sie sagen – „ihren Verstand dabei gebrauchen", um gegebenenfalls individuelle Entscheidungen zu treffen. Eine engagierte Konvertitin erzählte mir, sie sei ernstlich krank gewesen. Der Arzt habe ihr Medikamente auf Alkoholbasis verschrieben, die ihr gut geholfen hätten. Als sie eines Tages bemerkt habe, daß in der Medizin der verbotene Alkohol enthalten sei, sei sie zu einem anderen Mittel übergegangen, das aber kaum gewirkt habe. Sie sei inzwischen so weit, selbständig zu handeln, und habe deshalb die erste Medizin wieder eingenommen; sie glaube, daß auch Muhammad so gehandelt hätte; schließlich werde sie durch die Tropfen nicht betrunken oder gar alkoholabhängig. „Aber ich wage nicht, dies anderen zu sagen. Ich käme arg unter Druck." Kurz darauf meinte sie nachdenklich: „Sie wissen gar nicht, wie stark die Kontrolle untereinander ist. Wir sind leider in den wichtigsten Alltagsfragen uneins."

Das Verhältnis zur ehemaligen Religion, in der Regel zum Christentum, ist häufig spannungsgeladen, verkrampft, teils apologetisch, manchmal auch aggressiv. Der Wechsel zur anderen Religion muß für jeden selbst, aber auch den einstigen Glaubensgenossen gegenüber gerechtfertigt werden, wobei es zu Überreaktionen kommen kann. So nimmt es nicht wunder, daß recht einflußreiche Muslime die Neu-Muslime geradezu als *Hemmschuh* für ein besseres Verhältnis zu den Christen betrachten.[503]

Übergetretene Muslime beklagen immer wieder, „als Konvertiten von beiden Seiten, den geborenen Muslimen und den Nicht-Muslimen, nicht ernst genommen zu werden".[504] Denn

---

[503] Die Namen der kompetenten Informanten darf ich nicht nennen.
[504] „Trebbuser Nachrichten. Informationsblatt des Instituts für Islamstudien." Sufi-Archiv-Deutschland e.V., Nr. 2, März 1996, S. 2.

Konvertiten gehören höchst selten zum innersten Kern altangestammter religiöser Kreise und Zirkel. Jahja Schülzke kritisiert die „Überheblichkeit" der Altgläubigen gegenüber den Konvertiten.[505] In größerer Anzahl erscheinen sie selbst strengen religiösen Kreisen als geradezu unverdaulich.[506] Die Türken haben das oft übertriebene Gebaren, das Konvertiten auch anderer Religionen oftmals an den Tag legen, in einem Sprichwort karikiert: „Lasse niemals einen, der zum Islam übergetreten ist, das Gebet ausrufen, denn er läßt mit seinem eifernden Geschrei das Minarett zusammenstürzen."

---

[505] „Einige [von unseren Brüdern] sahen in uns mehr einen Besorger von Aufenthaltserlaubnissen, Wohnungen oder Arbeitsplätzen und nur wenige den gleichberechtigten Bruder, der sich redlich auf dem Weg des Islam bemühte", so *Jahja Schülzke:* „Daʿwa hier und heute" in: *A. v. Denffer* (Hrsg.): „Islam hier und heute", S. 118. Auch *Barbara Zschoch:* „Deutsche Muslime", S. 46, zitiert eine Muslimin: „Ich denke, daß die (konvertierten) Muslime unbedingt eine eigene Organisation brauchen. Weil wir nicht anerkannt werden von den ausländischen Muslimen."

[506] So lassen sie sich – um nur ein Beispiel zu nennen – sehr ausführlich darüber aus, welche Art von Musik noch gestattet ist und welche nicht; auf jeden Fall muß sie den religiösen Regeln entsprechen. Das geht bis dahin, daß man sich nicht in der Frage einigen kann, ob Kinder im Kindergarten Lieder lernen und singen dürfen.

16. Der Islam und die Kirchen

Anmerkungen zum christlich-islamischen Dialog

Der *interreligiöse Dialog* ist heute weltweit etabliert. Ob in Islamabad, ob in Amman, in Genf oder in Deutschland: die Notwendigkeit, zunächst einmal wechselseitig Mißtrauen und Ängste abzubauen und Vertrauen zu fördern, wird von vielen Muslimen und Christen als eine vordringliche Aufgabe betrachtet. Niemand sollte daran zweifeln, daß jedes Gespräch bedeutsam ist und der Dialog auf allen Ebenen geführt werden muß. Doch bleibt noch eine lange Strecke Wegs zu bewältigen, ehe sich wirkliche Erfolge verzeichnen lassen. Der regelmäßige Austausch von *Grußbotschaften* hoher und höchster kirchlicher und islamischer Religionsvertreter anläßlich der islamischen Feiern des Fastenbrechens und des Opferfestes – entsprechend zu Weihnachten – ist jedenfalls bereits ein fester Ritus geworden, der ein verständnisvolles Klima schafft.

In islamischen Ländern zeigt sich sehr wohl, daß Muslime und Christen *gemeinsam* handeln können. Der vereinte Protest gegen das Blasphemie-Gesetz der pakistanischen Regierung mit seinen tödlichen Folgen ist nur *ein* Beispiel. Auch sind kritische Muslime und Nicht-Muslime gleichermaßen den Denunziationen fanatischer Islamisten ausgesetzt. Ein ganz anderes Beispiel für ein problemloses Miteinander von Muslimen und Christen finden wir im Libanon: Rum-orthodoxe Orientchristen haben auf dem Gelände ihres Marienklosters Balamand bei Tripoli ein College errichtet. Neben der theologischen Ausbildung von Priestern werden natur- und geisteswissenschaftliche Fächer – auch von Muslimen – gelehrt; etwa 40 % der 2000 Studierenden sind Muslime.[507]

Gespräche und Kontakte zwischen christlichen und muslimischen Institutionen, Theologen und anderen Wissenschaftlern finden in vielen Ländern auf ganz unterschiedlichen Ebenen statt. Darüber gibt es in der reichhaltigen „Dialog-Literatur" sowie in kirchlichen Blättern und Verlautbarungen ausreichend Informationen.[508]

Zwei mit Blick auf die Muslime bemerkenswerte Ereignisse sollen dies illustrieren: Der Islambeauftragte der Evangelischen Kirche in Deutschland (EKD), Oberkirchenrat Heinz Klautke, berichtete 1997 von der Ahl al-Bait-Stiftung, die der jordanische Kronprinz Hasan ins Leben gerufen hat, um den Dialog zwischen den Religionen zu fördern. Christliche Ansprechpartner waren zunächst die Orthodoxen, dann die Anglikaner, schließlich auch der Vatikan und die Protestanten.[509] Nach einigen Anlaufschwierigkeiten kam es auf Drängen der Ahl al-Bait-Stiftung 1995 zu einem ersten Versuch, mit der EKD in Kontakt zu kommen, und zwar anläßlich einer Tagung in Loccum zum Thema „Frieden". Eine zweite Zusammenkunft fand im März 1997 in Amman statt. Die gemeinsame Fragestellung dürfte auch Experten überraschen, weil islamische Theologen sie üblicherweise ausklammern: „Religion und Säkularisierung". An dem Treffen in Amman nahmen außer Vertretern der evangelischen Kirchen nicht nur islamisch-orthodoxe Theologen, sondern auch Repräsentanten verschiedener Strömungen des Islam teil, darunter Sufi und solche

---

[507] Broschüre der Evangelischen Kirche von Kurhessen Waldeck: Freundschaft mit der Rum-orthodoxen Kirche von Antiochia. Kassel 1996, S. 9.
[508] Z. B. *Andreas Bsteh* (Hrsg.): Hören auf sein Wort. Der Mensch als Hörer des Wortes Gottes in christlicher und islamischer Erfahrung (Beiträge zur Religionstheologie Bd. 7). Mödling/Österr. 1992; *Ludwig Hagemann*: Christentum für das Gespräch mit Muslimen. (Islam und Christentum 1). Altenberge 1982; *Hans-Christoph Goßmann* (Hrsg.): Zwischen Kirche und Moschee. Muslime in der kirchlichen Arbeit, Hamburg 1994, und in diesem Kapitel angegebene Literatur.
[509] Dazu *Barbara Huber:* Die Frau in der Gesellschaft – islamische und christliche Sichtweise. Tagungsbericht vom 3. Kolloquium der Royal Academy for Islamic Civilization Research, Amman, und dem Päpstlichen Rat für Interreligiösen Dialog. In: CIBEDO, 5/1992, S. 153.

Schiiten, die als anti-iranische Minderheit ihre Heimat verlassen hatten. Eine derartige Auswahl islamischer Gesprächspartner ist erstaunlich. Ganz neue Ansätze zu einem möglicherweise zukunftsweisenden Dialog haben sich aufgetan aufgrund einer Initiative, die von islamischer Seite ausging.[510]

Im Rahmen des internationalen Dialogs ist besonders anzumerken, daß *Papst Johannes Paul II.* am 25. April 1997 einige Repräsentanten des Islam in Deutschland, nämlich den Islamratsvorsitzenden Hasan Özdoğan, Muhammad Salim Abdullah (Zentral-Institut Islam-Archiv-Deutschland), Ibrahim Husseinbasić (Bosnisches Islamisches Kulturzentrum Köln) und Tahsin Şafak (Verband Islamischer Kulturzentren, VIKZ) zu einer Generalaudienz empfangen hat. Außerdem fand ein intensives Gespräch mit Kardinal Arinze statt, dem Präsidenten des Päpstlichen Rates für den Interreligiösen Dialog. Initiatoren dieser Audienz waren Pater Werner Wanzura von den Weißen Vätern als Leiter des Referats für Interreligiösen Dialog des Kölner Generalvikariats und Bruder Jürgen Neitzert von der Kölnischen Franziskanerprovinz. Der päpstliche Händedruck, der M. S. Abdullah gewährt wurde – eine sehr hohe Auszeichnung innerhalb eines streng geregelten Papst-Begrüßungs-Zeremoniells – ist in der „Moslemischen Revue" photographisch festgehalten.[511]

Die Gesprächspartner

Fast alle islamischen Gruppierungen *in Deutschland* signalisieren heute ihre Bereitschaft zum Dialog.[512] Die Evangelische Kirche in Deutschland hält ständigen Kontakt zu *allen* Organisationen – abgesehen von der extremistischen Kaplan-Gruppe (ICCB) – und führt mit diesen auch gemeinsame Ver-

---

[510] Ich danke Herrn Oberkirchenrat Heinz Klautke für Informationen über die Tagung.
[511] „Moslemische Revue", 2/1997, S. 66.
[512] Zum Beispiel Scheich Bashir Dultz für die Deutsche Muslim-Liga in Bonn, CIBEDO, 1/1995, S. 32. Die Nurcu in ihrer Jamaʻat un-Nur, die Nakşibendi und Süleymancı, Milli Görüş, der Islamrat und der Zentralrat.

anstaltungen durch. Das geht um so leichter, als die einst hinderlichen sprachlichen Probleme inzwischen weggefallen sind. Die islamischen Vereine in Deutschland haben wohl gelernt, auf Kritik zu reagieren; doch sind sie in der Regel außerordentlich sensibel, wenn es um ihre eigene Organisation geht. Auf die umstrittenen Fragen – zum Beispiel wie sie zu den Menschenrechten stehen – haben sie stets ihre Antworten parat; teils fordern sie sogar in öffentlichen Veranstaltungen dazu auf, kritische Fragen zum Islam zu stellen. Sie kennen die Palette der stets gleichen Punkte – Salman Rushdie, das Kopftuch, die Unterdrückung der Frau – längst aus dem Effeff. Trotz aller Probleme: das Gesprächsniveau hat sich – und dies gilt für *beide* Seiten – in den letzten Jahren deutlich verbessert.

Eine Dialog-Arbeit besonderer Art leistet der Islambeauftragte der beiden *evangelischen* Landeskirchen Rheinland und Westfalen, Pastor Heinrich Georg Rothe. In einem „Pastoral-Kolleg" verbrachten bislang zweimal zehn bis fünfzehn Imame – bisher ausschließlich von DITIB – mit einer etwas größeren Anzahl von Pastoren und Pastorinnen sieben Tage zusammen, um über ihren Glauben zu sprechen. Eine Woche intensiver Gespräche und miteinander verbrachter Mahlzeiten wie Mußestunden halfen, Barrieren abzubauen. Gemeinsam habe man *ilâhî*, religiöse Lieder, gesungen, wobei Muslime auf Muhammad gemünzte Lieder sogar auf Jesus umgedichtet hätten. Die einhellige Reaktion der Imame sei gewesen, man habe erkannt, daß man sich nicht voreinander in acht nehmen müsse. Man sei beeindruckt von der Offenheit der Christen: „Wir haben gemerkt, daß wir den christlichen Glauben von seinen eigenen Voraussetzungen her kennenlernen müssen." Dies ist in der Tat ein beachtenswertes Resultat. Außerdem sind offenbar viele nachhaltige Kontakte geblieben. Andererseits hat die Politik des Präsidiums für Religionsangelegenheiten in Ankara, die hiesigen Imame nach wenigen Jahren wieder abzulösen, manche Verbindung auch abbrechen lassen.[513]

---

[513] Diese Informationen stammen von dem Islamreferenten der EKD.

Pastor Rothe hat inzwischen in jedem Kirchenkreis seiner beiden Landeskirchen einen Islambeauftragten etabliert; insgesamt 120 von ihnen wurden in Sachen Islam geschult, auch in Zusammenarbeit mit islamischen Vereinigungen. Diese Islambeauftragten – Pfarrer und Pfarrerinnen – treffen sich auch untereinander in regelmäßigen Abständen. Ihre wichtigste Aufgabe ist die Pflege gutnachbarschaftlicher Beziehungen zu den Muslimen im Rahmen ihrer Gemeinden.[514]

Auf *katholischer* Seite hat bereits 1974 die Ökumenische Kontaktstelle für Nichtchristen (ÖKNI) die Tätigkeit für den christlich-islamischen Dialog aufgenommen. Sie leistet praxisnahe Arbeit. ÖKNI „versucht überhaupt, den interreligiösen Dialog in seinen verschiedenen Formen voranzubringen:

– den Dialog des Lebens in der Begleitung Andersgläubiger und im Angebot an Christen, sich dieser Begleitung anzuschließen;
– den Dialog des Handelns innerhalb des Mitarbeiterkreises selbst sowie in der Beratung in Situationen, die Christen und Andersgläubige zusammenführen;
– den Dialog des theologischen Austauschs durch seine Förderung und Nutzung;
– den Dialog der religiösen Erfahrung im Gespräch mit Andersgläubigen, in der Einladung an Christen und Nichtchristen, einander zu bereichern durch Öffentlichkeitsarbeit, die das Handeln des Heiligen Geistes innerhalb und außerhalb der sichtbaren Kirche – über alle menschlichen Unzulänglichkeiten hinaus – erahnen lassen, die Einheit der Menschheit bewußtmachen, die Verantwortung für das Reich Gottes fördern und den Glauben vertiefen will."[515]

Wenn man von den *Dialogpartnern* auf der islamischen Seite spricht, fallen ganz bestimmte altgediente und neue Namen. *Mehdi Imam Razvi* vom schiitischen Islamischen Zentrum Hamburg war einer der ersten, der an Evangelischen Kirchen-

---

[514] Diese Daten stammen von H. G. Rothe.
[515] Dazu *P. Werner Wanzura P. A.*: Auf den Spuren des Heiligen Geistes. Die Arbeit des Referats für interreligiösen Dialog im Erzbistum Köln. In L. Hagemann/A.Th. Khoury/W. Wanzura (Hrsg.), Auf dem Weg, S. 40.

tagen und anderen kirchlichen Veranstaltungen – auch mit gemeinsamen Gebeten – teilgenommen hat. Er hat sein Studium der islamischen Theologie zunächst in Pakistan abgeschlossen, dann in Deutschland weiter fortgesetzt und als Islamwissenschaftler an der Hamburger Universität promoviert. Imam Razvi ist „Mojtahed", also ein hochrangiger traditioneller schiitischer *Gelehrter* mit Fatwa-Kompetenz. Zugleich ist Imam Razvi *Sufi;* er vermag denjenigen, die zu hören verstehen, eine sehr humane Sicht dieser Religion zu vermitteln. Sein Hamburger Gesprächskreis mit Juden und Christen ist ein wirkungsvoller Beitrag zum vertiefenden Trialog.

Ein engagierter Dialogpartner von Anbeginn an war auch der Ende des Jahres 1996 verstorbene zweite „Mojtahed" für Deutschland, der iranische Professor Dr. Abdoljavad Falaturi, der die Islamische Wissenschaftliche Akademie zunächst in Köln, später in Hamburg leitete[516] und unter anderem schon 1975 die Sammelbände „Glauben an den einen Gott"[517] und „Der Islam im Dialog" mitherausgegeben hat.

Zwei weitere Namen müssen erwähnt werden: *Muhammad Salim Abdullah* und *Smail Balić.* Abdullah hat seinen Traum von einem offen gestalteten Trialog zwischen Muslimen, Juden und Christen trotz vielfältiger Schwierigkeiten nicht aufgegeben. Die Festschriftgabe zu seinem 65. Geburtstag trägt den hervorragend gewählten Titel „Auf dem Weg zum Dialog". Sein Buch „Islam für das Gespräch mit Christen" vermittelt ein sehr moderates Bild dieser Religion. Die Art, wie er sich dafür einsetzt, daß sich Muslime im Bundesgebiet heimisch fühlen können, hat ihn auch manches Mal zwischen alle Stühle, ja zwischen die Mahlsteine gebracht.

Ein *reform-orientierter* Muslim ist Smail Balić. Der gebürtige Bosnier, der den jugoslawisch-liberalen Islam propagiert, hat im wahrsten Wortsinn entsagungsvoll im Selbstverlag Schriften wie „Der Ruf vom Minarett"[518] und die Zeitschrift

---

[516] Siehe auch oben S. 248f.
[517] *A. Falaturi/W. Strolz:* Glauben an den einen Gott. Menschliche Gotteserfahrung im Christentum und Islam. Freiburg–Basel–Wien 1975.
[518] *Smail Balić:* Der Ruf vom Minarett. Weltislam heute Renaissance oder Rückfall. Eine Selbstdarstellung. Wien 1979.

„Islam und der Westen" herausgegeben, in den letzten Jahren die Öffentlichkeit insbesondere auch auf das Elend in Bosnien aufmerksam gemacht. Sein 1994 erschienenes Buch „Der Islam – europakonform?" ist ein sehr anregender Beitrag zum Dialog. Manche terminologischen Annäherungen an christliche Vorstellungen gehen allerdings zu weit, z. B. wenn er von „islamischen Christologen" spricht.[519] Aufs Ganze gesehen kann man sich allerdings des Eindrucks nicht erwehren, daß Balić immer noch ein – wenn auch unverdrossener – „Einzelkämpfer auf dem Wege Gottes" ist, der unter den hiesigen Muslimen am ehesten in den liberalen bosnischen Gruppen Resonanz findet.

Offen für den Dialog ist – neben anderen – auch der Ordens-Scheich Bashir Dultz, Vorsitzender der Deutschen Muslim-Liga. Er arbeitet mit der Christlich-Islamischen Gesellschaft (CIG), der „Ständigen Europäischen Konferenz der Juden, Christen und Muslime" (JCM) und der „Weltkonferenz der Religionen für den Frieden" (WCRP) zusammen.

Die Frage muß gestattet sein, ob die Kirchen sich hinreichend dessen bewußt sind, daß sie – wenn sie sich mit allen Repräsentanten des Islam außer den Kaplancı (ICCB) einlassen – auch mit den seit Jahren vom Verfassungsschutz observierten Vertretern der Islamischen Gemeinschaft Milli Görüş (IGMG) im Gespräch sind und ob sie sich über die einzelnen organisierten Gruppen ausreichend informieren. Die Kirchen bieten im Rahmen ihrer gemeinsamen Veranstaltungen ja auch Vertretern *politisch*-islamistischer Gruppen, teils mit ausgeprägten Wirtschaftsinteressen, ein Forum für ihre Selbstdarstellung. Diese sind aber den christlichen Kirchen nicht vergleichbare Organisationen und nur bedingt repräsentativ für die Muslime in Deutschland. In diesem Rahmen stellt sich auch die Frage, warum unter den Dialogpartnern fast ausschließlich organisierte Muslime, nicht aber die in ihrer Existenz bedrohten Aleviten zu finden sind.

---

[519] *Smail Balić*: Islam europakonform?, S. 195.

Ziele des Dialogs

Wenn man das Wort „Dialog" benutzt, ist es sinnvoll, sich damit auseinanderzusetzen, welches Verständnis sich hinter diesem Begriff verbirgt. Ein Erlebnis mag das Gemeinte verdeutlichen: Bei einem Rundgang durch den beeindruckenden Gebäudekomplex der Frankfurter *külliye* der Süleymancı, also der VIKZ, durfte ich alles besichtigen. Bald kam das Gespräch auf den Dialog mit den christlichen Kirchen und den hohen Stellenwert, den Konferenzen und Diskussionen mit den Christen auch in der Türkei bei ihnen, den Süleymancı, hätten. Nach einiger Zeit lenkte ich das Gespräch auf Süleyman Efendi, den Gründer dieser Bewegung, und bat meinen Gesprächspartner, mir von ihm zu berichten. Die Augen meines Begleiters leuchteten freudig auf, und er erzählte mir folgende Geschichte:

„Im Jahre 1945 hing Süleyman Efendi mit einem Ohr ständig an seinem Radiokasten und verfolgte mit größter Aufmerksamkeit das Ende des Zweiten Weltkriegs und die Geschehnisse in Deutschland. Als ihn seine Tochter fragte, warum er sich so intensiv um die Vorgänge in Deutschland kümmere – Deutschland sei doch so weit weg –, antwortete er: ‚Der Islam wird in Deutschland eines Tages große Bedeutung bekommen; von dort aus wird er sich sehr stark ausbreiten.' Sie müssen bedenken, daß Deutschland damals zerstört war und am Boden lag und daß Hunger und Not dort herrschten. Aber schauen Sie sich um, und Sie sehen, daß Süleyman Efendi recht hatte."[520]

Dieses Erlebnis ist charakteristisch und mag zugleich verdeutlichen, welches das *wirkliche* Ziel vieler Dialogpartner ist: Unter „Dialog" verstehen Muslime nämlich tatsächlich oft *da'wa,* also Mission; sie sehen darin die Chance, den Islam einem sonst nicht erreichbaren Publikum bekanntzumachen und für ihre Religion zu werben. Christen verstehen unter „Dialog" eher, sich auf den anderen einzulassen, Gemeinsamkeiten hervorzuheben – wenn es meist auch nur vermeintliche Gemeinsamkeiten sind –, vielleicht sogar sich aufeinander zuzubewegen.

---

[520] Vgl. die ähnliche Vorhersage des Bediüzzaman Said Nursi bei *U. Spuler-Stegemann,* a. a. O. (Anm. 466), S. 250.

Es bestehen überhaupt keine Zweifel daran, daß es ganz dringend ist, mehr über die Religion des anderen zu erfahren; deshalb ist der Dialog sinnvoll. Doch muß man sich über die unterschiedlichen Erwartungen und Zielvorstellungen beider Seiten stets im klaren sein.

Gemeinsame Gebete wie die *Friedensgebete* von Juden, Muslimen und Christen sind erste Anzeichen eines vorsichtigen Miteinanders, dem sich sogar manche Islamisten nicht mehr verschließen. Auch gemeinsame gottesdienstartige Veranstaltungen – z. B. auf Evangelischen Kirchentagen – weisen auf beginnenden Respekt vor dem anderen hin. Allerdings kommen nicht alle Gebete aus dem tiefsten Herzen. Ein kompetenter, im Dialog aktiver Muslim sagte zu mir, ihm persönlich sei es unmöglich, mit einem guten Gefühl gemeinsam mit den Christen in einem Raum, eventuell sogar noch Schulter an Schulter zu beten: Beide beteten zwar zu Gott; was die Christen sich unter „Gott" vorstellten, habe aber nichts mit dem Gott der Muslime zu tun. Wenn er neben einem Christen stehe und bete, spreche er immer das Glaubensbekenntnis: dies sei schließlich ein wesentlicher Bestandteil des Gebets, grenze ihn jedoch deutlich von seinem christlichen Nachbarn ab. Er sei zwar immer wieder einmal zu solchen gemeinsamen Handlungen gezwungen – es sei manchmal eben eine Frage des Anstands –, aber es mache für ihn keinen Sinn, wenn zwei Menschen mit völlig verschiedenen Vorstellungen von Gott nebeneinander beteten und eine Gemeinsamkeit zur Schau stellten, die es tatsächlich doch gar nicht gebe. Nachdenklich fügte er hinzu: „Es mag sein, daß unser Gott und der Gott der Christen derselbe Gott ist; wie könnten wir das wissen und entscheiden! Doch die Gottesvorstellung der Christen unterscheidet sich ganz entschieden von der Gottesvorstellung der Muslime." Mit dieser Ansicht steht mein muslimischer Gewährsmann nicht alleine da.[521]

---

[521] Beispiele dafür bieten etwa die Rundbriefe der Deutschen Muslim-Liga Hamburg. Sie vertritt die Ansicht, das gemeinsame ökumenische Gebet mit Christen sei mit dem Islam nicht vereinbar, „Orientdienst" August 1994. Die Darstellung eines gemeinschaftlichen Gebets findet sich in den Beispieltexten „Christen und Muslime beten. Eine gemeinsame Gebetsstunde". In: *A. Bsteh* (Hrsg.): Hören auf sein Wort, Mödling 1992, S. 155–165.

Man darf lediglich aufgrund gleicher Wortwahl keine Gemeinsamkeiten konstruieren, die es gar nicht geben kann. Die drei sogenannten „abrahamitischen Religionen" beispielsweise, Judentum, Christentum und Islam, sprechen in ihren heiligen Schriften zwar von Abraham. Aber gerade an ihm scheiden sie sich auch, gilt er doch beispielsweise den Muslimen keineswegs als gemeinsamer „Stammvater", sondern als Vorläufer des Islam, als erster Monotheist und *muslim*, was weder Juden noch Christen akzeptieren können. Es ist dringend an der Zeit, derartige Unterschiede in aller Klarheit herauszuarbeiten. Echte *Gemeinsamkeiten* wird man dann eher in der „Frömmigkeit" und „Religiosität" denn im „Gottesbild" entdecken. Menschen mit ihrer Sehnsucht nach einer tiefen, alles umspannenden Sinngebung des Lebens und ihrer Beziehung zu einem transzendenten Wesen, das sie in Barmherzigkeit und Güte annimmt und ihnen den rechten Weg in das Jenseits weist, sind dem Islam und dem Christentum gemeinsam. Gemeinsam ist ihnen auch das Verlangen, Gott – wie immer er beschaffen sein mag – zu dienen und zu ehren, Gutes zu tun und Schlechtes zu unterlassen. Hans Küng mag bei seinem Versuch, die Grundlagen für eine von allen Religionen getragene „Erklärung Weltethos" zu legen, vielleicht zu idealistisch sein; sein Grundgedanke, daß ein Konsens auf der Ebene von Moral, Ethik und Menschenrechten erreicht werden muß, kann aber Muslime wie Christen zu weiteren aufeinander zugehenden Schritten ermutigen, vorausgesetzt, daß man nicht westliche Werte als die alleinseligmachenden verabsolutiert. Hier liegen die größten Schwierigkeiten.

Immer mehr Dialog-Veranstaltungen tendieren zu einem offeneren Austragen von Meinungsunterschieden. Doch findet man auch immer wieder Gesprächskreise, in denen Christen – insbesondere christliche Theologen – allzu beflissen dazu bereit sind, in der Auslegung biblischer Texte oder bei zentralen Glaubensaussagen – wie der Trinitätslehre, der Erbsünde oder gar der Gottessohnschaft Jesu Christi – in Erwartung einer Annäherung seitens der Muslime zurückzustecken. Sie werden allerdings bei ernsthaften Muslimen vergebens auf die erhofften Reaktionen warten. Geradezu beruhigend wirkt deren Standfestigkeit in theologischen Positionen.

Sprachliche Mißverständnisse

Es ist oft schwer, zwischen dem aufrichtigen Bemühen von Muslimen um den Dialog und dem Versuch zu unterscheiden, auf diesem Wege etwas für sich „herauszuschlagen".[522] Möglicherweise ist der Dialog gutenteils aber ein Anliegen der Christen, obgleich die „Disputation" darüber, welche der beiden Religionen denn nun die Wahrheit besitze, eine lange islamische Tradition hat und bereits am Abbasidenhof (750–1258) gepflegt wurde.

Ein Beispiel mag das unterschiedliche Verständnis gleicher Begrifflichkeit verdeutlichen. Muslime finden eine wichtige Gemeinsamkeit beider Seiten in der Aufrechterhaltung ethischer Normen, vor allem für die Jugend. In diesem Rahmen stellt sich dann regelmäßig die Frage, wie denn die gegenwärtige Situation des Christentums einzuschätzen sei und ob man nicht besser wieder zum ursprünglichen, reinen Christentum zurückkehren solle. Hierin stimmen viele Christen den Muslimen spontan zu. Was sie dabei *nicht* bedenken, ist, daß die muslimischen Gesprächspartner unter „ursprünglichem Christentum" eine Wiederherstellung des „ursprünglichen Glaubens der Christen" verstehen. Nach islamischer Vorstellung haben die Christen die ihnen im Evangelium zugekommene Offenbarung, die mit den Offenbarungen des Koran übereinstimmt, verfälscht, z. B. durch die Berichte vom Kreuzestod Jesu. Die Rückkehr zum *ursprünglichen* Christentum bedeutet für die Muslime also nichts anderes als die „Rückkehr" zu den Lehren des *Islam*, dessen Offenbarung ja nach muslimischer Vorstellung mit den noch nicht verfälschten biblischen Offenbarungen identisch war. Christen dagegen verstehen unter demselben Ausdruck die Besinnung auf die Wurzeln ihrer *eigenen* Religion, also etwas ganz anderes.

Die unkritische Anwendung derselben Begriffe für ganz unterschiedliche Dinge ist ein ganz großes Beschwernis im Dialog, eine ordentliche Begriffsbestimmung für den Fortgang des Gesprächs unerläßlich.

---

[522] Eine entsprechende inner-islamische Position vertritt die Dokumentation: Kirche ohne Mission? In: „Moslemische Revue" 4/1996, S. 233–235.

Hilfestellungen der Kirchen

Seit dem Zweiten Vatikanischen Konzil hat die *katholische* Kirche immer wieder ihren Respekt und die Achtung vor dem Islam zum Ausdruck gebracht. Das Sekretariat der Deutschen Bischofskonferenz hat im Jahre 1993 die Broschüre „Christen und Muslime in Deutschland. Eine pastorale Handreichung" herausgegeben, die in vielerlei Hinsicht sehr hilfreich ist. Mancher Ratschlag ist freilich nur in der Theorie vernünftig, doch kaum praktikabel.[523] Zu Fragen des Dialogs empfiehlt das Sekretariat die Zeitschrift „CIBEDO" der „Christlich-Islamischen Begegnung – Dokumentationsleitstelle" der Weißen Väter in Frankfurt, sicher die beste Quelle insbesondere für das katholisch-theologische Gespräch mit Muslimen; sie hält sich stets auf dem letzten Stand der Diskussion. Die *evangelische* Kirche bereitet eine neue „Handreichung" vor.[524]

Nächstenliebe

Nächstenliebe gehört zu den vornehmsten christlichen Werten. Im Islam gibt es keinen vergleichbaren Ausdruck, hingegen den Begriff *maṣlaḥa*, „Gemeinwohl". Das Gemeinwohl bezieht sich freilich ausschließlich auf die *umma,* die Gemeinschaft der Gläubigen, also allein auf die Muslime. Die Nächstenliebe der Christen umfaßt hingegen die *ganze Menschheit,* wie es Mutter Teresa in Kalkutta besonders eindrucksvoll bezeugt hat.

Was den Islam angeht, so bedeutet dies, daß sich die Christen, insbesondere die evangelische Kirche und etliche, aber keineswegs alle Pfarrer und Pfarrerinnen, den Kopf der Mus-

---

[523] Wie soll z. B. eine Frau als „Alleinstehende" und „nicht in der Familie des Mannes" Lebende in einem islamischen Land, dessen Sprache sie womöglich gar nicht spricht, erproben können, ob sie sich in einer anderen Kultur wohlfühlen kann, wenn sie ohne männliche Begleitung kaum einen Fuß nach draußen setzen darf?

[524] Stand Juli 1997. Weitere Informationen mag man bei der EKD in Hannover selbst einholen.

lime zerbrechen und versuchen, im Sinne der Nächstenliebe deren Probleme „möglichst einfühlsam" zu lösen. Die Reaktionen islamischerseits sind unterschiedlich. Sie reichen von tief empfundener Dankbarkeit über Duldung und „Ausnutzung" bis hin zur Ablehnung solcher Ansinnen als Versuchen der Einflußnahme und der Mission.[525]

Was Muslime von den Christen im Dialog erwarten, findet sich in einem Papier, welches das Zentral-Institut Islam-Archiv-Deutschland für den Islamrat erstellt hat: „Begegnung und Dialog können nur zwischen gleichberechtigten und gleichgestellten Partnern entstehen. Daher müßten die Christen zuallererst die Moslems als Partner akzeptieren und nicht zu Objekten christlicher Nächstenliebe und Liebestätigkeit degradieren wollen."[526]

Die Hoffnung, daß die Kirchen mit Nächstenliebe zum Nacheifern anregen, wird schlicht an einer ganz grundsätzlich unterschiedlichen und nicht konvergierbaren Haltung zunichte. Die humanitäre Hilfe seitens der evangelischen Kirchen ist weitreichend, deren Nächstenliebe so allumfassend, daß sie den Muslimen sogar eines ihrer Häuser für die Zentrum-Moschee in Dortmund zur Verfügung gestellt haben, wo nunmehr in kirchlichem Eigentum Muslime ihre Freitagsgebete abhalten.[527]

Wenn wir das Gebot der Nächstenliebe und der Gottesliebe bei Muslimen finden wollen, müssen wir uns dem Sufitum zuwenden. Doch sind nicht alle Sufi-Gruppen in Deutschland repräsentativ für diese Einstellung. Um so mehr muß man in den Dialog diejenigen einbeziehen, die einen Islam vertreten, der nicht machtpolitisch orientiert ist, sondern die tiefinneren Werte dieser Weltreligion auch darstellen und vermitteln können. Auch müssen sich die Kirchen die Frage gefallen lassen,

---

[525] Mit verschmitztem Lächeln wurde u. a. geäußert: *„Die Kirchen schaufeln sich ihr eigenes Grab"*, *„Wir brauchen nur zu warten; sie arbeiten für uns"* oder *„Blauäugiger geht es wohl nicht."* Diese Bemerkungen äußerten mir gegenüber im Dialog engagierte Muslime.

[526] „Dokumentation" 1/1997, S. 13f.

[527] Diese Information gab Pastor Heinrich Georg Rothe öffentlich im Rahmen einer Podiumsdiskussion zum „Feindbild Islam" am 30. Juni 1997 in Marburg.

warum sie nicht die gemäßigten, nicht organisierten Muslime in größerem Ausmaß in ihre Gespräche einbeziehen. Die Teilnahme Bekir Alboǧas am „Dialog am Runden Tisch" auf dem Leipziger Kirchentag ist zwar ein Lichtstrahl,[528] aber es bedarf eines Strahlenbündels.

Neu und erschreckend zugleich ist die lautstarke Stimmungsmache der *Evangelikalen;* ihre gegen den Islam und die Muslime gerichteten Verbalinjurien sind von keinerlei Kenntnissen getrübt. Die „Christen der Mitte" oder auch „nur" das Presbyterium der evangelischen Kirchengemeinde zu Laar mit seiner krassen Ablehnung der Muslime sind lediglich einige Beispiele dafür, wie sich ganz bestimmte Gruppen auf der christlichen Seite in der Wortwahl vergreifen und auf beiden Seiten Haß schüren.

Dialog-Themen

Die üblichen Dialoge befassen sich vor allem mit den Glaubensvorstellungen der beteiligten Religionen. Doch es gibt vielerlei Probleme, über die man nicht nur sprechen, sondern die man auch im Miteinander bewältigen muß, indem man sie in die Praxis umsetzt; das gilt für alle Ebenen. Die Sicherung des Friedens und die Sorge für mehr Gerechtigkeit auf dieser Welt sind solch dringliche Aufgaben, daß sie nur gemeinsam gelöst werden können; außerdem bietet sich die Zusammenarbeit auf Gebieten wie dem Umweltschutz an oder der weltweite Aufbau von Hilfsorganisationen für Christen und Muslime.

Aber auch die hautnahen Probleme und Hilfe bei *erbetener* Unterstützung in schwierigen Situationen des *Alltags* führen am ehesten zueinander. Auf diesem Sektor leistet z. B. der katholische Theologe Thomas Lemmen Basisarbeit. Seine Handreichung zu den islamischen Begräbnisstätten[529] ist ganz

---

[528] Dazu *Hildegard Becker*: Drei Religionen am Runden Tisch „Kirchentag aktuell" 6/1997 und „Begegnung mit Muslimen: Runder Tisch der Abrahams-Religionen am 21. Juni 1997", WDR 17.05–18.00 Uhr.
[529] Siehe S. 176, Anm. 291.

konkrete Hilfe; sie hat keinen Beigeschmack von Indoktrination. Praktische Hilfestellungen dieser Art – auch für die deutschen Behörden – sind ein wichtiger Beitrag für eine sinnvolle und auch akzeptierte Zusammenarbeit mit den Muslimen.

Die Kirchen können auch hier behilflich sein. Die Muslime nehmen z. B. gerne Kindergarten- oder Kindertagesstättenplätze der christlichen Kirchen in Anspruch, so daß die muslimischen Kinder gelegentlich sogar in der Überzahl sind. Denn manchen Eltern ist eine christlich-ethische Erziehung lieber als andere Tendenzen; außerdem spielen oft praktische Erwägungen – Nähe zur Wohnung oder zum Arbeitsplatz, freie Kindergartenplätze etc. – eine Rolle. Dies ist eine von vielen möglichen Gelegenheiten zu helfen, sich näherzukommen, ohne den anderen zu vereinnahmen.

Brückenbauen – Islamisch-christliche Vereinigungen

Kaum zu zählen sind die Vereine, Gremien und Gesprächskreise, die sich unter den verschiedensten Gesichtspunkten zwischen Muslimen und Christen gebildet haben.[530] Eine sehr engagierte Vereinigung ist die Christlich-Islamische Gesellschaft (CIG) in Köln, deren Vorsitz Scheich Bashir führt.[531] Die dieser „Laienorganisation"[532] zuzurechnende „Christlich-Islamische Gesellschaft Pforzheim" (CIGP) ist unter anderem deshalb über ihren engeren Wirkungskreis hinaus bekannt geworden, weil sie außer einem unkonventionellen katholischen Vorsitzenden ein außergewöhnliches muslimisches Mitglied hat, Herrn Hossein Fatimi, der verkrustete Positionen sprengt.[533]

---

[530] Hilfreich ist: *Deutsche UNESCO-Kommission* (*Ekkehard Rudolph/Michaela Reithinger*): Mittelmeerpartnerschaft. Verzeichnis der Institutionen in der Bundesrepublik Deutschland. Bonn 1997.
[531] „Moslemische Revue" 4/1991, S. 253: *„Die Christlich-Islamische Gesellschaft war im Jahre 1982 auf Initiative des Islamischen Weltkongresses"*, den M. S. Abdullah vertrat, *„in der Evangelischen Akademie in Iserlohn gegründet worden."*
[532] *Dietrich Schwarze*: Die CIG in den 90er Jahren. In: CIBEDO 2/1996, S. 62–64.
[533] Dieses Projekt des Schuldirektors Klaus Holz wird als Fallbeispiel dargestellt in: *U. Marquardt*: Bedrohung Islam?, S. 66–74.

Christlich-islamische Eheschließungen

Die *Diaspora-Situation* erfordert gelegentlich ungewöhnliche Entscheidungen und Maßnahmen; dazu gehören die ökumenischen Vermählungen. Religiöse Mischehen sind eine natürliche Folge unseres Zusammenlebens; doch die Zahlen bleiben – gemessen an der anwachsenden Zahl von Muslimen in Deutschland – fast konstant. „Bei der Wahl eines möglichen Lebenspartners spielen für die Mehrheit der Jugendlichen auch der dritten Generation (nach wie vor) Nationalität und Religionszugehörigkeit eine erhebliche Rolle. Dabei wird der Religionszugehörigkeit eine noch größere Bedeutung als der Nationalität zugesprochen."[534] Die elterliche Autorität ist unverändert stark; die Knaben und Mädchen werden nach wie vor immer noch recht häufig in ihre Heimatländer verheiratet.[535] Das Statistische Bundesamt gab für das Jahr 1996 an, daß 3399 Türken deutsche Frauen geheiratet haben und 948 Türkinnen deutsche Männer, also insgesamt 4347 türkisch-deutsche Ehen zustande gekommen sind.[536] Von diesen Ehen wurden nur 765 in *Deutschland* geschlossen. Dazu kommen noch die nicht-türkischen Muslime und die standesamtlich nicht registrierten Eheschließungen, grob geschätzt knapp 6000 Ehen im Jahr.

Den Präzedenzfall für eine ökumenische Trauung, die den religiösen Bedürfnissen beider Seiten gerecht wird, haben in Deutschland im Jahre 1993 ein Imam und ein katholischer Pfarrer geschaffen, als sie in einem *ökumenischen* Gottesdienst gemeinsam eine Christin und einen Muslim trauten.[537] Obwohl

---

[534] *W. Heitmeyer/J. Müller/H. Schröder*, S. 92.

[535] Unmittelbar nach der Rückkehr von ihrer Pilgerfahrt sind etwa 20 türkische Mädchen, die in einer hessischen Kleinstadt lebten, von ihren Eltern in die Türkei verheiratet worden.

[536] Zum Vergleich: Während im Jahre *1970* zwischen *Türken* und deutschen Frauen 404 Ehen geschlossen wurden, waren es *1991* insgesamt 3580; zwischen Deutschen und Türkinnen kamen 182 (1970) respektive 849 (1991) Ehen zustande.

[537] Der liturgische Ablauf findet sich bei *Barbara Huber-Rudolf*: „Religiöse Eheschließung zwischen einer Katholikin und einem Muslim. Das Beispiel St. Josef/ Eppelheim bei Heidelberg." In: CIBEDO 4–5/1993, S. 131–135.

auch die katholische Kirche Mischehen höchst ungern sieht, verschließt sie sich den Gegebenheiten nicht mehr.

Geradezu *revolutionär* sind deswegen derartige Trauungen durch den aus Afghanistan stammenden Hossein Fatimi, der an der Fatih-Moschee in Pforzheim angestellt, aber selbst kein Imam ist. Im Islam ist traditionellerweise eine eheliche Verbindung zwischen Musliminnen und Christen strikt verboten. Fatimi traut dennoch solche Paare. In einem Rundfunkinterview erklärte Fatimi,[538] er habe vor fünf Jahren erleben müssen, daß eine Muslimin vier Jahre lang immer wieder Imame vergeblich gebeten habe, sie zu trauen. Deshalb habe er sich zu diesem Schritt entschlossen. Die Frage, ob die Kinder katholisch oder muslimisch werden, müßten die Paare in eigener Verantwortung entscheiden. „Unsere muslimischen Frauen sind nicht weniger wert als die Männer", sagte Fatimi. Die Ehe beruhe auf der Liebe, Angst dürfe nicht in die Ehe kommen, denn mit der Angst komme auch die Lüge. Dies sei auch wichtig, damit die Menschen „in der Religion bleiben und nicht gottlos werden". Fatimi ist sich dessen bewußt, daß er eine sehr persönliche Interpretation islamischer Lehre vorgenommen hat. Aber er ist sich auch sicher, dem wahren Islam zu entsprechen, denn „man muß die Religion immer so interpretieren, wie die Religion ist". Als die Handlungsweise Fatimis publik wurde, geriet er zunehmend unter Druck durch DITIB, zu der die Fatih-Moschee gehört.

Nun existiert aber ein „Gutachten zur Eheschließung zwischen einem Christen und einer Muslimin", von Prof. Dr. Beyza Bilgin erstellt,[539] die Professorin für Religionspädagogik und Didaktik des Religionsunterrichts an der Theologischen Fakultät der Universität Ankara ist und sich sehr im Dialog mit Christen engagiert.[540] Darin zitiert sie Sure 5,5, die den musli-

---

[538] Wiederholungssendung in Bayern 2 „Respekt vor dem Gott der Anderen. Die christlich-islamische Gesellschaft in Pforzheim", gesendet am 24.03.96.
[539] *Beyza Bilgin*: Gutachten zu einer Eheschließung zwischen einem Christen und einer Muslimin. Türkisches Original. In: CIBEDO 2/1996, S. 67f; korrigierte Übersetzung in: CIBEDO 3/1996, S. 114–116.
[540] Sie hat z.B. im Jahre 1995 in Izmir das erste Friedensgebet in der Türkei durchgeführt, das von *muslimischer* Seite ausging.

mischen Männern dic Ehe mit Frauen der Schriftbesitzer erlaubt. Weil aber im Koran nirgends erwähnt werde, daß Juden oder Christen keine Musliminnen heiraten dürfen, sondern nur die späteren Theologen eine solche Ehe verboten hätten, sei eine solche Heirat zwischen einem Juden oder Christen mit einer Muslimin weder „verboten" noch „erlaubt". Deshalb müsse ein jeder mit seinem eigenen Gewissen ausmachen, wie er sich in dieser Frage verhält. Auch dieses „Gutachten" ist ein sehr mutiger Schritt, der zudem Wechselwirkungen zwischen Deutschland und der Türkei aufzeigt. Die Hoffnung, daß dieses Dokument die Position Hossein Fatimis an der DITIB-Moschee stärken könnte, erwies sich freilich als trügerisch; es ließ den DITIB-Vorstand gänzlich ungerührt. Ihn hätte vermutlich nur das Gutachten eines entsprechend ausgebildeten Mufti aus dem Hause des Präsidiums für Religionsangelegenheiten in Ankara beeindruckt. Ein solches Gutachten wäre einer Sensation gleichgekommen.

Offenbar erbarmen sich auch einige wenige andere, überwiegend schiitische Imame solcher Glaubensschwestern, die unter schweren Gewissensqualen leiden, wenn ihre Ehe nicht religiös besiegelt werden kann. Es soll sogar ein sunnitischer Imam einer DITIB-Moschee insgeheim eine derartige Eheschließung vorgenommen haben. Dies ist besonders hervorzuheben, weil die DITIB-Imame, die den offiziellen Islam der säkularen Türkei vertreten, oft besonders rigide sind. Alle diese Imame wagen es aus verständlichen Gründen nicht, sich öffentlich zu ihrem humanen und im tiefsten Sinne religiösen Vorgehen zu bekennen.

Veränderungen und Hürden

Jede Religion verändert sich im Kontakt mit anderen Religionen, auch der Islam in Deutschland.[541] Manches Ritual läßt sich hierzulande nicht durchführen;[542] zum anderen sind hiesige Muslime oft auf sich allein gestellt, wenn sie sich in für sie neuartigen Situationen befinden. Einige entscheiden dann für sich individuell, wie sie ihre Religion ausüben möchten; auf diese Weise bringt die Diaspora-Situation auch eine Individualisierung der Religion mit sich. Etwas optimistisch – mit Blick in eine ferne Zukunft – sagte einmal ein befreundeter hochrangiger islamischer Theologe zu mir: „Gehen denn nicht die Impulse für Entwicklungen im Islam stets von der Diaspora aus?" Wie weitreichend sie sein werden und wohin sie führen, weiß nur Gott allein.

Eine grundsätzliche Hürde für ein breiteres gegenseitiges Verständnis liegt noch im *Bildungsunterschied* zwischen den *Gastarbeiter-Muslimen* und den dialogbereiten Christen, die in der Regel aus dem *Bildungsbürgertum* stammen. Deutsche Arbeiter seien an solchen Zusammenkünften nicht interessiert, ist oft zu hören. Das bedeutet, daß nicht nur zwei *kulturell* unterschiedliche Welten, sondern auch zwei unterschiedliche *soziale Schichten* aufeinanderstoßen. Die Angebote, die deutsche Frauen zum Beispiel an muslimische Frauen richten, konzentrieren sich auf Deutschlernen, gemeinsames Nähen und Kochen und vielleicht noch auf den gemeinsamen Volkstanz; doch das alles bieten islamische Vereine auch. Die verzweifelte türkische Leiterin einer solchen Gruppe klagte einmal bitter, die Deutschen kämen nur noch, wenn türkische Speisen – kostenlos – lockten. Eine Deutsche berichtet dagegen, daß die Türken sich Schritt für Schritt mit vielen höflichen Worten aus den gemeinsamen Treffen zurückgezogen hätten,

---

[541] Allerdings sind bislang keine ausreichenden Untersuchungen zu dieser Fragestellung gemacht worden; einen positiven Anfang machte *Renate Pitzer-Reyl*: Zur Religiosität junger türkischer Muslime.

[542] Dazu z. B. *Dursun Tan*: Wandlungen des Sterbens und der Trauerrituale in der Migration. In: *G. Höpp / G. Jonker: In fremder Erde,* S. 107–130.

ohne irgendwelche Gründe dafür anzugeben. Da mag manches unerkannte Mißgeschick und die Unkenntnis der Traditionen des jeweils anderen weitere Kontakte verhindert haben; doch hier und da könnte auch der lange Arm von Auslandszentralen der hiesigen islamischen Vereinigungen im Spiele sein.

Feste, Spiele und ein Buch

Es ist nichts Außergewöhnliches, daß muslimische Kinder *christliche Feste* mitfeiern. Viele türkische Kinder bekommen an Weihnachten von ihren Eltern Geschenke, damit sie nicht hinter den christlichen Kindern zurückstehen müssen. Die Gemeinsamkeit beschränkt sich allerdings – den von mir befragten Muslimen zufolge – im wesentlichen auf das Materielle. Eine türkische Studentin erzählte, daß sie – auch wenn ihr der Inhalt nichts sage – sehr gerne deutsche Weihnachtslieder mitsinge, denn dies seien die ersten Lieder, die sie überhaupt gelernt habe.

Theater-Spielen in islamischen Ländern ist ein Import aus Europa; im Ansatz vergleichbar sind lediglich die schiitischen Passionsspiele. ATIB hat – wie einige andere Gruppen auch – Theateraufführungen in ihr Programm aufgenommen. In einem Rundfunkbericht über den Zentralrat der Muslime in Deutschland[543] wird von einem Sketch im Haus des Islam berichtet, den dort junge Leute aufgeführt haben; darin machten sich die Muslime über die Pascha-Rolle des Mannes lustig und nahmen dafür Koranverse zu Hilfe.

Gemeinsam werden religiöse Geschichten nachgespielt, auch in Kirchen, oder andere Feste geplant und gefeiert. Ein katholischer Pfarrer erzählte mir, in seine Kirche kämen türkische Eltern zum *Krippenspiel*, weil ihre Kinder mitspielten. Zum Gottesdienst würden sie dann die Kirche wieder verlassen. In einer Marburger Kirche spielten muslimische und christliche Kinder an Weihnachten gemeinsam die Geburt Jesu

---

[543] HR 2 am 14. Juni 1995.

nach der 19. Sure „Maryam", „Maria". Dabei handelt es sich um vermutlich sehr viel häufigere, aber einseitig christlich-kirchliche – nicht unumstrittene – Angebote. Allerdings hat aber gerade auch das *gemeinsame* Feiern von Muslimen und Christen in islamischen Ländern durchaus Tradition.[544]

Die christliche Art, Feste zu feiern, färbt auf die Muslime ab. *Kinderfeste* gehören heute zum Standardprogramm aller islamischen Organisationen. „*Wir müssen unseren Kindern solche fröhlichen Feiern anbieten*", erklärte ein Mitarbeiter der Islamischen Gemeinschaft Milli Görüş, „sie sehen Weihnachten und Ostern und wollen auch einmal im Mittelpunkt stehen. Wir müssen ein Gegengewicht zu euren Festen schaffen." Dabei gibt es auch im Islam Feste, an denen Kinder mit Süßigkeiten und anderen Geschenken bedacht werden.[545]

Kinder bauen auf ihre Weise Brücken. Aus einer Fülle glänzender Ideen ist das Buch „Pessach, Ostern, Ramadan. Ein interreligiöses Buch für Kinder" ganz besonders hervorzuheben, das Schülerinnen und Schüler des Dom-Gymnasiums Freising und der Hauptschule Moosburg verfaßt haben.[546] Darin werden die drei Religionen gleichanteilig mit Texten aus ihren heiligen Büchern, mit Liedern und Informationen lebendig und liebevoll zugleich vorgestellt. Solche Brücken tragen; sie sind für die Zukunft gebaut.

---

[544] Siehe *Rudolf Kriss/Hubert Kriss-Heinrich*: Volksglaube im Bereich des Islam, 2 Bände., Bd. 1: Wallfahrtswesen und Heiligenverehrung. Wiesbaden 1966, S. 177. Die „Milchgrotte" gegenüber der Geburtskirche von Bethlehem wird von stillenden christlichen und muslimischen Müttern aufgesucht. Das „Geburtshaus Marias" bei Ephesus (Efes) in der Türkei wird von Anhängern beider Religionen verehrt. Einer der Orte der Siebenschläfer-Verehrung ist ebenfalls dort zu finden (S. 216); und als im April 1968 über der Kirche im Zeitun-Distrikt von Kairo die „Jungfrau Maria" erschien, warteten Tausende von Christen und Muslimen auf eine Wiederholung der Erscheinung (S. *Morroe Berger*: Islam in Egypt Today. Social and Political Aspects of Popular Religion Cambridge 1970, S. 73f) u. v. a.

[545] Das türkische Kinderfest, der „Çocuk Bayramı", der staatliche „Feiertag der Nationalen Unabhängigkeit und der Kinder", wird von religiösen Gruppen nicht anerkannt.

[546] 3. Auflage 1996. Mein handgebundenes Exemplar trägt die Nr. 395.

Miteinander

Gemeinsam auch ungewohnte Wege zu gehen, neuartige Aktivitäten durchzuführen, kann sehr verbinden. Man sollte mehr miteinander lachen, schlägt Smail Balic vor;[547] welche Möglichkeiten sich doch allein schon aus solch einem Gedanken entwickeln lassen!

Noch stehen wir ganz am Beginn des Miteinanders. Das traurige Resümee von Muslimen lautet: „Das Stadium des Dialogs in der Begegnung von Christen und Moslems ist noch nicht erreicht. Wir stehen allenfalls an der Schwelle zum Dialog, daran vermag auch die Tatsache nichts zu ändern, daß es im Bereich der privaten Begegnung schon zu echten Freundschaften und zum Bruder-Du-Verhältnis zwischen Christen und Moslems gekommen ist".[548] So ist die Realität. Offenbar fällt es sehr schwer, den anderen in seiner Fremdheit und Eigenständigkeit zu akzeptieren. Die Andersartigkeit auszuhalten, die vermeintlichen Gemeinsamkeiten im Kontext der jeweiligen Theologie zu betrachten und dann erst zu erkennen, was wirklich verbindet, ist zwar unbequem und setzt von vornherein eine große Toleranz voraus, trennt aber schon früh die Spreu vom Weizen und führt die Gläubigen beider Religionen eher miteinander ins Gespräch als die Erkenntnis, daß es mit den Gemeinsamkeiten doch nicht so weit her ist und sich plötzlich nur schwer überwindbare Gräben auftun.

Der wahre Dialog zwischen Christen und Muslimen steht jedenfalls noch bevor. Er kann erst dort einsetzen, wo Berührungsängste und wechselseitiges Mißtrauen hinreichend abgebaut sind. Dann kann deutlich werden, welch großartige *Bereicherung* das *Miteinander* beider Religionen bereithält. Tagtäglich führen die Muslime den kirchenmüden Christen vor Augen, wie sehr es darauf ankommt, den eigenen Glauben tatkräftig zu *praktizieren*, die Erziehung der Jugend an festen *Werten* zu orientieren und sich jeden Tag erneut auf *Gott* hin auszurichten. Welche Bereicherungen für ihren eigenen Glau-

---

[547] *S. Balić*, Islam – europaweit?, S. 234–236.
[548] „Dokumentation" des Islamrats 1/1997, S.14 f.

ben umgekehrt die Muslime aus dem engen Miteinander mit den Christen gewinnen können, müssen sie selbst ausloten. Mit dem Dialog, der nicht nur beiden Seiten ihre Eigenständigkeit beläßt, sondern gerade auch vom Andersbleiben des Gegenübers profitiert, verhält es sich wie in einer guten Ehe, deren Wert nicht zuletzt in der *bleibenden Andersartigkeit* beider Partner begründet ist.

Stets war der Islam uns Deutschen ziemlich fern. Jetzt ist er mitten unter uns da, mit allen Chancen für einen wahren Dialog. Ansatzweise hat er hier und da begonnen. Das läßt hoffen.

17. Ausblick

Die Geschichte der beiden großen Religionen Islam und Christentum durchziehen blutige Spuren. Das christliche Abendland hat sich dem Islam als einer nachchristlichen Religion stets überlegen gefühlt. Das Bild der Gastarbeiter, die aus der ländlichen Türkei oder verarmten Stadtrandgebieten kamen und über die einfachsten Dinge wie den Umgang mit einer deutschen Toilette – Orientalen benutzen das Bidet – nicht informiert waren, haben alte Vorurteile gegenüber Muslimen nur bestätigt.

Daneben entstand durch den Reisetourismus ein oft schwärmerisches Bild, das von der Schönheit der Landschaften, von der islamischen Kultur und ganz besonders von herzlicher Gastfreundschaft geprägt war. Im „eigenen Land" erwartete man freilich ganz andere Arten von Wohlverhalten: Fleiß, Dankbarkeit für Arbeit oder sicheren Aufenthalt für Verfolgte, Bescheidenheit und Anspruchslosigkeit bis zur Selbstaufgabe. Vereinzelt fingen Deutsche an, die Probleme der Gastarbeiter wahrzunehmen und in ihnen „Menschen" zu erkennen, nicht nur auszubeutende Kreaturen, die man in Schlafsälen zusammenpferchte und deren Knoblauchgerüche durch die Hausflure zogen. Während die Gastarbeiter sich jede Mark vom Munde absparten, um die Familie in der Türkei zu unterstützen und um sich dort die Grundlage für eine eigene Existenz zu schaffen, gingen für die meisten von ihnen die Jahre übers Land. Die Hoffnung auf Rückkehr in die Heimat, die ihnen und der sie längst entfremdet waren, wich der Realität und der befremdlichen Erkenntnis, daß man für immer in Deutschland bleiben würde. Die Kinder wachsen in einer den meisten ihrer Eltern fremdgebliebenen Welt auf, versuchen nun ihrerseits, mit den hiesigen Gegebenheiten besser zurechtzukommen, hier Fuß zu fassen und Familien zu gründen, wobei sie oft genug zwischen die Mühlsteine zweier ungleicher Kulturen und Religionen geraten.

Trotz großer Berührungsängste auf beiden Seiten kommen sich die Nachkömmlinge in den Kindergärten, in den Schulen, am Ausbildungsplatz oder auf den Universitäten doch Schritt für Schritt näher. Freundschaften entstehen; Liebe gilt mehr als Eheversprechen, die für die Kinder im Heimatland arrangiert wurden. Eheschließungen mit Christen werden – wenn auch zögerlich – häufiger; der menschlich-direkte Kontakt zwischen zwei Kulturen trägt mehr und mehr dazu bei, daß Gegensätze überbrückt oder positiv genutzt werden, Gemeinsames entdeckt und Unbekanntes als Bereicherung erfahren wird. Wer Muslime kennt und noch nie zu einer Verlobung, zur Henna-Nacht – dem Abschied der Braut von den Freundinnen und dem Schmücken mit glückbringendem Henna –, zu einer Hochzeit oder einer anderen Familienfeier eingeladen wurde, muß etwas falsch gemacht haben. Diese überschäumende Gastlichkeit ist uns so fremd: Kaum jemand von uns käme auf die Idee, Menschen, die nicht zu seinem engsten Umfeld gehören, in seine „Schutzzone Privatleben" einzubeziehen oder sie gar an seiner Freude teilhaben zu lassen.

Auf der anderen Seite wird die sich verstärkende Fremdenfeindlichkeit, die in der zunehmenden Arbeitslosigkeit einen fruchtbaren Nährboden hat, zu einer immer höheren Mauer. Wer sonst als „die Gastarbeiter" und „die Ausländer", die vielleicht überflüssigerweise auch noch einen deutschen Paß besitzen, nimmt denn den Deutschen die Arbeit weg, eine Arbeit, für die sie früher keinen Finger krummgemacht hätten und die ihnen immer noch nicht genehm ist? Menschen, die man zu kennen geglaubt hatte, äußern ganz unverhohlen ihre Abneigung gegen „die islamischen Fundamentalisten" – womit sie jeden Muslim meinen – und sehen in jedem Muslim einen Schmarotzer und Parasiten. Wir sind eine Gesellschaft, die es zu einem ganz großen Teil immer noch nicht verkraftet, „zu Hause" mit Andersartigen entspannt und vorurteilsfrei umzugehen. Islamische Gegenbeispiele lassen sich zur Genüge finden. Enttäuschung über die ungastliche Aufnahme in Deutschland, über die Ablehnung oder Geringschätzung auf der einen Seite, wachsende Gegenwehr, Bandenbildung von Jugendlichen und Abschottung auf der anderen Seite sind die daraus resultierenden Abwehrmechanismen. Daß auch massive Eigeninteressen – insbesondere der Islamisten – erhebliche Störfaktoren bilden, sei dabei unbestritten.

Dieses Auseinanderdriften zweier ohnedies nicht nah verwandter Kulturen ist gegenwärtig überdeutlich; doch es täuscht zugleich darüber hinweg, daß sich in beachtlicher Anzahl Muslime als Schriftsteller, Maler, Schauspieler, als Sportler, als Reporter in Krisengebieten und Journalisten an Tageszeitungen, als Bankfachleute, als Ärzte, ja sogar als Polizisten, als Politiker – ein ehrenamtlicher Bürgermeister von Bielefeld ist Muslim –, als Juristen, als Fabrikanten, Gastwirte und Geschäftsleute, letztlich in allen Berufen etabliert und – wie jeder andere in Deutschland – bewährt haben. Das Mit-, Neben- und Gegeneinander ist aber noch zu neu, als daß sich für die künftige Weiterentwicklung Prognosen stellen ließen. Denn die wirklichen Konflikte sind grundsätzlicher Natur; sie liegen – um einen Begriff Samuel P. Huntingtons zu verwenden – im „Kampf der Kulturen", der das 21. Jahrhundert bestimmen und neu gestalten wird.[549] Die Frage, ob das Abendland, dessen Untergang Oswald Spengler Anfang dieses Jahrhunderts angesagt hat, seine ethischen Krisen und die daraus resultierenden Zersetzungsprozesse überwinden kann, muß vorerst unbeantwortet bleiben. Doch haben die Christen gerade in der Auseinandersetzung mit dem Islam eine große Chance der Selbstfindung und der Rückbesinnung auf ihre eigenen Werte, die nun einmal nicht beliebig austauschbar sind und die ebenso neu definiert werden müssen wie die ethischen Normen des Islam angesichts der Menschenrechte.

Der Islam in Deutschland hat noch eine andere Dimension. Er ist kein isoliertes Phänomen auf deutschem Boden, sondern Teil eines europaweiten Verbundes und zugleich eines Netzes, dessen Fäden direkt in die Herkunftsländer der europäischen Muslime reichen. Die Muslime haben es als bislang *einzige* Religionsgemeinschaft verstanden, ihre Religion als verbindendes Element übernationaler, politisch, sozial und wirt-

---

[549] Auch wenn dessen Grundthese nicht aufgenommen werden soll, wird sich in Zukunft eine sehr viel massivere ideologische Auseinandersetzung mit dem *Islam* in verschiedenen Bereichen als notwendig erweisen.

schaftlich hochwirksamer islamisch definierter *Institutionen* zu nutzen und zu etablieren.[550]

Die Zeit des Kalifats und eines einzigen geistlichen Oberhaupts für die Gesamtheit der sunnitischen *umma* ist unwiderruflich vergangen. Einen islamischen Weltstaat dürfte es in überschaubaren Zeitläuften wohl kaum geben. Aber der Islam hat eine außerordentlich integrative Kraft, die trotz aller Gruppendifferenzen das Fernziel einer Weltherrschaft nicht aus den Augen verliert. Der Islam ist im Aufwind; in allen Erdteilen hat er hinzugewonnen. In den USA haben sich Muslime erstmals intensiv in die Wahlen eingeschaltet und bei der Wiederwahl von Präsident Clinton im Jahr 1996 die Hand im Spiel gehabt, weil dieser – wenn er von Kirchen und Synagogen spricht – nie vergißt, auch die Moscheen zu erwähnen.[551] Überall auf der Erde beratschlagen muslimische Theologen, Politiker, Journalisten und andere Intellektuelle über die Zukunftsperspektiven des Islam. "Der Islam ist die Religion des kommenden Jahrhunderts und die aufstrebende Macht", lautet die Verheißung allerorten. Dabei erlernen die Muslime doch gerade erst, ihre wahren Möglichkeiten in den USA, in Europa und damit auch in Deutschland auszuloten und zu erproben.

Der Islam benennt *Ideale* und bringt *Visionen* hervor, die faszinieren. Das Christentum dagegen befindet sich trotz seines hohen ethischen Potentials und der ihm inhärenten Kraft auf einer Talfahrt. Die Begegnung gerade mit dem Islam aber kann und muß zur Wiederbesinnung und Selbstfindung führen, will es nicht einen schleichenden Tod erleiden.

Die Begegnung der beiden großen Weltreligionen sollte zu einem fruchtbaren Wettstreit im Guten führen. Hierzu bedarf es freilich noch großer Anstrengungen auf beiden Seiten. Einander besser zu verstehen ist selbst bei größter Toleranz nur möglich, wenn auch unbequeme Wahrheiten ausgesprochen und diskutiert werden. Dazu soll dieses Buch ein kleiner Beitrag sein.

---

[550] Vgl. *S. P. Huntington*: Der Kampf der Kulturen, S. 282.
[551] *Khálid Durán*: Die Muslime mischen mit. Eine dynamische Minderheit setzt zum Sturm auf das Weiße Haus an. In „Frankfurter Allgemeine Zeitung" vom 31. Mai 1997.

Aussprache arabischer und türkischer Buchstaben

a) arabische Buchstaben

dh   wie das englische stimm-
hafte „they"

gh   Zäpfchen-r

j   „dsch"

kh   „ch" wie in „Nacht"

q   am hinteren Gaumen
gebildetes „k"

š   „sch"

sh   „sch"

th   „th" stimmlos wie im
englischen „thought"

z   emphatisches „z"

ᶜ   stimmhafter pharyngaler
Reibelaut
stimmloser laryngaler
Verschlußlaut

b) türkische Buchstaben

c   stimmhaftes „dsch"

ç   „tsch"

ğ   oft nur Dehnung des
vorausgehenden Vokals,
aber zwischen hellen
Vokalen auch „y"

ı   dumpfes „i"

ş   „sch"

z   stimmhaftes „s"

Selbstbezeichnungen von Personen und Organisationen werden in der Regel buchstabengetreu wiedergegeben.

Bibliographie

Ergänzende Spezial-Literatur findet sich zusätzlich in den Anmerkungen

Abdullah, M. S.: *Geschichte des Islams in Deutschland.* (Islam und westliche Welt Bd. 5), Graz/Köln 1981.

Abdullah, M. Salim: *...Und gab ihnen sein Königswort* – Berlin–Preußen–Bundesrepublik. Ein Abriß der Geschichte der islamischen Minderheit. Altenberge 1987.

Abdullah, Muhammad Salim: *Was will der Islam in Deutschland?* (GTB 797). Gütersloh 1993.

Abdullah, Muhammad Salim: *Islam für das Gespräch mit Christen* (GTB 793). Gütersloh 2. Aufl. 1995.

AiD, Ausländer in Deutschland. Zeitschrift des isoplan-Instituts für Entwicklungsforschung, Wirtschafts- und Sozialplanung GmbH. Saarbrücken.

Albert, Reiner: *Das erste Jahr der Mannheimer Moschee aus der Perspektive des Instituts für deutsch-türkische Integrationsarbeit.* In: L. Hagemann/A. Th. Khoury/W. Wanzura (Hrsg.): Auf dem Weg zum Dialog, S. 41–78.

Albrecht, Alfred: *Religionspolitische Aufgaben angesichts der Präsenz des Islam in der Bundesrepublik Deutschland.* In: Essener Gespräche, a.a.O., S. 82–148.

Antes, Peter: *Das Verhältnis zu den Ungläubigen in der islamischen Theologie.* In: A. Falaturi u. W. Strolz (Hrsg.): Glauben an den einen Gott. Menschliche Gotteserfahrung im Christentum und im Islam. Freiburg-Basel-Wien 1975, S. 117–129.

Aries, Wolf Ahmad: *Islamische Kirchenlosigkeit und ihre Integration in eine kirchengeprägte Mehrheitsgesellschaft.* In: Moslemische Revue 1/1997, S. 46–53.

Balić, Smail: *Der Islam – europakonform?* Religionswissenschaftliche Studien 32. Würzburg-Altenberge 1994.

Barth, Hans-Martin/Elsas, Christoph (Hrsg.): *Hermeneutik in Islam und Christentum.* Beiträge zum interreligiösen Dialog, Rissen 1997.

Bayerisches Landesamt für Verfassungsschutz: *Militanter Ausländerextremismus in Bayern und in Deutschland,* München, Stand: 1. Dez. 1993.

Becker, Hildegard: *Die Vereinigung der Neuen Weltsicht in Europa. Teil I-III.* In: Extremismus. Informationsdienst. Teil I: 11 (1993), S. 5f; Teil II: 12 (1993), S. 6f; Teil III: 1 (1994), S. 6f.

Becker, Hildegard: *Seltsame Neue Weltsicht.* Der angesehene Islamrat wird von rechtsaußen unterwandert. In: Publik-Forum Nr. 22. 19. Nov. 1993.

Becker, Jörg: *Zwischen Integration und Dissoziation.* Türkische Medienkultur in Deutschland. In: Aus Politik und Zeitgeschichte. Beilage zur Wochenzeitung „Das Parlament". B 44–45/96. 25. Okt. 1996, S. 39–47.

Binswanger, Karl/Sipahioğlu, Fethi: *Türkisch-islamische Vereine als Faktor deutsch-türkischer Koexistenz*. München 1988. [Überholt durch Nirumand].

Blaschke, Jochen: *Islam und Politik unter türkischen Arbeitsmigranten*. In: J. Blaschke u. M. van Bruinessen (Hrsg.), Jahrbuch zur Geschichte und Gesellschaft des Vorderen und Mittleren Orients 1984. Thema: Islam und Politik in der Türkei. Berlin 1984, S. 295–366.

Blau, Rosa: *Der geteilte Mann*. Erfahrungen in der Ehe zu Dritt. Reinbek 1995.

Brandt, Hans-Jürgen/Haase, Claus-Peter (Hrsg.): *Begegnung mit Türken – Begegnung mit dem Islam*. Ein Arbeitsbuch, 4 Bände, Hamburg 1981–1984.

Bundesamt für Verfassungsschutz (Hrsg.): *Islamischer Extremismus und seine Auswirkungen auf die Bundesrepublik Deutschland*. Marsch in Richtung islamistischer Staat, Stand: Januar 1996.

Bundesministerium des Inneren (Hrsg.): *Verfassungsschutzberichte von 1990 bis 1996*, Letztgenannter erschienen Mai 1997.

Bundesministerium für Arbeit und Sozialordnung, siehe Mehrländer, Ursula.

Burgmer, Christoph (Hrsg.): *Der Islam in der Diskussion*, Mainz 1996.

CIBEDO. *Beiträge zum Gespräch zwischenChristen und Muslimen*. Christlich-Islamische Begegnung- Dokumentationsleitstelle, Zeitschrift der Weißen Väter, Frankfurt.

von Denffer, Ahmad: *Islam hier und heute*. Beiträge vom 1.–12. Treffen deutschsprachiger Muslime (1976–1981), Köln 1981, 3. verbesserte Auflage 1991.

Deutsche Bischofskonferenz: *Christen und Muslime in Deutschland*. Pastorale Handreichung (Arbeitshilfen 106), Bonn 4. März 1993.

Deutscher Gewerkschaftsbund: *Hintergründe türkischer extremistischer islamischer Aktivitäten in der Bundesrepublik Deutschland* (Sekten und Organisationen), Studie des Deutschen Gewerkschaftsbundes (DGB) vom 19.02.1980. In: *Manfred Backhaus*: Islam kritisch betrachtet, Ahlen 1992, S. 41–84.

Deutsches Orient-Institut (Hrsg.): Siehe Feindt-Riggers, N./Steinbach, U.

Dornbrach, Abdullah Halis: *Islamische Ordensgemeinschaften in der BRD*, Jünkerath 1991.

Durán, Khálid: *Der Islam in der Diaspora*. In: W. Ende/U. Steinbach (Hrsg.): Der Islam in der Gegenwart, München 3. Aufl. 1993, S. 440–469.

Elsas, Christoph: *Einflüsse der islamischen Religion auf die Integrationsfähigkeit der ausländischen Arbeitnehmer und ihrer Familienangehörigen*, Berlin 1980.

Elsas, Christoph (Hrsg.): *Identität*: Veränderungen kultureller Eigenarten im Zusammenleben von Türken und Deutschen. Hamburg 1981.

Ende, Werner/Steinbach, Udo: *Der Islam in der Gegenwart*, 4. neu bearbeitete u. erweiterte Auflage, München 1996.

Essener Gespräche zum Thema Staat und Kirche (20): Der Islam in der Bundesrepublik Deutschland. Münster 1986 mit Beiträgen von A. Albrecht, B. Johansen und Wolfgang Loschelder (s. dort).

Even, Herbert/Hoffmann, Lutz (Hrsg.): *Moscheen bei uns*. Probleme von Organisation und Praxis des Islam in der Bundesrepublik Deutschland. Referate und Diskussion für Mitglieder von Stadt- und Gemeinderäten, Ausländerbeiräten und Kommunalverwaltungen im Regierungsbezirk Detmold in Bielefeld am 21. November 1987, Altenberge 1988.

Fachhochschule des Bundes für öffentliche Verwaltung (Hrsg.): *Beiträge zum Ausländerrecht und zum Ausländerextremismus.* Beiträge zur Inneren Sicherheit, Heft 2, Oktober 1995. (Besonders Guido Weiher: Politische Betätigung von Ausländern, insbesondere ausländischer Extremisten in der Bundesrepublik Deutschland, S. 30–62).

Fauth, Dieter: *Alternative islambezogene Bildung in Deutschland.* In: Al-Fadschr. Die Morgendämmerung Nr. 83/84, Nov. 1996 – Febr 1997, S. 27–42. [Zum neuen Schulfach „Lebensgestaltung-Ethik-Religionskunde" in Brandenburg]

Feindt-Riggers, Nils/Steinbach, Udo: *Islamische Organisationen in Deutschland.* Eine aktuelle Bestandsaufnahme und Analyse, Deutsches Orient-Institut Hamburg 1997.

Frese, Hans-Ludwig/Hannemann, Tilman (Hrsg.): *Religion im Gespräch. Wir sind ja keine Gäste mehr.* Religiöse Einrichtungen Bremer Muslime. Schrift der Bremischen Evangelischen Landeskirche, Bremen 1995.

Geiersbach, Paul: *Warten bis die Züge wieder fahren.* Ein Türkenghetto in Deutschland. Mit einem Vorwort von Günter Wallraff, Bd. I, Berlin 1989, 2. Aufl. 1990.

Geiersbach, Paul : *Gott auch in der Fremde dienen.* Ein Türkenghetto in Deutschland. Mit einem Vorwort von Bahman Nirumand, Bd. II, Berlin 1990.

Gerholm, Tomas u. Lithman, Yngve Georg (Hrsg.): *The New Islamic Presence in Western Europa,* London – New York 1988.

Gür, Metin: *Türkisch-islamische Vereinigungen in der Bundesrepublik Deutschland,* Frankfurt a. M. 1993.

Hagemann, Ludwig/Khoury, Adel Theodor/Wanzura, Werner (Hrsg.): *Auf dem Weg zum Dialog. Festschrift für Muhammad Salim Abdullah zum 65. Geburtstag* (Religionswissenschaftliche Studien 37), Altenberge 1996.

Hagemann, Ludwig/Khoury, Adel Theodor: *Dürfen Muslime auf Dauer in einem nicht-islamischen Land leben?* Zu einer Dimension der Integration muslimischer Mitbürger in eine nicht-islamische Gesellschaftsordnung (Religionswissenschaftliche Studien 42), Würzburg-Altenberge 1997.

Harwazinski, Assia: *Die islamische Reform steht noch aus.* Das Schweigegebot unter Muslimen hierzulande. In: Die Neue Gesellschaft – Frankfurter Hefte 8, Aug. 1993, S. 717–722.

Heine, Peter: *Der Islam in der Bundesrepublik Deutschland.* In: Kehrer, Günther (Hrsg.): Zur Religionsgeschichte der Bundesrepublik Deutschland, München 1980, S. 77–92.

Heine, Peter: *Halbmond über deutschen Dächern.* Muslimisches Leben in unserem Land, München–Leipzig 1997.

Heitmeyer, Wilhelm: *Jugend auf dem Weg nach rechts?* In: Gewerkschaftliche Monatshefte 9 (1989), S. 549–560.

Heitmeyer, Wilhelm: *Deutsche und ausländische Jugendliche.* Zur Brisanz ethnisch-kultureller Gewaltpotentiale. In: Forschungsnetzwerk Ethnisch-kulturelle Konfliktforschung, Newsletter 2/1994.

Heitmeyer, Wilhelm/Dollase, Rainer (Hrsg.): *Die bedrängte Toleranz. Ethnischkulturelle Konflikte, religiöse Differenzen und die Gefahren politisierter Gewalt.* (es-1979; NF-997) Frankfurt a. M. 1996.

Heitmeyer, Wilhelm/Schröder, Helmut/Müller, Joachim: *Desintegration und islamischer Fundamentalismus.* Über Lebenssituation, Alltagserfahrungen und ihre Verarbeitungsformen bei türkischen Jugendlichen in Deutschland. Aus Politik und Zeitgeschichte. Beilage zu „Das Parlament" vom 7. Febr. 1997 (B 7–8/97), S. 17–31.

337

Heitmeyer, Wilhelm/Müller, Joachim/Schröder, Helmut: *Verlockender Fundamentalismus.*Türkische Jugendliche in Deutschland. (edition Suhrkamp 1767, N. F. Bd. 767, Frankfurt a. M. 1997.

Hoch, M.: *Türkische politische Organisationen in der Bundesrepublik Deutschland.* In: ZAR. Zeitschrift für Ausländerrecht und Ausländerpolitik 1/1994, S. 17–22.

Hocker, Reinhard: *Türkische Jugendliche im ideologischen Zugriff.* Zur Einflußnahme extremistischer Gruppierungen auf jugendliche Migranten türkischer Herkunft. In: Heitmeyer/Dollase (Hrsg.): Bedrängte Toleranz, S. 120–141, Frankfurt a. M. 1996.

Hoffmann, Christian H.: *Tagebuch eines deutschen Muslims,* Köln 1985.

Hoffmann, Christian H. *Zwischen allen Stühlen,* Bonn 1995.

Hofmann, Murad Wilfried: *Der Islam als Alternative.* Mit einem Vorwort von Annemarie Schimmel, München [1]1992, [3]1995.

Hofmann, Murad Wilfried: *Reise nach Mekka.* Ein Deutscher lebt den Islam. (DG 123), München 1996, vor allem das Kapitel „Islam in Deutschland – deutscher Islam?", S. 159–204.

Huntington, Samuel P.: *Der Kampf der Kulturen.* The Clash of Civilizations. Die Neugestaltung der Weltpolitik im 21. Jahrhundert, München – Wien [5]1997.

Innenministerium des Landes Nordrhein-Westfalen: *Verfassungsschutzbericht des Landes Nordrhein-Westfalen über das Jahr 1996.* (Redaktionsschluß 11. April 1997).

Johansen, Baber: *Staat, Recht und Religion im sunnitischen Islam* – Können Muslime einen religionsneutralen Staat akzeptieren? In: Essener Gespräche, a. a. O., S. 10–81.

Karakaşoğlu, Yasemin: *Der türkische Islam in Deutschland und seine Organisationen.* In: Kontexte, Dez. 1996, S. 1–7.

Kepel, Gilles: *Allah im Westen.* Die Demokratie und die islamische Herausforderung. (Französischer Originaltitel: O.: E l'Ouest d'Allah, Paris 1994), München 1996. [zu USA, England und Frankreich].

Kerber, Walter (Hrsg.): *Wie tolerant ist der Islam?* (Fragen einer neuen Weltkultur. Veröffentlichungen des Forschungs- und Studienprojekts der Rottendorf-Stiftung Bd. 6), München 1991.

Khoury, Adel Theodor: *Der Islam kommt uns näher.* Worauf müssen wir uns einstellen?, Freiburg 1992.

Kim, Young-Kyung: *Die Identitätskrise der Muslime in der Diaspora,* Hildesheim 1994.

Kirste, Reinhard/Schwarzenau, Paul/Tworuschka, Udo (Hrsg.): *Gemeinsam vor Gott. Religionen im Gespräch,* Hamburg 1990.

Klöckner, Michael/Tworuschka, Udo (Hrsg.): *Religionen in Deutschland,* München 1994, S. 101–109 .

Koch, Eckhardt/Özek, Metin/Pfeiffer, Wolfgang M. (Hrsg.): *Psychologie und Pathologie der Migration.* Deutsch-türkische Perspektiven, Freiburg 1995.

Körber-Stiftung (Hrsg.): *Kulturkontakte.* Deutsch-türkisches Symposium 1996. Kültür İlişkileri. Türk-Alman Sempozyumu 1995, Hamburg 1996.

Körber-Stiftung (Hrsg.): *Religion – ein deutsch-türkisches TABU?* Türk-Alman İlişkilerinde Din Tabu mu? Deutsch-türkisches Symposium 1996. Türk-Alman Sempozyumu 1996, Hamburg 1997.

Landman, Nico/Durán, Khálid: *Der Islam in der Diaspora.* Europa und Amerika. In: Ende/Steinbach, a. a. O., 4. Aufl. 1996, S. 556–589.

Leggewie, Claus: Alhambra. *Der Islam im Westen.* Hamburg 1993.

Lier, Thomas u. Piest, Ulrich: *Muslimische Vereinigungen und Moscheen in Köln.* Eine Bestandsaufnahme religiöser Einrichtungen der in Köln lebenden Muslime (Unveröffentlichte Studie des Ausländerbeauftragten der Stadt Köln), April 1994.

Loschelder, Wolfgang: *Der Islam und die religionsrechtliche Ordnung des Grundgesetzes.* In: Essener Gespräche, S. 149–203.

Mandel, Ruth: *Shifting Centres and Emergent Identities:* Turkey and Germany in the lives of Turkish Gastarbeiter. In: D. F. Eickelman and J. Piscatori (Hrsg.): Muslim Travelers. Pilgrimage, Migration, and the Religious Imagination, New York 1990, S. 153–171.

Marquardt, Udo (Hrsg.): *Bedrohung Islam?* Christen und Muslime in der Bundesrepublik. (Schriftenreihe Gerechtigkeit und Frieden der Kommission Justitia et Pax. Arbeitspapier 72), Bonn 1996.

Marquardt, Udo (Hrsg.): *Miteinander leben.* Christen und Muslime in der Bundesrepublik Deutschland (Schriftenreihe Gerechtigkeit und Frieden der Kommission Justitia et Pax. Arbeitspapier 77), Bonn 1996.

Mehrländer, Ursula/Ascheberg, Carsten/Ueltzhöffer, Jörg: *Repräsentativ-Untersuchung '95:* Situation der ausländischen Arbeitnehmer und ihrer Familienangehörigen in der Bundesrepublik Deutschland, (hrsg. v. Bundesministerium für Arbeit und Sozialordnung). Forschungsbericht 263, Berlin–Bonn–Mannheim 1996.

Meier-Hüsing, Peter: Handbuch religiöser Gemeinschaften in Bremen, Marburg 1990; 195–206.

Mıhçıyazgan, Ursula:. *Die religiöse Praxis muslimischer Migranten.* Ergebnisse einer empirischen Untersuchung in Hamburg. In: I. Lohmann u. W. Weiße (Hrsg.), Dialog zwischen den Kulturen. Erziehungshistorische und religionspädagogische Gesichtspunkte, Münster–New York 1994, S. 195–206.

Ministerium für Arbeit, Gesundheit und Soziales des Landes Nordrhein-Westfalen, Siehe: Zentrum für Türkeistudien: *Türkische Muslime in Nordrhein-Westfalen.*

Nielsen, Jorgen: *Islam in Westeuropa,* Hamburg 1995.

Nirumand, Bahman: *Im Namen Allahs.* Islamische Gruppen und der Fundamentalismus in der Bundesrepublik Deutschland (mit Beiträgen u. a. von Karl Binswanger, Peter Heine, Reinhard Schulze), Köln, 1990.

Pinn, Irmgard/Wehner, Marlies: *EuroPhantasien – Die islamische Frau aus westlicher Sicht,* Duisburg 1995.

Pitzer-Reyl, Renate: *Zur Religiosität junger türkischer Muslime in einer mittelhessischen Kleinstadt.* In: CIBEDO. Heft 4 (1995), S. 133–137.

Prince of Wales: *Islam and the West.* A lecture given in the Sheldonian Theatre, Oxford on 27th October 1993. Oxford Centre for Islamic Studies, 1993.

Röder, Friedhelm: *Die Bedeutung der Hodschas für die Betreuung türkischer psychiatrischer Patienten.* In: W. Jaede u. A. Portera (Hrsg.): Ausländerberatung, Freiburg 1986.

Röder, F./Opalic, P.: *Der Einfluß der Hoca (magischer Heiler) auf türkische psychiatrische Patienten in der Bundesrepublik – eine Auswertung klinischer Fallbeispiele.* In: Psychiatrische Praxis 14, 1987, S. 157–162.

339

Rüschoff, S. Ibrahim: *Da'wa unter Nichtmuslimen.* Schriftenreihe des Islamischen Zentrums München Nr. 11, Münster Nov. 1982; München 1983.

Ruttmann, Hermann: *Vielfalt der Religionen am Beispiel der Glaubensgemeinschaften im Landkreis Marburg-Biedenkopf,* Marburg 1995.

Sag, Emir Ali: *Üben islamisch-fundamentalistische Organisationen eine Anziehungskraft auf Jugendliche aus?* In: W. Heitmeyer / R. Dollase, a. a. O. S. 450–473.

Schiffauer, Werner: *Der Weg zum Gottesstaat.* Die fundamentalistischen Gemeinden türkischer Arbeitsmigranten in der Bundesrepublik. In: Historische Anthropologie, Sonderdruck. 1. Jg. 3/1993, S. 468–484.

Schiffauer, Werner: *Die Gewalt der Ehre.* Erklärungen zu einem türkisch-deutschen Sexualkonflikt, Frankfurt a.M. 1983.

Schiffauer, Werner: *Die Bauern von Subay.* Das Leben in einem türkischen Dorf, Stuttgart 1987.

Schiffauer, Werner: *Die Migranten aus Subay.* Türken in Deutschland. Eine Ethnographie, Stuttgart 1991.

Schiffauer, Werner: *Migration and Religiousness.* In: Gerholm, T. / Lithman, Y. G. (Hrsg.), a. a. O., S. 146–158.

Schiffauer, Werner: *Religion und Identität.* Eine Fallstudie zum Problem der Reislamisierung bei Arbeitsmigranten. In: Schweizerische Zeitschrift für Soziologie. Bd. 2, Jg. 10, 1984, S. 485–516.

Schleßmann, Ludwig: Artikel *„Deutschland".* In: Tworuschka, Monika / Tworuschka, Udo (Hrsg.). Bertelsmann Handbuch Religionen der Welt. Grundlagen, Entwicklung und Bedeutung in der Gegenwart, München 1992, S. 233–235.

Schmalz-Jacobsen, Cornelia / Hansen, Georg: *Ethnische Minderheiten in der Bundesrepublik Deutschland.* Ein Lexikon. München 1995.

Schülzke, Jahja: *Da'wa hier und heute.* In: A. v. Denffer (Hrsg.), a. a. O., S. 115–120.

Schulze, Reinhard: *Geschichte der islamischen Welt im 20. Jahrhundert.* München 1994.

Schwartländer, Johannes (Hrsg.): *Freiheit der Religion.* Christentum und Islam unter dem Anspruch der Menschenrechte. Forum Weltkirche: Entwicklung und Frieden Bd. 2, Mainz 1993.

Seidel-Pielen, Eberhard: *Unsere Türken.* Annäherung an ein gespaltenes Verhältnis, Berlin 1995.

Şen, Faruk / Goldberg, Andreas: *Türken in Deutschland.* Leben zwischen zwei Kulturen (BsR 1075), München 1994.

Shadid, W.A.R. / van Koningsveld, P. S.: *Religious Freedom and the Position of Islam in Western Europe.* Opportunities and Obstacles in the Acquisition of Equal Rights (with an extensive bibliography), Den Haag 1995.

Shadid, W.A.R. / van Koningsveld, P. S. (Hrsg.): *Muslims in the Margin.* Political Responses to the Presence of Islam in Western Europe, Kampen / Niederlande 1996.

Shadid, W.A.R. / van Koningsveld, P.S. (Hrsg.): *Political Participation and Identities of Muslims in Non-Muslim States,* Kampen / Niederlande (1996).

Shadid, Wasif / van Koningsveld, Sjoerd: *Loyalty to a Non-Muslim Government.* An Analysis of Islamic Normative Discussions and the Views of Some Contemporary Islamicists. In: Dies. (Hrsg.): Participation, S. 84–114.

Spuler-Stegemann, Ursula: *Kompromißlose einfache Welt.* Fundamentalisten unter uns. In: R. Walter (Hrsg.), Leben ist mehr. Lebenswissen der Religionen und die Frage nach dem Sinn des Lebens, Freiburg [2]1995, S. 289–295.

Spuler-Stegemann, Ursula: *Die Bedeutung des islamischen Fundamentalismus für türkische Arbeitsmigranten.* In: Eckhardt Koch (Hrsg.), Psychiatrie und Migration ein interdisziplinäres Abenteuer, Heidelberg (erscheint 1998).

Stolz, Rolf: *Die Mullahs am Rhein.* Der Vormarsch des Islam in Europa, München 1994. Dasselbe Buch nur mit einem Vorwort versehen erschien unter dem Titel: Die Mullahs in Deutschland. Der Sprengstoff von morgen (Ullstein Buch Nr. 36649, Ullstein Report), Frankfurt–Berlin 1996.

Stolz, Rolf: *Kommt der Islam?* Die Fundamentalisten vor den Toren Europas, München 1997.

Süss, Joachim/Pitzer-Reyl, Renate (Hrsg.): *Religionswechsel.* Hintergründe spiritueller Neuorientierung, München 1996.

Thomä-Venske, Hanns: *The Religious Life of Muslims in Berlin.* In: T. Gerholm/Y. G. Lithman, a. a. O., S. 78–87.

Utermann, Claudia: *Türkischer Islam in Deutschland.* „dpa Hintergrund" vom 15. 02. 1995.

Verfassungsschutz Rheinland-Pfalz: *Islamistische Extremisten.* Vom Gebet zum Gottesstaat, Stand: April 1995.

Vöcking, Hans: *Staat und Kirchen in Deutschland.* Probleme der Muslime bei der rechtlichen Integration. In: „Spirita". Zeitschrift für Religionswissenschaft", 2/1996, S. 4–8.

Weigt, Claudia/Lorke, Beate: *Junge Marokkaner zwischen Schule, Betrieb und Konstabler Wache,* Frankfurt a. M. 1994.

Yonan, Gabriele: *Einheit in der Vielheit.* Weltreligionen in Berlin, Berlin 1993.

Zentrum für Türkeistudien (im Auftrag des Ministeriums für Arbeit, Gesundheit und Soziales des Landes Nordrhein-Westfalen): *Türkische Muslime in Nordrhein-Westfalen.* Endbericht zur Studie „Dialog mit einer neu etablierten religiösen Minderheit in NRW". Türkische Muslime und deutsche Christen im Gespräch unter besonderer Berücksichtigung des christlich-islamischen Dialogs und der türkisch-islamischen Dachorganisationen. 2., überarb. Auflage Juni 1995; 3., völlig überarbeitete Auflage Juli 1997.

Zentrum für Türkeistudien (im Auftrag des Hessisches Ministeriums für Umwelt, Energie, Jugend, Familie und Gesundheit): *Studie über Islamische Organisationen der türkischen, marokkanischen, tunesischen und bosnischen Minderheiten in Hessen.* Mai 1995.

Zirker, Hans: *Islam. Theologische und gesellschaftliche Herausforderungen,* Düsseldorf 1993.

Zschoch, Barbara: *Deutsche Muslime.* Biographische Erzählungen über die Konversion zum fundamentalistischen Islam. (Kölner Ethnologische Arbeitspapiere Bd. 6), Bonn 1994.

Abkürzungen und Adressen verschiedener Organisationen in Auswahl

(Stand Juli 1997)

AABF Avrupa Alevi Birlikleri Federasyonu (Föderation der Alevitengemeinden in Europa e.V.): Stolberger Str. 317, 50933 Köln. Tel. 0221-949856 0; Fax: 0221-94 98 56 10. Vorsitzender: Ali Kılıç.

ADÜTDF Avrupa Demokratik Ülkücü Türk Dernekleri Federasyonu (Föderation der Türkisch-Demokratischen Idealistenvereine in Europa): *siehe ATF.*

AGIE Arbeitsgruppe Islamische Erziehung (der Deutschsprachigen Muslime).

AGIW Arbeitsgruppe islamischer Wirtschaftswissenschaftler (Studierende).

Ahmadiyya Muslim Bewegung: Babenhäuser Landstr. 25, 60599 Frankfurt a. M. Tel. 069-681485 oder 069-681062; Fax: 069-686504.

Al-Aqsa e.V., „Gemeinnützige Hilfsorganisation Schwerpunkt Palästina": Kapellen-Str. 36, 52066 Aachen. Tel. 0241-66037; Fax: 0241-63925.

AMGT Avrupa Millî Görüş Teşkilatları, siehe IGMG.

ANF Avrupa Nizam-ı Alem Federasyonu (übersetzt: Föderation der Weltordnung in Europa). Türkisch-Islamisches Kultur- und Erziehungszentrum Dergah e.V.; auch unter der Bezeichnung „Türkisch-Islamischer Kultur-Verein e.V.": Saarbrücker Str. 2, 60529 Frankfurt-Schwanheim. Telefax: 069-35353905.

ATF vormals ADÜTDF; seit Oktober 1996 *„Almanya Türk Federasyonu";* ATF (übers.) *„Deutschland-Türkische Föderation":* Lärchenstr. 99, 65933 Frankfurt a. M. Tel. 069-384056-76 oder 069-384038; Fax: 069-3904491-96; siehe ADÜTDF.

ATIB Avrupa Türk-İslâm Birliği; Türkisch-Islamische Kulturvereine e.V. (die Bezeichnung „Türkisch-Islamische Union" ist überholt). Dachverband ist: TIKDB (Avrupa Türk İslam Kültür Dernekleri Birliği; Union der türkisch-islamischen Kulturvereine in Europa: Sachsenring 20, 50677 Köln. Tel. 0221-316010/18/19; Fax: 0221-323420.

Begegnungs- und Fortbildungszentrum muslimischer Frauen. 1996 gegründet: Aachener Str. 78-80, 50674 Köln. Tel. 0221-511815.

Bundesverband für islamische Tätigkeiten e.V.: Im Grotten 21, 53840 Troisdorf. *„Deutschland-Türkische Föderation" (Almanya Türk Federasyonu);* siehe ADÜTDF.

Der nationale Geistige Rat der Bahá'í in Deutschland: Eppsteiner Str. 89, 65719 Hofheim-Langenhain. Tel. 06192-8079; Fax: 06192-26395.

DIF Deutschsprachige Islamische Frauengemeinschaft: Merheimer Str. 229, Postfach 600 525, 50733 Köln. Fax: 0221-723061.

DITIB Diyanet İşleri Türk İslam Birliği, Türkisch-Islamische Union der Anstalt für Religion e.V. Adresse: DITIB, Europa-Zentrale: Venloer Str. 160, 50823 Köln. Tel. 0221-579820; Fax: 0221-5158921.

DML Deutsche Muslim-Liga e.V.: Hans-Böckler-Allee 15, 53177 Bonn. Tel. 0228-330915 (siehe auch „Sufi TARIQAH As-Safinah").

EMUG Europäische Moscheebau- und -unterstützungs-Gemeinschaft e.V. Verwaltungsabteilung der IGMG und in der Kölner Zentrale angesiedelt.

FIOE Föderation der Islamischen Organisationen in Europa. P.O.B. 5, Markfield, Leicestershire Le67 9RY, England, Tel. 0044-1530-245919, Fax: 0044-1530-245913; auch erreichbar über MSV.

GMSG Gesellschaft muslimischer Sozial- und GeisteswissenschaftlerInnen (Teil der MSV): Steinbergerstr. 14, 50733 Köln. Tel./Fax: 0221-7200264.

HDI Haus des Islam: Schillerstr. 46, 64750 Lützelbach. Tel. 06165-912019; Fax: 06165-912018. Gästehaus Dar us-Salam. Tel 06165-1277.
HUDA-Netzwerk für muslimische Frauen e.V.: Kiefernstr. 12, 76437 Rastatt. Tel. 07222-69944.

iaf Verband binationaler Familien und Partnerschaften (Interessengemeinschaft der mit Ausländern verheirateten Frauen e.V.: Kasseler Str. 1a, 60486 Frankfurt a.M. Tel. 069-7075087/88; Fax: 069-7075092.
IASE Islamische Arbeitsgemeinschaft für Sozial- und Erziehungsberufe e.V., Vorsitzender: Dr. S. Ibrahim Rüschoff: Lessingstr. 18d, 32312 Lübbecke. Tel. 5741-297789.
IBP Islamischer Bund Palästinas.
ICCB İslam Cemaatleri ve Cemiyetleri Birliği („Verband der islamischen Vereine und Gemeinden" e.V., auch „Muslimische Brüdergemeinden Köln"): Neusser Str. 418, 50733 Köln. Tel. 0221-766567; HAKK-Video Tel. 0221-9765530.
IFI siehe Institut für Islamstudien.
IGD Islamische Gemeinschaft in Deutschland (nicht zu verwechseln mit IGID): Hessestr. 12, Nürnberg. Tel. 0911-284111; de facto erreichbar über Dr. Al-Khalifa, IZM.
IGID Islamische Gemeinschaft in Deutschland (nicht zu verwechseln mit IGD) Abt. Siedlungsprojekt; Postfach 2016, 99401 Weimar.
IGMG Islamische Gemeinschaft Milli Görüş, oft einfach „Milli Görüş" genannt: Merheimer Str. 229, Postfach 600525, 50733 Köln. Tel. 0221-722536 oder 728360; Fax: 0221-7393700.
Institut für Islamstudien – Sufi-Archiv Deutschland e.V.: Dorfstr. 63, 03253 Trebbus. Tel. 035322-31461; Fax: 035322-31462.
inter akademi. Koordinations- und Informationszentrum für internationale akademische Aktivitäten: Kartäuserwall 37/b, 50678 Köln. Tel. 0221-325341; Fax: 0221-323420.
IPD Islamische Partei Deutschlands; kam nicht zum Zuge.
IPID Institut für Internationale Pädagogik und Didaktik: Dollendorfer Str. 6, 50939 Köln. Fax 0221-462533.
Islamische Föderation Berlin: Boppstr. 4, 10967 Berlin. Tel. 030-6923872 (siehe Islamische Religionsgemeinschaft Berlin).
Islamische Gemeinschaft deutschsprachiger Muslime – Freunde des Islam Berlin. Geschäftsstelle: Einemstr. 8, 10787 Berlin, Tel. 030-2625469. Vorsitzender: Muhammad Herzog.
Islamische Gemeinschaft Jamaʿat un-Nur (Nurculuk): Neustr. 11, 51063 Köln. Tel. 02237-54363; Fax: 0221-7325823.
Islamische Religionsgemeinschaft Berlin: Boppstr. 4, 10967 Berlin. Tel. 030-6923872 (siehe Islamische Föderation Berlin).

Islamische Union Europa e.V.: Neusser Str. 356, 50733 Köln.

Islamische Wissenschaftliche Akademie: Esplanade 6, 20354 Hamburg. Tel. 040-346061; Fax: 040-345128.

Islamischer Arbeitskreis Hessen: Postfach 930121, 60456 Frankfurt a. M. Fax 06101-12602 u. 06131-835318.

Islamischer Kooperationsrat in Europa. Kontaktadresse: Mosquée de Strasbourg, Dr. A. Bousouf, 2 Impasse du 8 Mai, F-67000 Strasbourg. Tel. 0033-3-88221095.

Islamisches Konzil in Deutschland: Rebstöcker Str. 41, 60326 Frankfurt a. M., Tel. 069-73997881.

Islamisches Sozialdienst- und Informationszentrum e.V.: Stöckachstr. 16 A, 70191 Stuttgart. Fax: 0711-282146.

Islam Kolleg Berlin e.V.: Boppstr. 4, 10967 Berlin. Fax: 030-6924649.

Islamrat der Bundesrepublik Deutschland: Friedrich-Ebert-Allee 26. 53113 Bonn. Tel. 0228-539610; Fax: 0228-5396138.

IZ Islamische Zeitung: Postfach 2048, 99401 Weimar. Tel. 03643-514252; Fax: 03643-800122.

IZA Islamisches Zentrum Aachen, Bilal-Moschee: Professor-Pirlet-Str. 20, 52074 Aachen.

IZD Islamisches Zentrum Düsseldorf e.V.: Worringer Platz 18, 40210 Düsseldorf. Tel. 0211-161185.

IZF Islamisches Zentrum Frankfurt: Eichenstr. 41, 65933 Frankfurt. Tel. 069-388116 oder 392001; Fax: 069-392002.

IZH Islamisches Zentrum Hamburg e.V.: Schöne Aussicht 36, 22085 Hamburg. Tel. 040-221220/221240; Fax: 040-2204340.

IZM Islamisches Zentrum München: Wallnerstr. 1–5, 80939 München. Tel. 089-325061/325062; Fax: 089-325077.

Jama'at un-Nur (Nurculuk), siehe Islamische Gemeinschaft Jama'at un-Nur.

Khaniqahi Ni'matullahi e.V.: Kölner Str. 176, 51149 Köln. Tel./Fax: 02203-5390.

König Fahad Akademie. Gemeinnützige Schulträger GmbH: Mallwitzstr. 2–4, 53177 Bonn. Tel. 0228-346001-03; Fax: 0228-346004/05.

MB Muslimbrüder bzw. Muslimbruderschaft.

Merhamet Deutschland. Bosnische Humanitäre Organisation e.V.: Wilhelm-str. 27, 53111 Bonn (Postfach 1640, 53006 Bonn). Tel. 0228-982000; Fax: 0228-9820022.

MSV Muslim Studenten Vereinigung in Deutschland e.V.: Eichenstr. 41, 65933 Frankfurt a. M.; Sekretariat: Steinberger Str. 14, 50733 Köln. Tel. 0221-7200264.

MSWE Moslemisches Sozialwerk in Europa (MSWE): Merheimer Str. 229, 50733 Köln.

MÜSIAD Müstakil Sanayici ve İşadamları Derneği. Verband unabhängiger Indu-strieller und Arbeiter. (Islamische Wirtschaftsorganisation) MÜSIAD-Almanya: Kalker Hauptstr. 201, 51103 Köln. Tel. 0221-8703062-63; Fax: 0221-8703064.

„Muslime Helfen e.V./Muslim Aid, Internationale Hilfsorganisation": Postfach 1607, 85740 Garching.

Muslimische Brüdergemeinden Köln: siehe ICCB.

QIBLA Islamisches Informations- und Bildungszentrum: Steeler Str. 550, 45276 Essen. Tel. 0201-5142077; Fax: 0201-514208.

RTS Rat der Türkischen Staatsbürger. Dachverband.

Sufi-Archiv Deutschland: siehe Institut für Islamstudien.
Sufi-TARIQAH As-Safinah Deutschland. Scheich Bashir Ahmad Dultz, Hans-Böckler-Allee 15, 53177 Bonn. Tel. 0228-330915.

UISA Union islamischer Studentenvereine.
UMSO Union Muslimischer Studenten-Organisationen in Europa e.V.: Queren-burger Höhe 97, 44801 Bochum.

TDM Treffen Deutschsprachiger Muslime.
TIKDB siehe ATIB.
Türkisch-Deutscher Sozialdienst und Bildungsverein e.V., bekannt unter der Be-zeichnung „Zühre-Bildungszentrum", Kappeler Str. 235, 40599 Düsseldorf, Tel. 0211-7489864 u. 7489388; Fax: 0211-7489668.

VIGB Vereinigung Islamischer Gemeinden der Bosniaken in Deutschland e.V.: Haarbeckstr. 6, 47475 Kamp-Lintfort. Tel. 02842-559728; Fax: 02842-55514.
VIKZ (einst IKZ) Verband der Islamischen Kulturzentren e.V.: Vogelsanger Str. 290, 50825 Köln. Tel. 0221-9544100; Fax: 0221-542616. Umzug geplant im Herbst 1997: Bergisch Gladbacher Str. 154, 51065 Köln-Mülheim.

ZI IAD Zentral-Institut Islam-Archiv-Deutschland e.V.: Postfach 1528, Am Kuh-fuß 8, 59494 Soest-Deiringsen. Tel. 02923-60702; Fax: 02921-65417.
ZMD Zentralrat der Muslime in Deutschland: Vogelsanger Str. 290, 50825 Köln. Fax: 0221-542616 (im Gebäude des VIKZ; wird mit dem VIKZ nach Köln-Mül-heim, Bergisch Gladbacher Str. 154, umziehen).
Zühre-Bildungszentrum: siehe Türkisch-Deutscher Sozialdienst und Bildungs-verein e.V.

Index

Der Index enthält nur diejenigen Autorennamen, die im Buchtext genannt werden, nicht die nur in den Anmerkungen aufgeführten Verfasser.

351